Doris Müller-Weith, Lilli Neumann,
Bettina Stoltenhoff-Erdmann (Hrsg.)
Theater Therapie
Ein Handbuch

Ausführliche Informationen zu jedem unserer lieferbaren und geplanten Bücher finden Sie im Internet unter **www.junfermann.de** – mit ausführlichem Infotainment-Angebot zum JUNFERMANN-Programm ... mit Newsletter und Original-Seiten-Blick ...

Besuchen Sie auch unsere e-Publishing-Plattform **www.active-books.de** – mittlerweile weit über 150 Titel im Angebot, mit zahlreichen kostenlosen e-Books zum Kennenlernen dieser innovativen Publikationsmöglichkeit. *Übrigens:* Unsere e-Books können Sie leicht auf Ihre Festplatte herunterladen!

Doris Müller-Weith, Lilli Neumann,
Bettina Stoltenhoff-Erdmann (Hrsg.)

Theater Therapie

Ein Handbuch

Junfermann Verlag • Paderborn
2002

Copyright © Junfermannsche Verlagsbuchhandlung, Paderborn 2002

Alle Rechte vorbehalten.
Das Werk einschließlich aller seiner Teile ist urheberrechtlich geschützt. Jede Verwendung außerhalb der engen Grenzen des Urheberrechtsgesetzes ist ohne Zustimmung des Verlages unzulässig und strafbar. Das gilt insbesondere für Vervielfältigungen, Übersetzungen, Mikroverfilmungen und die Einspeicherung und Verarbeitung in elektronischen Systemen.

Satz: La Corde Noire – Peter Marwitz, Kiel

Bibliographische Information der Deutschen Bibliothek
Die Deutsche Bibliothek verzeichnet diese Publikation in der Deutschen Nationalbibliografie; detaillierte bibliografische Daten sind im Internet über http://dnb.ddb.de abrufbar.

ISBN 3-87387-513-6

Inhalt

Vorwort der Herausgeberinnen 9
Einleitung: Theater und Therapie *(Lilli Neumann)* 11

I. Dramatherapie und Therapeutisches Theater 27
Der Weg zur Theatertherapie in Westdeutschland *(Gitta Martens)* 29
Das Theater als heilende Gemeinschaftskunst *(Gandalf Lipinski)* 37
Dramatherapie – ein Literatureinblick *(Gitta Martens)* 54
Dramatherapie in den Niederlanden *(Johannes Junker)* 77
Theatertherapie made in Germany *(Doris Müller-Weith)* 87

II. Berichte aus freier Praxis und psychosozialer Arbeit 91
Vom Traum zum Theater – Regie in der Therapie *(Lilli Neumann)* 93
„Einmal durch die Hölle und dann weiter..."
    Heilsames Theater *(Doris Müller-Weith)* 133
Maskenarbeit *(Christian Bohdal)* 149
„Tanz auf dem Vulkan." Theaterarbeit in der
    ambulanten Suchtrehabilitation *(Ingrid Lutz)* 157
„Jetzt muß ich Clean-Sein nicht mehr aushalten." Die heilende Wirkung
    von Theaterarbeit mit Drogenabhängigen *(Dorothea Ensel)* 164
Drama und Trauma. Zwei Projekte mit Opfern und Tätern
    sexueller Gewalt *(Ingrid Lutz)* 175
Dramatherapie in der Arbeit mit schwer traumatisierten Kindern *(Ilona Levin)* .. 206

III. Dramatherapie und Therapeutisches Theater im klinischen Bereich .. 219
Theatertherapie als Mittel zur Stabilisierung nach
    traumatischen Erlebnissen *(Simone Nowak)* 221
Dramatherapie bei Distanzproblemen im Allgemeinen und
    sexueller Delinquenz im Besonderen *(Ilka Labonté)* 234

Dramatherapie in der Behandlung
    schizophrener Patienten *(Johannes Junker & Gé Cimmermans)* 256
„Ich traue mich, zu erinnern ..."Dramatherapeutische Gruppenarbeit
    in einer psychosomatisch-psychotherapeutischen Ambulanz
    (Bettina Stoltenhoff-Erdmann & Bettina Merschmeyer) 271
Theatertherapie in einer psychiatrisch-psychotherapeutischen
    Tagesklinik *(Regina Häger)* 286
Schauspieltherapie mit Jugendlichen. Individuelle und soziale Aspekte
    der Schauspieltherapie *(Sophia van Dijk)* 300
„Der verliebte Gärtner im Nonnenkloster ..."
    Improvisationstheater mit Jugendlichen *(Anika Ruß)* 311

Abschließende Gedanken der Herausgeberinnen 321
Rückblick und Ausblick *(Lilli Neumann)* 323
Abschließende Gedanken zu diesem Buch *(Bettina Stoltenhoff-Erdmann)* 330
Nachwort *(Doris Müller-Weith)* 332

AutorInnenverzeichnis 337
Kontaktadressen 341
Photonachweis 341
Literaturverzeichnis 342
Personen- und Stichwortregister 350

„Die Magie der Bühne tröstet mich und heilt meine Seele."
(Martina S.)

Vorwort der Herausgeberinnen

Nun ist es soweit: Dieses Buch liegt in Ihren Händen, vielleicht riecht es noch ganz neu und Sie begeben sich auf die Entdeckungsreise hinein in die verschiedenen Arbeitsbereiche von Theater und Therapie.

Lassen Sie uns vorab Dank aussprechen an alle die Helfer und Helferinnen, die uns bei diesem Projekt zur Hand gegangen sind, allen voran Klaus Erdmann und Birgit Frielinghaus: Danke!

Auch sollen die Mitautoren und Mitautorinnen an dieser Stelle bedacht und ihnen nochmal gedankt werden. Durch ihre Erfahrungen und Aufsätze ist dieses Handbuch zu einer reichen Schatzkiste für das Thema Theater und Therapie geworden. Die Beiträge spiegeln Gedanken, Diskussionspunkte und die Praxis der Theater-/Dramatherapie in Deutschland und in der Gesellschaft für Theatertherapie wider. Wir freuen uns sehr darüber.

Wir wünschen Ihnen als Leser und als Leserin Vergnügen, Aha-Erlebnisse, Bestätigung und Wissenserweiterung – und wer weiß, was Sie sonst noch beim Lesen erleben.

Einleitung: Theater und Therapie
Von Lilli Neumann

Dies ist das erste Handbuch in deutscher Sprache über theatertherapeutische Praxis in verschiedenen Institutionen und Einrichtungen Deutschlands. Alle AutorInnen, die aus den unterschiedlichen Praxisfeldern berichten, in denen mit den Mitteln des Theaters therapeutisch gearbeitet wird, sind Mitglieder der Gesellschaft für Theatertherapie. Diese Gesellschaft existiert seit 1994 in Deutschland und hat es sich zur Aufgabe gemacht, die heilsame Kunst des Theaters in individuellen und sozialen Brennpunkten zu verbreiten. Sie will zur Etablierung dieser Form der Künstlerischen Therapien im Gesundheitsbereich beitragen, neue Praxisfelder erschließen und die Berufsinteressen für die in diesen Arbeitsfeldern tätigen Dramatherapeuten und Theatertherapeuten vertreten.

Warum Theater und Therapie verbinden? Ist nicht schon die alleinige Theaterkunst heilsam? Warum auch noch Theatertherapie – wer braucht das? Spielen wir nicht schon viel zuviel (schlechtes) Theater im täglichen Rollenspiel, und ist nicht gerade in therapeutischen Zusammenhängen das „Rollen spielen", das „so tun als ob", die un-authentische Persönlichkeit, das „falsche Selbst", der theatralische Mensch, die dramatische Geste der Hysterikerin – die Liste wäre noch fortzusetzen – besonders unbeliebt? Warum sollen psychisch erkrankte Menschen Theater spielen, oder Alte, Behinderte, sogar vielbeschäftigte, vielleicht ausgebrannte Manager? Die Frage nach den Zielgruppen spiegelt nur einen Komplex wider, mit denen sich die Gesellschaft für Theatertherapie auseinandersetzt.

Praktiker melden zunehmend einen Bedarf an Auseinandersetzung über Fragen und Probleme an, die in der Praxis auftauchen. Die international gemachten Erfahrungen werden in Symposien in den Vereinigten Staaten und in Europa ausgetauscht. Der Stand der dort diskutierten Erkenntnisse soll und muss zunehmend von institutionellen Vertretern dieser Berufsgruppen vermittelt werden.

Dabei stehen zwei große Bereiche auf der Tagesordnung: die Fragen nach einer Theoriebildung für die Künstlerischen Therapien und die Aufgaben von Entwicklung und Forschung in diesen Bereichen.

1. Welche Einflüsse haben Therapieschulen (Humanistische Therapien, Psychoanalyse, Verhaltenstherapie u.a.) auf die Dramatische Therapie, auf Künstlerische Therapien insgesamt?

   Welche Kenntnisse aus der Kreativitäts- und Intelligenzforschung können für den therapeutischen Einsatz des Theaters und seiner Möglichkeiten genutzt werden?

   Was liefern die Theorien der Ästhetik?

2. In Anbetracht der Kostenexplosion im Gesundheitswesen wird auch für die Künstlerischen Therapien die Forderung nach wissenschaftlicher Überprüfbarkeit der Wirkung von Psychotherapie (Psychotherapieforschung) gestellt.

Das heißt, die Fragen nach Methodenentwicklung und Wirksamkeitsforschung rücken unter den Perspektiven systematischer, auf Krankheitsbilder und Klientenprofile abgestimmter Anwendungsmodi ins Blickfeld. Die Künstlerischen Therapien müssen sich, sofern sie vom Gesundheitswesen als legitime gleichberechtigte Therapieformen anerkannt werden wollen, den Maßstäben einer Legitimationsforschung unterziehen; das bedeutet, sie müssen Ziel- und Leistungskataloge auf der Basis empirischer Effizienzforschung erstellen.

Es handelt sich hier um lauter Fragen, die zur Zeit individuell verschieden beantwortet werden. Die Erfahrungen mit Theaterspielen und seinen vielseitigen Methodenbereichen in der Arbeit mit unterschiedlichen Krankengruppen und mit Menschen in unterschiedlichen Lebenslagen und Lebenskrisen sind bei weitem nicht ausschöpfend erprobt und erst recht nicht international aufgearbeitet und wissenschaftlich vergleichbar.

Dieses Buch soll einen Beitrag aus der Praxis zur individuellen Beantwortung dieser Fragen liefern. Es will einen faszinierenden Einblick in die praktische Arbeit bieten, methodische Anregungen geben, eher neugierig machen als mit zu frühen Antworten befriedigen.

Babylonische Sprachverwirrung

Bevor der Leser in die einzelnen Artikel eingeführt wird, soll noch etwas zu den Begriffsverwendungen gesagt werden.

Dramatherapie, Therapeutisches Theater, Theatertherapie, Psychodrama, therapeutisches Rollenspiel, Rituelles Theater werden über weite Strecken undefiniert und zum größten Teil unterschiedslos verwendet, auch wenn sie im Einzelnen unterschieden werden könnten. Dies zeigt nichts anderes, als dass es sich bei dieser Form von Künstlerischen Therapien eben um eine sehr junge Disziplin handelt, die fachwissenschaftlich gesehen noch keine weitreichende, erst recht keine abschließende Begrifflichkeit und damit international diskursfähige differenzierte Fachsprache entwickelt hat.

Im englischsprachigen Raum hat sich der Begriff „dramatherapy" (s. G. Martens, in diesem Buch) verbreitet. Das Wort Drama beinhaltet, anders als im Deutschen, wo es eine Literaturgattung bezeichnet, sowohl die Begriffe Schauspiel und Theater als auch das Drama und die Dramaturgie sowie damit zusammengesetzte Worte wie dramatic school oder dramatic critic. Es beinhaltet darüber hinaus wohl auch die Konnotationen, die im Deutschen eher ablehnende Gefühle hervorrufen, würde man von „dramatischer Therapie" sprechen, wie z.B. dramatisch im Sinne von übertrieben, Aufsehen erregen, theatralisches Getue, unecht sein, sich wichtig machen, ausagieren.

Im englischsprachigen Bereich sind diese Assoziationen nicht im Vordergrund. Die auf den ersten Blick fehlenden Implikationen in der Wahl für „dramatherapy" sind auf der einen Seite die Zuspitzung aufs Theater, also auf Aufführungen hin: creating plays and work for performances. Auf der anderen Seite wird der Teil nicht pointiert, der psychotherapeutische Interventionen meint, ein Aspekt, den Emunah, wie in den Artikeln von Martens und Stoltenhoff-Erdmann beschrieben, mit „culminating enactment" benennt.

Die Bezeichnung „szenische Verfahren" in der Psychotherapie ist verschiedentlich wegen seiner stärkeren Akzentuierung als tiefenpsychologisch orientierte Methode und wegen seines neutraleren Charakters auch in den Staaten angedacht worden. Er grenzt aber zu sehr den Kunstaspekt aus, der in den Kreativen Therapien der entscheidende Motor ist, und diese Therapien vom Grunde her von anderen Therapieformen unterscheidet. Hier liegen die analytisch orientierten Therapieformen in den Künstlerischen Therapien mit den eher erlebnisorientierten und ganzheitlichen Therapieformen wie Gestalttherapie, Integrative Therapie, humanistische Therapieströmungen ganz allgemein, teilweise im Kontrast.

In Deutschland ist nach wie vor der Einsatz theatraler Übungen zur Förderung der Spontaneität und die Verwendung von szenischer Arbeit für die Bearbeitung seelischer Konflikte eher mit dem klassischen Psychodrama nach Moreno verbunden. Hier liegt ein klar umschriebenes Methodenrepertoire vor, mit dem vertiefend und aufdeckend an alten und aktuellen Konflikten mit sich und anderen gearbeitet werden kann.

Wenn der theatrale Aspekt in der Trias von: ❯ Stückentwicklung ❯ Inszenierung ❯ Aufführung im Vordergrund steht, wird im europäischen Raum vielerorts auf das sogenannte Therapeutische Theater von Iljine[1] Bezug genommen: Gruppendynamische

---

[1] Iljine, V.N., (1972), Das therapeutische Theater, in: Petzold, H., Hrsg., Angewandtes Psychodrama in Therapie, Pädagogik, Theater und Wirtschaft, Paderborn, S. 168ff.

Befindlichkeiten, aktuelle Themen in der Gruppe psychiatrischer Patienten auf dem diagnostischen Hintergrund des Psychiaters liefern das sogenannte „Rahmenstück". Für dieses Rahmenstück werden Szenenimprovisationen zu einem Handlungsplot entwickelt, in den die Mitglieder der Theatergruppe ihre Gefühle, Wünsche und Konflikte hineinlegen können. Schließlich kommt es auch zur Aufführung. Es handelt sich also auch hier um ein systematisch aufeinander bezogenes Methodensetting.

Eine besondere Sprachvariante stellt die anthroposophisch ausgerichtete Ausbildung in „Schauspieltherapie" an der Fachhochschule Ottersberg dar. Hier wird besonders stark der Akzent auf die Orientierung an der Theaterkunst gelegt. Die Bezeichnung ist im deutschsprachigen Raum z.Zt. etwas irreführend, da sich gerade in den letzten 15 Jahren eingebürgert hat, das Wort „Schauspiel" auf den professionellen Bereich der Ausbildung von Schauspielern ohne jede Implikation von Pädagogik und Therapie zu reservieren, um Missverständnisse in der Sprachregelung zu vermeiden.

In Deutschland fließen in Fachgesprächen die Begriffe Dramatherapie und Theatertherapie stets ineinander, da viele Dramatherapeuten in Nijmwegen ihre Ausbildung erhalten haben, wo es „dramatherapy" heißt, und das, was in Deutschland unter der Bezeichnung Theaterpädagogik schon eine lange Tradition hat, in den Niederlanden – ebenso wie in den Staaten – unbekannt ist.

In dem ersten Ausbildungsgang vom Fritz-Perls-Institut in Hückeswagen hieß die Weiterbildung „Dramatherapie und Therapeutisches Theater". Hier werden beide Aspekte, der therapeutische Einsatz von Übungen, Spielen, Körperarbeit, Wahrnehmungs-, Kommunikations- und Interaktionstraining aus dem Schauspielbereich einerseits und andererseits der Performance-Bereich in Form von Stücken, die thematisch auf die Spieler bezogen sind, in der Bezeichnung inkludiert.

Wird in den kommenden Texten die Formulierung „Therapeutisches Theater" verwendet, darf man nicht davon ausgehen, dass die Methode Iljines im engeren Sinne praktiziert wird bzw. gemeint ist. In der Regel setzen die Praktiker sich mit der Betitelung „therapeutisches Theater" von der Theaterpädagogik ab, um deutlich zu machen, dass Theater dezidiert auf der Basis therapeutischen Handelns praktiziert wird und der therapeutische Effekt nicht ein Begleitphänomen ist, wie er in theaterpädagogischer Arbeit vorkommen kann.

In der Gesellschaft für Theatertherapie wird der Begriff Theatertherapie als Dachbegriff für alle szenischen, theatralen und interaktiven Formen in therapeutischen Settings verwendet. In den einzelnen Artikeln werden die Begriffe je nach der persönlichen professionellen Herkunft verwendet, und der Leser ist aufgefordert, das jeweilige Verständnis für den verwendeten Begriff im Rahmen der beschriebenen Arbeit zu finden.

Innerhalb der Texte werden die therapeutischen Arbeitsschritte genauer unterschieden, so dass trotz fehlender Definitionsregelungen durchaus deutlich wird, wann es sich um psychodramatisches Spiel handelt, wann um dramatherapeutische Übungen oder Inszenierungsarbeiten.

Man kann innerhalb dessen, was zum Gesamtbereich der Theatertherapie gezählt werden kann, grob folgende Schwerpunkte erkennen, welche sich in der Praxis zwar überschneiden und vermischen, aber hier für ein analytisches Verstehen zunächst einmal auseinandergehalten werden sollen:

Als **psychodramatisch** innerhalb des therapeutischen Theaters können wir alle szenischen Interventionen bezeichnen, die im engeren Sinne mit den Methoden des Psychodramas durchgeführt werden wie z.B. Rollentausch, Doppeln etc.. Diese Methoden arbeiten direkt am Konflikt, sind aufdeckend und zielen auf die Bewusstwerdung der Ursprungsszene des Konflikts, der Ursachen ab, decken die versteckte Szene auf. Wir grenzen zunächst auf diesen engen Bereich ein, auch wenn im aktuellen Stand des Psychodramas als auch vom Ausgangspunkt Morenos her u.a. das warming-up, die Kreativierungsphase und das Stegreifspiel als Ursprungsform der Improvisation dazugehören und nicht nur die tiefenanalytische Phase als Wesenskern des Konzepts begriffen wird.

Die nächste Begrifflichkeit ist noch wesentlich schwieriger zu fokussieren, da es sich um die Bezeichnung der Bereiche handelt, die als **dramatherapeutisch** umschrieben werden sollen. Einmal ganz unabhängig davon, dass der Terminus „Dramatherapie", wie weiter oben schon dargelegt, im anglo-amerikanischen Sprachgebrauch als Dachbegriff für alle szenischen Therapieverfahren verwendet wird im Unterschied zur deutschen „Theatertherapie", wollen wir zum propädeutischen Verständnis in diesem Feld folgende Beschreibung vornehmen: Als dramatherapeutisch lassen sich Interventionen bezeichnen, die nicht psychodramatisch sind, aber auch nicht im engeren Sinne theatral oder rituell. Der gesamte Bereich des spontanen Spiels gehört hierin, dessen vielfältige Formen und Kategorien hier nicht näher spezifiziert werden können. Hierzu zählen auch spieltherapeutische Verfahren, und natürlich das schier unerschöpfliche Feld an Schauspielübungen, die körperliche Aktivierung, Verkörperungen, Ausdruck, Selbst- und Fremdwahrnehmung, Interaktion und Kommunikation fördern.

Hier seien auch Methoden genannt aus den Überschneidungsbereichen von Theater und Psychotherapie, z.B. das Arbeiten mit Tableaus (auch als Skulpturarbeit bezeichnet), voice dialogue (das zu Worte kommen lassen von Teilpersönlichkeiten) und vieles mehr. Dramatherapeutische Interventionen lassen sich jeweils neu aus der aktuellen Szene entwickeln und können von daher sehr viele Formen annehmen.

Als **theatertherapeutisch** können wir solche Verfahren bezeichnen, die „theatral" im engeren Sinne sind, und von daher mehrere Mittel des Theaters und/oder des Rituals verwenden: Rollenfiguren, Texte/Narrationen, Requisiten, Kostüme, Handlung/Plot, Spannungsbogen, Bühne, Licht, Musik etc. und die zur Aufführung drängen.

Das **Ritual** stellt eine Sonderform des theatralen Prinzips dar. Das Ritual enthält sui generis (seit den Ursprüngen der Menschheit) den Heilungsgedanken, da alle Handlungen, die den Einzelnen in einer vorher festgelegten Handlungsabfolge in die Gruppe einbinden, der Stabilisierung des jeweils sozial übergeordneten Prinzips (Natur, Ahnen, Gemeinschaft) dienen und somit eine Art „Kraftmaschine" darstellen.[2]

Da alle drei Formen innerhalb einer therapeutischen Gruppenarbeit eingesetzt werden können, gibt es, wie schon erwähnt, viele Mischformen. Emunah (vgl. die Beiträge von Martens und Stoltenhoff-Erdmann in diesem Band) hat dies in ihrem Phasenmodell berücksichtigt. Die verschiedenen Methoden können sowohl innerhalb einzelner Gruppensitzungen vorkommen oder als Phasen innerhalb einer Gruppenentwicklung betrachtet werden. Sie können aber auch als einzelne abgegrenzte Methodenbereiche für spezifische Zielgruppen vorbehalten sein.

Die Sprachverwirrung wird noch größer, da sich außerhalb professioneller therapeutischer Settings (Klinische Arbeit/psychotherapeutische Praxen) eine Grauzone des – nennen wir es mal so – quasitherapeutischen Handelns entwickelt hat.

In den Arbeitsfeldern, in denen mit der Kunstgattung Theater gearbeitet wird, lassen sich sehr unterschiedliche Tätigkeiten finden, welche die Viererkonstellation:
➤ Spieler/Spielerinnen
➤ Theaterkunst
➤ Methode
➤ berufliche Kompetenz des Trainers/Pädagogen/Therapeuten
zusammenfassen.

So können Vermittlungsprozesse im künstlerischen Handlungsfeld Theater begriffen werden als:

1. kunstpädagogisches Handeln
2. pädagogisches Handeln
3. heilpädagogisches Handeln
4. therapeutisches Handeln im weiteren Sinn

---

2 Jung, C.G., (1971), Über die Energetik der Seele, Olten, insb. S. 58ff.

5. therapeutisches Handeln im engeren Sinne
6. psychotherapeutisches Handeln
7. psychiatrisches Handeln.³

Oft wird schon dann von Therapie gesprochen, wenn man keine kunstpädagogische Arbeit macht, also keine Kultur- und Kunstvermittlung im engeren Sinne betreibt (Nr. 1), was den Therapiebegriff sicherlich überstrapaziert. Oft wird mit Rekurs auf die Vermittlung des Kunstaspektes in der Theaterpädagogik abgehoben und darin die zentrale Abgrenzung zur Theatertherapie gesehen.

Es gibt jedoch innerhalb der Theaterpädagogik und der Heilpädagogik auch Ansätze, die nicht primär auf eine Erziehung hin zur Theaterkunst im Sinne einer kulturellen Bildung ausgerichtet sind, sondern pädagogische Ziele verfolgen, damit aber noch nicht therapeutisch genannt werden wollen bzw. können. Auf der anderen Seite ist der Kunstaspekt aus der Theatertherapie nicht auszugrenzen. Zwar können wir sagen, dass im therapeutischen Theater der Spieler und die Spielerin sich in der Regel selbst spielen (was in der Theaterkunst immer leicht als Abwertung verstanden wird, wenn man dies über einen Profi sagt, obwohl die originäre Sprache des Künstlers unter bestimmten Gesichtspunkten in Ansätzen auch immer etwas davon hat).

In der Theatertherapie wird, das ist richtig, der künstlerische Ausdruck primär zum Möglichkeitsraum der existentiellen Reflexion. In bestimmten Bereichen der Theatertherapie und in bestimmten Phasen der therapeutischen Entwicklung ist die Auseinandersetzung mit der Form und damit auch der Anspruch einer an Professionalität orientierten Theaterarbeit ein wichtiges Moment in der therapeutischen Entwicklung, die in enger Beziehung zur Entfaltung und Stabilität des Selbst steht. Wenn Interessen, Neigungen und Begabungen sich an Herausforderungen binden, die sich auch an Maßstäben öffentlicher Rezeption messen lassen können bzw. wollen, kann dies einen bedeutenden Schritt in Richtung Heilung kennzeichnen.

In vielen Fällen wird manchmal von theatertherapeutischem Handeln oder Dramatherapie gesprochen, ohne Therapie im engeren Sinne sein zu wollen oder zu können, z.B. wenn:

➤ das Thema auf irgendeine Weise persönliche Erfahrungen berührt, z.B. biographisch zentrierte Theaterarbeit;

---

3 vgl. dazu auch Petzold, H.; Sieper, J., Kunst und Therapie – Überlegungen zu Begriffen, Tätigkeiten und Berufsbildern, in: Die neuen Kreativitätstherapien, Hrsg.: Petzold/H.; Orth, (1990), Paderborn oder auch: Menzen, K.H., (1998), Innere Bilder – Gestörte Bilder, in: kfh focus, keine Kunst sozial(e) Kunst, Heft Nr. 8, Freiburg, insbes. S. 52–59.

➤ wenn die Theaterarbeit auf humanistische Therapieziele wie auf persönliches Wachstum angelegt ist, z.B. feministische Theaterarbeit;
➤ wenn das Klientel „sozial schwierig" ist, z.B. aggressive Jugendliche,[4]

um nur drei Bereiche sozialer Arbeit bzw. der kulturellen Sozialarbeit oder sozialen Kulturarbeit und der Erwachsenenbildung zu nennen. Hier greift seit den sozialen Bewegungen der 1970er Jahre der Selbsterfahrungsaspekt auch in die künstlerischen Bereiche hinein, wo sie der Identitätssuche, des persönlichen Wachstums und der Selbsterkenntnis dienen können. Die Autorin selbst würde hier den Begriff eines persönlichkeitsbezogenen Lernens vorziehen, anstatt den Begriff Therapie auch hier einzusetzen.

Diese Art der Sprachverwendung wirft eine Reihe von Problemen auf, die wir hier nicht erörtern wollen/können.

Sofern Theatertherapie im klinischen Bereich stattfindet, ist die Frage, ob es sich um Therapie handelt, sofort mit Ja zu beantworten: Und dies gilt ganz unabhängig davon, ob mit theatralen Mitteln direkt an den Schwierigkeiten, den Defiziten gearbeitet wird oder ob „einfach" Theater gespielt wird. Es handelt sich um Therapie, da die Theatertherapeutin über das professionelle Handwerkszeug verfügt, bei Schwierigkeiten des Klienten im Spiel therapeutisch fundiert und unter Umständen auf dem Hintergrund der Diagnose, falls dies gerade angemessen zu sein scheint, mit den Mitteln des Mediums zu intervenieren.

Außerhalb des klinischen Bereichs fußt die Arbeit des Theatertherapeuten mit Klientel, das „krank" ist oder „krank" war, z.B. Theaterarbeit mit AA-Gruppen oder rehabilitative Arbeit mit vormals Drogenabhängigen, um nur zwei Bereiche zu nennen, ebenfalls auf einem fundierten therapeutischen Know-how. Die Schauspielarbeit ist u.U. von außen gesehen von einer theaterpädagogischen Vorgehensweise für den Laien kaum zu unterscheiden. Dennoch ist das Setting ein völlig anderes, wenn es sich um Therapie handelt, es weist dadurch andere Verhaltensweisen und Beziehungsstrukturen auf, und man muss in der Regel auch mit anderen psychischen Schwierigkeiten in der Schauspielarbeit rechnen als in pädagogischen Bereichen.

In theaterpädagogischen Zusammenhängen reagiert man auf die Tatsache, dass Theaterarbeit nicht nur bei psychisch kranken oder sozial verletzten Personen, sondern auch bei sogenannten gesunden Menschen unbewusstes Material triggern kann, sehr unter-

---

[4] Kruse, Otto, (1990), Kreativität als Ressource für persönliches Wachstum, darin: Chesner, A., Dramatherapie, Psychodrama und Playback-Theater, Tübingen, S. 57ff.

schiedlich. Zum einen plädiert man dafür, in der Ausbildung von Theaterpädagogen Kompetenzen mit zu vermitteln für den Umgang mit Dingen, die durch das Theaterspielen ausgelöst werden (Interventionstechniken) und von der reinen Trainings- und Probenarbeit ablenken. Zum anderen will man alle Trainingsmethoden aus dem Schauspielbereich für Laien ausgrenzen oder auf niedrigem Level halten, wie z.B. die Psychotechniken nach Tschechow, oder bestimmte Formen des Verkörperns, das emotionale Gedächtnis oder Formen der aktiven Imagination u.v.m.[5]

Ohne noch detaillierter auf Unterschiede und Gemeinsamkeiten eingehen zu können, hoffen wir, dass zentrale Trennlinien deutlich geworden sind. Es wird sicherlich eine Aufgabe der Zukunft sein, therapeutisches Handeln mit den Mitteln des Theaters differenziert zu benennen, je nachdem, wie im kommenden Beispiel einer Körperbehinderung gezeigt, auf welchem Level die verschiedenen Interventionen angesetzt sind:

➤ wenn z.B. bei Körperbehinderten über spielerische Mittel an den Handicaps gearbeitet wird, um deren Funktionsgrad zu erhalten oder zu verbessern,
➤ wenn die durch die Körperbehinderung ausgelöste Belastung für die seelische Befindlichkeit Gegenstand dramatherapeutischer Behandlung ist,
➤ wenn die Behinderung zu Beeinträchtigungen im individuellen und sozialen Kontext führt, die durch theatrale Gruppenaktivitäten ausgeglichen werden können, bzw. Ressourcen, die durch die Behinderung entwickelt wurden, mit den Mitteln des Spiels gestärkt und weiter ausgebaut werden sollen,
➤ wenn z.B. ein körperbehinderter Mensch, der z.B seelische Schwierigkeiten aus der familiären Interaktion heraus hat, dramatherapeutisch behandelt wird,
➤ wenn die Schwierigkeiten die Form diagnostizierbarer psychischer Störungen eines bestimmten Schweregrades annehmen, und eine dramatherapeutische Arbeit im klinischen Raum notwendig wird (vgl. dazu auch die Operationalisierung von J. Junker über Dramatherapie in den NL).

Aus der Praxis deutscher Theatertherapie

In den kommenden Artikeln werden auf sehr unterschiedliche Weise Einblicke in die Praxis deutscher Dramatherapie und des Therapeutischen Theaters gewährt. Praktiker, die aus verschiedenen Institutionen und Einrichtungen kommen und Vertreter unterschiedlicher Therapierichtungen sind bzw. an verschiedenen Ausbildungsstätten im In- und Ausland für diese Form von Künstlerischen Therapien qualifiziert wurden,

---

5 vgl. auch den Sammelband Klosterkötter, B., Hrsg., (1994), Grenzüberschreitungen, Theater-Theaterpädagogik-Therapie, Remscheid.

haben über ihre Arbeit mit unterschiedlichen Zielgruppen bei diversen psychischen Erkrankungen und Schwierigkeiten Berichte geliefert. Ihre Antworten sind in Stil und Form so unterschiedlich wie die von ihnen entwickelte „Art", Dramatherapie mit den ihnen anvertrauten Menschen oder Gruppen umzusetzen; denn Therapie an sich ist ja selbst auch eine Kunst, und das nicht nur in den Kunsttherapien.

So liegen Beschreibungen mit eher essayistisch-narrativen Formen vor, ebenso theoriebegleitende Ausführungen von Einzelbehandlungen und in Aspekten fachwissenschaftlich gestützte Analysen von Gruppenprozessen. Es wird also eher auf Vielfalt gesetzt, um erste Einblicke in die Dimensionen und Determinanten dieser so jungen Form innerhalb der Künstlerischen Therapien in Deutschland zu geben.

Die Beiträge sind demnach nicht systematisch, so dass der Leser – ganz nach Neigung – an jeder beliebigen Stelle anfangen kann zu lesen; deshalb auch Handbuch. Nicht systematisch meint auch, dass die Artikel nicht alle mittlerweile möglichen theatralen Formen und Methoden abbilden (z.B. Unternehmenstheater, Supervision), mit denen inzwischen gearbeitet wird bzw. werden kann.[6] Die Fülle der schon vorhandenen Materialien haben zu dem hier vorliegenden Buch geführt. Die 17 Artikel werden in drei große Bereiche eingeteilt.

I. Dramatherapie und Therapeutisches Theater

Im ersten Teil erhält der Leser von Ausbildern und Dozenten deutscher bzw. niederländischer Ausbildungs- und Weiterbildungseinrichtungen für Dramatherapie (HIGW, Akademie Remscheid, FH Nijmegen) Grundlageninformationen über die Entwicklungen und den Stand von Dramatherapie bzw. Theatertherapie. Es wird die angloamerikanische Dramatherapie im vergleichenden Rezensionsspiegel englischsprachiger mit deutschprachigen Veröffentlichungen vorgestellt und in den niederländischen Ansatz eingeführt. Der Bereich schließt mit der Beschreibung konzeptioneller Eckpfeiler der Ausbildung im Therapeutischen Theater am Hamburger Institut für Gestaltorientierte Weiterbildung.

Die anderen beiden Hauptteiles dieses Buches enthalten Artikel aus dem Bereich der freien Praxis (II) einerseits und aus dem Klinischen Raum (III) andererseits:

---

6 Nicht alle Einrichtungen sind vertreten (z.B. Geriatrie, Alten(pflege)heime, Reha-Kliniken u.a.), in denen sehr gewinnbringend für das Klientel mit Theater gearbeitet wird. Auch viele andere Problemfelder werden vorerst nicht dargestellt, in denen Dramatherapie eingesetzt wird, so z.B. im Strafvollzug oder – ganz aktuell – bei Migranten, ebenso nicht die sehr spezifischen seelischen Thematiken wie bei Folgen von sexuellem Missbrauch oder bei dementiell erkrankten Menschen.

II. Berichte aus freier Praxis und psychosozialer Arbeit

Hier finden sich Beiträge aus den Praxen ambulanter Psychotherapie (Neumann, Müller) mit Menschen verschiedener neurotischer Schwierigkeiten und aus Institutionen unterschiedlicher psychosozialer Arbeit (psychosoziale Beratungsstelle, Erziehungs- und Drogenberatungsstelle, soziokulturelles Forum, Erwachsenenbildung). Letztere Gruppe beschreibt die Arbeit mit Suchtpatienten (Lutz), Drogenabhängigen (Ensel, Bogdal) und mit schwer kriegstraumatisierten Kindern (Levin).

III. Dramatherapie und Therapeutisches Theater im klinischen Bereich

Im klinischen Bereich haben wir verschiedene Krankengruppen in der Behandlung mit Dramatherapie: schwer traumatisierte Frauen (Nowak), Menschen mit sexueller Delinquenz (Labonté), an Schizophrenie erkrankte Menschen (Junker), psychiatrisch erkrankte Jugendliche unterschiedlicher Problematik (van Dyke, Ruß).

Hinzu kommen zwei Berichte aus den Bereichen psychiatrisch-/psychotherapeutische Ambulanz mit verschiedenen Erkrankungen (Stoltenhoff-Erdmann/Merschmeyer) und aus der Arbeit mit psychiatrischen Patienten, vornehmlich im Bereich der Borderlinestörung in einer Tagesklinik (Häger).

Zu den Artikeln

Teil I:

Gitta Martens zeigt mit ihrem Aufsatz „Der Weg zur Theatertherapie in Westdeutschland" eine Entwicklung auf, die Ende der 1970er Jahre ihren Anfang genommen hat: Psychotherapieformen verbinden sich mit theaterpädagogischem Handeln. Diese ersten Ansätze von therapeutischem Theater und Dramatherapie in Deutschland verfolgt die Autorin bis in die 1990er Jahre hinein. Der Leser kann die gegenwärtige Situation in Deutschland auf dem Hintergrund ihrer historischen Informationen gut nachvollziehen.

Gandalf Lipinski zeigt in seinem Artikel „Das Theater als heilende Gemeinschaftskunst" Spanne und Spannung auf zwischen der gegenwärtigen gesellschaftlichen Situation des Theaters und dem Anwachsen des Interesses, Theater zu spielen. Er sieht darin eine Sehnsucht nach der ursprünglichen Funktion des Theaters: Authentisches Selbsterleben durch Rückbindung und Einbindung in eine Gemeinschaft. Lipinski nimmt dezidiert Stellung für den Kunstaspekt als heilenden Faktor in der Theaterkunst und weist kritisch auf die Surrogate des Theaters durch therapeutische Nutzung wie im Rollenspiel und im Psychodrama hin. Er schlägt für die Theatertherapie einen mehrstufigen Therapiebegriff vor, der in seiner weitesten Ebene die Heilung der Gesellschaft integriert.

Gitta Martens gibt in ihrem Artikel „Dramatherapie, ein Literatureinblick" Einsicht in anglo-amerikanische Ansätze der Dramatherapie, die sie aus dem Studium der bislang nur im Englischen vorliegenden Literatur, aber auch durch eigene Erfahrungen mit den vorgestellten Autoren auf Kongressen, Workshops und Hospitationen gewinnen konnte. Sie blättert die zentralen Positionen der Gründungsmütter und -väter auf (Sue Jennings, Renee Emunah, David R. Johnson, Robert Landy), vergleicht sie in ihren zentralen Grundannahmen und nennt ihre mehr oder weniger präferierten wissenschaftlichen Bezugssysteme.

Dramatherapie in den Niederlanden kann schon auf eine viel längere Tradition zurückschauen als in Deutschland. *Johannes Junker* beschreibt in seinem Artikel „Dramatherapie in den Niederlanden" die gesellschaftspolitischen Etappen seit den 1960er Jahren, in denen sich die Kreativ-Therapien, in welche die Dramatherapie berufsgruppenmäßig gesehen zugeordnet wird, zu inzwischen anerkannten Psychotherapieformen entwickelt haben. Er bewegt sich ganz in Richtung der aktuellen Psychotherapieforschung, die sich um „summative Integration"[7] der schulenübergreifenden Wirkfaktoren bemüht.

Doris Müller-Weith beschreibt in ihrem Artikel „Theatertherapie made in Germany" die Ausbildungssituation in Deutschland und skizziert sechs Grundpfeiler der Theatertherapie-Ausbildung am HIGW (Hamburger Institut für Gestaltorientierte Weiterbildung).

Teil II:
Lilli Neumann beschreibt in ihrem Artikel „Vom Traum zum Theater" einen Inszenierungsprozess mit KlientInnen aus freier psychotherapeutischer Praxis, die wegen unterschiedlicher Schwierigkeiten (Ess- und Angststörungen, Folgen sexuellen Missbrauchs) und Konfliktlagen (Partnerschaftsprobleme, Verlusterfahrungen) in die Praxis gekommen waren. Die individuellen Beziehungsstationen der SpielerInnen werden in einem dialektischen Spiel von seelischer Auseinandersetzung und künstlerischer Formgebung, orientiert am Inszenierungsstil der Montage, in der Gruppe bearbeitet und auf die Bühne gebracht. Hier wird beschrieben, wie Selbstausdruck und Kunstproduktion im Sinne eines Werkschaffens eine heilsame Partnerschaft eingehen können.

Doris Müller-Weith führt den Leser fast poetisch durch eine theatertherapeutische Gruppenarbeit mit Frauen aus ihrer psychotherapeutischen Gestaltpraxis zum

---

7 Wagner, R.F., Becker, P., Hrsg., (1999), Allgemeine Psychotherapie, Neue Ansätze zu einer Integration psychotherapeutischer Schulen, Göttingen.

Themenfeld „Weibliche Identität erweitern und stärken". Man wird beim Lesen dieses Textes in einen theatralen Parcours hineingezogen, auf dem man spielenden Frauen begegnet, die sich in großen Etappen entscheidenden Gefühlsräumen stellen: „Weiblichkeit, Konkurrenz, Stärken und Schwächen in ihren Gefühlsfacetten von Angst, Wut, Liebe, Hass, Neid ...". Der theatertherapeutischen Prozessbeschreibung folgen grundlegende Reflexionen zum Zusammenhang zwischen Kultur und Gesellschaft, psychischen Erkrankungen und Therapie.

Christian Bohdal beschreibt die therapeutische Arbeit mit Masken, die im Rahmen der Schauspieltherapieausbildung in Ottersberg fester Bestandteil ist. Er vertritt einen sehr spezifischen, an der Kraft des Spiels und der Kunst orientierten Ansatz, der vielleicht nur dem von Laura Sheleen[8] nahekommt.

Ingrid Lutz hat an einer psychosozialen Beratungsstelle eine ambulante Nachsorgephase für Suchtklienten eingerichtet, die als theatertherapeutische Maßnahme konzipiert wurde. Inhaltlich geht sie von den typischen Schwierigkeiten von Suchtklienten aus, nämlich die Komplexität von „Leben" auszuhalten, ohne zum Alkohol zu greifen. Die Unfähigkeit, bei Spannungen bzw. in spannungsreichen Situationen auf einer bestimmten Ebene entspannt zu bleiben, wird als Fokus in den Übungen aufgegriffen.

Ähnlich, aber sozusagen von innen heraus, aus der Sicht einer Betroffenen, beschreibt *Dorothea Ensel* in ihrem Artikel „Jetzt muss ich clean sein nicht mehr aushalten" die Wirkungen des produktorientierten Theaterspielens auf Drogenabhängige. Ihre langjährige therapeutische Arbeit mit Drogenabhängigen in der stationären Langzeittherapie hat ihr gezeigt, dass die KlientInnen durch die Theaterkurse der „Wilden Bühne" Zugang zum Theaterspielen und darüber ihren Weg zurück in die Normalität des gesellschaftlichen Alltags gefunden haben.

Ingrid Lutz führt uns danach in die dramatherapeutische Arbeit mit weiblichen Opfern von sexuellem Mißbrauch ein, und mit Tätern, die u.a. auch Sexualdelikte begangen haben. In einem anschaulichen Praxisbogen beschreibt sie differenziert die unterschiedlichen Konditionen, unter denen sie mit den betroffenen Zielgruppen arbeiten kann.

Ilona Levin beschreibt in ihrem Artikel eine Form der Dramatherapie mit kriegstraumatisierten Kindern innerhalb einer Erziehungsberatungstelle. Sie führt den Leser, die Leserin in diese Arbeit ein, indem sie die zentralen Eckpfeiler jeder theaterpädagogischen Arbeit, z.B. Raum, Requisten, Rolle, Szene auf dem Hintergrund der aktuellen Lebenskrise der betroffenen Kinder definiert.

---

8 Sheleen, L., (1987), Maske und Individuation, Paderborn.

Teil III:

Im klinischen Raum beschreibt zunächst *Simone Nowak* ihre Arbeit an der psychosomatischen Abteilung der medizinischen Hochschule Hannover mit schwer traumatisierten Frauen. Die Arbeit mit künstlerischen, kreativen Methoden dient dort der stärkenden, stabilisierenden Vorbereitung für die Traumabearbeitung mit dem Verfahren „Eye Movement Desensitization and Reprocessing" (EMDR). Sie beschreibt die Schwierigkeiten bzw. Besonderheiten im Umgang mit traumatisierten PatientInnen gerade in körperorientierten Therapiegruppen, bevor sie die Möglichkeiten von Stabilisierungsmaßnahmen anschaulich anhand eines Fallbeispiels entfaltet.

Da dieses Lesehandbuch nicht nur für psychotherapeutisch geschulte Berufsgruppen gedacht ist, sondern auch pädagogischen, heilpädagogischen und künstlerisch am Theater interessierten Berufsgruppen zur Information dienen soll, schließen sich ihren Ausführungen Begriffserläuterungen zu traumatischen Ereignissen und posttraumatischen Belastungsstörungen an.

Ilka Labonté berichtet über ihre Arbeit aus der Forensik an den Rheinischen Kliniken Bedburg-Hau. Sie schildert eine Fallentwicklung, in der sie dramatherapeutische Möglichkeiten vorstellt, mit denen man Klienten mit Distanzproblemen beziehungsweise mit einer sexuellen Deviation auf eine holistische intrinsische Weise behandeln kann.

Sie stellt in 40 Sitzungen systematisch und detailliert die dramatherapeutischen Schritte für die Einzeltherapie mit dem zwanzigjährigen (hirngeschädigten) Nico dar, der wegen wiederholtem Exhibitionismus und versuchter Vergewaltigung in die Klinik gekommen war. Vorab klärt sie sexuelle Devianz anhand verschiedener Erklärungsmodelle sexueller Parafilie ab und schließt die Darstellung entsprechender Behandlungsmodelle, eingeschlossen ihres eigenen Ansatzes, an.

Der Artikel von *Johannes Junker* schildert die Behandlungsmöglichkeiten der Schizophrenie mit den Mitteln der Dramatherapie. Hier werden in den grundlegenden Parametern die Elemente einer dramatherapeutischen Fallstudie mit schizophrenen Patienten in Bedburg-Hau nachgezeichnet. Der Leser erfährt einige Grundregeln, die für die dramatherapeutische Arbeit mit diesen Patienten bedacht werden müssen. Dabei werden auch die Basisaspekte des Spielens wie Körper und Bewegung, Raum und Zeit, Fiktion und Realität, d.h. die besondere Rolle, die Phantasie und Phantasien für die an Schizophrenie erkrankte Menschen haben, für die therapeutische Arbeit mit dieser Klientengruppe bedacht.

Die Dramatherapeutinnen *Bettina Stoltenhoff-Erdmann* und *Bettina Merschmeyer* geben einen anschaulichen Einblick in ihre dramatherapeutische Gruppenarbeit mit psychisch kranken Menschen innerhalb der Ambulanz der Abteilung für Psychosomatik und Psychotherapeutische Medizin des Gemeinschaftskrankenhauses Herdecke. Beide arbeiten nach dem Phasenmodell von Emunah, das schon von G. Martens und J. Junker in ihren einführenden Artikeln unter zwei verschiedenen Blickwinkeln vorgestellt wurde. Hier nun kann der Leser die Phasen auf ihre praktische Anwendung hin kennenlernen. Die beiden Autorinnen stellen Schritt für Schritt ihre Vorgehensweise der Gruppenkonsolidierung dar, sowie die verschiedenen spielerischen Etappen vom spontanen Spiel bis zum dramatischen Ritual. Von Stufe zu Stufe fortschreitend wird die LeserIn in das Zusammenwirken von Ausdrucksformen des Theaterspiels in Verbindung mit psychotherapeutischem Handeln eingeführt.

Ganz anders die Arbeit von *Regina Häger* in ihrem Artikel „Theatertherapie in einer psychiatrisch-psychotherapeutischen Tagesklinik" in Hamburg: Die Kern-Zielgruppe sind Borderlinepatienten, aber auch Angstpatienten und Depressive finden sich in der theatertherapeutischen Gruppenarbeit der Tagesklinik. Im Zentrum der Ausführungen steht die an Beispielen nachzuvollziehende Darstellung einzelner Arbeitsschritte einer Patientin innerhalb der Gruppe und in der Einzeltherapie.

Bei Regina Häger dient der Begriff „Theatertherapie" als Oberbegriff, unter dem auch eine therapeutische Szenenarbeit einbegriffen wird, welche direkt am Konflikt ansetzt: Die PatientInnen spielen sich selbst und „erleben" dabei im therapeutischen Schutzraum ihre Themen und Konflikte neu und gewinnen erweiterte Perspektiven; sie übernehmen dabei meist keine Theaterrollen bzw. entwickeln keine projektiven Bühnenfiguren. D.h. es handelt sich klassischerweise nicht i.e.S. um eine *erlebnisorientierte* Theatertherapie[9], sondern um eine *konflikorientierte* dramatherapeutische Szenenarbeit, die in Richtung sozialtherapeutisches Rollenspiel hin tendiert und auch Ähnlichkeit mit dem Psychodrama aufweist.

Sophia van Dyk beschreibt eine Inszenierungsarbeit zum Stück „Lila" von Goethe mit einer Jugendgruppe in der jugendpsychiatrischen Abteilung im Gemeinschaftskrankenhaus Herdecke. Ihre Arbeit, die Schauspieltherapie, ist Teil der Dramatherapie, d.h. hier ist Dramatherapie der Überbegriff für aktionale und szenische Methoden, worunter auch Inszenierungen fallen.

Das Besondere an dem hier aufgezeigten Arbeitsmodell ist das Schwergewicht, das auf die Einzeltherapie gelegt wird. Hier nämlich erfolgt die Arbeit an der Rolle. Auf diese Weise ist die Integration der Einzelarbeit in einen gemeinsamen künstlerischen Gestaltungsprozess ein eigener therapeutischer Raum für den Einzelnen innerhalb der Gruppe.

---

9 Petzold, H., (1982), Dramatische Therapie, Stuttgart.

Anika Ruß erzählt in ihren Ausführungen ebenfalls über Theaterarbeit mit Jugendlichen in der Psychiatrie. Sie arbeitet auf der Psychiatrischen Station des Elisabeth-Kinderkrankenhauses in Oldenburg mit Jugendlichen im Alter von 12–17 Jahren mit unterschiedlichen Problematiken (Depressionen, Essstörungen, Hyperaktivität u.a.). Die Jugendlichen verbleiben nur kurz (ca. 2 Monate) auf der Station.

Anika Ruß hat sich vom problemorientierten Spielen entfernt und legt ihr Schwergewicht auf geplante und freie Improvisation. Sie vermittelt den Jugendlichen Improvisationsregeln, arbeitet von kleinen, klar strukturierten Improvisationsaufgaben ausgehend zu freieren und komplexeren Spielaufgaben hin, ein methodisches Vorgehen, dass u.a. auch der hohen Gruppenfluktuation gerecht wird. Ihr primärer Bezugspunkt bei den einzelnen Jugendlichen ist dabei nicht so sehr deren klinische Diagnose, sondern entwicklungspsychologische Aufgaben, die diese Jugendlichen genau wie diejenigen ohne psychiatrische Erkrankungen bewältigen müssen.

Nicht nur die letzten Beispiele mit der gleichen Zielgruppe im psychiatrischen Raum zeigen, wie vielfältig und unterschiedlich mit den Mitteln des Theaters therapeutisch gearbeitet werden kann. Die Liste der Möglichkeiten ist – wie zu Anfang schon erwähnt – bei weitem noch nicht erschöpfend dargestellt. Der in diesem Buch vermittelte Einblick soll Einsicht in diese neue Form der Künstlerischen Therapien geben und helfen, sie stärker im Gesundheitssystem zugunsten der psychisch erkrankten Menschen zu verankern.

Teil I

Dramatherapie und Therapeutisches Theater

Der Weg zur Theatertherapie in Westdeutschland
Von Gitta Martens

Es ist wichtig, sich bei der Auseinandersetzung mit dem, was in Deutschland Theatertherapie genannt wird, klarzumachen, dass man in der BRD bereits seit Ende der 1970er Jahre Entwicklungen beobachten kann, die in den verschiedenen pädagogischen, therapeutischen und kulturellen Arbeitsfeldern eine fruchtbare Kombination von Theater und Therapie hervorbrachten. Diese Entwicklungen fanden unter dem Dach von Psychodrama und Gestalttherapie, aber auch der Theaterpädagogik statt. Im ersten Fall kann man darunter in der Regel die Integration theatraler Methoden und/oder Arbeitsansätze in das Psychodrama oder in die Gestalttherapie verstehen. Im zweiten Fall wurde, in Folge der Verschiebung von Problemlagen der Zielgruppe Kinder und Jugendliche, die therapeutische Dimension in der theatralen Arbeit bewusst wahrgenommen und genutzt.

Anders aber als in England und den USA, wo zeitgleich Ähnliches festzustellen ist, entstand daraus kein neues Selbstverständnis der Beteiligten hin zur Favorisierung eines gemeinsamen Weges von Theaterkunst und Psychotherapie und seiner praktischen und theoretischen Fundierung als Dramatherapie.

Gründe hierfür gibt es meiner Meinung nach viele. Weder gab es – wie in England – eine Integrationsfigur wie die Anthropologin Sue Jennings, der es gelang, frühzeitig alle Interessierten an dieser Kombination an einen Tisch zu bekommen; noch zeigten sich die in Deutschland jungen Disziplinen Psychodrama, Gestaltpsychotherapie und Theaterpädagogik aufgeschlossen genug, den eigenen Selbstfindungs- und Etablierungsprozess zugunsten von wesensfremden Erweiterungen zu öffnen. In der Praxis fand deshalb statt, was theoretisch und vor allem organisatorisch lange Zeit keinen Ausdruck finden sollte.

Was aber wurde erarbeitet, so dass es Mitte der neunziger Jahre endlich zum Zusammenschluss der Praktiker auf diesem Gebiet kommen konnte (Gesellschaft für

Theatertherapie) und diese – wie das Handbuch auch zeigen will – mit einer langjährigen Erfahrung ausgestattet sind? Als Theaterpädagogin, die von Anfang an dabei war und einen für die Zeit und Entwicklung typischen Weg genommen hat, möchte ich im Folgenden, ohne Anspruch auf Vollständigkeit, darauf eine Antwort geben.

Die siebziger Jahre

Psychodrama und Theaterpädagogik entstanden unserem heutigen Verständnis nach in der BRD mit Beginn der 1970er Jahre. Psychodrama war, repräsentiert durch Grete Leutz, eine Schülerin Morenos, damals stark klinisch geprägt und nahm vom Theater keinerlei Notiz. Hilarion Petzold, ebenfalls Schüler Morenos, sah das Psychodrama jedoch über den klinischen Zusammenhang hinaus als wirksam für Pädagogik und Wirtschaft. Auch sammelte er theatrale Ansätze und Methoden, die bewusst von einer pädagogischen und therapeutischen Wirkung sprachen.[10] Die Arbeit Morenos[11], des Begründers von Psychodrama und Soziometrie, hatte in Wien um die Jahrhundertwende mit der Beobachtung des Kinderspiels begonnen; mit Schauspielern hatte Moreno in öffentlichen Aufführungen Konflikte in Rollenspielform durchgespielt. Das Spiel – eine entwicklungspsychologisch wichtige Ausdrucks- und Aneignungsform – hatte seine psychotherapeutische Methodik wesentlich geprägt und wurde auch für seine soziometrischen Arbeiten bedeutsam. Das Theater faszinierte ihn; dramatische Literatur als Katalysator therapeutischer Prozesse hingegen lehnte Moreno aufgrund ihres Charakters einer „kulturellen Konserve" ab. Ihm ging es um das Eigenmaterial der Patienten als Ausdruck ihrer Geschichten und ihres Leids.

Die Theaterpädagogik entstand in den siebziger Jahren über die Auseinandersetzung mit dem sozialen und politischen Rollenspiel, das infolge der Studentenbewegung Unterschichtskindern zu Sprach- und Konfliktfähigkeit sowie politischer Emanzipation verhelfen sollte. Der soziale Konflikt stand im Vordergrund, aber mit der Zeit wurde klar, dass Interaktionsfähigkeit und freie Entfaltung der Persönlichkeit, um kreativ zu handeln, nur gelingen können, wenn die Freiheit, die im Spiel, d.h. im fiktionalen Spiel des „Nicht-Ich", des „Als-ob", im phantasierten Moment liegt, zum Zuge kommen kann. Das soziale Rollenspiel als Mittel zur Erkenntnis und als Training für soziales Handeln wurde um seine ästhetische Dimension erweitert und ermöglichte dadurch nicht nur Erkenntnis gesellschaftlicher Zusammenhänge, sondern auch Freude am Spiel und leiblichem, sinnlichem Sein wie auch Kompensation individuellen Leids.

---

10 Petzold, H., (1972), Angewandtes Psychodrama in Therapie, Pädagogik, Theater und Wirtschaft, Paderborn.
11 Moreno, J.L., (1973/2), Gruppenpsychotherapie und Psychodrama, Stuttgart.

Die Theaterpädagogik tat sich schwer, die dramatische Literatur als Ausdruck der Hochkultur in der Arbeit mit Kindern und Jugendlichen einzusetzen; so ging es um das von den Zielgruppen auf dem Weg der Improvisation erspielte Eigenmaterial. Höchstens Bert Brecht fand vor den Augen der Theaterpädagogen mit seinen Lehrstücken Gnade[12]. Anderes überließ man den Amateurtheatergruppen; und auch das Märchen mußte erst durch B. Bettelheim und Franzke[13] rehabilitiert werden. Dann wurde es bewusst auch bei der Konfliktbearbeitung eingesetzt.

Die achtziger Jahre

In den 1980er Jahren wurden Volkstheater, Clowns und Straßentheater interessant und das Kulturelle schien die Befreiung zu ermöglichen, die die Politik zuvor nicht einzulösen vermochte. Das „Theater der Unterdrückten" von Augusto Boal, allen voran dessen Konzept des Forumtheaters, erlaubte eine Synthese[14]. Theaterkünstler und Theaterpädagogen brachten ihren politischen Anspruch an sozial-pädagogisches Handeln im außerschulischen Raum ein und gingen mit ihrer Kunst aufgrund der neuen gesellschaftlichen Akzeptanz des Kulturellen auch in Gefängnisse, Psychiatrien, Obdachlosenheime etc. Das Stichwort für diese Zeit war: soziokulturelle Animation. Vor allem in den „geschlossenen" Gesellschaften stießen Theaterpädagogen an die Grenzen ihrer Profession, denn die langfristige Arbeit brachte sie in Kontakt mit Problemen wie Verhaltensauffälligkeit, Alkohol, Gewaltbereitschaft, bei denen ihre Person gefordert wurde und ihr künstlerisches und pädagogisches Vorgehen nicht ausreichte. Weder konnten sie z.B. mit Gewalt, Krankheitssymptomen oder Formen heftigen Widerstands professionell umgehen, noch konnten sie das geforderte Verhalten mit ihrem Selbstverständnis vereinbaren. Sie drohten zu Therapeuten ohne Ausbildung zu werden und der eigenen Spezifik ihrer Angebote verlustig zu gehen. Die Autorin z.B. begann deshalb zum einen eine Ausbildung in Psychodrama, um therapeutische Prozesse zu verstehen und die eigene Rolle sicher zu handhaben; zum anderen wollte sie die Möglichkeiten der Kombination von Theater und Therapie näher von allen Seiten beleuchten, um ein theatrales Vorgehen zu finden, das bewusst den neuen Anforderungen gerecht wurde. Dies drückte sich in einem Fortbildungsangebot „Theater als Selbsterfahrung" an der Akademie Remscheid aus.

---

12 siehe z.B. Steinweg, R., Hrsg., (1978), Auf Anregung Bertold Brechts: Lehrstücke mit Schülern, Arbeitern, Theaterleuten, Frankfurt/M.
13 Bettelheim, B., (1977), Kinder brauchen Märchen, Stuttgart, Franzke, E., (1983), Der Mensch und sein Gestaltungserleben, Bern, Stuttgart, Wien.
14 Boal, A., (1979), Theater der Unterdrückten, Stuttgart.

In Deutschland gab es bis in die 1980er Jahre – außer zwischen einzelnen Personen – keine Zusammenarbeit oder bedeutsame Diskussion zwischen Psychotherapie, Pädagogik und Theaterkunst.

Eine Ausnahme bildeten die Aufsätze und Bücher, die der Gestalttherapeut und Psychodramatiker Petzold verfasste, und in denen er nach dem Heilenden des Theaters, hauptsächlich in Verbindung mit dem Psychodrama und der Gestalttherapie forschte. 1982 kam sein Buch „Dramatische Therapie" heraus.[15] Die Modellversuche „Künstler und Schüler" fanden Mitte der achtziger Jahre ihre Fortsetzung unter dem Stichwort „Künstler und Therapie", wozu es u.a. in der Akademie Remscheid zu dieser Zeit mehrere Fachtagungen für kulturelle Bildung gab, z.B. „Psychotherapie und soziale Kulturarbeit – eine unheilige Allianz?".[16] In diesem Zusammenhang findet sich auch mein Aufsatz „Therapeutische Möglichkeiten des Theaters", der die damalige Art der Reflexion für das Theater gut dokumentiert. Während die kulturelle Bildung aufgrund der Praxisanforderungen notgedrungen Notiz davon nahm und Vertreter der verschiedenen Kunsttherapien wie Mal-, Musik- und Tanztherapie vereinzelt an der Diskussion teilnahmen, blieb die eigentliche psychotherapeutische Szene von Psychodrama und Gestalt fern. Und auch die Treffen der „Kunsttherapeutenszene" brachten das Theaterspiel nicht in den Blick. Selbst als sich die Kunsttherapeuten europäisch vernetzten, konnte man nicht erfahren, was sich im Ausland, z.B. in England als eigenständige Disziplin zu entwickeln begann. Es gab damals noch kein Internet; man war auf Zeitschriften angewiesen. Die Zeitschrift „Kunst & Therapie" (Hrsg. Rech und Hein), veröffentlichte seit Mitte der achtziger Jahre ab und an Artikel über die Kombinationen von Therapie und Theater in Deutschland[17].

Allein H. Petzold war auf allen Feldern der Kunsttherapien und Tagungen anwesend und kundig. Er vermochte es jedoch nicht, eine Integrationsfigur für eine Sammelbewegung aller therapeutisch am Theater Interessierten und umgekehrt zu sein, denn er selbst integrierte das Methodenrepertoire des Theaters in sein stark klinisch orientiertes Setting, einer Gestaltpsychotherapie in der Tradition von Perls. Anders als Sue Jennings in England, die selber keine psychotherapeutische Schule vertrat, hatte er ein Eigeninteresse an der Etablierung eines eigenen Ansatzes.

Psychodrama und Gestaltpsychotherapie mussten von Beginn bis heute um die Anerkennung als medizinische Verfahren kämpfen und sich als Konkurrenten von Psycho-

---

15 Petzold, H., Hrsg., (1982), Dramatische Therapie, Stuttgart.
16 Richter, K., (1987), Psychotherapie und soziale Kulturarbeit – eine unheilige Allianz?, Schriftenreihe des IBK, Bd.9.
17 „Kunst & Therapie", Rech und Hein, Hrsg., Heft 13, 1988, Köln.

analyse und Gesprächspsychotherapie verstehen. Deshalb waren beide Verfahren traditionell stärker in freien Praxen als in Krankenhäusern und Psychiatrien anzutreffen. Psychodrama und Gestalt stießen, angereichert mit theatralen Verfahren wie Märchenspiel und Maskenarbeit, in den achtziger Jahren in die Arbeitsfelder von Pädagogik, Selbsterfahrung und Supervision vor. Der Kulturboom zog eine neue Spielart des Individuellen nach sich. Enttäuscht vom politisch Machbaren auf der Ebene gesellschaftlicher Strukturen und bestärkt durch die Parole des Feminismus, dass das Private politisch sei, kam es zu einem Psycho-, besser Selbsterfahrungsboom. Psychotherapie und Theaterpädagogik zielten dadurch auf dieselben Orte des Freizeitbereichs, auf dieselben Klienten. Es bildeten sich Arbeitskreise: „Psychodrama, Theater und Literatur", was sich in dem Themenschwerpunkt „Theater" der Zeitschrift „Psychodrama" ausdrückte[18]. Neben Praxisbeschreibungen, z.B. der „Wilden Bühne" aus der Drogenprävention, finden sich in dieser Ausgabe auch theoretische Reflexionen, die das Verhältnis von Theaterpädagogik und Psychodrama beleuchten, z.B. im Forumtheater (Henry Thorau), im Playback-Theater (Jonathan Fox) oder im Verhältnis zu Stanislawski (Gitta Martens). In Hannover gab es den Arbeitskreis „Theater und Ritual", in dem hauptsächlich Theaterkünstler ihr Medium bis zurück zu den Quellen einer Untersuchung auf therapeutische Dimensionen unterzogen. Die verschiedenen Fachsprachen und Selbsteinschätzungen sowie die professionelle Selbstbezogenheit verhinderten aber eine kontinuierliche Diskussion. Das Interesse aneinander und die professionell begründete Abgrenzung zeigte sich auch auf der Tagung „Theater-Theaterpädagogik-Therapie", die 1991 in der Akademie Remscheid stattfand[19]. Zwar propagierten einzelne Vertreter ein gleichwertiges Miteinander, die Erkenntnis aber, dass eine Qualifizierung auf beiden Gebieten notwendig sei, was nicht nur bedeutete, dass man das jeweils andere als Fremdes ergänzend aufnimmt, sondern etwas Drittes entwickelt, hatte auf dieser Tagung noch keine bedeutsame Stimme.

Einige Theaterpädagogen und Theaterkünstler beendeten ihre therapeutische Zusatzausbildungen, um in Personalunion integrativ den Anforderungen zu genügen. Und es waren Theaterpädagogen und Theaterkünstler, welche die Kombination von Theater und Therapie, Theater und Prävention zu anerkannten Projekten führten: „Wilde Bühne" in der Drogenprophylaxe[20], das „Blaumeierprojekt" in der Arbeit von Behinderten und nicht Behinderten[21], um die Bekanntesten zu nennen. In der in den achtziger Jahren starken Frauenszene fanden viele Selbsterfahrungsangebote in Psychotherapie und Soziokultur statt, die das Theaterspiel als zentrales Medium inklusive der

---

18 Psychodrama, Heft 1, Juni 1991.
19 Klosterkötter-Prisor, B., Hrsg., (1994), Grenzüberschreitungen, Remscheid.
20 in: Psychodrama, ebenda.
21 in: Grenzüberschreitungen, ebenda.

Aufführung nutzten und damit die Kombination auch in der soziokulturellen Szene akzeptabel machten. Diese Praxis in Deutschland, das machte mein Vergleich deutlich, den ich 1993 durch Besuche in England und den USA durchführte, entsprach der dortigen Entwicklung, die allerdings theoretisch eingebettet war durch das geistige Zentrum um Sue Jennings.

Auch zeigt die Geschichte der Dramatherapie in den USA und England, dass es viele Jahre lang um die Anerkennung durch Schulmedizin, Psychotherapie und Psychoanalyse ging; dass die Frage, in welcher Begrifflichkeit über die Praxis miteinander gesprochen werden sollte, eine große Rolle spielte. Auch die Frage, ob die Psychotherapie das Theater und umgekehrt funktionalisiere und verwässere, musste abgearbeitet werden. Genauso gab es Debatten darüber, ob dem Theater die heilende Wirkung per se inhärent sei, oder ob sie nur durch professionelles psychotherapeutisches Vorgehen wirksam werden könne.

Doch scheint mir, dass die wechselseitigen Abgrenzungen dort mehr auf der Grundlage von Akzeptanz als Ringen um methodische Klarheit stattfanden. Die Beteiligten wollten unter dem Einfluss von Sue Jennings die fundierte Kombination von Theater und Therapie als Kunsttherapie. Aber auch in England und den USA wollte niemand seinen erworbenen professionellen Status durch die Dramatherapie gemindert sehen. Und die Konkurrenz am Arbeitsmarkt blieb. Eines war mir bei meinen Recherchen in England und den USA und dem darauf folgenden Vergleich mit der Entwicklung sowie Praxis in Deutschland immer wieder deutlich geworden: Die gemeinsame Bezugsgröße für die verschiedenen Zugangsmöglichkeiten dort ist der Patient / Klient / Teilnehmer. Es geht nicht darum zu beweisen, dass Dramatherapie nur dann Dramatherapie ist, wenn Theater gespielt wird, ohne dass therapeutisch interveniert wird, oder wenn nur therapeutisch unter Zuhilfenahme einzelner Theatermethoden gearbeitet wird. Ausschlaggebend für die dramatherapeutische Herangehensweise ist, dass sie den je besonderen Nöten der Patienten, Klienten und Teilnehmenden, ihrem Entwicklungsstand sowie Therapieverlauf hilfreich sein kann. Die gesamte Diskussion machte mir deutlich, dass jeder – Künstler, Pädagoge, Therapeut – in der Arbeit mit den Patienten oder Klienten deren Helfer sein muss und dass sein Vorgehen dienlich zu sein hat.

Die neunziger Jahre

Es waren Theaterpädagogen/Theaterkünstler mit therapeutischen Zusatzausbildungen, die mit Beginn der neunziger Jahre berufsbegleitende Fortbildungen in Theatertherapie/Dramatherapie an verschiedenen Instituten in Deutschland anboten. In Köln, an der Kölner Schule für Kunsttherapie, einem Institut der Deutschen Gesellschaft für Kunsttherapie (DGKT), konnten Pädagogen aller Richtungen eine 4-jährige Aus-/Weiterbildung (Ltg. Prof. Dr. Lilli Neumann) besuchen, um ihr professionelles Handeln in verschiedenen psychosozialen Arbeitsfeldern durch therapeutisches Arbeiten mit den Mitteln des Theaters zu erweitern. In Hamburg gab und gibt es heute noch für Pädagogen, aber auch Psychologen und Mediziner eine stark von der Gestaltpsychotherapie geprägte Ausbildung in Theatertherapie (Ltg. Doris Müller und früher Gandalf Lipinski). An der Akademie Remscheid (Ltg. Gitta Martens und Ulf Klein), gab es für Theaterpädagogen eine Fortbildung in Dramatherapie nach englischem und amerikanischen Vorbild. Am Fritz-Perls-Institut gab es im Rahmen der Ausbildung zum „Integrativen Gestaltkunsttherapeuten" eine Sektion Theater (Ltg. Ilona Levin).

Damit begann sich Theatertherapie/Dramatherapie auch in Deutschland zu professionalisieren, weshalb es nötig und möglich war, dass sich die Lehrenden über die jeweiligen eigenen Zirkel hinaus und – anders als bisher, anlässlich punktuell stattfindender Tagungen – regelmäßig trafen, um praktisch und theoretisch ein Selbstverständnis zu entwickeln. Daraus ergab sich Mitte der neunziger Jahre eine angeregte Diskussion mit Praktikern aller couleur, die dazu führte, die bis dato regionale „Gesellschaft für Theatertherapie" aus Hannover 1998 als Fachverband zu etablieren und – hierdurch organisatorisch besser vernetzt – zu vielen Fachtagungen einzuladen.

Langsam bekundeten auch Fachhochschul- und Hochschullehrer Interesse für den Bereich der psychosozialen Arbeitsfelder und für Sozialarbeit. Dies zeigen auch die beiden Zusammenfassungen 1999–2001 von M. Aissen-Crewett über Dramatherapie an der Universität Potsdam[22] oder das Buch „Kreativität als Ressource für Veränderungen und Wachstum" von Otto Kruse[23], in dem eine englische Dramatherapeutin und TheaterpädagogInnen gemeinsam veröffentlichen.

Obwohl es in den 1990er Jahren mehrere Ausbildungsangebote gab – und damit erste Versuche zu einem kontinuierlichen Fachaustausch – stoppte das neue Psychotherapiegesetz die aufkommende Diskussion in Deutschland. Mangels sicherer Berufsperspektiven wird weder in Köln, noch in Remscheid noch am FPI in Düsseldorf weiter in Theater/Dramatherapie ausgebildet. Weder Gestaltpsychotherapie noch Psychodrama wurden nach dem neuen Gesetz anerkannt. Die in Deutschland neu aufkommende Therapieform Theatertherapie hatte von Beginn an keine Chance.

Theatertherapie bzw. die künstlerischen Therapien ganz allgemein haben, im Gegensatz zu den Niederlanden, die Anerkennung in Deutschland noch lange nicht erwor-

---

22 Aissen-Crewett, M., (1999/2000/2001), Grundlagen, Methodik, Praxis der Dramatherapie, 3 Bd., Potsdam.
23 Kruse, O., Hrsg., (1997), Kreativität als Ressource für Veränderungen und Wachstum, Tübingen.

ben; Dramatherapeuten der englischen Variante haben jedoch vereinzelt den Sprung in innovative Krankenhäuser gefunden (siehe Aufsätze in diesem Buch). Es sind noch viel zu wenige, um die Möglichkeiten der Theater/Dramatherapie fundiert nachzuweisen. Deshalb kommt es auch weiterhin auf die Initiative der Enthusiasten in freier Praxis an, damit Theater- oder Dramatherapie eines Tages anerkannt heilend wirken kann.

Das Theater als heilende Gemeinschaftskunst[24].
Schauspielkunst, Theater und Gesellschaft
Von Gandalf Lipinski

Wann immer ich gebeten wurde, etwas über Theater zu sagen und damit verbunden die Bitte kam, mich auf das Thema Theater zu beschränken, packte mich bald gähnende Langeweile. Als ich Anfang der 70er Jahre an der Staatlichen Hochschule für Musik und Theater in Hannover Schauspiel studierte, ging in der Abteilung der Slogan um: „Wer nur was von Theater versteht, versteht auch davon nichts."

Der Satz bedeutet nicht, dass es unwichtig sei, sein Medium oder sein Handwerk zu verstehen. Im Gegenteil, ich gehe davon aus, dass die gründliche Erforschung eines Handwerks, einer Methode, eines Mediums mir eine wichtige Hilfe sein kann, auch andere Versuche, die Welt zu erfahren, zu erkennen, bearbeiten und würdigen zu können. Der Satz besagt ja lediglich, dass ich meinen geistigen Bezugsrahmen weiter spannen muss, über das direkte Objekt meiner Bemühungen hinaus, um seine Essenz und tatsächliche Funktion tiefer verstehen zu können.

Ich möchte daher zu Beginn Peter Brook zitieren, einen der wohl wichtigsten Theatermacher der heutigen Zeit. „In Mexiko mussten vor Erfindung des Rades Sklavenschwärme riesige Stämme durch den Dschungel und in die Berge hinaufschleppen, während die Kinder ihre Spielsachen auf winzigen Rollen zogen. Die Väter machten zwar die Spielsachen, konnten aber Jahrhunderte lang die Verbindung zu ihrer Arbeit nicht herstellen.

---

24 Völlig überarbeitete und erweiterte Fassung des Vortrags auf dem Symposium Theater-Theaterpädagogik-Therapie, 1-3, 11.1991 in Remscheid, abgedruckt in Grenzüberschreitungen, Klosterkötter, B., Hrsg., a.a.O.

Wenn gute Schauspieler in schlechten Komödien oder zweitklassigen Musicals spielen, wenn Zuhörer uninteressanten klassischen Stücken Beifall klatschen, weil sie nur die Kostüme oder die Art des Szenenwechsels oder das hübsche Aussehen der Hauptdarsteller genießen, dann ist dagegen nichts zu sagen.

Aber trotzdem: Haben sie bemerkt, was sich unter dem Spielzeug befindet, das sie am Faden ziehen? Es ist ein Rad."[25]

Es geht hierbei natürlich um die Funktion von Theater, sowohl unter seinen individuellen, wie auch unter seinen gesellschaftlichen und spirituellen Aspekten. Ich möchte auch im Folgenden lieber vom Theater sprechen als von der Schauspielkunst. Obwohl ich die Schauspielkunst eindeutig für das Herzstück des Theaters halte, sehe ich die Funktion des Theaters als eine viel weiter gefasste, als uns der besetzte Begriff Schauspielkunst suggeriert.

Überall dort, wo das Theater nicht über sich selbst hinausweist, gerät es automatisch in eine Krise. Wer die letzten 25 Jahre die Diskussion in Fachzeitschriften verfolgt hat, kann leicht zu dem Schluss kommen, dass sich zwar hin und wieder Highlights, quasi göttlich-künstlerische Offenbarungen ausnahmehaft ereignen, dass aber das normale Theater, mindestens im deutschen Raum, in Dauerkrise, wenn nicht gar tot sei.

Der Unterschied zwischen den großen Momenten und der Langeweile des täglichen Theaters wird immer eklatanter. Das Theater als Ort der geistigen Herausforderung und sinnlichen Erfahrung ist uns mehr oder weniger verlorengegangen.

Natürlich ist das Theater nicht tot. Es treibt Blüten, und was für welche! Es ist auf der Jagd nach olympischen Rekorden. Je exotischer, desto besser. Je technisch-formal perfekter, desto besser, je weiter von den Ausdrucksmöglichkeiten seines Publikums entfernt, desto besser. Wirkliche Wagnisse können sich nur noch die Adhoc-Projekte oder die großen Häuser leisten. Beide jedoch wagen diese naturgemäß nur auf dem schmalen Sektor der formal-ästhetischen Brillanz.

Aber obwohl die gesellschaftlichen Intentionen des bürgerlichen Theaters (und die meisten freien Gruppen haben sich diesen weitgehend angepasst) nur noch ganz rudimentär mit seinen ursprünglichen Wurzeln verbunden sind, ist das Interesse am Theater ungebrochen und sehr vital. So stehen wir nun vor der seltsamen Situation, dass immer mehr Menschen Interesse am Theater haben, ja von der Theaterarbeit leben wollen und immer weniger ins Theater gehen.

---

[25] Die genaue Quelle des Zitates ist nicht mehr zu rekonstruieren, vermutl. in „Der leere Raum".

Natürlich ist das Theater nicht out. Aber wer nimmt schon zur Kenntnis, was im nicht professionellen Bereich passiert? Und wer nimmt die Bedürfnisse, die dahinterstehen, ernst? Sind alle, die in ihrer Freizeit Theater spielen, wirklich nur verhinderte Staatsschauspieler? Wenn sich jährlich für die zehn Studienplätze einer staatlichen Schauspielschule über tausend Leute bewerben, dann kann mir keiner weismachen, dass das alles bewusste Entscheidungen für den Schauspielberuf sind. Was sind es aber dann für Bedürfnisse, die sich in diesen Zahlen ausdrücken? Hinter uns liegt ein mehrjähriger Kreativitätsboom, ein Workshopboom mit zunehmend diffuser werdenden Grenzen zu Therapie, Selbsterfahrung, Spiritualität und gemeinschaftsspendenden Ritualen.

Und diese Bedürfnisse können von einem nur produktionsorientierten Theater nicht bedient werden. Dennoch halte ich diese Bedürfnisse für legitim. Und ich halte es auch für legitim, wenn diese Bedürfnisse an das Medium Theater gerichtet werden. Die Heilserwartungen sind beim herkömmlichen Theater natürlich genauso wenig aufgehoben wie bei den herkömmlichen religiösen Institutionen, die im Wesentlichen auch mehr mit Ideen handeln als Erfahrungsräume eröffnen.

Dabei haben beide gesellschaftliche Phänomene den gleichen Ursprung. Es würde den Rahmen meines Themas sprengen, nun die gemeinsame Wurzel von Theater und Religion in der schamanistischen Magie der Jungsteinzeit zu betrachten. Es würde zu weit gehen, den Prozess der Entfremdung voneinander, der natürlich eingebettet ist in den Prozess der Entfremdung all unserer Lebensbereiche voneinander und von uns selbst, genauer zu analysieren. Es würde zu weit gehen, Theaterformen anzuschauen, die nicht die Kunst an sich als Wert sahen, sondern die Kunst verstanden, sowohl praktische psychische Katharsis als auch gemeinschaftsspendendes magisch kultisches Ereignis zu sein. Es würde zu weit gehen, genauer zu untersuchen, wie z.B. die neolitischen Jagdkulte, babylonische Fruchtbarkeitsriten, die griechische Tragödie, die Mysterienspiele, verschiedene Volkstheatertraditionen und auch heutige Theaterformen zentral und genau in den Bereichen wirkten oder wirken, die wir heute als Religion oder als Therapie von der magischen Kunst abgesondert haben. Das alles würde viel zu weit gehen. Und dennoch kann ich keine fundierte Aussage über die Kunst des Theaters machen, ohne diese seine ursprüngliche und eigentliche gesellschaftliche Funktion wieder ins Blickfeld zu rücken.

Für alle, die dem Theater des 20. Jahrhunderts neben seinem Unterhaltungswert allenfalls noch die Funktion kritisch rationaler Aufklärung zubilligen, werden meine weiteren Ausführungen also im zunehmenden Maße Humbug sein. Wenn ich heute sage, dass das Theater um die kommende Jahrtausendwende nicht nur noch eine Chance, sondern sogar eine unverzichtbare gesellschaftliche Funktion hat, dann meine ich damit nicht seinen Aufklärungsaspekt. Diese wichtige emanzipatorische Funktion hatte es im 18., 19., ja noch bis in die Mitte des 20. Jahrhunderts. Diese Funktion der kleinen Pädagogik, wie Brecht sie nannte, wird heute von schnelleren Medien besser bedient. Wenn das Theater also auch in Zukunft eine wichtige Funktion haben wird, dann eher im Sinne der von Brecht so genannten großen Pädagogik, d.h. der Bewusstseinsbildung der direkt an seinem Prozess Beteiligten.

Eine Reise zu den Wurzeln

So, nun kommt ein Riss. Ich will jetzt zur Auflockerung erst einmal ein paar Erlebnisse aus meinem und meiner Vorfahren Schatzkästlein schildern:

Beispiel 1: Plön Ende der 1970er Jahre, Landesjugendpfarramt Koppelsberg, Spiel- und Theaterfortbildung der Ev. Kirche (AGS), Stimmbildung, mein erster Workshop im Bereich Stimme/Sprache mit Nicht-Profi-Schauspielern.

„Drück meine Hände mit Deinem Atem auseinander" sage ich zu der Kursteilnehmerin, um das Phänomen Stütze erfahrbar zu machen. Nach wenigen Sekunden bricht sie in Tränen aus, fängt an, von ihrer Kindheit zu erzählen. In mir kommt Angst auf. Ich bin hier, um Schauspieltechniken zu vermitteln, nicht um therapeutisch zu arbeiten. Ein anderer Teilnehmer fängt an, von seinem Vater zu erzählen, eine dritte Teilnehmerin wendet sich teilnahmsvoll der ersten zu. Zuerst bin ich frustriert. Es gibt eine Zielvorgabe für das Seminar, wenn das hier so läuft, dann kann man das Ziel vergessen. Mein Konzept für den Nachmittag konnte ich vergessen, aber die Gruppe war danach interessierter, präsenter, lernbegieriger.

Beispiel 2: Plön Anfang der 1980er. Rituelles Spiel für Fortgeschrittene, Sonntag morgen. Eine Körpertheaterimprovisation ist gerade beendet. Alles verschnauft, der Raum dampft. Morde und Hochzeiten, Katastrophen und Wiederauferstehungen haben sich ereignet. Eine geläuterte Ruhe hat uns und den Raum verzaubert. Und nach andächtigem Schweigen sagt ein Teilnehmer, ein Gestalttherapeut, der vorher oft und viel Methodisches, Menschliches und Thematisches zu sagen hatte: „Es war ein Gottesdienst, ich kann mich an nichts mehr erinnern und es geht mir sehr gut damit, es bleibt kein Rest. Das war Leben in voller Konzentration."

Beispiel 3: Evangelische Fachhochschule Hannover 1980er Jahre. Sozialpädagogik-Studenten haben gerade erfahren, wie sie in einer intensiven Körpertheaterimprovisation kathartische Situationen erlebten, die nicht auf der persönlichen Ebene und verbal aufgearbeitet, sondern direkt im Spiel heilend transformiert wurden. Ich lese ihnen aus Grotowskis Anweisungen für Schauspieler vor, ohne die Quelle zu verraten. Sie sollen den Zusammenhang erraten. Alle tippen auf psychotherapeutische Fachliteratur.

Beispiel 4: Moskau 1973, lange vor der Perestroika, offene Kritik am System ist verboten. Im Theater an der Tanganke kritisiert man daher die US-Gesellschaft und zeigt, wie sie ihre Hippiekultur unterdrückt. Alle im Raum wissen, dass es hier nicht um Amerika geht. Sie gehen mit und beginnen, die jugendlichen Helden zu unterstützen. Da stehen die ersten beiden Zuschauerreihen auf. Es sind Polizisten in Uniform. Angst entsteht im Raum. Die Spieler auf der Bühne halten den Kontakt zum Publikum, das Theaterereignis bildet die Realität des Publikums nicht ab, es stellt sie verdichtet her. Die Polizisten sind natürlich Schauspieler. Das Publikum sieht auch keine US-Polizisten in ihnen. Die Zensur hat keine Handhabe und die Zuschauer verlassen das Theater sichtbar ermutigt, entschlossen und gestärkt.

Beispiel 5: Irgendwo im vorchristlichen Griechenland, 500 Zuschauer folgen keinem Drama, sondern einer Tragödie, d.h. sie kennen die Geschichte der Artriden, sie verfolgen nicht die Handlung, sondern sie verbinden sich mit dem seelischen Dilemma der Handelnden. Sie weinen mit Klytämnestra um die vermeidlich tote Tochter, sie wollen die Rache, sie fürchten um Agamemnon und sie zaudern mit Orest, der seine Mutter zu töten hat. Es geht in der Orestie dabei nicht um die historische Darstellung der Ablösung mutterrechtlicher Strukturen durch das aufkommende Patriarchat, sondern um die gemeinsame seelische Verarbeitung dieser traumatisierenden Veränderung. Die fehlende persönliche Eitelkeit und die professionelle Anonymität der Protagonisten, der Schauspieler, sowie die emotionale Direktheit und Massivität des Chores weiten die persönliche Geschichte und schaffen einen emotionalen Raum, der dem Publikum den kathartischen Nachvollzug eines kollektiven Traumas gestattet.

Beispiel 6: Deutschland 1945, direkt nach Kriegsende (dieses Ereignis ist nicht wirklich geschehen, es hätte geschehen können, wenn das Theater in unserer Gesellschaft noch die gleiche Funktion haben würde wie damals die griechische Tragödie): Die Überlebenden versammeln sich in allen, noch nicht zerbombten großen Hallen, um gemeinsam darüber zu weinen, dass sie Hitler an die Macht gebracht haben. Schmerz, Schuld und Scham werden künstlerisch gestaltet und brauchen nicht verdrängt zu werden. Das kollektive und öffentliche Erleben der Reue bildet die seelische Grundlage, die eine spätere rationale Aufarbeitung der Vergangenheit überhaupt erst ermöglicht (wie gesagt, dieses Ereignis entspringt der Phantasie).

Beispiel 7: Eine Höhle in der Pyrenäen vor ca. 30.000 Jahren: Der Gesang der Frauen ist lauter geworden, vorher haben sie, die Wurzeln zerkauend und einspeichelnd, den monotonen Singsang nur gesummt. Die Jäger stampfen weiter einen Rhythmus mit Speeren und Füßen und bilden den äußeren Kreis. Der Schamane nimmt die Schale mit dem Wurzelsaft der Frauen entgegen und schüttet sie in den Kochkessel. Der Gesang steigert sich, die Männer fallen ein und der Schamane umkreist den Umriss des Wisents, den er mit Holzkohle auf den Boden gezeichnet hat. Die ganze Nacht haben sie den Geist des Tieres heraufbeschworen, um Vergebung gebeten und die Notwendigkeit der Tötung besungen.

Die Männer haben die Erschöpfungsphase des Trancetanzes hinter sich. Als der Schamane den ersten Schluck seiner Kraftbrühe trinkt, wird der Gesang wilder und lauter. Die Frauen beenden den Grundsingsang und fallen in die verschiedensten Tierstimmen. Der Schamane hebt seinen Speer und trifft mit lautem Schrei das Herz des Tieres. Donnernde Stille in der Höhle. Lautlos umkreisen die Männer das Tier und stoßen vereinzelt ins Innere. Sie treffen mit ihren Speeren den Wisent.

Nachdem der letzte seinen Treffer gelandet hat, setzt der Gesang der Frauen wieder ein. Der Schamane richtet sich hoch auf und beschwört in lauter Litanei ein letztes Mal den Geist des Wisents. Dann fällt er wie tot auf das Bild des Tieres und bleibt dort liegen. Wie auf ein geheimes Kommando und ohne Unterbrechung oder private Verabschiedungen verlassen die Jäger ihren Kreistanz, trinken jeder einen Schluck Brühe und laufen aus der Höhle. Während die Frauen drinnen den Schamanen symbolisch schlachten, ihm dann wieder Verehrung zukommen lassen und ihn schließlich sogar symbolisch beerdigen, versammeln sich die Männer um ihren Jagdführer und den Kundschafter, der die Wisentherde im Auge behalten hat. Die beiden flüstern kurz miteinander. Der Jagdführer gibt das Zeichen zum Aufbruch, die Jagd hat begonnen.

Was ist in der Höhle geschehen? Ist der Schamane ein Künstler, dessen Ziel die bestmögliche Abbildung der Jagdbeute auf dem Felsgestein der Höhle ist? Sind die Frauen religiöse Fanatikerinnen, welche die Jäger mit Gesang und der aufputschenden Wirkung der Wurzel manipulieren? Findet hier ein Heilungsritual statt, das den Männern helfen soll, die Angst vor dem möglichen Jägertod zu integrieren oder gar sie aufzuheben? Soll ihre Kraft zum Durchhalten hier noch geistig gefestigt werden? Gelingt es diesen Menschen etwa wirklich, den Kontakt zur Tierseele des Wisents aufzunehmen und das Einverständnis der Schöpfung zu ihrem Tun zu bewirken? Oder handelt es sich um eine pädagogische oder politische Manipulation, die den Jägern klar macht, was sie nun im Namen und für die Gemeinschaft zu tun haben? Ist der Schamane Künstler, Heiler, Medizinmann, Priester oder Politiker?

Wahrscheinlich ist er keines nur, aber von allem etwas, vielleicht ist er auch nur ein geschickter Theatermacher, der das Ganze zur psychischen Vorbereitung der Jäger veranstaltet. Wenn er das ist, dann lebt sein Tun aber nicht von „so tun als ob", sondern er geht wahrhaftig in die verschiedenen Wirkungsebenen seines Tuns hinein. Nur wenn er wirklich weiß, was er und wie er es tut, gelingt sein Zauber.

Im Auftrag und für die Gemeinschaft leitet er eine bewusste und verabredete Selbstbeeinflussungsveranstaltung, an deren Schluss die Jäger energetisch so aufgeladen sind, dass sie zu ihrer psychischen Entlastung die Begegnung mit dem Beutetier geradezu brauchen.

Der Jagdzauber ist also keine künstlerische Veranstaltung im Sinne der l'art pour l'art, sondern von eminent praktischer Natur, eine Vorbereitung zur Jagd, vergleichbar mit dem Fertigen eines Speeres.

Die Angst, dem umzingelten Wisent von vorn zu begegnen, ist nicht neurotisch, sondern durchaus real. Sie wirkt im einzelnen Jäger stärker, als dessen rationale Überlegung, dass es ja einer tun müsse. Die Überwindung dieser Angst (nicht ihre Verdrängung, sondern die bewusste und willentliche Überwindung durch den Aufbau einer stärkeren Kraft) ist aber für die Gemeinschaft lebensnotwendig, sie geschieht daher nicht individuell durch Verdrängung oder Einsicht, sondern kollektiv durch den Eintritt in einen größeren Energiekreislauf.

Durch die Verbindung des Individuums mit den geistigen Prinzipien seiner Welt und den Lebensbedingungen seiner Gemeinschaft wird ein Wille aufgebaut, der die scheinbaren Grenzen des Individuums weitet und ihm sein eigentliches Potenzial erst voll eröffnet.

Im Bild des Jagdzaubers eben besteht die Kunst des Schamanen darin, einen Gruppenprozess im Konfliktfeld aus Wissen, Angst, persönlichem Versagen und gemeinsamer Verabredung so zu forcieren, dass die Seite der Unbedingtheit des Gelingens gestärkt wird. Psychologisch gesehen ist er erfolgreich, weil es ihm gelingt, den einzelnen Jäger geistig, emotional und energetisch zur vollen Potenz zu bringen. Spirituell betrachtet, könnte man sagen, wirkt er, indem er im Einklang mit der Schöpfungskraft und im morphogenetischen Sinn ein Feld des Gelingens aufbaut.

Die Essenz der Theaterkunst

Die hier beschriebene praktische Funktion der magischen Kunst ist es, die mich heute am Theater interessiert. Es ist die ureigenste Funktion des Theatermachers, gemeinschaftsspendende Rituale zu entwickeln, die das dualistische „der Welt Gegenüberstehen" transformieren in eine Art schöpferische Mitverantwortung für die Welt.

Sein Ziel ist also die Entwicklung eines Bewusstseins, das auf so eigentümlich leichte und gleichzeitig so schwer zu beschreibende Art eine absolute Hingabe mit dem Aufbau eines intelligenten Willens verbindet. Das läuft letzten Endes auf ein Bewusstsein hinaus, das politisch nicht mehr so leicht manipulierbar ist, weil seine Träger mit einer tieferen Quelle verbunden sind als mit ihrer launisch vor sich hin plappernden Persönlichkeit.

Es begründet im tiefenökologischen Sinne die Hoffnung auf eine bewusstseinsmäßige Öffnung in Richtung lebensbejahender und Umwelt verträglicher Tendenzen.

Diese gemeinschaftsspendende und bewusstseinsaufbauende Funktion der alten magischen Kunst des Theaters ist das Rad, vom dem Peter Brook spricht. Und wenn ich von magischer Kunst spreche, dann meine ich damit nicht Okkultismus, sondern das Wissen, die Technik und die Kraft, geistige Bilder zu materialisieren. Der Theatermacher weiß, dass die Welt geistig aufgebaut ist. Diese Erkenntnis widerspricht nicht einem modernen (durch den Materialismus geläuterten, aber nicht in ihm steckengebliebenen) Weltbild. Sie befreit ihn lediglich aus der Ohnmacht gegenüber natürlichen, gesellschaftlichen, psychischen Bedingtheiten und setzt ihn wieder ein als Mitarbeiter an der Schöpfung.

Die magische Kunst des Theaters basiert auch nicht auf einem nüchternen Set von Techniken oder Tricks, sondern auf einer künstlerischen Grundhaltung gegenüber der Welt. Kunst ist, im Sinne Nietzsches, ein verzücktes Ja-Sagen zum Gesamtcharakter des Lebens.

Was sagt so ein Satz über den Künstler? Der Künstler ist, so verstehe ich jedenfalls Nietzsche, ein Mystiker, d.h. gleichzeitig ein trunken Liebender und ein radikal unemotionaler Wahrheitssucher. Seine poetische Kraft ist also nicht ästhetischen oder moralischen Werten verpflichtet, sondern allein der erkennenden Liebe oder der liebenden Erkenntnis.

Vorbedingung von Kunst, jedenfalls in diesem existentiellen Sinne von Nietzsche, ist eine Wahrnehmung der Welt, die nicht in den Sog persönlicher Dinge wie Angst, Sorge, Vorbeuge usw. gerät. Wer in seinem Leben wirklich schon einmal in einem ekstatischen Zustand gewesen ist – Ekstase heißt hinaus stehen, außerhalb stehen – weiß, dass genau das damit gemeint ist. Ekstase ist ein Zustand, wo der Mensch außerhalb seiner selbst steht, d.h. außerhalb dieser persönlichen Dinge. Wer sie erlebt hat, weiß, dass man in einer ganz bestimmten Weise unberührbar ist. Ekstase ist ein Zustand, wo Distanz und Nähe zur Welt sich in einer merkwürdigen Weise verbinden und man irgendwie vollkommen unberührt ist. Das ist ein ungeheuer potenter Zustand. Es ist ein hochemotioneller und gleichzeitig ein hoch geistiger Zustand, aber trotzdem fern von all dem, was wir in unseren persönlichen Beziehungen etwa als Gefühle bezeichnen. Er ist fern von den Gefühlen der Sympathie, der Antipathie, des Erschreckens, der Angst, der Gier, des Verlangens, fern von alledem.

Wenn man den Zustand der Ekstase beibehalten kann, was wir Abendländer sehr schlecht können, weil wir es nicht gelernt haben, merkt man, dass man einer Transformation zusteuert, man verändert sich in diesem Zustand. Wer ihn anhalten kann, merkt, dass etwas sich verändern will, es ist, als würde ein innerer Gestaltungsimpuls auf einmal wachsen können. Man kann diesen Zustand meistens ohne Hilfe von Drogen oder solchen unterstützenden Mitteln nicht lange aufrecht erhalten. Wir sind keine Meister auf diesem Gebiet, aber immerhin, was man da kurz spürt, hat allgemein Lebensgültigkeit. Künstler kann nur sein, wer aufs Ganze geht, wer nichts anderes im Auge hat, als die eigene Selbstverwirklichung, aber unter dem Einsatz seiner gesamten Intelligenz.

Künstlerische Werte sind Werte des Schaffens, der Entwicklung. Sie haben nichts zu tun mit den bekannten ästhetischen und moralischen Werten. Im Gegenteil, die bekannten ästhetischen und moralischen Wertmuster müssen zerbrochen werden, damit Entwicklung, damit Schaffen möglich wird. Künstlerisch leben, heißt als Schaffender leben, d.h. auch, ab und zu mit tausend Damoklesschwertern über sich leben zu können. Die Sachen, die wir vermeiden, weil wir Angst vor ihnen haben, müssen wir hineinholen ins Leben, weil das Leben dadurch spannend wird. Von Anfang an haben wir gelernt, wenn es weh tut, zum Arzt zu gehen oder, wenn wir seelische Nöte haben, durch therapeutische Fragen an die Sache heranzugehen, statt auf die Idee zu kommen, dass wir auch erkrankt sein könnten an unserer Ignoranz gegenüber künstlerischen Gesetzen, welche das Verhältnis zwischen Form und Inhalt regeln.[26]

Sätze wie der letzte sprechen in meinen Augen nicht gegen die Therapie, sondern für die therapeutischen Eigenaspekte der Kunst. Und zwar nicht in dem heute oft üblichen synthetischen und verflachten Sinn. Neulich sagte mir eine Tanztherapeutin: „Die Leute sollen drei Schritte machen, dann wird eine Stunde darüber gesprochen, das Ganze nennen sie dann Tanztherapie, aber in der Stunde wird höchstens noch integrierend nachgearbeitet. Die Heilung in der Tanztherapie geschieht, wenn ich tanze."

Ähnliches ließe sich zum Theater sagen. Die didaktisch verbrämte Reduktion des anarchisch vitalen Mediums auf Rollenspiel und Psychodrama unterstellen die organische Heilkraft dieses Mediums zu stark der schulmedizinischen Kontrolle, der analytischen (linken) Gehirnhälfte. Die tatsächlich heilende Wirkung des Theaters beruht eher auf der Kompetenz der rechten, d.h. der ganzheitlichen, bildhaften und tätigen Erkenntnis. Die befreiende Wirkung basiert auf dem Kunstaspekt des Theaters, d.h. auf der schöpferischen Tätigkeit. Und im Fall des Theaters ist das schöpferische Material nicht in erster Linie optischer oder akustischer Art, sondern das ganze leibliche, emotionale und geistige System Mensch.

Ich denke, ein persönlicher, eigener künstlerischer Zugang zum Medium Theater sollte die Basis sein, das Theater auch im pädagogischen oder therapeutischen Feld zu nutzen. Die heilende Wirkung des Theaters liegt im existentiellen Ringen um Fragen der

---

26 Duhm, Dieter, nach einem Vortrag, unveröff. Tonträger.

Gestaltung und im Prozess des Spiels, und – meiner Meinung nach – nicht so sehr in der verbalen Aufbereitung dieser Prozesse.

Moreno hat etwas von dieser Kraft geahnt und deshalb ein sowohl psychotherapeutisch als auch politisch orientiertes Mitspieltheater als soziotherapeutische Instanz angestrebt. Sein weiterer Weg zur Entwicklung des Psychodramas kann, gemessen an dem, was er eigentlich wollte, ästhetisch betrachtet höchst reduziert bezeichnet werden.

Wenn Jerzy Grotowski behauptet: „Die gründliche Selbsterforschung ist das Vorrecht und die Pflicht unseres Berufes", dann meint er damit nicht den Therapeuten, sondern den Schauspieler. Ich möchte diese Aussage ausweiten auf den Theatermacher, die Theaterpädagogen und Theatertherapeuten. Warum? Mehr als andere Künste lebt das Theater von der persönlichen Authentizität seiner Macher. Seine Produkte sind nicht von ihren Schöpfern trennbar.

Das Theater ist die privateste und vergänglichste aller Künste. Der Künstler kann hier noch schwerer als der Maler oder der Komponist zu seinem Werk auf Distanz gehen. Leichter noch als die Künstler anderer Sparten ist er verführt, seine Person oder seine Eitelkeit mit seinem Werk zu verwechseln.

Die ursprünglich ganzheitliche Funktion des Schamanen, Theatermachers ist heute aufgespalten und an Spezialisten delegiert worden, die nicht vom Kuss der Musen autorisiert, die Gesetze des magischen Mediums nicht mehr kennen. Und für so wichtig ich die Integration wissenschaftlicher Erkenntnisse und Qualifikationen in die schamanistische Tradition halte (Ärzte, Therapeuten, Heiler verkörpern alle Teilaspekte der ursprünglichen Funktion), um so deutlicher wird mir aber auch, dass der schöpferisch künstlerische Aspekt, und damit auch die rechtshirnseitige Verbundenheit mit der Schöpfung (die Hexe, der Priester, der Visionär oder Prophet sind die anderen Teilaspekte der alten Kunst) die Basis für die eigentliche Kraft des Theaters ist.

Ich möchte hier ganz klar feststellen: Für mich hat das Theater pädagogische Aspekte und Aufgaben wie auch therapeutische Aspekte und Aufgaben (dazu komme ich gleich noch). Seine eigentliche Gestalt, sein Wesen, seine Essenz ist jedoch die Kunst, also die schöpferische Arbeit mit Menschen, die Arbeit mit dem Ausdruck, die Erforschung des Leibes, der Stimme, der Sprache, das Ringen um die Dialektik von Form und Inhalt, es geht um Hingabe und Wollen, um radikale Authentizität, die sich nicht von modischen Gefühlen überzuckern lässt und um geistige Arbeit an einem Thema. Und Arbeit an einem gemeinsamen dritten, einem Thema, einer Produktion oder einer Aufgabe birgt in sich mindestens die gleiche Chance für heilende Kräfte wie eine psychotherapeutisch orientierte Selbsterfahrungsgruppe. Wirkliche Kunst ist ein Heilungsvorgang, nicht nur im Individuum, besonders für die Gemeinschaft und auch für die Welt.

Ich bin etwas misstrauisch geworden gegenüber dem langsamen Verschwinden von Themen, Ideen und Visionen aus den Bereichen von Pädagogik und Therapie. Die persönlichen Visionen, die Weite der Erkenntnis und ihre politische Bedeutung z.B. von Moreno oder auch von Fritz Perls und besonders von Wilhelm Reich sind in der Praxis derer, die sich heute auf sie berufen, für mich kaum noch auszumachen. Und die Kunst des Theaters sperrt sich diesem Trend. Das Medium ist zu körperhaft, um vom Sog, alles nur noch individualpsychologisch sehen zu wollen, einfach geschluckt werden zu können.

Seitdem wir versuchen, die Psyche des Individuums zu verstehen, haben wir zunehmend den Kontakt zu den übergreifenden Themen verloren. Und so wichtig auch in der Theaterkunst das individualtherapeutische Moment bleibt (so z.B. die via negativa im Schauspieltraining von Grotowski, verwandt in wesentlichen Punkten mit der bioenergetischen Analyse), so ist das Theater doch originär immer den ich-überschreitenden Themen verpflichtet. Die menschlichen Fragen nach dem Sinn im Leben, nach Heimat in der Materie, das Ringen um Humanität in der Gesellschaft, die Einbettung oder eben das Herausfallen aus der Natur, die Rolle des Menschen in der Schöpfung, drücken die soziotherapeutische Ebene der Themen aus, um die die Kunst seit jeher ringt. Und in diesem Ringen, das ein praktisch-schöpferischer Prozess ist, sind heilende, religiöse und politische Aspekte integriert.

Versöhnung und Heilung

Ich möchte in dieser eindeutigen Parteinahme für den Kunstaspekt des Theaters nicht missverstanden werden.

Ich behaupte nicht, dass die heilende Kraft des Theaters oder der bildenden Kunst oder der Musik im Falle des Individuums besser oder effektiver zur Wirkung käme als eine, mehr aus dem wissenschaftlichen, medizinischen oder psychologischen Bereich her fundierte Therapie. Ich sehe, besonders in der Psychiatrie, nicht nur die Möglichkeiten, sondern ebenso die Grenzen künstlerischer Therapieformen.

Ich sehe jedoch in der Theaterarbeit besonders mit Gruppen eine gesellschaftliche, individuelle und spirituelle Heilungskraft, die nicht aus einer klassischen psychotherapeutischen Haltung her kommt, sondern aus der künstlerischen Motivation direkt entsteht. Ich setze auf die soziotherapeutische Wirkung einer künstlerisch motivierten Theaterarbeit, weil sie den Menschen von ihrem inneren Wesen her nicht nur als psychisches oder leibliches Geschöpf sieht, sondern gleichzeitig als tätiges, die Welt formendes und als geistiges Wesen erkennt und fordert.

Eine scharfe und deutliche Abgrenzung von künstlerischer, pädagogischer und therapeutischer Theaterarbeit ist für mich sinnvoll, kann sogar lustvoll sein, im Sinne einer geistigen Übung und zur Theorieentwicklung. Wie weit sie in der Praxis und angesichts der originären Intentionen der Theaterkunst Sinn macht, sei dahingestellt.

Wenn ich den Begriff Heilung nicht nur mit der Reparatur von Defekten gleichsetze, sondern ihm auch eine prophylaktische und gesundheitsstabilisierende Komponente gebe, dann gehört für mich das Bemühen, Räume für eine kollektive, praktisch schöpferische und auch geistige Arbeit aufzubauen, unbedingt dazu. Und genau da liegt die Kraft des Theaters.

Es ist eine Gemeinschaftskunst. Hier wird erfahrbar, dass der Mensch ein zoon politikon ist, ein Gesellschaftstier, das zu seiner vollen Entfaltung unter anderem auch bestimmte Formen der Gesellung braucht. Das Theater ist immer auf der Suche nach dem Neuen. Dieses Neue hat es aber nicht in erster Linie zu veröffentlichen, sondern aufzubauen. Und hier stößt es mit seiner soziotherapeutischen Aufgabe genau an die Grenzen, wie Therapie überhaupt. Was wirklich funktioniert, ist nicht erlaubt. Wir leben in einer Kultur, die eine außerordentlich geschickte und effiziente Art entwickelt hat, alle wirklich radikalen Ideen und Potenzen verharmlosend zu integrieren. Wenn Therapie so funktionieren würde, dass sie lauter geistig-seelisch Gesunde, sich ihrer vollen Potenz bewusste, transformationsbereite Individuen produzieren würde, bestünde die Gefahr, dass wache Menschen humane Gemeinschaften aufbauen und damit das System sich auflösen würde.

Wo Theater nur Theater bleibt, wird es zum Surrogat für ein Leben in vitaler Wahrhaftigkeit.

Wo Pädagogik nur Pädagogik bleibt, wird sie zum Surrogat für einen authentischen Willen und vollen Kontakt zwischen Menschen. Wo Therapie nur Therapie bleibt, wird sie zum Surrogat für fehlende Gemeinschaft.

Theater zwischen Kunst und Therapie

Wenn wir also das Theater als jene Gemeinschaftskunst begreifen, die im schamanischen Ritual ihren Ursprung hatte und später in der griechischen Tragödie ihren Höhepunkt als soziotherapeutisches Medium feierte, dann können wir ahnen, dass ihm eine ureigene Motivation zur Heilung innewohnt, die weit über die pädagogische und therapeutische Praxis hinausgeht, kleinste künstlerische Versatzstücke als methodische Bonbons in pädagogische und psychotherapeutische Systeme zu adaptieren.

Wenn wir uns erinnern, dass auch die Medizin und somit die moderne Psychotherapie aus eben der gleichen Wurzel kommt – nur statt der ganzheitlichen Weltschau über die Jahrtausende zunehmend analytische Qualitäten entwickelt hat, dann mutet der Gedanke gar nicht so fremd an, dass künstlerisch und medizinisch orientierte Heilungsarbeit als quasi zwei Seiten ein und derselben Medaille wieder zusammenfinden können. Theatertherapie versteht sich in meinen Augen als ein ganzheitlicher Ansatz, das kollektive Trauma der Trennung von Kunst und Wissenschaft, von *Heilkunst* und „Dienst an den Göttern" (was „Therapie" nämlich auch bedeutet) zu bearbeiten. Dazu muss sie unter anderem auch beginnen, sich ihrer Motive, ihres Weltbildes und der Strategien ihres eigenen Ansatzes klar zu werden.

Jede Fachsprache kommt aus der Weltsicht, welche die jeweilige Fachdisziplin hervorgebracht hat. Und gerade um einen konstruktiven Dialog mit der medizinisch/psychotherapeutischen Fachsprache einzugehen, wird es Zeit für die Theatertherapie, ihre eigene Sprache zu entwickeln, welche ihren künstlerischen ganzheitlichen Charakter stärker zum Ausdruck bringt. Einen kleinen Versuch in diese Richtung will ich im Folgenden unternehmen.

Körperliche, seelische und geistige Erkrankungen, Störungen, Verletzungen der natürlichen Harmonie und Balance manifestieren sich:
a) im Verhältnis Individuum und Gesellschaft zur Umwelt;
b) im Verhältnis Individuum zur Gesellschaft/Gemeinschaft;
c) im Verhältnis der körperlichen, emotionalen, geistigen, seelischen, sexuellen und spirituellen Aspekten innerhalb des Individuums.

Ganzheitliche Theatertherapie bewegt sich daher im weiten Feld zwischen psychotherapeutischen (=c), soziotherapeutischen (=b) und umwelttherapeutischen (ökopsychologischen, spirituellen und tiefenökologischen =a) Paradigmen. Bezogen auf jeweils eine Ebene korrespondiert sie also sowohl mit medizinisch-psychologisch-psychotherapeutischen Disziplinen (=c) als auch mit politisch-soziologisch-pädagogischen Disziplinen (=b) und mit der philosophisch-religiös-spirituellen und tiefenökologischen Ebene (=a).

Im Kern ihrer Kompetenz steht aber nicht die Akkumulierung möglichst vieler akademischer Wissensbereiche, sondern der ganzheitliche künstlerische Zugang des Mediums Theater zur Welt. Wie weiter oben schon ausgeführt, wohnt dem Theater als Gemeinschaftskunst eine originär künstlerische Heilungsmotivation und Erfahrung inne, welche speziell in der westlichen Kultur von der medizinisch definierten Heilkunst (der sich auch die meisten Formen der Psychotherapie anzugleichen versuchen) jahrhundertelang in den Hintergrund oder gar Untergrund gedrängt wurde.

Theatertherapie aber, in ihrem Kern, wird erst verständlich, wenn sie den bisher verborgenen Aspekt der künstlerisch ganzheitlichen Weltschau wieder in den Mittelpunkt ihrer Arbeit stellt. Psychopathologie, Diagnose und therapeutische Interventionen entspringen bewusst oder unbewusst dem Weltbild der heilend Tätigen. Bei einem ganzheitlichen Heilungsbegriff geht es nicht um eine Ablehnung schulmedizinisch orientierter Erkenntnisse, wohl aber um eine klare Zurückweisung von Absolutheitsansprüchen aus dieser Richtung. Wir halten eine eigenständige Theorieentwicklung und eine theatertherapeutisch künstlerisch ganzheitliche Sprache auch in den Bereichen von Psychopathologie, Diagnose und Interventionsstrategien für notwendig, auch um in einen fruchtbaren Austausch mit der eher medizinisch orientierten Heilprofession eintreten zu können. Dabei sollte es keine Berührungsängste geben, weder mit der modernen Psychiatrie noch mit den theatralen Wurzeln in den schamanischen Verfahren naturreligiöser Traditionen.

Das mechanistische Weltbild der Neuzeit (die Welt sei eine Maschine, der Mensch auch; die Wissenschaft habe diese Maschinen zu überwachen und zu kontrollieren, gegebenenfalls Störungen zu reparieren) hat den analytischen Aspekt des Heilwesens, die Schulmedizin, auf die Stelle der obersten Autorität gesetzt. Befreit von religiösen Dogmen und Vorurteilen hat diese uns eine Unzahl neuer Erkenntnisse und Verfahren gebracht, die wohl kaum jemand heute ernsthaft wieder missen möchte. Sie hat uns in ihrer Tendenz zur Spezialisierung und materialistischen Ausrichtung aber auch einige Probleme beschert:

a) Heilung und Umwelt: Wissenschaftler und engagierte Amateure (Politiker und andere), die weder die psychischen Strukturen der Individuen, noch die Mechanismen und Muster gesellschaftlicher Dynamik, noch die spirituelle Einbettung in größere Zusammenhänge verstehen, entwickeln aus ihrer jeweiligen Fachkompetenz heraus beschränkt taugliche Konzepte zum Katastrophenmanagement, die sowohl häufig an real existierenden Menschen als auch an der real existierenden Natur vorbei geplant sind. An diesem Punkt setzt die moderne Tiefenökologie an.

b) Heilung und Gesellschaft: Auch hier entwickeln die Fachleute, Politiker, Soziologen, Ökonomen Problemlösungsstrategien, die meistens systemimmanent bleiben, weil sie die anthropologischen Grundlagen der Zusammenhänge von Individuum und Gemeinschaft nicht berücksichtigen. Die Nöte, Ängste, Sehnsüchte, Muster einer anonymen Massenkultur von Entwurzelten, die weder in einer funktionierenden Gemeinschaft, noch in der Natur, noch in verbindlichen geistigen Werten verankert sind, werden durch rationale Strategien allein weder grundlegend noch nachhaltig berührt. Hier haben die moderne Soziotherapie, die Kunst, die Religion sowie schamanische, rituelle und initiatorische Traditionen ihre Berührungsfelder.

c) Heilung und Individuum: Die Heiler individueller Phänomene sind in unserer Gesellschaft grob in drei Bereiche unterteilt. Die Spezialisten in einem Bereich erklären sich meistens für nicht zuständig im Nachbarbereich. Bei körperlichen Leiden suchen wir meistens die Hilfe eines Arztes (oder eben von Heilpraktikern oder anderen alternativ Heilenden – meistens aber in einer ähnlichen inneren Haltung, mit der wir auch zum Arzt gehen).

Meinen wir, emotional oder seelisch zu leiden, oder definieren wir andere diesbezüglich als hilfebedürftig, so sind die Psychiater, Psychologen oder Psychotherapeuten gefragt.

Für geistig-spirituelle Krisen wiederum ist der Priester, der Pfarrer oder heute alternativ der Guru oder die Sekte zuständig. Bereiche wie Prophylaxe, Gesundheitsvorsorge oder gar eine ganzheitliche Psycho- und Soziohygiene spielen vor diesem Hintergrund des mechanistischen Weltbildes und der krankheits- oder problemorientierten Grundhaltung nur Nebenrollen. Kurzfristig denkende Sparkonzepte sanieren die wenigen Ansätze in dieser Richtung weg. Gerade hier könnte aber ein Schwerpunkt für eine ganzheitlich orientierte Theatertherapie liegen. Eine solche passt momentan offensichtlich erst einmal nicht in unser vorherrschendes Gesundheitswesen, erst recht nicht in die aktuellen Spardebatten.

Daher plädiere ich für einen langen Atem und dafür, den Kern der Arbeit, den künstlerisch-ganzheitlichen Ansatz, das Selbstverständnis, innere Regularien und Verbindlichkeiten zu formulieren und an den entsprechenden Stellen der Gesellschaft zu platzieren.

Theatertherapie kann nach den oben genannten Ausführungen in den folgenden Feldern angesetzt werden:

1. In der *Soziotherapie*: mit Gruppen, Gemeinschaften, Firmen, Gemeinden etc.,
   a) aktuell an Konflikten, Mustern, ganzheitlicher Erhellung von Kommunikation, Lösungsstrategien und Visionen im menschlichen Miteinander,
   b) vertiefend an Mustern, Hierarchien, Dynamiken der verschiedenen Gruppen oder Gemeinschaftsformen, an Themen, Ängsten, Nöten, Hoffnungen, Sehnsüchten, die die Menschen bewegen und oft über die Grenzen der jeweiligen Gruppe hinausweisen.

2. In der *Individualtherapie*:
   a) Beratung, Selbsterfahrung, psychotherapeutische und spirituelle Wachstumsarbeit mit Menschen mit neurotischen Schwierigkeiten,
   b) im klinischen Raum.

3. In der *Umwelttherapie* (Ökopsychologie, Tiefenökologie): Viele Ängste, Leiden,

unterschwellige Trauer und Resignation wurzeln im Verlust der Einbindung in die Natur, in natürliche Zyklen, Rhythmen und der Wahrnehmung unwiderruflicher Verluste. Vom Verlust der Lebensqualität bis zum Artensterben – die Umwelt bezogene Theatertherapie nimmt sie als eigene Leidensformen an und reduziert sie nicht auf ihre individualneurotischen Aspekte.

Zu diesem Punkt, der landesüblich in die therapeutischen Felder nicht aufgenommen ist, möchte ich zur Erklärung folgendes ergänzen: Umwelttherapie reduziert sich dabei nicht auf die Betreuung von Menschen, die am Verlust ihrer natürlichen Umwelt erkranken, sondern arbeitet auch daran, mit diesen Menschen wieder in die Vitalisierung zu gehen, neue Willenskraft und Selbstbestimmung aufzubauen. Über psycho- und soziotherapeutische Aspekte hinaus, umfasst sie auch die spirituelle Komponente in der Beziehung von Mensch und Umwelt. Das führt zum Resonanzerleben der doppelten Heilung: Menschen, die aus der Resignation aussteigen, helfen sich und ihrer Umwelt. Und: Die direkt einbezogene Natur wird feinenergetisch vitalisiert; sie belebt sich selbst und die Menschen, die mit ihr in Kontakt stehen.

Ganz grob gesehen verlangt das folgende Qualifikationen von Theatertherapeuten:

1. gründliche künstlerische, theaterpraktische Grundausbildung und Selbsterfahrung,

2. psychotherapeutische Grundlagen und Erfahrung,
   soziotherapeutische Grundlagen und Erfahrung,
   ökotherapeutische Grundlagen und Erfahrung,

3. theoretische Einführungen in Theateranthropologie, Soziologie, Gruppendynamik, Psychiatrie, Psychosomatik, Psychopathologie, Entwicklungspsychologie, systemische Therapien, Tiefenpsychologie, Religionswissenschaften, Funktion von Ritualen und Zeremonien, schamanische Weltbilder und Techniken, Ökopsychologie und Tiefenökologie,

4. praktische Vertiefung in einem oder mehreren Schwerpunkten:
   Theatersoziotherapie,
   Theaterpsychotherapie,
   Theaterökotherapie.

Zum Abschluss noch zusammenfassend die Kerngedanken zu Theatertherapie und einem künstlerischen ganzheitlichen Heilungsbegriff:

> Heilung ist ein ganzheitlicher Prozess. Wir versuchen, Felder und Situationen zu schaffen, in denen die Selbstheilungskräfte sich entfalten können. Diese Öffnung

geschieht durch Erkenntnis und Liebe. Als Theatertherapeut verstehe ich mich dabei weniger als Behandelnder, sondern eher als Begleiter, welcher an der Öffnung für die Selbstheilungskräfte arbeitet. Das Theater ist als Teilgebiet ebenso wie die Medizin aus den gleichen und gemeinsamen Wurzeln einer vorhistorischen Ur-Heilkunst der Schamanen entstanden. Ganzheitliches Wissen, animistische Weltsicht, Magie, Kunst und ritueller Kult stehen nicht im Gegensatz zur analytischen Verstandestätigkeit, sondern bilden die eher rechtshirnseitige notwendige, zur ganzheitlichen Schau fähige Ergänzung derselben. Die eigentliche und heilende Kraft besteht darin, das Sinnliche, das Emotionale, das Geistige und Spirituelle, das Wechselspiel von Individuum, Gesellschaft, Umwelt und Kosmos ans Licht zu holen und hin zum Fass- und Tragbaren zu formen.

Dramatherapie – ein Literatureinblick
Von Gitta Martens

Im Folgenden gebe ich einen Überblick über die wesentliche englischsprachige Literatur zum Thema Dramatherapie.[27] Ich werde dabei weder chronologisch vorgehen, noch auf die z.T. sehr differenzierten und interessanten Falldarstellungen eingehen, sondern die fachlich fundiertesten Ansätze von Systematisierung referieren, soweit sie in Buchform zusammenhängend vorliegen. Teilweise gebe ich Querverweise auf weitere kleinere Aufsätze neueren Datums oder eigene Erfahrungen mit der Praxis der referierten AutorInnen. Für eine weitere umfassendere Beschäftigung mit der englischsprachigen Dramatherapie verweise ich hier auf die ausführlichen Reader von Meike Aissen-Crewett, in der sie auf 130 Seiten die Grundlagen und Grundbegriffe (Bd. 1), die Methodik (Bd. 2, 100 Seiten) und auch die Praxis (Bd. 3) informativ darlegt.[28] Außerdem werde ich kurz auf Bücher in deutscher Sprache eingehen, die mir in Ermangelung heute noch fehlender Übersetzungen der englischen und amerikanischen Fachbücher einen guten Einblick in das geben, was man dort wie hier unter Dramatherapie verstehen kann.

Der Terminus Dramatherapie (im Folgenden DT) ist in der Bundesrepublik unbekannt, genauso wie die Theorie und Praxis dieser Form von Kunsttherapie. Ihre Ursprünge liegen eindeutig in England und den USA. Während man das Wort in England zusammenschreibt, liest man es in den USA in zwei Worten. Neben dieser Unterschiedlichkeit lassen sich weitere bezüglich der verschiedenen Persönlichkeiten und ihrer jeweiligen Nähe oder Ferne zu Theaterkunst und Psychotherapie feststellen. Darauf kann hier aber nicht detailliert eingegangen werden. Da die vorhandene Literatur

---

27 Dies ist die überarbeitete und aktualisierte Fassung eines Arbeitspapiers aus der von mir angebotenen Ausbildung in Dramatherapie von 1994 bis 1996 an der Akademie Remscheid.
28 Aissen-Crewett, M., (1999), Grundlagen (Bd. 1), Methodik (Bd. 2), Praxis der Dramatherapie (Bd. 3, 2001), Potsdamer Beiträge zur ästhetischen Theorie, Bildung und Therapie, Potsdam.

noch nicht fachkompetent übersetzt ist, habe ich zur besseren Überprüfung einige Passagen in englischer Sprache zitiert.

Dramatherapie im Verständnis der Klassiker

> „At the center of the role method is this paradox – the fiction and the fact are one. That which is not-me is also me. By fashionizing and recognizing that which is not-me, I return to myself with a deeper and more secure sense of recognition." (Landy)

Für Sue Jennings[29] ist DT eine „Kunstart", die in den letzten 30 Jahren eine „klinische und pädagogische Praxis" entwickelt hat. DT ist demnach keine medizinische oder psychotherapeutische Disziplin im üblichen Sinne. DT basiert auf dem Wissen und Verstehen von „dramatischem Spiel, Theater und rituellen Prozessen". Jennings betont von daher, dass DT „emphasises the art form of drama theatre as its central focus."[30]

Renee Emunah (1994)[31] definiert DT als „intentionalen und systematischen Gebrauch von Drama- und Theaterprozessen, um psychologisches Wachstum und Veränderung zu erreichen. Das Werkzeug kommt aus dem Theater, die Ziele sind in der Psychotherapie angesiedelt."[32] Für David Read Johnson (1982)[33] ist DT eine Form kreativer Kunsttherapie, in der ein bewusster Einsatz des kreativen Spiels hin zu den psychotherapeutischen Zielen wie Symptom-Erleichterung, emotionale und physische Integration und persönliches Wachstum angestrebt werden.

Robert Landy schließt sich den Sichtweisen seiner beiden US-amerikanischen Kolleginnen an und betont den interdisziplinären Ansatz der Dramatherapie.[34]

Aus der unterschiedlichen Betonung (Jennings: keine eigenständige psychotherapeutische Disziplin; die anderen: sehr wohl; alle: es ist eine Form der Kunsttherapien) folgt ein unterschiedliches Bemühen um einen eigenen theoretischen Begründungszusammenhang.

Dabei tendieren die beiden weiblichen Protagonisten, wie ich meine, ohne Scheu zu einem Sammelverfahren, in dem die Leistung der verschiedenen Disziplinen für die

---

29 Jennings, S., (1990), Dramatherapy with Families, Groups and Individuals, London, S. 9.
30 ebenda, S. 11.
31 Emunah, R., (1994), Acting for Real, Drama Therapy Process, Technique, and Performance, London, S. 29.
32 ebenda, S. 3.
33 Johnson, D.R., (1982), Developmental approaches in Drama Therapy, in: The arts in psychotherapy, Vol. 9, S. 183–189.
34 Landy, R., (1996), Essays in Dramatherapy, London, S. 1ff.

Entwicklung der DT und ihre Praxis benannt wird; die beiden männlichen Protagonisten bemühen sich um „Schule bildende" Verengung und damit einerseits um Vertiefung im Detail, andererseits um Setzung eines eigenen theoretischen Rahmens.

In allen Fällen kann man aber davon ausgehen, dass die dramatherapeutische Theoriebildung noch lange nicht abgeschlossen ist; dass sich Schwerpunkte je nach Vorlieben, psychotherapeutischer Erstausbildung und Theaterverständnis sowie praktischer Schwerpunkterfahrung herausbilden.

Auffallend bei den von mir vorgestellten AutorInnen ist der unterschiedliche Wert von Theater. Während alle das dramatische Spiel als Grundlage ansehen und Improvisation als Methode, differieren sie bezüglich des Umgangs mit Theatermaterial. Darunter fasse ich, in Anlehnung an Landy und Jennings: Einsatz literarischer Rollen, Stilrichtungen, dramatischer Texte.

Protagonisten für den Ausgang vom Theater für das Selbstverständnis und die Theoriebildung sind Jennings und Landy. Johnson und Emunah betonen mehr die klinischen Erfordernisse, wenngleich auch sie eine Theateraufführung vor Publikum am Ende eines therapeutischen Prozesses durch die Klienten begrüßen.

Was sind die Quellen?

Welche Quellen benennt Sue Jennings? Zuallererst kommt das Theater; das meint „alle Aspekte der Theaterkunst – Stimme, Bewegung, improvisierendes Rollenspiel, Rollenarbeit, Aufführung – zusammen mit dem Gebrauch von Masken, Kostümen, Licht und Bühne."[35] Denn „die dramatische Kunst ist die therapeutische Form und der therapeutische Inhalt".[36]

Dann nennt sie Spiel und Spieltherapie sowie Psychodrama explizit und merkt an, dass weitere psychotherapeutische Verfahren wie Gestalt, NLP, TA, selbst die Psychoanalyse, dramatische Methoden integrieren und damit ihren Beitrag zur Entwicklung der DT leisten können. Jedoch „da gibt es eine wesentliche Differenz", denn: „The more the psychotherapist makes use of the theatre as a metaphor for life, or translates the language and structure of the theatre into everyday, the further he or she moves away from the inherent healing which is in the theatre art and dramatherapy".[37]

---

35 Jennings, S., Minde, A., (1993), Art Therapy and Dramatherapy, London, S.17.
36 ebenda, S. 22.
37 ebenda, S. 21.

Denn – so Jennings, die Kulturanthropologin – seit je heilte das Theater, früher dramatisches Ritual, als Teil des Lebens, der Gesellschaft, „durch die Kombination von Distanz (ästhetische Distanz des Nicht-Ichs) und Nähe (meine Phantasie, mein Unbewusstes, meine Bilder, mein Eigenmaterial), von universellen und individuellen Themen und in seiner einzigartigen Neigung, uns das Leben in seiner mannigfaltigen Verschiedenheit zu präsentieren, ist es (das Theater) ein wesentlicher Teil unserer Überlebensfähigkeit."[38] DT heilt demnach aufgrund der menschlichen Fähigkeit, etwas zu kreieren, was nicht „da", nicht „real" ist, „die Fähigkeit glauben zu machen, die Fähigkeit zur Illusion". Der „fiktionale Raum", die Fiktion bilden die Essenz von Theater und DT. Im „leeren Raum" (Brook) kann danach alles passieren. DT ist daher „nicht nur spielen" oder „nicht nur schauspielen", oder „nicht wirklich", sondern „we can begin to see how relevant it is precisely because it is acting, playing, unreal".[39]

„Das-Spiel-im-Spiel" ist ihr Credo. „Through acting, we are empowered to act", denn „dank der Struktur des Theaterspiels, der Rituale und Mythen sind wir befähigt, uns mit dominanten Symbolen und Archetypen auseinanderzusetzen, was uns zu unserer inneren und äußeren Welterfahrung führt".[40]

„EPR = Embodiment, projektiv play, Rollenspiel"[41] sind für sie die drei Phasen nicht nur kindlichen Spiels im Rahmen menschlicher Entwicklung, sondern auch die Aspekte, deren sich DT immer wieder bedient. Im dramatischen Spiel durchläuft der Spieler diese Entwicklungsphasen, bzw. bewegt sich gleichzeitig auf ihren Ebenen: physisches Handeln und Sein, „fantasiertes/imaginiertes" Handeln und Sein, Rollenhandeln.[42]

Dabei favorisiert sie – wie ich aufgrund praktischer Ausführungen bei Tagungen in England selber miterleben konnte – den Einsatz klassischer Rollen und Konflikte der Weltliteratur, hier vor allem Shakespeare und die alten Griechen. Dieser aus unserer Kultur und für unsere Kultur auch heute noch reiche Fundus erlaubt ihr immer wieder – wie ich meine – ganz im Sinne Brechts, allzu Bekanntes zu verfremden, also analoge Situationen zum Lebensdrama zu finden. Den Methodenreichtum sowie ihren Ansatz von Dramatherapie als Kunsttherapie dokumentiert ihr 1990 veröffentlichtes Buch am besten.

---

[38] ebenda, S. 24; Anm. in Klammer: GM.
[39] ebenda, S. 25.
[40] ebenda, S. 27.
[41] Jennings, S., (1990), Dramatherapy with Families, Groups and Individuals, London, S. 10.
[42] ebenda, S. 32.

Sie spricht von fünf Basisprinzipien der DT: „The paradox of the drama, the transformative Potenzial of the drama, the symbolic nature of the drama, the dramatic metaphor, the non-interpretative drama."[43]

Auf der Ebene symbolischen Spiels, betont sie, vermag sich der Patient mit seinen Problemen und Leiden zu konfrontieren. Der Konflikt des Patienten zeigt sich fixiert in seinen selbst gefertigten Maskenbildern und Zeichnungen und wird damit nicht allein von Kopf und Verstand kontrolliert; im Spiel einer fremden Figur, einer annähernd analogen Situation kann der Klient seinen Konflikt in der Interaktion agieren und von seinem eigenen Material überrascht werden. Nicht nur ist ihm dadurch möglich Neues zu erleben, sondern auch Neues zu erkennen, um sich zu erweitern, um daran zu wachsen.

Als Anthropologin hat sich Sue Jennings mit Ritualen ferner Kulturen und deren magischer Dimension sowie ihres schamanistischen Umfeldes auseinandergesetzt. Letzteres erfüllt die Funktion der Begleitung beim Übergang von einem zum anderen Lebenszustand oder -stadium. Die Themen betreffen Abschied und Ankunft, also Verlust und Gewinn, Schmerz und Freude. Dem rituellen Handeln kommt dabei eine besondere Bedeutung zu, denn das „Als ob Handeln", das bewusste Schlüpfen in eine andere Rolle oder Figur ermöglicht dem Spieler, für den Moment ein anderer zu sein als er ist, und von der innewohnenden Kraft oder Magie erweitert zu werden. Hierdurch kann er ein anderer werden als er vorher war.

Übergangslos geht das nach Jennings nicht. Der Patient muss dafür erwärmt werden, damit er die Möglichkeiten der Rollenfigur und ihres Rollenhandelns, die Erfahrungen im Zustand des Nicht-Ich, in sein Ich integrieren kann. Mit der fachkundigen Anleitung zu spielerischem, spontanem und angstfreiem Handeln wird sich für jede Konfliktkonstellation das richtige literarische Beispiel oder improvisatorische Material finden. Wenn wir spielen, so Jennings, produzieren wir alle für uns wichtigen kulturellen Muster – sei es Mutter, Vater, Kind, Opfer, Täter, Gott und Teufel – ob nun als soziale Rolle oder als fiktionale, dramatische Figur.

Ihre Dramatherapie setzt deshalb bewusst und gezielt am spielerischen, weil therapeutischen Umgang mit dem fixierten Rollentext an. Und da kein Regisseur oder Kritiker von außen vorschreibt, wie wer eine Figur zu spielen hat, sondern sich Wahl und Gestaltung aus der lebendigen Interaktion des Klienten mit der Rolle und seinen Mitspielern ergeben, teilt sich den Spielenden auch die in dieser Figur inkarnierte Erfahrung, ihr Potenzial mit. Spannend ist deshalb die Frage, wer sich welche Figuren wählt, bzw. welche Figuren für wen wichtig sein könnten.

---

43 ebenda, S. 25.

Bei letzterem setzt Robert Landy an, bzw. fort, wenn er die Bedeutung der Rolle für die DT hervorhebt.[44] Seine praktische und theoretische Hauptquelle ist das Theater, sind genauer die verschiedenen Rollentypen, mit denen sich der Klient in der DT-Sitzung auseinandersetzen kann.

Soziologie, spezielle Rollentheorien, sind weitere Quellen, sowie Sozialpsychologie. Im Besonderen setzt er sich kritisch mit dem Konzept des „Selbst" (C. Rogers)[45] auseinander, weil er die Fähigkeit nicht nur zu rollenadäquatem Verhalten in sozialen Situationen schätzt, sondern gerade das Spiel mit fiktionalen Rollen als kreatives Potenzial im dramatherapeutischen Heilprozess begreift. Diese sind aber – so ergänze ich – aufgrund ihrer Polyvalenz immer mehr als „Soziale Rollen".

Hinter der Maske ist seiner Meinung nach kein Selbst, sondern ein großes Potenzial an Rollen, die der Mensch adäquat einsetzen sollte, mit denen er experimentieren sollte, statt dass sie ihn beherrschen. „Without role, there can be no drama",[46] und er fährt fort, die Bedeutung der „Geschichte" (Fabel), Petzold spricht von Script, zu betonen. Für seinen Begründungszusammenhang braucht er danach die Überlegungen von Jennings, aber auch die seines Kollegen David Read Johnson.

Letzterer stützt sich stark auf die Entwicklungspsychologie und andere psychotherapeutische und psychoanalytische Disziplinen, soweit sie für ein Verständnis der klinischen Anforderungen an die DT hilfreich sind. Ich erwähne ihn hier, weil er, obwohl ohne Buchveröffentlichung, das Moment der Entwicklung stark betont und ein eigenes einfaches Verfahren hierfür entwickelt hat.[47]

„The developmental paradigm is certainly one of the most powerful means by which people have attempted to understand themselves", denn „the developmental paradigm courageously seeks an everchanging, temporal sequence as its guide. Personhood is a process in which what is to come continuously emerges out of what has been, though we try to mark off the >stages< of development in this process".[48] Am Entwicklungsprozess des Menschen, dessen körperlichen, emotionalen, intellektuellen und sozialen Schritten orientiert er seine als freie Improvisation angelegte Methode, d.h. an dem der menschlichen Fähigkeit – bzw. bei auftretenden Störungen der Unfähigkeit – zum

---

44 Landy, R.J., (1993), Persona und Performance, The Meaning of the Role in Drama, Therapy, and Everyday Life, London and Bristol, Pennsylvania, S. 10ff.
45 ebenda, S. 19ff.
46 ebenda, S. 30ff.
47 Anschaulich nachvollziehbar siehe Dintino, C., Johnson, D R, (1997), Playing with the perpetrator: gender dynamics in developmental drama therapy, in: Dramatherapy, Theory and practice 3, edited by Sue Jennings London, New York.
48 Johnson, D.R., (1982), Developmental approaches in Drama Therapy, in: The arts in psychotherapy, Vol. 9, S. 183.

„transitional process". Das meint das flexible Hin- und Hergleiten von einer Entwicklungsebene zur anderen. Er differenziert damit das „EPR" Modell (s.o.) von Sue Jennings weiter aus und betont gleichzeitig die Notwendigkeit ritualisierter Gruppenabläufe, um den Patienten Sicherheit und Vertrauen auf allen Wahrnehmungs- und Entwicklungsebenen zu garantieren.

Das „developmental paradigm" spielt auch bei Renee Emunah eine große Rolle, insofern sie sich bemüht, alle brauchbaren Überlegungen ihrer KollegInnen ernsthaft für den klinischen DT-Prozess nutzbar zu machen. Ausgehend von langjährigen klinischen Erfahrungen mit DT-Prozessen leitet sie aus dem bisher Referierten auf allen Ebenen eine anschauliche Systematik ab. Sie gibt zu verstehen, dass ihr alles gut passt, was passt. Das hört sich nach Eklektizismus an, dahinter verbirgt sich jedoch eine primäre Patientenorientierung.

Dramatherapeutische Arbeitsphasen nach R. Emunah

Im Folgenden werde ich Emunah (1994) im Wesentlichen vorstellen, da sie für die praktische Arbeit m.E. eine anschauliche und übertragbare Orientierung gibt.

Als Quellen benennt sie: dramatisches Spiel, Theater, Rollenspiel, Psychodrama und dramatisches Ritual. Sie schreibt dazu, dass diese Reihenfolge zumeist auch die fünf verschiedenen Etappen eines DT-Prozesses kennzeichnen.

Als integrativen theoretischen Bezugsrahmen nennt sie die Humanistische Psychologie, da diese den Menschen in seinem „aktuellen und potenziellen Vermögen" denkt. DT ist danach die Brücke zwischen den beiden Seiten.[49] Die Fokussierung auf die interpersonelle Interaktion vor der intrapsychischen hält sie für bedeutsam, denn erst muss der Mensch durch andere Menschen genährt werden, Vertrauen finden, nähren und geben, bevor er sich selber nährt. Sie integriert deshalb auch bewusst die soziometrischen Überlegungen Morenos in ihre Arbeit.[50] Gleichwohl gibt auch die Psychoanalyse einen Rahmen für DT, denn hier findet sich „an appreciation for the personal history and suffering of the individual, the complexity of inner life and the role of the unconscious. The dramatic mode provides a vehicle for the symbolic expression of repressed feelings. Aspects of one's inner life that cannot yet be articulated, assimilated, or even tolerated on conscious, verbal levels can be safely approached via drama."[51] Das genau

---

49 Emunah, R., (1994), a.a.O S. 27.
50 Emunah, R., (1995), From adolescent trauma to adolescent drama: group drama therapy with emotionally disturbed youth, in: Dramatherapy with children and adolescents, Jennings, S., Hrsg., London.
51 ebenda, S. 29.

meint die positive Besetzung von „Distanz" in der DT, wie Jennings und Landy immer wieder betonen. Eine weitere Quelle ist für Emunah jedoch auch die Verhaltenstherapie. Denn im dramatischen Spiel, im DT-Prozess, soll der Klient auch darauf vorbereitet werden, das Leben besser zu meistern. Alte Muster sollen über das Spiel, das Experiment mit dem „anderen" auf lustvolle und lustige Weise aufgebrochen werden. Auch intellektuelle Durcharbeitung und damit auch Verbalisieren finden bei Emunah Eingang; letztlich eben alles, was dem Patienten nützt.

Als Ziele nennt sie: angemessener Ausdruck von Gefühlen, Entwicklung von Selbstbeobachtung, „I would call this part the director within us"[52]; Ausweitung des Rollen-Repertoires in die Weite und die Tiefe; Modifizierung und Erweiterung des Selbst-Bildes; „Our self-image determines our repertoire of roles, and our repertoire of roles determines our self-image"[53]; Entwicklung sozialer Interaktionsfähigkeiten und zwischenmenschlicher Fähigkeiten und betont die Bedeutung der Fremdwahrnehmung für den Patienten durch die Gruppenmitglieder und die Therapeuten.[54]

Was sind die Arbeitsschritte und -methoden?

Die gemeinsame Arbeit von DT-Therapeut und Klient/Gruppe zur Erreichung dieser Ziele findet in jeder Phase des DT-Prozesses statt.

In Phase 1 „Dramatic Play"[55] geht es um den Aufbau von Arbeitsstrukturen, die notwendig sind um Vertrauen entwickeln zu können, damit spontanes Spiel möglich wird. Sie setzt dabei an den gesunden Anteilen der Klientengruppe an, bei der sie die Bedeutung des Kollektivs hervorhebt. DT ist eine Gruppentherapie, wie Theater eine Ensembleleistung ist.

Die Anforderungen sind auf dieser Stufe leicht, sollten mit Humor und Spaß einher gehen, damit der Patient den Mut findet, langsam tiefer zu gehen. Wieviel oder wie wenig an Struktur hier vorgegeben wird, ist abhängig von der Gruppe und ihren Problemen bzw. ihrem Zugang zum Spiel. Es sollten keine Versagungen riskiert werden, der Therapeut sollte mitspielen, damit die wesentlichen Ziele dieser Phase: Beziehungen herstellen, Interaktion fördern, Spontaneität und Anerkennung ermöglichen, voll erreicht werden können. Die Dauer dieser Phase ist verschieden, aber in den späteren Phasen wird immer wieder auf das hier produzierte Material zurückgegriffen.

---

52 ebenda, S. 32.
53 ebenda, S. 33.
54 ebenda.
55 Emunah, R., (1994), a.a.O. S. 34ff.

Ähnlich dem Spiel der Kinder haben alle in dieser ersten Phase die Erlaubnis zum Spiel um des Spieles willen, ohne die Gefahr kindisch zu sein. Hier soll eine gute Gruppenkohäsion aufgebaut werden, der Reichtum sinnlicher Erfahrung und Wahrnehmung eingebracht bzw. erlebbar gemacht werden, Spontaneität durch das bewusste „Anders-Sein" als im Alltag in einem eigenen, dem Spiel vorbehaltenen Raum freigesetzt werden. Dem Setting (Raum u. Zeit, Material) kommt dabei große Bedeutung zu.

In Phase 2 „Scenework"[56] geht es um die Freiheit zu Selbstausdruck und Spielrollenerweiterung in und durch improvisierte theatrale Szenen. Es geht also um Rollen und die Darstellung von Charakteren auf der fiktionalen Ebene. Hier hat der Klient die Erlaubnis im „Nicht-Ich", d.h. geschützt durch die fiktionale Rolle, „anders" sein zu dürfen als in seinem Leben, er kann nicht tolerierten Gefühlen in einer strukturierten Situation Ausdruck geben, ohne dass er damit real identifiziert würde. Der eigene „Schatten" (Jung) kommt dadurch in den Blick und wird lustvoll erforscht, ohne dass er als „eigener" erkannt werden muss. Es geht also nicht um Aufarbeitung oder gar Integration. Hier greift die Möglichkeit der Fiktion, der symbolischen Ebene, hier wirkt die Kraft des „Nicht-Ich". Die Therapeutin begleitet geduldig und ohne Druck zur Offenbarung diese Phase.

In Phase 3 „Rollenspiel"[57] geht die Entwicklung in die Richtung, das eigene Erfahrungsmaterial spielerisch zu erforschen: welche Rollen (aktuell und sozial typisiert) spiele ich im Hier und Jetzt, welche Verhaltensmuster verlangen diese Rollen, wie spüren sich andere Rollen an? Das szenische Material ist dabei fiktional und nicht biografisch, sehr wohl aber Ausdruck von Erfahrung. Der Klient spielt den Typ Vater, nicht seinen Vater, einen typischen Ablauf in der Schule, nicht den besonderen. Die Gruppe zieht gemeinsam unmittelbaren Nutzen.

Dies trägt zur Entwicklung eines Selbst-Konzepts und zur Identität bei, denn der Klient lernt sich und seine Erlebnisse in Abgrenzung zu einer anderen Person/einem anderen Typ zu sehen und zu verstehen. Ein Rollentausch ermöglicht die Fremdsicht auf das eigene Spiel und damit auf das eigene Verständnis von Rollen und Rollenhandeln.

Jetzt greifen auch Verhaltenstherapie und damit verbale Bearbeitung und Klärung. Basis bleibt jedoch immer das Spiel. Das erworbene Know-how über theatrale Ausdrucks- und Gestaltungsmöglichkeiten aus den Phasen davor verhindert das eher langweilige kognitive soziale Rollenspiel. Die Typisierung schützt vor einer zu frühen Konfrontation. Die Therapeutin als Direktorin kann mit Hilfe von Regieanweisungen das

---

56 ebenda, S. 37.
57 ebenda, S. 39f.

Spiel auf der Bühne intensivieren, z.B. durch Wiederholung wie unter einem Brennglas vergrößern oder durch die Aufforderung zu alternativem Verhalten stärker analysieren. Wichtig ist deshalb zu klären, wann Verhaltensweisen im „fiktionalen Stil" gestaltet werden, um emotionale oder körperliche Entlastung zu erleben oder neue Gefühle freizusetzen, und wann sozial vertretbare Verhaltensweisen gefunden und entwickelt werden sollen.

Hier werden auch die Möglichkeiten der kollektiven Regie sichtbar: das Prinzip der Simultanität und Wiederholung nach dem Prinzip „Was wäre, wenn ..?". Auf der Bühne wird möglich, was im wirklichen Leben noch unmöglich scheint. Weil es jedoch spielbar ist, tritt – so R. Emunah – die Hoffnung auf den Plan, sich selber im Leben anders verhalten zu lernen. Die Möglichkeit des Theaters, andere, bessere Welten zu entwerfen, soll hier fruchtbar werden.

Phase 4 „Culminating Enactment"[58] führt die Klienten tiefer in die Introspektion. Intrapsychische Prozesse kommen auf die Bühne des Hier und Jetzt im Gruppenraum: Ambivalenzen, Traumata, Tabus.

Nachdem in den vorangegangenen Phasen Rollen, Beziehungen und Konflikte erforscht worden sind, beginnt damit die Reise unter die Oberfläche. Das Unbewusste, die tiefer gehenden Schichten werden jetzt anzuschauen gewagt. Von außen nach innen, oder vom Unbewussten in seiner symbolischen Form zum Unbewussten in seiner biografischen Verortung geht die Entwicklung. Hier geht es in der Regel um die Erforschung der Schlüsselszenen aus dem eigenen Lebensscript. Die Gruppe ist jetzt Helfer beim Spiel eines Protagonisten, das Medium ist das Psychodrama.

Diese Phase ist nach R. Emunah auf dem Höhepunkt der Gruppenentwicklung möglich, da das Innere jedes Einzelnen geweitet, die Atmosphäre gekennzeichnet ist durch Vertrauen und Verstehen. Enactment wird hier gleichgesetzt mit dem psychodramatischen Protagonisten-Spiel, bei dem sich der Einzelne in der Gruppe exponiert und die Gruppenmitglieder als Hilfs-Ich fungieren. Rollentausch und Doppeln sind zentrale Methoden. Das „Enactment" erlaubt laut Emunah Akzeptanz und Vergeben und wirkt wie eine Reinigung für den Einzelnen und die Gruppe.

Die Phase 5 „Dramatic Ritual"[59] ermöglicht nach den vergangenen Schwerpunkten den Abschluss, der eine wichtige Phase in der Entwicklung jedes Einzelnen und der Gruppe darstellt. Hier vollziehen sich Integration und Anpassung. Das Erleben jedes Einzelnen – gleichsam die Essenz aus den therapeutischen Prozessen – sowie das

---

[58] ebenda, S. 41f.
[59] ebenda, S. 3f.

gemeinsame Erleben finden ihren Ausdruck in Form eines dramatischen Rituals, einer Aufführung. Dieses stellt vor, was zuvor geschehen und nicht nur verbal vermittelbar ist. Der Gestaltungsprozess dieses theatralen Produkts festigt das Erleben jedes Einzelnen und gibt Auskunft über Entwicklungsprozesse, wie sie die Akteure/Patienten zu dem Zeitpunkt sehen.

Hier greifen wieder alle Theatertechniken, um die kollektive Kreation zum künstlerisch gestalteten Ausdruck von Erfahrungen auf allen Ebenen werden zu lassen. Der vergangene Prozess wird in neuen Bildern, Geschichten, Rhythmen, Gedichten, Geräuschen und Bewegungen verdichtet und gestaltet und somit „nachgespielt" auf der symbolischen Ebene und ihrer metaphorischen Qualität und dadurch festgehalten, integriert.

Renee Emunah stellt fest[60], dass diese fünf Phasen nicht als rigide zu erfüllende Schritte anzusehen sind, sondern als beweglich und oft überlappend. Auch gibt es ihrer Meinung nach je nach Zielgruppe Vorlieben, bzw. zu schwierige Phasen. Phase 1, sagt sie, nutzt sehr stark Kindern und Menschen mit Entwicklungsstörungen, während die Phase 3 bei ihnen kürzer ist. Bei Jugendlichen hingegen kann in dieser Phase mehr erarbeitet werden. Auch kann die Bedeutung der Phasen abhängig sein von den Vorlieben und theoretischen Präferenzen der Therapeuten.

Emunah erwähnt[61], dass Sue Jennings von drei Praxismodellen in der DT spricht: dem Heilenden-Kreativ-Ausdrucksvollen, dem Lernenden, dem Therapeutischen. Der Kategorie „heilend" ordnet Emunah ihre Phasen 1,2 und 5 zu. Das Lernende sieht sie in Phase 3 stark angesprochen; das Therapeutische sieht sie bei sich in Phase 4 aufgehoben.

Emunah kann also die Einteilung von Jennings auf ihr Phasenmodell anwenden. Man würde sie aber falsch verstehen, wollte man daraufhin z.B. die psychodramatische 4. Phase ganz ausfallen lassen oder gleich nur auf diese zielen. Damit wären nach Emunah nicht alle Möglichkeiten des Spiels ausgeschöpft, denn dramatherapeutische Arbeit basiert schwerpunktmäßig auf dem fiktionalen Spiel, dem Spiel als Ausgangspunkt und Endpunkt; das Spiel bildet die anthropologische Grundlage. Wer nicht spielen kann, konnte oder durfte, ist in seiner Entwicklung gestört, nicht selten krank. Das biografische oder Erfahrungsspiel in Form von Rollenspiel oder Protagonistenspiel hat aber genauso seine Berechtigung, weil es kognitiv, verstehend und emotional entlastend für den Einzelnen wirken kann.

---

60 ebenda, S. 45.
61 ebenda, S. 46.

Der Developmental Approach nach Johnson

Bei D.R. Johnson[62] zielt sein „Developmental Approach" ganz klar auf die Phasen 1 und 2 im Modell von Emunah. Dies ist der Fall, weil er sich bei seinen Überlegungen und praktischen Methoden der klinischen Arbeit am stärksten zuwendet. Er arbeitet mit schwer kranken Menschen, die weder kognitiv noch direkt emotional zu stark belastet werden können. Ihm geht es wesentlich um „Struktur", die in jeder Situation für den Klienten/Patienten gegeben sein muss, bzw. die jeder Mensch akzeptieren können und lernen muss. Die Entwicklung der „Ausdrucksmedien" muss hierfür bewusst, bzw. durch spielerische Tätigkeit geweckt und gefördert werden. Das Spiel ist deshalb stark durch den Therapeuten strukturiert und fordert sein Mitspiel als Stütze. Der Grad an „Komplexitätsverarbeitung" muss langsam aufgebaut bzw. langsam gesteigert werden. Die „Gefühle" müssen im Spiel so angesprochen werden, dass sie keine Angst machen. Die „anderen" Menschen in der Gruppe müssen akzeptiert und in ihrer Funktion für einen selbst erkannt und genutzt werden („interpersonal demand").

Er betont ebenfalls[63], dass seine Anmerkungen nicht sklavisch befolgt werden dürfen, sondern in Abhängigkeit von der Zielgruppe auf ihre verschiedenen Wirkungen überprüft werden müssen. Dabei gibt die konkret beobachtbare Art und Weise an, wie die Gruppe zusammen mit der Therapeutin spielt, was sie wie zum Thema des Spiels macht, was gewagt werden kann. Als Beispiel nennt er: Verteilen von Tüchern und Requisiten ergibt zwar eine hilfreiche Struktur, gleichzeitig erhöhen sie aufgrund ihrer vielfältigen Eigenarten den Grad an zu bewältigender Komplexität. Als goldene Regel gibt er an, dass je stärker eine Zielgruppe in ihrer Entwicklung gestört ist, es um so wichtiger sei, mit den am wenigsten entwickelten Schritten, gemessen an der Entwicklung des Kindes, zu beginnen. Auch er betont, dass das Erleben von „Versagen" verhindert werden muss. Ist die Zielgruppe jedoch „higher functioning", hat sie zumeist Angst, sich durch zu einfache Anforderungen lächerlich zu machen. Grundsätzlich ist wichtig, dass es nicht darum gehen kann, die „höchste Entwicklungsstufe" zu erreichen, sondern darum, dass der Patient die Freiheit und die Möglichkeit hat, alle Entwicklungsstufen zu erforschen. Es geht ihm um den Prozess, flexibel von einfachen zu komplexen Anforderungen wechseln zu können, so dass der Patient „im Fluss" bleibt: „This concept of flow or continual transformation through the life process is central."[64]

Bei meiner Recherche in den USA erlebte ich den Ansatz von Johnson zweimal bei verschiedenen Gelegenheiten: auf einem dramatherapeutischen Kongress und in Drama-

---

62 Johnson, D. R., (1982), Developmental Approaches in Drama Therapy, in: The arts in psychotherapy, Vol. 9, S. 183–189.
63 ebenda.
64 ebenda, S. 188.

therapiesitzungen mit schizophrenen, aidskranken Obdachlosen im Central Hospital in New York. In beiden Fällen spielte die Therapeutin im Rund der von ihr gelenkten und stark ritualisierten Improvisation mit. Auf dem Kongress hatte sie wahrlich zu schuften, denn die „higher functioning" Therapeuten hatten Angst, kindisch zu wirken und brachten kaum Spielerisches zustande, weil sie Bedeutsames produzieren wollten. In der Klinik hingegen war ich Zeugin von vielfältigen einfachen bis hin zu komisch, gar ironischen Spielideen mit hoher Gruppenkohäsion, so dass die Patienten durch das animative Spiel Anerkennung und Selbstsicherheit gewannen.[65]

Über mehrere Sitzungen, an denen ich teilnahm, konnte ich Erfolge beobachten beim Selbstausdruck, bei der Interaktionsfähigkeit und Akzeptanz, z.B. wie sich spielerisch Themen ergaben und wieder aufgenommen wurden, wie die Interaktion von der Therapeutin weg, selbständig von der Gruppe gestaltet wurde.

„The concept of flow" zielt letztlich darauf ab, so möchte ich formulieren, dass der Mensch zu sich selber steht, und zwar zu allen seinen Seiten, dass er mit sich und seiner Vielfältigkeit versöhnt ist und sich ihrer im guten Sinne zu bedienen weiß. Dank der Improvisation wird allen Beteiligten deutlich, dass man nicht wissen kann, was als nächstes kommt und wie man darauf reagieren wird. Spielend lernt man aber spontan zu reagieren und angenommen zu werden mit dem, was man einbringt. Und jeder Mensch kann – wenn er sich auf die Improvisation einlässt – lernen, wie er sich selber ausdrücken kann und muss, um sich in seiner Welt zu behaupten, ja, um seine Welt zu finden, und zwar immer wieder neu. Mit der Erfahrung des Spiels verringert sich die Angst vor Neuem, das Vertrauen in die eigene Spontaneität und Kreativität wächst.

Dieses grundlegende Potenzial des „Concept of flow" findet sich deshalb auch in den stärker theatral orientierten Arbeitsansätzen von Sue Jennings und Robert Landy. Jennings z.B. sucht für den Entwicklungsstand der Protagonisten oder der Gruppe Theatertexte, -szenen, -konflikte, die dann der dramatischen Vorlage folgend improvisierend gespielt werden. Ausgehend von freier Maskenarbeit finden sich die Problemlagen; aber auch Gespräche, Berichte der Gruppenteilnehmer können die Vorschläge der Therapeutin beeinflussen. Bei Schwierigkeiten einer Gruppe von Studenten mit den Examensanforderungen der Eltern schlug sie z.B. zur Bearbeitung die „Antigone" vor und hier die Auseinandersetzung mit „Kreon".[66] Auf einem Kongress wurden, ausgehend von dem Shakespearetext „Der Kaufmann von Venedig", den wir lasen und in verteilten Rollen anspielten, Themen- und Konfliktkonstellationen herausgearbeitet, zu denen die Teilnehmer im Anschluss in improvisierten Szenen analoge

---

[65] siehe hierzu wegen der Anschaulichkeit nochmal Johnson/Cintino a.a.O.
[66] Jennings, S., (1990), a.a.O. S. 22ff.

eigene Erfahrungen beisteuerten. So erlebt der Klient einerseits, dass er „unique" ist und andererseits, dass seine Probleme so alt sind wie die Welt.

Die Rollentaxonomie von R. Landy

Landy[67] orientiert sich stark am literarischen Vorgehen von Jennings. In seiner langjährigen Ausbildungspraxis hat er einen achtphasigen Ablauf entwickelt, der sich auf das freie fiktionale Spiel genauso anwenden lässt wie auf die Arbeit mit dramatischen Vorlagen. Er betont, dass sein Ablauf idealtypisch zu verstehen sei.

Er geht vom Gebrauch der Rolle im Theater aus, d.h. in allen vorliegenden Theatertexten alter und neuer Zeit[68]. Seiner Meinung nach ermöglicht seine Rollentheorie ein Verständnis der verschiedenen Rollentypen, ihrer Qualität, ihrer Funktion und ihres impliziten Stilisierungsgrades. Basis seiner Überlegungen ist dabei, wie bei Jennings, die Überzeugung, dass aus der theatralen, symbolischen Distanz des Nicht-Ichs durch die Übernahmen einer Rolle im Spiel die heilende Wirkung herzuleiten ist.

Den Begriff *Rollentyp* bezieht er auf die Jung'sche Definition des „Archetyps", in dem universelle Aspekte von Gedanken, Gefühlen und Verhalten eingebunden sind. Als Beispiele nennt er den tragischen Helden, die Weise, den fool. Von diesen ausgehend gibt es jeweilige „Subroles" = Differenzierungen.[69] *Qualität* meint spezifische Aspekte, z.B. physische, emotionale, intellektuelle, moralische und spirituelle. Der tragische Held kann etwa klein, männlich, weinerlich, dumm und gläubig sein.

Die *Funktion* verweist auf die Stellung dieser Rolle im Stück, auf die dramaturgische Funktion. Der Bösewicht will den Helden stürzen. Hier kommen Motivation und soziale Beziehungen ins Spiel.

Stilisierungsgrad meint das Verhältnis des Rollentyps zur Realität. Landy unterscheidet hier zwischen Präsentation und Repräsentation. Erstere ist abstrakt und symbolisch; sie ist intellektuell, weniger emotional, präsentiert Ideen und universelle Wahrheiten. Landy nennt an anderer Stelle als Beispiel hierfür die „Antigone". Repräsentation ist realistischer, orientiert sich mehr an Emotionen. Ich kann diese Unterscheidung – die auf den Grad der Identifikation des Zuschauers mit der Darstellung anspielt – auch inszenatorisch beispielhaft fassen:

---

67 Landy, R., (1993), Persona and Performance, The Meaning of the Role in Drama, Therapie and Everyday Life, S. 45.
68 ebenda, S. 9.
69 ebenda, S. 166.

Präsentieren meint eine verfremdete Spielweise, die wenig Identifikation provozieren will (Brecht); repräsentieren meint in der Regel eine psychologisch-realistische Spielweise, die einen hohen Grad an Identifikation erreichen will (Stanislawski). Der Grad der Stilisierung, so merkt Landy[70] an, hängt jedoch stark von der Interpretation ab und dem gewünschten Verhältnis zwischen Spieler und Zuschauern, bzw. für unseren Fall der DT zwischen Spieler und Person. Ein Beispiel: Wer seine Figur als Clown anlegt, sagt damit etwas über seine Nähe zu diesem von ihm dargestellten Aspekt aus.

Landy arbeitete eine differenzierte Rollentaxonomie aus[71], die auszuführen, den Rahmen sprengen würde. Soviel sei gesagt: Er unterscheidet des Weiteren zwischen somatischen (Alter, Erscheinung etc), kognitiven (fool, Kritiker), affektiven (Helfer, Parasit, Rebell), sozialen (Sohn, Revolutionär, Zeuge, Soldat, Mörder, Neureicher), spirituellen (Held, Gott, Supermann, Tod) und ästhetischen (Träumer, Spieler, Künstler) Bereichen.[72]

Wichtig ist, dass er sich bei seiner Rollentaxonomie auf die dramatische Literatur bezieht, aber wie aus seinen Fallstudien zu ersehen ist[73], auch den symbolischen Gehalt der modernen Fernsehfiguren oder Neuschöpfungen für den heilenden Prozess nutzt, denn der Patient/Klient wählt seine Figuren zumeist selber.

Rollentaxonomische Kenntnisse können daher Aufschluss geben, warum der Therapeut im Zusammenspiel mit dem Klienten für sich selber welche Rollen wählt, oder wem er wann welche Rolle vorschlägt. Sie helfen zu interpretieren, womit der „Held" zu begleiten ist, was seine Rollenwahl beinhaltet, welche Rollen in der Gruppenimprovisation vertreten sein oder lanciert werden sollten.

Wichtig bei Landy ist die Arbeitsabfolge, in der jede(r) allein seine Rolle wählt:
1. „Invoking the role" (Erzählen einer Geschichte);
2. „Naming the role" (Rollenidentifikation und Namensgebung);
3. „Playing out/working through the role" (Improvisation);
4. „Exploring alternative qualities in subroles";
5. „Reflecting upon the role play: discovering role qualities, functions, and styles inherent in the role";
6. „Relating the fictional role to everyday life";
7. „Integrating roles to create a functional role system";

---

70 ebenda, S. 169.
71 ebenda, S. 170ff.
72 ebenda, S. 257.
73 ders., a.a.O. S. 56ff.
74 ebenda, S. 46.

8. „Social modelling discovering ways that clients behavior in role affects others in their social environment".[74]

Wenn man genauer hinschaut, dann ähnelt dieser Ablauf sehr dem Phasenmodell von R. Emunah. Auf dem dramatherapeutischen Kongress 1993 konnte ich Landy und seine Arbeitsabfolge miterleben. Es erinnerte mich sehr stark an theaterpädagogische Arbeit, bei der die Menschen auch erstaunt darüber sind, was für Geschichten sie erzählen, welche Rollen sie plötzlich mit Herzblut spielen. Leider kamen wir nur bis zum 4. Punkt, so dass sich mir der therapeutische Gehalt der Punkte 5 bis 8 und seine methodische Umsetzung nicht zeigte. Die vielen von Landy in seinen Aufsätzen und Büchern geschilderten Einzel-Fallstudien zeigen jedoch beeindruckend[75], wie geduldig er zusammen mit seinem Patienten über lange Zeiträume gemeinsam spielt. Der Patient sucht sich seine Rollen und weist dem Therapeuten welche zu.

Deutlich wird dabei, dass die Schritte 5 bis 8 gemeinsames Arbeitsprogramm für Patienten und Therapeuten sind, und dass die Rollentaxonomie für den Therapeuten ein wichtiges Gerüst ist, um das Spiel des Patienten für sich deuten und mit eigenen hilfreichen Rollenangeboten oder -spielen konstruktiv stützen zu können.

Die Phase 4 bei Emunah, das psychodramatische Protagonistenspiel, kommt bei Landy nicht vor. Er bleibt auf der symbolischen Ebene des Hier und Jetzt, wie sie sich in Anlehnung an die assoziative Arbeit in der Psychoanalyse – in der er ausgebildet ist – ergibt. Sein Vorgehen ist daher sehr zeitaufwendig und erhält sich die ästhetische Mehrdeutigkeit.

Indikator von Wachstum ist für ihn, wenn der Patient durch neue Rollenwahlen und -zuweisungen im Rollenspiel sein Rollenrepertoire ausdifferenziert, ausweitet, gar Gegenrollen selber einnimmt und zum Rollentausch fähig wird.[76] Sein therapeutischer Weg findet mit verschiedenen Methoden statt, ermöglicht und erlaubt Differenzierungen/Irrtümer/Wiederholungen/Rückschritte. Es ist nicht immer als ein bewusster Weg angelegt oder erkennbar, er ähnelt eher einem künstlerischen Prozess der gemeinsamen Improvisation von Patient und Therapeut. Landy kommt ursprünglich vom „theatre in education", also einem mehr zielorientierten Vorgehen. Erweitert um das psychoanalytische Assoziieren findet sich bei ihm spannungsreich Pädagogisches und Psychoanalytisches im Theaterspiel verbunden. Aber er merkt an: „Change of role system then is not enough. ... The clients must be able to play out a revised version of a

---
[74] ebenda, S. 46.
[75] ebenda, S. 56ff oder ders. (1996), Essays in Dramatherapy, London, S. 169ff.
[76] Landy, (1993), a.a.O. S. 32ff.

dysfunctional role in order to influence others within their social sphere. Even when a role system shifts, the dysfunctional role still remains very much in existence, though in a less powerful state ..."[77] Den anderen Menschen von den eigenen Veränderungen durch neues, differenziertes Verhalten mitzuteilen, darin sind sich alle Theoretiker und Praktiker einig, lässt sich am besten mit einer Theateraufführung aus dem therapeutischen Kontext heraus realisieren. Hier kommt dann die Durcharbeitung (Phase 5 bei R. Emunah) zum Tragen. Dies geschieht auch in der Hoffnung, dass die ästhetische Durcharbeitung Distanz und Mut schafft und so aus dem Kontext der therapeutischen Arbeit heraus für das Leben befähigt.[78]

Eine von R. Emunahs Abschlussaufführungen konnte ich als Videoaufzeichnung in St. Francisco, wo sie lehrt, ansehen. Die Aufführung erzählte von den vielen Ursachen psychischer Krankheit, ihren Erscheinungsformen und deren Auflösung. Die Akteure spielten mit Herzblut, die Spielweise war realistisch angelegt, sie repräsentierten ihre Rollen und ihre Erfahrungen und arbeiteten ganz im Sinne des illusionistischen Theaters. Die Distanz der Protagonisten zu ihrem Leid und dessen Durcharbeitung war noch sehr gering. Es gab z.B. keine komischen Gestalten oder Situationen, keine verdichtete exemplarische Geschichte.

Um so erstaunter war ich zu erfahren, dass diese Aufführung nicht nur vor anderen Patienten und Freunden stattfand, sondern vor geladenen Gästen aus den Wohnstraßen, Wohnhäusern, Stadtteilen und Arbeitsstätten. Denn – so Emunah – es sei wichtig, dass sich der Patient entwickelt; wichtig sei aber auch, dass die Umgebung dies erfahre, damit sie nicht festschreibe, was der Vergangenheit angehört. Deshalb sei die therapeutische Arbeit auf diesem Weg in die Gemeinwesenarbeit integriert. Die Aufführung hat dadurch nicht nur den Charakter eines Probehandelns, sondern durch die Zusammensetzung der Öffentlichkeit auch den eines Selbstbekenntnisses mit der Hoffnung auf eine gemeinsame Zukunft.

Abschlussanmerkung

Bei der Lektüre der englischsprachigen Literatur fällt auf, dass Psychodrama in diesem Kontext häufig mit dem Protagonistenspiel gleichgesetzt wird, d.h. der Auseinandersetzung mit biografischem, rekonstruiertem Material. Im Verständnis der DT findet sich hier nicht die Distanz des Nicht-Ichs, da die Person sich in einer ihrer realen Rollen wieder erlebt. Fiktion – und damit die Freiheit des fiktionalen Raums – findet nicht

---

77 ebenda, S. 55.
78 Emunah, R., (1994), a.a.O. S. 251ff.

statt, damit aber auch nicht die Entlastung des kompensatorischen oder liquidierenden Spiels in einer fiktiven Rolle: Als Wolf kann das Kind den Therapeuten in Gestalt der Mutter töten.

Die dramatherapeutische Literatur kennt etliche Vergleiche von Psychodrama und Dramatherapie.[79] Der Gegensatz wird letztlich immer durch diese Verengung und durch Morenos Ablehnung der Konserve = literarische Vorlage begründet.

Auch fällt auf, dass Landys Rolleneinteilung diejenige von Moreno und Leutz[80] aufnimmt und ausdifferenziert sowie mit der Einführung der ästhetischen Rolle erweitert. Auch macht er sich explizit Gedanken über literarische Rollen.

Die Rolle des Therapeuten ist im Verständnis von PD und DT jedoch wirklich verschieden. In meiner PD-Ausbildung lernte ich, Struktur zu geben, an den Rand der Spielfläche zu treten, um Distanz zu halten und nicht im Spiel von eigenen Übertragungen gesteuert zu werden und die Botschaft der Gegenübertragung nicht zu erkennen. Im Monodrama spielt deshalb der Psychodrama-Patient mit Puppen und Objekten. Der Therapeut hat die Rolle des Zuschauers und Spielleiters. Selbst bei den inzwischen auch im Psychodrama üblichen Aufwärmspielen oder dem Märchenspiel bleiben die Therapeuten in der Regel draußen und lassen sich auch keine Rollen zuweisen.

In der Dramatherapie hingegen kann der Therapeut mitspielen, wenn es sich um freie fiktionale Improvisation handelt, genauso wie bei der Improvisation einer dramatischen Vorlage; oder er interveniert aus der Rolle des Regisseurs im ästhetischen Sinne, um das Spiel als ganzes zu fokussieren. Er hat deshalb nicht nur beobachtend teil an der Phantasie der spielenden Gruppe. Bei der Umsetzung dramatischer Rollen kann er in Kenntnis der darin verborgenen Themen und entwicklungspsychologischen Komponenten als Mitspieler, als Regisseur und als Gruppenleiter intervenieren.

Der Therapeut in der DT ist Mitspieler, der im gemeinsamen symbolischen Spiel immer auf drei Ebenen agiert: Person, Figur, Therapeut. Das symbolische Spiel ist der gemeinsame Weg, auf dem sich Klient und Therapeut, oder Klientengruppe und Therapeut bewegen und begegnen. Die spielerischen Interventionen der Figur sollten von dem professionellen Blick des Therapeuten gelenkt sein, sein Mitspiel von seiner Person, die frei ist von eigenen Übertragungen.[81]

---

79 z.B. Davies in: Jennings, S., (1987), Dramatherapy, Theory and Practice, oder Chesner in : Jennings, S., (1994), Handbook of Dramatherapy, London.
80 Landy, R., (1993), a.a.O. S. 138ff, und Landy, R., (1996), Essays in Drama Therapy, London, S.99ff.
81 Johnson, D.R., (1992), The Dramatherapist in-role, in: Jennings, S., Dramatherapy, Theory and Practice 2, S.112, und Landy, R., The concept of role in drama therapy, in: arts in Psychotherapy, Vol. 10 u. Vol. 17.

Überblick über deutschsprachige Literatur zum Verständnis von Drama/Theatertherapie

Alfons Aichinger und Walter Holl haben in ihrem Buch „Psychodrama – Gruppentherapie mit Kindern" (1997)[82] ihre langjährige Arbeit dokumentiert und analysiert und zeigen damit auf, dass Psychodrama dramatherapeutisch par excellence sein kann.

Ein Zurück zu den Anfängen, zum freien Spiel mit Kindern, dem existentiellen „So-tun-als-ob", führen sie auf anschauliche Weise vor. Hier wird die Distanz und Heilung durch das „Nicht-Ich" des Spiels anschaulich und nachvollziehbar. Die schon von Piaget und Freud ausdifferenzierte Funktion des Spiels für die kindliche Entwicklung wird in der Arbeit mit verhaltensauffälligen und traumatisierten Kindern im gelingenden „zweiten Mal" mit den Methoden des Psychodramas bewiesen. Geleitet und gehalten von einem Therapeutenpaar können sich die Kinder im freien symbolischen Spiel alles von der Seele spielen.

Deutlich wird hier, dass Psychodrama eine Form der Gruppentherapie ist, in der es zwischen dem Thema des Einzelnen und dem der Gruppe eine fruchtbare und wechselseitige Verbindung gibt. Psychodrama und auch Dramatherapie stellen sich häufig als Form der Einzelarbeit in der Gruppe dar, was m.E. einen großen Verlust an Kreativität und Interaktionsmöglichkeit bedeutet und die doppelte Realität – die im Spiel der Figuren und die der Klienten untereinander im Gruppenraum und auf der Bühne – als Lernfeld ausblendet. Sue Jennings und Renee Emunah betonen den Aspekt der Gruppe jedoch auch im Hinblick auf das Theaterensemble als Vorbild. Die Ausführungen zur Rolle des Therapeuten, hier besonders des „Elternpaares", wird bei ihnen wie bei Aichinger und Holl betrachtet. Aus der Notwendigkeit heraus, das Mitspiel der Therapeuten im Psychodrama zu rechtfertigen, ergibt sich in dem Buch letzterer jedoch eine differenzierte Betrachtung wie in keiner der oben referierten dramatherapeutischen Ausführungen.

Die Bedeutung von Übertragung und Gegenübertragung unter den Bedingungen des Mitspiels ist sehr aufschlussreich für den therapeutischen Prozess, da die Therapeuten als Mitspieler zum einen ihre Rollen frei und der Situation angemessen wählen können, zum anderen aber bedeutsam wird, welche Rolle ihnen die Kinder antragen. Auch unterscheiden die Autoren immer zwischen „Leiterinterventionen" und „Interventionen aus der Rolle". Das aufmerksame Spiel der Leiterinnen soll dem kindlichen Spiel und den darin zum Ausdruck kommenden Nöten dienen. Deshalb fragen die Therapeuten auch bei den Kindern nach und lassen sich von ihnen sagen, wie die Rolle zu

---

82 Aichinger, A./Holl, W., (1997), „Psychodrama – Gruppentherapie mit Kindern", Mainz.

gestalten sei. Die Autoren machen gezielt darauf aufmerksam, dass es neben der verbalen Intervention im Spiel und im Gruppenraum die bedeutsame Ebene der Handlungsintervention gibt, wodurch z.B. die Beziehungsebene reichere Ausdrucksmöglichkeiten erhält und das Zusammenspiel im Sinne der kindlichen Bedürfnisse und Ausdrucksfähigkeiten aufschlussreicher ist.

„Doch bei allem lebhaften Mitspielen dürfen sie (die Therapeuten) nicht in ihren Rollen aufgehen, sondern müssen genau auf das Spiel der Kinder achten."[83] Deshalb sollen die Therapeuten ihre eigenen ungelebten kindlichen Wünsche, die ja im Mitspiel ebenfalls aufkommen und sogar gute Hinweise für dessen Ausgestaltung geben können, zuvor im eigenen therapeutischen Spiel kennenlernen. Sonst können sie nicht nur in die Gefahr kommen, das Spiel der Kinder zu blockieren, sondern auch das der Kollegen.[84]

Wie stark gerade das im Mitspiel aufkommende Eigenmaterial zur Blockade und nicht zur Aufschluss gebenden Gegenübertragung führen kann, erfuhr Cilia Dintino[85] in ihrer dramatherapeutischen Arbeit mit traumatisierten Vietnamsoldaten. Sie beschreibt ihre Supervision bei D.R. Johnson, dessen entwicklungspsychologischen Ansatz sie in dieser Arbeit mit einer Gruppe von Männern durchführte, was auf der Ebene der Gender-Problematik ihre Übertragung auf die ihr anvertrauten Männer offen legte. Wohl auch wegen ähnlicher Erfahrungen zitieren Aichinger und Holl deshalb Bauriedl: „Ich halte es für sinnvoll, auf beiden Seiten sowohl von Übertragung als auch von Gegenübertragung zu sprechen, da jeder Beziehungspartner einerseits die ihm spezifischen Übertragungsmuster in die Beziehung einbringt und andererseits auf spezifische Weise auf die Übertragungsmuster des anderen reagiert."[86]

Allen, die ein dramatherapeutisches Verständnis mit Hilfe deutschsprachiger Literatur gewinnen wollen, sei das Buch von Aichinger/Holl ans Herz gelegt. Aber auch wer sich stärker von einer gestalttherapeutischen Arbeit beeinflussen lassen möchte, hat Chancen. Bezeichnenderweise beschreibt auch das Buch „Integrative Gruppentherapie mit Kindern" von Dorothea Rahm dramatherapeutische Arbeit mit Kindern und erscheint 1997[87]. Und genauso wie bei Aichinger und Holl finden sich keinerlei Literaturhinweise aus der englischsprachigen Dramatherapie. Dabei greift Rahm sogar ein Verfahren der dortigen Arbeit auf, insofern sie den therapeutischen Sitzungen Geschichten voran stellt, die vorgelesen und von den Kindern nach Rollenwahl und ausführlicher

---

83 diess., a.a.O. S.42.
84 ebenda, S. 173ff
85 in: Jennings, S., (1997), Dramatherapy – Theory and practice 3, London, New York, S 205ff
86 Bauriedl, (1984), zitiert nach Aichinger/Holl, ebenda, S.173.
87 Rahm, D., (1997), Integrative Gruppentherapie mit Kindern, Göttingen.

Raumgestaltung szenisch umgesetzt werden. Dies verlangt elementare theatrale Kenntnisse und Methoden von der Therapeutin. Es wird aber von Rahm mehr nach den Kenntnissen allgemeinen kindlichen Spiels vorgegangen. D.h., nicht das Handeln der Kinder in ihren Rollen steht im Blickpunkt: Ihr Handeln als Personen gerät in den Focus. Detailliert betrachtet sie deshalb auch entlang eines Gruppenverlaufs das Verhältnis zwischen der Rolle in den spielerischen Aktionen, die einzelne Kinder übernommen haben, im Verhältnis zu deren Verhalten außerhalb des Spiels. Dies ist im Rahmen dramatherapeutischer Literatur fast nie anzutreffen. Es macht aber deutlich, wie stark die gesamte Komplexität im Rahmen dramatherapeutischen Vorgehens ist, gerade auch im Hinblick auf die besondere Rolle der Therapeuten.

Ein dezidiert dramatherapeutisches Buch liegt in deutscher Sprache von Johannes Junker und Gé Cimmermans vor. Es vermittelt das holländische Verständnis der Dramatherapie in der Tradition von Jennings und Landy. In dem Buch „Dramatherapie und Schizophrenie"[88] (Ausgabe der Hochschule Arnheim und Nijmegen, NL), erläutert Cimmermans die Grundbegriffe und das Methodenrepertoire der Dramatherapie im Vergleich zum Theater und zum Spiel. Das ist sehr aufschlussreich, kann aber auf achtzig Seiten nicht so ausführlich sein, wie es die drei Reader von Aissen-Crewett für die Studenten der Hochschule Potsdam sind.

Der Literaturüberblick von Cimmermans zu den dramatherapeutischen Möglichkeiten in der Arbeit mit Schizophrenen sowie die Fallstudie von Junker sind demgegenüber sehr anschaulich. Man stellt nach der Lektüre fest, dass DT in der Arbeit mit Schizophrenen nicht kontraindiziert ist, wie vielfach auch gegenüber Psychodramatikern kritisch angeführt wird. Im Gegenteil vermögen viele Arbeitstechniken der DT – wenn man räumlich und zeitlich das richtige Umfeld schafft und Geduld hat –, kleine, sichere Schritte zu gehen, die Selbst- und Fremdwahrnehmungsfähigkeit sehr zu befördern und damit den Schritt in die Realität zu stärken. Auffällig ist, dass offenbar viel besprochen werden muss in der Gruppe, viel abgesprochen, statt dass wie im achtschrittigen Vorgehen von Landy das Erzählen und damit das freie fiktionale Vorgehen dominiert. Im voran gestellten Literaturüberblick zur Schizophrenieforschung stützt sich Junker stark auf die Ausführungen von D.R. Johnson, der auf der Grundlage seines entwicklungsorientierten Ansatzes, wie ich ihn oben referiert habe, differenzierte Arbeiten beigesteuert hat. Die von Junker gegebene Fallbeschreibung ist anschaulich und sehr praxisorientiert und macht mir noch einmal mehr deutlich, dass dramatherapeutisches Vorgehen mit jeder Krankheit und jedem Patienten differiert. Junkers Falldarstellung verspricht nicht das Blaue vom Himmel und bleibt bei aller Phanta-

---

[88] Cimmermans, C., Junker, J., (1998), Dramatherapie und Schizophrenie, Arnheim, Nijmegen.

sietätigkeit von Spieler und Therapeut auf dem Boden, wie es die Schizophrenie verlangt.

Der den Dramatherapeuten genauso wie den Psychodramatikern grundsätzlich entgegengebrachte Verdacht des Aktionismus, der allzu lustvollen und bewusstlosen Extrovertiertheit bis hin zu Narzissmus und Hedonismus, lässt sich an diesen Beispielen nicht bestätigen. Die alte Arbeit 1938 von Moreno mit schizophrenen Patienten, bei denen das medizinische und psychologische Team mit einer Protagonistin zusammen deren Wahnvorstellungen spielten, überzeugt immer wieder in seiner Ernsthaftigkeit und Wirkung, ist aber gegenüber den dramatherapeutischen Beispielen in dem Buch von Junker und Cimmermans geradezu theatral spektakulär.

Aber auch andere Verfahren, z.B. personenzentrierte Psychotherapie und systemischer Therapieansatz, finden ihren Ausdruck im „therapeutischen Theater", wie das Buch von Wolfgang Neumann und Bruno Peters[89] belegt. Besonders interessant ist hier die Kombination von Sprachspiel und Theaterspiel, so dass der Witz und auch die Ironie eine gute Chance zum Einzug in die Psychotherapie, zumindest mit Erwachsenen haben. Die Verwendung von Bildern und Szenen, aber eben auch dem „Wörtlich-nehmen" von Aussagen und Sprichwörtern kann in der stärker analytisch geprägten Arbeit Raum für die Mehrdimensionalität spielerischer Prozesse – und damit Lebenssituationen – geben und kreatives und flexibles Verhalten fördern.

Fazit

Deutlich wird bei der Lektüre dramatherapeutischer Veröffentlichungen, dass es primär das Theater ist, welches das Methodenrepertoire und die Heilungsmöglichkeiten so reich macht. Das Theater – die Dramentexte und Inszenierungs- sowie Arbeitsweisen – hat immer auf menschliches Geschehen, ob Leid oder Freud des Einzelnen oder von Gruppen, im Kleinen wie im Großen, mit Texten und Formen der jeweiligen Zeit reagiert. Es bietet deshalb einen großen Fundus, vorausgesetzt die therapeutische Zielsetzung überrennt nicht die immanente heilende Funktion des theatralen Handelns; oder die Anforderungen des Spiels ignorieren nicht die therapeutischen Gegebenheiten.

Deutlich wird aber auch, dass die Spontaneität und Kreativität sowie persönliche Integrität der Therapeuten in hohem Maße gefordert sind. Selbst das ausgewiesene Vorge-

---

89 Neumann, W., (1996), „Als der Zahnarzt Zähne zeigte", Humor, Kreativität und therapeutisches Theater, Dortmund.

hen von Emunah oder Landy muss sich an der konkreten Gruppe immer wieder neue Wege suchen, um heilend zu wirken. Was die Dramatherapie den Patienten als Ziel verspricht, ist deshalb eine ständige Herausforderung für den Praktiker selber, aber eben auch die Gewähr, dass die Methodenvielfalt nicht verkümmert und zu einem starren System verkommt.

Sicher ist jedes Theaterspiel eine persönliche Erweiterung, ein Erlebnis. Ob es aber zu einem größerem Bewusstsein seiner selbst und seiner Problemlagen, gar zu neuem Verhalten führt, hängt von dem Weg ab, der gemeinsam von Klient und Therapeut oder Gruppe und Therapeut gegangen wird. Insofern ist es wichtig, sich klar zu werden, dass die therapeutische Umgebung und Zielsetzung – in kleinen Einzelschritten, in psychotherapeutischem Sinne – genauso bedeutsam ist wie die ästhetische Arbeit an sich.

Die Dramatherapie zeigt, dass dies kein unauflöslicher Widerspruch sein muss, sondern dass sich in der Ausgewogenheit die heilende Wirkung entfalten kann.

Dramatherapie in den Niederlanden
Von Johannes Junker

Einleitung

Dramatherapie in den Niederlanden ist nicht ohne die gesamte kreativtherapeutische Entwicklung in diesem Land zu verstehen.

Die Kreative Therapie in den Niederlanden, wie sie dort schon seit den sechziger Jahren genannt wird, umfasst die Fachgebiete Drama-, Kunst-, Musik- und Tanztherapie. Selbst ein winziger Bereich der Gartenbautherapie hat sich als künstlerisches Mittel in den achtziger und neunziger Jahren entwickeln können, ist aber nun nicht mehr erwähnenswert, da es noch ca. 20 ausübende Therapeuten dieser Richtung gibt, die in absehbarer Zeit in den Fachbereich der Kunsttherapeuten integriert werden.

Um die Entwicklung der Kreativen Therapie in den Niederlanden verstehen zu können, ist es wichtig zu sagen, dass in den sechziger Jahren der Berufsverband von Psychiatern gegründet wurde, die den besonderen Zugang der Kunst in der Behandlung von psychischen Krankheiten erkannten und zu schätzen wussten. Erst zu Beginn der siebziger Jahre entstand dann das Fachhochschulstudium „Kreative Therapie".

Auch heute noch gibt es nur einen Berufsverband, der alle Kreativtherapeuten vertritt. Davon arbeiten über 80% in der „Geistlichen Gesundheitssorge", der sogenannten GGZ, was aus der geschichtlichen Entwicklung heraus nicht verwunderlich ist und die ich im Folgenden kurz erläutern möchte.

Gesellschaftspolitischer Ort

Diese oben schon erwähnte GGZ umfasst neben den psychiatrischen Krankenhäusern auch die Beratungsstellen, psychosomatischen Kliniken und im weiteren Sinne auch die Forensik. In der Geistlichen Gesundheitssorge hat sich die Kreative Therapie politisch bis auf den heutigen Tag stark gemacht und hat als einer der fünf sogenannten Stammberufe einen prominenten Platz eingenommen.

Die fünf Stammberufe sind wie folgt verteilt:
1. Psychiater,
2. Psychologen,
3. Pfleger,
4. Pädagogen,
5. Fachtherapeuten.

Während die ersten drei Kategorien deutlich in ihrer Aufgabenstellung voneinander zu trennen sind, gab es einige Abgrenzungsschwierigkeiten, was die Pädagogischen Berufe und die der Fachtherapeuten betrifft. Die Pädagogischen Berufe werden aus der Sicht der niederländischen Gesundheitssorge zu der Gruppe der begleitenden Berufe gezählt. Diese haben also keinen Behandlungsauftrag, sondern einen begleitenden.

Die Fachtherapeuten gruppieren sich aus den Kreativtherapeuten und den Psychomotorik-Therapeuten. Diese sind in Deutschland in dieser Form nicht bekannt; es ist eine Integration der Motopädie und der Körperzentrierten Bewegungstherapie, KBT.

Nach einer 1996 von der niederländischen Regierung beauftragten Untersuchung ähneln sich diese Berufsgruppen: beide sind erfahrungsorientiert, handlungsgeleitet und haben als Ziel, Menschen zu behandeln.

Alle sogenannten para- und perimedischen Berufe – dies sind die Berufe um die medizinische Dienstleistung herum, z.B. Ökotrophologen, Physiotherapeuten, Logopäden –, werden nicht zum engeren Kreis der Stammberufe gezählt, da sie sich alle außerhalb des direkten klinischen Bereiches befinden. Das bedeutet, dass ihre Leistungen nicht mehr zur klinischen Grundversorgung gehören und bei Bedarf gesondert verschrieben werden müssen.

So wird verständlich, dass sich die Kreative Therapie als Behandlungsform vor allem in der psychiatrischen Umgebung etabliert hat.

Denkstrukturen

Der niederländische Kreativtherapeut ist im Prinzip ein Psychotherapeut, der mit künstlerischen Mitteln die Psyche behandelt. Dies darf er nur nicht laut sagen, da es ihm noch per Gesetz verboten ist, sich Psychotherapeut zu nennen. Die Definition hingegen lässt dieser Interpretation freien Raum, denn er will die Psyche des Menschen zu dessen Gunsten beeinflussen. Im Wesen will er also behandeln und nicht begleiten.

Henk Smeijsters hat für die niederländischen Kreativtherapeuten in seinem einerseits inventarisierenden, andererseits vorausdenkenden, richtungsweisenden Buch in Worte gefasst, was diese wirklich tun. Er schöpft sein Gedankengut vor allem aus der Untersuchung von Wheeler, der verschiedene psychotherapeutische Arbeitsweisen ausgearbeitet hat. Dahinter steckt die von den niederländischen Kreativtherapeuten schon immer gehegte Idee, dass eine psychische Krankheit weder durch eine Theorie erklärbar, noch durch eine einzige theoretische Erklärung behandelbar ist. Dies erklärt sich aus einer ureigenen Unsicherheit, aus keiner der vorhandenen psychotherapeutischen Schulen zu stammen und von jeder etwas für sein therapeutisches Handeln einzusetzen. Somit ist der Kreativtherapeut plötzlich ein hochmoderner Synergist, der die verschiedensten Psychotherapien in die Praxis umsetzten kann. Die Kehrseite hiervon bleibt allerdings der theoretische Leerraum.

Ich werde hierauf später wieder zurückkommen, denn auch aus dieser Not behilft er sich, indem er einfach das aufschreibt, was er tut, um dann festzustellen, welche Effekte dies auf sein angestrebtes Ziel hat: das Behandeln einer Krankheit, zum Wohle des ihm anvertrauten Klienten, bzw. Patienten.

Arbeitsweisen

Wir bewegen uns noch immer auf dem breiten Feld der Kreativen Therapien und noch lange nicht auf dem der Dramatherapie. Dies wird eine Weile andauern, denn ganz zum Schluss erläutert der niederländische Dramatherapeut, was spezifisch an seinem Fachbereich ist.

Die Arbeitsweise beschreibt die allgemeine therapeutische Vorgehensweise, um eine psychische Störung in ihrer Tiefe und Breite im richtigen Maße angehen zu können. Das heißt, entsprechend der Ausgangslage und der Ausgangsfrage des Patienten werden bestimmte Arbeitsweisen gewählt, diese sind:

1. Kreative Therapie in sonder-(heil)pädagogischen Situationen

Hier liegt der Akzent der therapeutischen Aktivitäten auf der Entwicklung von psychomotorischen, sensormotorischen Sprach- und Sprechfähigkeiten sowie kognitiven, sozialen und emotionalen Fähigkeiten. Hauptsächlich geht es um die Behandlung im Zusammenhang mit nicht mehr abwendbaren Störungen. Das bedeutet, dass andere Fähigkeiten entwickelt werden, damit Patienten mit den Störungen so selbständig wie möglich leben können.

Zielsetzungen, die bei dieser Arbeitsweise erarbeitet werden:
- Verbesserung der groben und feinen Motorik,
- Verbesserung der Hand- Augenkoordination,
- Verbesserung der Sprachfähigkeiten,
- Verbesserung der Wahrnehmung,
- Verstärkung der Aufmerksamkeitsspanne,
- Vergrößerung des Konzentrationsbogens,
- Erlernen der Unterscheidung von Stimuli,
- Stimulanz zu Eigenaktivitäten,
- Verstärken des Auf-einen-anderen-Gerichtetseins,
- Verbesserung der sozialen Fähigkeiten,
- lernen, Verantwortung zu tragen,
- lernen, zusammenzuarbeiten,
- lernen, sich in jemand anderen einzufühlen,
- lernen, mit Emotionalität umzugehen.

Die Zielgruppen, die hiermit erreicht werden können, befinden sich hauptsächlich in Einrichtungen wie:
- ambulanten Psychiatrien,
- Psychogeriatrie,
- soziale Rehabilitation,
- heilpädagogischen Heimen,
- Sonderschulen,
- Jugendhilfeeinrichtungen,
- Forensischen Psychiatrien.

2. Kreative Therapie in supportativen Situationen

Diese Arbeitsweise bietet Unterstützung beim Lernen, mit Problemen umzugehen. Das tieferliegende Problem wird nicht aufgehoben, sondern der Umgang mit dem Problem wird verbessert. Die Zielsetzungen haben einen unterstützenden, stabilisierenden und entwicklungsgerichteten Charakter.

Zielsetzungen, die bearbeitet werden:
- Verbesserung der emotionalen Anpassung (entsprechend der gegebenen Situation zu reagieren);
- So schnell wie möglich ein emotionales Gleichgewicht erreichen (ruhig werden, weniger weinen oder wütend werden);
- Stabilisierung der bestehenden Abwehr (nicht zu schnell überreagieren, sich nicht immer mitreißen lassen);

- Entwicklung von Kontrollmechanismen (Dinge gut oder nicht tun; mit seinen Krankheitssymptomen umgehen lernen);
- Erprobung von (neuen) Gedanken und Gefühlen;
- Selbstaktualisierung (Möglichkeiten, sich selbst zu entwickeln).

Die Zielgruppen, die auf diese Weise angesprochen werden, haben die folgenden Problemgebiete:
- Lebensphasenfindung,
- Sinngebungsprobleme,
- Identitätsprobleme,
- Beziehungsprobleme,
- psychosomatische Probleme,

oder lassen sich erreichen in:
- Kurzzeitprogrammen in der akuten Psychiatrie;
- Krisenintervention in der Sozialen Rehabilitation;
- Rehabilitation;
- Flüchtlingsarbeit;
- Sonderschulen;
- Jugendarbeit.

3. Kreative Therapie in lindernden Situationen

Diese Arbeitsweise erlaubt es, physischen und psychischen Schmerz zu lindern. Ziele hierbei sind:
- Linderung von psychosomatischen Leiden;
- Linderung von chronischem Schmerz;
- Trauerarbeit nach dem Verlust einer wichtigen Person;
- Trauerarbeit nach dem Erleiden einer körperlichen oder psychischen Behinderung;
- Abschieds- bzw. Trauerarbeit in Aussicht des nahenden Todes.

Die Zielgruppen für diese Arbeitsweise befinden sich vor allem in:
- Kliniken;
- Psychiatrie;
- Rehabilitationskliniken;
- Alters- und Pflegeheimen;
- Hospiz;
- Institutionen für geistig Behinderte;
- Institutionen für Flüchtlinge.

4. Kreative Therapie in re-edukativen Situationen

Hier geht es um das Beeinflussen und Verarbeiten von Problemen. Bei dieser Arbeitsweise steht das Erleben des Hier und Jetzt sowie der direkten Ursachen im Zentrum.

Ziele, die angestrebt werden:
- Äußern und Steuern von Gefühlen;
- Vergrößerung der Frustrationstoleranz;
- Erlernen von Impulskontrollverhalten;
- Verbesserung der Realitätsorientierung;
- Verbesserung der sozialen Interaktion und persönlicher Fähigkeiten;
- Grenzen ziehen lernen;
- Erweiterung des Verhaltensrepertoires;
- Verstärkung des Selbstvertrauens;
- Selbstbildregulation;
- Minderung der Angst zu versagen.

Die Zielgruppen sind mit denen der dritten Kategorie (lindernde Situationen) identisch; darüber hinaus richtet diese Arbeitsweise sich an die:
- Ambulante, bzw. freie Praxis;
- Forensische Psychiatrie;
- Sonderschulen.

5. Kreative Therapie in re-konstruktiven Situationen

Hier dreht es sich vor allem um das Erarbeiten und Durcharbeiten von Problemen, um das Entdecken und Lösen von unbewussten Konflikten, die bis in die frühen Kinderjahre zurückzuführen sind. Von einem unbewussten Konflikt ist z.B. dann die Rede, wenn jemand bestimmte Gefühle hat, die er selbst nicht begreifen kann.

Zielsetzungen hierbei sind:
- Unbewusste Erfahrungen und Gefühle bewusst machen und die in der Vergangenheit liegende Ursache aufdecken;
- Innerliche und zwischenmenschliche Konflikte einsichtig machen und diese lösen;
- Übertragungsbeziehungen und Projektionen verdeutlichen;
- Veränderung der Persönlichkeitsstrukturen.

Die Zielgruppen befinden sich hauptsächlich in:
- Psychiatrien,
- Psychosomatischen Kliniken,
- Psychotherapeutischen Institutionen.

6. Zusammenfassung

Hinter den Begriffen dieser Arbeitsweisenhierarchie stehen jeweils verschiedene therapeutische Sichtweisen. Während die sonder(heil)pädagogische Arbeitsweise die Schule der Sonder- und Heilpädagogik vertritt, so steht hinter der supportiven sowie der lindernden Weise die humanistische Therapieströmung. Die re-edukative Weise wird hauptsächlich in der Verhaltenstherapie und die re-konstruktive in der Analyse angewandt.

Die neunziger Jahre des letzten Jahrhunderts haben gezeigt, dass die verschiedenen psychotherapeutischen Schulen aufeinander zu wachsen. Die Kreative Therapie profitiert hiervon enorm, da sich in den Niederlanden nur eine der vier Schulen der Kreativen Therapie von Beginn an auf eine analytische Vorgehensweise festgelegt hat, während die anderen sich einer vielseitigen Herangehensweise verschrieben haben. Seit 2000 stimmen alle vier Schulen 70% ihres Angebotes aufeinander ab, die restlichen 30 % bleiben für die Eigenprofilierung.

Das bedeutet für den – wie die Niederländer sagen – „body of knowledge" der Kreativtherapeuten einen enormen Schritt nach vorne, denn im Laufe der nächsten zehn Jahre werden stets mehr Kreativtherapeuten die gleiche Sprache sprechen, sich besser untereinander verstehen und somit auch zu ihrer äußeren Profilierung immer mehr selbst beitragen können. Diese Entwicklung fördert auch das Erarbeiten eines theoretischen Rahmens, der wie oben beschrieben, zuerst über die Beschreibung dessen laufen wird, was ein Kreativtherapeut mit einer ganz genau definierten Zielgruppe tut. Dieser Standard legt dann die Basis für eine Untersuchung, die vor allem die Effektivität der therapeutischen Dienstleistung unter die Lupe nehmen kann. Hier kann dann beschrieben und später zahlenmäßig festgehalten werden, wer was mit wem warum wie lange mit welchem Resultat unternimmt.

In den Niederlanden sprechen Kreativtherapeuten mittlerweile auch vom „Beipackzettel", der die Risiken und Nebenwirkungen neben den angestrebten Zielen der konkreten kreativtherapeutischen Intervention beschreibt, um so den therapeutisch verwandten Berufsgruppen, aber eben gerade auch den Patienten, bzw. Klienten mit ihren ganz spezifischen Problemen zu verdeutlichen, was sie genau von der kreativtherapeutischen Maßnahme für eine spezielle Frage erwarten können.

Das Streben geht soweit, dass, in Anlehnung an das in den Niederlanden für die Kategorisierung von psychiatrischen Krankheitsbildern verwendete ICD 10 (anstelle des DSM IV), genau beschrieben werden soll, welche kreativtherapeutische Intervention bei welcher Krankheit warum eingesetzt werden kann.

Wie unschwer zu erkennen ist, geht die niederländische Variante der Dramatherapie ganz pragmatisch an die Sache heran. Sie lässt sich nicht von einer Theorie leiten, sondern von einem pragmatischen Standpunkt: Wir haben eine Therapieform, deren Nutzen wollen wir nun untersuchen.

Dramatherapeutische Theorie

Es bleibt die Frage der Theoriebildung. Sie ist in den Niederlanden eher eine vernachlässigte Disziplin und beschränkt sich auf das phänomenologische Beschreiben dessen, was aus der Fachdisziplin der Theaterwissenschaft kommt. Doch die Kunst an sich beinhaltet auch keinen grundlegenden theoretischen Hintergrund zur logischen Untermauerung dramatherapeutischer Interventionen. Es bleibt im Prinzip bei geisteswissenschaftlichen Annahmen, die höchstens dem qualitativen Ansatz einer Untersuchung standhalten können, jedoch längst nicht mehr dem einer quantitativen Untersuchung, mit der es auch möglich wäre, die Effekte einer Therapie zahlenmäßig zu belegen.

Natürlich gibt es einige Grundgedanken zu dem Phänom Dramatherapie. Das Wort Drama bedeutet tun oder handeln. Neben dem handlungsorientierten Sein ist dem Drama auch stets ein erfahrungsgerichtetes Sein eigen. Das, was eine Person tut, erlebt sie gedanklich, gefühlsmäßig und körperlich. Das dramatische Spiel ist jedem Menschen eigen, da jeder als Kind schon immer so gespielt hat. Alles wurde schon einmal spielerisch erfahren, erprobt, im Schutzraum des „Tun-als-ob" geübt. Genau dieser Schutzraum macht es jedem Menschen möglich, sich übend mit seinem Problem, seiner Lebenssituation, seiner Frage auseinanderzusetzen.

In der Dramatherapie kann jeder sein Leben oder bestimmte Lebenssituationen szenisch darstellen. Je nach Fragestellung kann mit Hilfe des Mediums Drama etwas verlernt, etwas Neues erlernt, verarbeitet, integriert oder geübt werden.

Die niederländische Dramatherapie geht davon aus, dass nicht nur tatsächlich erlebte Situationen zum erfolgreichen Behandeln von Problemen geeignet sind, sondern eher vor allem fiktive Situationen. Das sogenannte analoge Spiel mit Phantasiegeschichten oder Situationen zeigt nach dieser Ansicht genau dieselben Denk-, Fühl- und Verhaltensmuster, wie sie in alltäglichen Situationen entstehen. Im Erzeugen von künstlerischen und künstlichen dramatischen Formen geschieht genau das Gleiche wie im ernsten, funktionalen, zielgerichtetem oder auch unbewussten Alltag. So werden durch die Möglichkeit des freien Gestaltens einer Situation die ureigensten Denk-, Gefühls-, Handlungsmuster noch unverfälschter und deutlicher hervortreten, als in „echten" Situationen. Der Dramatherapeut ist darauf spezialisiert, in seiner Kunst die Muster zu erkennen und einen Transfer zwischen der Ausgangsfrage, bzw. dem Problem zu sehen und dem, was im Dramatherapieraum geschieht.

Das Phasenmodell von Emunah

Die in den Niederlanden am meisten verwendete Phaseneinteilung ist die von Emunah. Sie unterscheidet dramatisches Spiel, Szenenarbeit, Rollenspiel, autobiographische Inszenierung bis hin zum dramatischen Ritual.

In der *Phase des dramatischen Spiels* wird eine sichere spielerische Umgebung geschaffen. In dieser kann improvisiert und geübt werden. Bezeichnend für diese Phase ist, dass die Klienten, bzw. Patienten in Bewegung und miteinander in Kontakt kommen. Das Ziel ist, ein größeres Selbstvertrauen zu erreichen. Weiterhin wird angestrebt, dass sich Gruppenmitglieder untereinander ihrer verschiedenen Qualitäten bewusst werden. Der Akzent wird auf die gesunden Anteile gesetzt und lässt sich von der humanistischen psychotherapeutischen Strömung inspirieren. Qualitäten wie die der Expressivität, Verspieltheit, Kreativität, Spontaneität, Humor, Vitalität, werden hier gefördert. Wenn Klienten, bzw. Patienten durch diese Prozesse genügend Ego-Stärke erreicht haben, sind sie bereit, innerhalb der re-konstruktiven Arbeitsweise weiter mit ihrer speziellen Frage behandelt zu werden.

In der *Phase der Szenenarbeit* werden Szenen erarbeitet und Rollen vertieft. Der Kern dieser Arbeit ist im Begriffsapparat des Theaters zu finden. Der Klient spielt fiktive Rollen, hiermit wird Distanz geschaffen, das Spiel ist verhüllend. Somit kann der Klient erfahren, dass er „anders" sein darf und kann. Latent vorhandene sowie verdrängte Gefühle können frei werden. Der Therapeut wird hierauf nicht verbal eingehen. Am Ende dieser Phase werden die Klienten spontan Verbindungen zu ihrem persönlichen Leben herstellen.

Im *Rollenspiel* tritt eine Verschiebung von der Fiktion zur Realität auf. Drama wird hier als ein Mittel eingesetzt, um aktuelle Situationen aus dem eigenen Leben zu entfalten. Prüfungen, Konflikte und Beziehungen werden dargestellt und untersucht. Das Spiel geschieht in einer Art Laboratorium, in dem experimentiert werden kann. Es bietet ausreichenden Schutz, um die Konfrontation mit schwierigen Situationen anzugehen, um andere Möglichkeiten auszuprobieren und sich auf zukünftige Situationen vorzubereiten. Die Sicherheit im Spiel wird durch die Abwesenheit von alltäglichen Konsequenzen ermöglicht. Durch dieses Spiel erhalten die Klienten ein besseres Bild ihrer realen Rollen und der Muster in ihren Interaktionen. Die durch das experimentierende Spiel latent vorhandene Distanz macht es dem Klienten möglich, sich selbst zu beobachten, wobei der dabei anwesende Therapeut durch seine Zuschauerrolle diesen

Prozess automatisch verstärkt. Im Rahmen von Regieanweisungen kann er den Klienten auf seine Muster aufmerksam machen und ihm beim Entwickeln von neuen Verhaltensmustern behilflich sein.

In der *Phase der autobiographischen Inszenierung* geht der Therapeut weiter als in der Darstellung aktueller Themen. Aus der Vergangenheit können Themen aus dem Unbewussten hochkommen. In der Gruppe wird die Aufmerksamkeit auf eine Person gerichtet. Der Kern dieser Arbeitsart ist psychodramatisch, er hat autobiographischen Charakter. Die Vorbedingung, um an dieser Phase teilnehmen zu können ist, dass der Klient die intensiven Gefühle, die aufgerüttelt werden, vertragen kann. Die Äußerung von Gefühlen hat einen kathartischen Charakter, was an sich noch kein Ziel darstellt. Letzendlich muss es zur Kontrolle von verletzenden Erfahrungen aus der Vergangenheit kommen. In dieser Phase werden vergangene Geschehnisse im Spiel wiederbelebt. Der Therapeut sowie die Gruppenmitglieder leben mit dem Klienten mit, so dass er das Gefühl erhält, mit den Geschehnissen nicht alleine zu sein.

Im *dramatischen Ritual* wird der Prozess durch die Phasen, wie oben beschrieben, abgeschlossen. Der Akzent liegt nun auf der Integration und der Assimilation. Die zentrale Frage lautet, wie der Klient die in der Gruppe entstandene Veränderung in sein alltägliches Leben integrieren und organisch einbinden kann. Zur gleichen Zeit wird nach den Abschiedsgefühlen gesehen, welche die Schritte ins Neue begleiten. Rituale machen es den Klienten möglich, zu evaluieren, einander persönliche Rückmeldung zu geben, mit Genugtuung auf das zurückzuschauen, was man erreicht hat, die Wehmut und die Freude über das Ende der Therapie zu äußern.

Unschwer zu erkennen ist, dass Emunah anstrebt, die mögliche Wirkung der Dramatherapie zu erfassen.

Emunah bleibt unscharf in der Art der Einsatzmöglichkeiten ihrer Arbeitsweisen bei verschiedenen Klientengruppen und versucht an Hand von eher neurotischen Klienten zu entschlüsseln, welche Tiefenwirkung die Dramatherapie hat. Interessant wird dann der sich aufdrängende Vergleich mit den Arbeitsweisen von Wheeler, die Smeijsters so eindrücklich beschreibt. Hierdurch könnte eine Präzisierung erfolgen.

Nun zu unserer Ausgangsfrage, inwieweit die niederländische Dramatherapie eine fundierte Theoriebildung aufweisen kann. Die Antwort lautet: Beschreibt, was ihr tut, so dass wir gemeinsam Standards entwickeln können, anhand derer wir untersuchen können, welche Effekte bei wem mit welchen konkreten Interventionen in welcher Zeitspanne erreicht werden. Nicht die Theorie, sondern das praktische, pragmatische Handeln ist die Maxime der Untersuchung.

Theatertherapie made in Germany
Von Doris Müller-Weith

Die deutsche Landschaft der Theatertherapie sieht vielfältig und noch wenig durchstrukturiert aus, insgesamt passend zur Gesundheitspolitik, in der die künstlerischen Therapieformen gar nicht existent sind, nicht nur zum Leidwesen der Kreativtherapeuten, sondern auch zu dem der Klienten. Dennoch findet Therapie mit Mitteln des Theaters sowohl im institutionellen Rahmen als auch auf dem freien Therapiemarkt statt, wie dieses Buch zeigt.

Ausbildungsansätze hierzu finden teilweise im theaterpädagogischen Kontext statt (Theaterpädagogikstudium an Fachhochschulen und Hochschulen, Aufbau- und Weiterbildungsstudiengänge im Hochschulbereich und auch an anderen Bildungseinrichtungen). Als explizit therapeutische Fort- und Weiterbildung sind z.Zt. folgende Institutionen zu nennen:

1. Die dramatherapeutischen Zweige der Integrativen Therapie von H. Petzold und die Ausbildung in der Akademie Remscheid für musische Bildung und Medienerziehung unter der Federführung von G. Martens und Ulf Klein.
2. Die Weiterbildung Theatertherapie am Institut für Gestaltorientierte Weiterbildung in Hamburg (HIGW).

Von der Ausbildung am HIGW sollen die nächsten Seiten handeln.

Wie schon an anderen Stellen dieses Buches erwähnt, ist die gesamte Entwicklung der Theater- oder Dramatherapie in Deutschland ähnlich verlaufen wie in den USA und in England, etwas zeitlich verzögert, jedoch nur teilweise direkt von dieser beeinflusst.

So bringen denn auch alle fünf derzeitigen Dozenten der Weiterbildung am HIGW langjährige Erfahrungen im professionellen Theater bzw. Tanz mit. Alle verbindet zudem der gestalttherapeutische Ansatz. So ist dieses denn zum Programm geworden, sowohl was die psychologischen Inhalte betrifft, als auch was die Vorgehensweise in der Weiterbildung angeht (TeilnehmerInnenzentrierte Lehrhaltung und psychotherapeutisches Vorgehen, welches als phänomenologisch, prozessorientiert und kontaktbezogen bezeichnet werden kann).

Ziel der Weiterbildung ist es, Menschen mit Vorerfahrung in heilenden, künstlerischen, sozialen, pflegerischen Berufen sowie solchen, die im Bereich Persönlichkeitsentwicklung tätig sind, zu befähigen mit prozessorientierter Theaterarbeit umzugehen, Gruppen und Einzelprozesse zu leiten und damit sowohl im soziokulturellen als auch im klinischen Kontext tätig zu werden.

Die sechs Grundpfeiler der Theatertherapie-Weiterbildung

1. Der wichtigste Grundpfeiler dieses Theatertherapieansatzes ist die Praxis: Übungen, Spiele und Methoden werden am eigenen Leib erfahren. Der eigene persönliche Prozess dient als Lernfeld, die Gruppe mit ihren Menschen und deren verschiedenen Persönlichkeitsstrukturen dient als Erweiterung dieses Lernfeldes.

2. Grundlagen werden gelegt:
    ➤ im Bereich der Körper-, Bewegungs- und freien Tanzentfaltung;
    ➤ im Bereich der Improvisation und der Szenenentwicklung;
    ➤ im Bereich der Ausdrucksschulung und des Schauspieltrainings;
    ➤ im Bereich der Impulsarbeit und der verschiedenen Ich-Zustände;
    ➤ im Bereich der Grundhaltung für therapeutisches Begleiten und Leiten.

3. Die Gestalttherapie hat sich in ihrer Entstehung vom Theater inspirieren lassen. Sie bietet neben dem Kern, nämlich Bewusstsein über den Kontaktprozess zu erlangen, verschiedene Methoden, so z.B. das Vorgehen im „Experiment": In der jeweiligen Situation wird mit dem Klienten eine Anordnung von Gegenständen oder Menschen geschaffen, die ihm helfen können
    ➤ sich selbst zu erkunden,
    ➤ Anteile von sich deutlicher zu begreifen,
    ➤ Inneres nach außen zu bringen,
    ➤ vom denkenden zum handelnden, zum fühlenden Menschen zu werden,
    ➤ u.v.m.

Unser Theatertherapieansatz baut hierauf auf, schafft mit dem Klienten spontan Szenen, Handlungen, Rituale, die für diesen und seinen Heilungsprozess bedeutsam sind. Diese Herangehensweise wird ergänzt durch projektive Verfahren, wie zum Beispiel Fantasiereisen, erfundene oder feststehende Geschichten, Theaterstücke, vorgeschriebene oder erfundene Rollen, Märchen, Masken, Mythen ...

Durch diese Herangehensweise können wir den sogenannten Es-Prozess nutzen und (manchmal nur für eine kurze Weile) die Kontrolle des Verstandes umgehen. Damit ist die Chance für den Klienten gegeben, ein anderes Verständnis von sich selbst zu bekommen, Abgespaltenes zu integrieren, sein Selbstbild zu erweitern, heiler zu werden.

4. Theoretisch beziehen wir uns auf den Gestaltansatz des Fritz Perls, den Psychodramaansatz von I.L. Moreno und die Archetypenlehre nach C.G. Jung. Was wie ein willkürliches Sammelsurium wirkt, sind bewährte Modelle als Strukturhilfen für den diagnostischen und praktischen Umgang mit den Klienten.

Die Idee dabei ist, dass über die Zeit, die Erfahrung in der Praxis und die Reflexion derselben eine eigene Theorie entstehen wird. Diese ist, bezogen auf die englische bzw. amerikanische Dramatherapie, auch schon in Ansätzen entstanden.

Die Theatertherapie arbeitet auf einer breit gefächerten theoretischen Basis. Sie macht damit deutlich, dass sich die praktische Arbeit mit verschiedenen psychotherapeutischen Ansätzen und Verfahren kombinieren lässt. Dies scheint uns besonders wichtig in Bezug auf die Theatertherapiepraxis im klinischen oder institutionellen Kontext. Wir finden dort die verschiedensten psychotherapeutischen Verfahren. Da unsere Herangehensweisen sehr vielfältig sind, dabei immer wieder der Ausdruck und das Handeln des Menschen im Zentrum steht, können wir unsere Methode den Gegebenheiten sanft anpassen.

5. Uns ist der Prozess wichtiger als das Ergebnis und dennoch kann auch eine Aufführung eine wesentliche Rolle im therapeutischen Prozess spielen. Wenn wir auf eine Präsentation hin arbeiten, so ist dies ein zu erschaffendes Produkt, das nur gelingt, wenn alle Kräfte sich vereinen. Dieser Umstand bietet therapeutisch gesehen einen großen Fundus für Lernmöglichkeiten und die ergreifende Erfahrung, gemeinsam mehr zu schaffen (oder gar zu sein?), als die Summierung von Einzelteilen.

Indem es um Aufführung und sich zeigen geht, ist ein Sensibilisieren des Therapeuten unbedingt notwendig: er/sie muss sensibel werden für die Bedürfnislage seines/ihres Gegenübers. Es kann nicht sein, dass wir mit unserer Therapiemethode den Zeitgeist der neurotischen Selbstdarstellung oder gar des Exhibitionismus nähren. Dies sorgfältig unterscheiden zu lernen, ist eine der vielen Absichten unserer Weiterbildung. Wir suchen, fördern, hegen und pflegen den authentischen Ausdruck, wohlwissend, dass manches auch geschützt, verborgen oder innerlich bleiben möchte.

6. Theatertherapie ist ein Verfahren der Künstlerischen Therapien: Mit kreativen Mitteln will sie mithelfen Integration und Heilung zu fördern. Wir möchten unsere angehenden TherapeutInnen befähigen, an Hand unserer Grundlagen ihren eigenen Arbeitsstil zu entwickeln.

Das heißt, sie sollten:
- ihre eigenen Stärken und Schwächen als TherapeutInnen einschätzen lernen; dafür ist eine Eigentherapie bzw. Lehrtherapie notwendig,
- ihrer eigenen Intuition vertrauen lernen,
- fähig sein, sich in einen Dialog mit dem Klienten zu begeben, um aus diesem Dialog heraus die einzelnen Schritte zu entwickeln.

Teil II

Berichte aus freier Praxis

Vom Traum zum Theater –
Regie in der Therapie
Von Lilli Neumann

Einleitung

Im Folgenden wird eine psychotherapeutisch ausgerichtete Inszenierungsarbeit beschrieben, die innerhalb einer ambulanten theatertherapeutischen Gruppentherapie stattgefunden hat.

In dramatherapeutischen Zusammenhängen wird nicht in erster Linie eine öffentliche Aufführung angestrebt. Wird aber das Schwergewicht auf *Therapeutisches Theater* gelegt, spielen die Gruppen auf die eine oder andere Weise auch Stücke vor fremdem Publikum. Beispiele:

➤ Die Psychiaterin/Psychologin D. Doldinger und U. Etschmann schildern eine Inszenierung in der Psychiatrie zu Wilhelm Hauffs Märchen „Das kalte Herz". Sie legen dabei einen besonderen Akzent auf die Kompatibilität zwischen Krankheitsbild des Patienten und seiner Theaterrolle.

➤ Die Psychoanalytikerin C. Christ inszeniert zusammen mit dem Regisseur Heyme mit ihrer ambulanten Therapiegruppe nach Beendigung der Psychotherapie zu Goethes Faust am Essener Schauspielhaus. Ziel ist es, die durch die Behandlung frei gewordenen Energien kreativ zu nutzen im Sinne einer rehabilitativen therapeutischen Kulturarbeit.

➤ Ein Psychotherapeut inszeniert in einer Beratungs- und Behandlungsstelle für Suchtkranke mit einer Therapiegruppe für Alkoholkranke aus ihrer Krankheitsgeschichte ein Stück: Die Gruppe führt es öffentlich als coming-out auf.

➤ Die schon weit bekannte Wilde Bühne – hervorgegangen aus einer stationären Einrichtung der Drogenhilfe – begann, gegen „Sucht und Drogen" Theater zu spielen. Nach der Therapie entwickeln sie seitdem in ihrem soziokulturellen Forum Stücke zur Suchtprävention.

▶ Eine Frauengruppe er- und verarbeitet in einer Kulturwerkstatt auf der Basis von Selbsterfahrung ihre Beziehung zur Mutter bzw. zur Tochter und führen öffentlich ein Stück „Mütter und Töchter" auf.[90]

In der nun folgenden Darstellung von Theaterarbeit wird mit den aktuellen seelischen Konflikten und psychischen Schwierigkeiten der Spieler und Spielerinnen gearbeitet; vom Verfahren her wird dabei ein besonderes Schwergewicht auf die Form der Inszenierung gelegt. Sie steht in engem Bezug zum Gegenwartstheater.

Inszenierungsstil und Ausdrucksform greifen Stilmittel auf, die mit dem expressionistischen Theater[91] in den Anfängen des letzten Jahrhunderts begonnen haben und in den letzten 30 Jahren die ästhetischen Mittel der Dekonstruktion des klassischen Dramenaufbaus weiterentwickeln. Das Thema der Gruppe „Liebe, Nähe, Sexualität" spiegelt – wie später zu erfahren sein wird – aktuelle Themen des Einzelnen in der individualisierten Gesellschaft. Erstmalig wird „Liebe" in der gegenwärtigen Gesellschaft zum „sozialen System", das sich neben die Familie als Kernzelle der Gesellschaft schiebt[92], diese sogar in Aspekten zu überholen scheint. Dies wirft aufgrund von Unsicherheit und Fluktuation in Beziehungen eine Menge neuer seelischer Schwierigkeiten auf.

Die Verbindung zum Gesellschaftlich-Allgemeinen wird von den Klienten oft als heilsame Rückbindung ans Kollektive erlebt. Es erleichtert, die eigenen Probleme von sich und den anderen Betroffenen in der Therapiegruppe „verortet" zu finden. Man erlebt,

---

90 Doldinger, D./Etschmann, U., (1990), Die Bedeutung der Theatertherapie für die Psychotherapie der Psychosen – ein kasuistischer Beitrag, Vortrag gehalten auf dem 8. Weltkongress der WADP/XXI. Internationales Symposium der Deutschen Akademie für Psychoanalyse (DAP) vom 5.–8.10.1990 in der Hochschule der Künste Berlin.
Christ, Ch., (1989), Theater und Psychotherapie, in: Studien Bildung Wissenschaft, BMBW, Bonn.
Brunke, M., (1997), Therapeutisches Theater mit Alkoholkranken, in: Kunst & Therapie, Köln 1997/2, S. 40–68.
Kern, A., (1997), Authentizität als Prozess und Produkt: zur Theaterarbeit der Wilden Bühne mit ehemaligen Drogenabhängigen, in: Theaterspiel, Belgrad, J., Hrsg., Baltmannsweiler.
Wehr-Koita, A., (1994), Mütter&Töchter, Freies Werkstatttheater Köln, unveröff. Manuskript.
91 Im sogenannten „Stationendrama" der Expressionisten ist der künstlerische Gegenentwurf zur Gesellschaft in der Theaterkunst geprägt durch Auflösung der Handlung im Sinne einer psychologisch begründeten kausalen Abfolge der Geschehnisse. Ort und Zeit passen sich nicht der realen Wirklichkeit an, sondern finden Formen für subjektiv erlebte Zeit. Die Rollenfiguren zeigen sich in der Vielfalt ihrer inneren Wirklichkeit. Traum, Projektion, Erinnerung, Wunsch sind gleichwertige Realitäten wie die soziale Identität. Vgl. dazu auch Brauneck, M., (1984), Theater im 20. Jahrhundert, Theater und Expressionismus, S.206ff, Reinbek bei Hamburg.
92 vgl. Luhmann, N., (1994), Liebe als Passion, insbes. Kp. 13–16, Frankfurt/M., sowie Beck, U./Beck-Gernsheim, E., (1990), Das ganz normale Chaos der Liebe, Die irdische Religion der Liebe (Kp. VI), Frankfurt/M.

dass die eigenen Probleme nicht allein als persönliche neurotische Antwort auf verwirrende Lebenserfahrung betrachtet werden müssen.

Soweit es den Therapeutinnen möglich ist, werden immer wieder Hilfen zur Orientierung in der Gegenwartskunst des Theaters gegeben und auf die Spiegelung des eigenen Themas in den Gegenwartsdramen hingewiesen[93].

Es wird davon ausgegangen, dass die neuen künstlerischen Ausdrucksformen die Strukturen der Gesellschaft spiegeln und die gebrochene Identität, die Diffusionsprozesse der Individuen aufgreifen. Solche Formen können unserer Meinung nach mitunter auf besondere Weise die Komplexität menschlicher Schwierigkeiten zum Ausdruck bringen.

Darüber hinaus erhalten die Klienten die Möglichkeit – allein oder mit der Gruppe – die Theaterkunst durch ihre Rezeption auch für ihre Bewusstseinsbildung zu nutzen und eine über die Kunstrezeption gefundene Form der Integration an die Gesellschaft zu finden, in der sie leben. Ganz im Sinne Weizsäckers: „Wer die Kunst seiner Zeit nicht versteht, versteht seine Zeit nicht".

Wir werden den Gruppenprozess in seiner methodischen Entwicklung in solchen Aspekten nachzeichnen, die es erlauben sich vorzustellen, wie die praktische Arbeit ausgesehen hat. Wir haben aber auf die Darstellung der Übungen zur Körperarbeit und zum Schauspieltraining wegen des Rahmens dieses Aufsatzes verzichtet. Auch der Teil, der sich mit der dramatherapeutischen Erarbeitung der Trauminhalte befasst, wird aus Raumgründen ausgespart. Nur einige theoretische Aspekte zur Auswahl von Träumen und die Methoden werden zum besseren Verständnis genannt.

---

93 An dieser Stelle wechselt die Theatertherapeutin von der therapeutischen Neutralität in die Rolle der Theaterpädagogin, welche versucht, die aktuelle Kunst auch als befreienden Bildungsfaktor zugänglich zu machen. Hier hat der Dramatherapeut – ähnlich sah es auch Moreno -, eine strukturierende Funktion und bleibt deshalb an solchen Schnittstellen von Spiel und Therapie, Therapie und Kunst nicht gänzlich neutral. (Moreno, J.L, (1981), Soziometrie als experimentelle Methode, in: Petzold, H., Hrsg., Ausgewählte Werke, Bd. I, Paderborn, S. 127).
Wenn solche Transferhilfen zur Kunst der Gesellschaft nicht dezidiert erfolgen, bleibt der Zugang zur Kunst häufig leider unerschlossen, es sei denn, die TeilnehmerInnen haben auf Grund ihrer Herkunft oder sonstigen Gründen einen solchen Zugang schon gefunden. Das ist in der Regel aber die Ausnahme. Meistens gibt es in den Gruppen nur wenige (ein oder zwei Personen), die sich aktiv mit der Theaterkunst auseinandersetzen.
Dadurch erhält diese Person automatisch einen Distinktionswert, was für sie und die anderen nicht immer förderlich ist. Zugang zu schaffen zur Symbolsprache der Theaterkunst kann in solchen Zusammenhängen auch ein Heilungsfaktor sein.
H. Petzold hat insbesondere schon für die Bildende Kunst geschildert, wie hilfreich und bereichernd das Einsetzen von Kunstwerken in der therapeutischen Arbeit ist, letztens in:„ Das Selbst als Künstler und als Kunstwerk – rezeptive Kunsttherapie und die heilende Kraft „ästhetischer Erfahrung", in: Kunst & Therapie, 1 u. 2 1999, Köln, S. 114f.

Zur Darstellung der Methoden gehört es auch, immer wieder auf die theoretischen Implikationen, die der Arbeit zugrunde liegen, direkt an den Stellen einzugehen, wo es nötig erscheint.

Der Wechsel zwischen Praxisdarstellung und theoretischen Diskursen ist so gestaltet, dass Praktiker, die sich ausschließlich für die Methodenentwicklung interessieren, direkt auf diese Abschnitte zugreifen können.

Zunächst wird ein Inszenierungsleitfaden vorgestellt, in dem einige dramatherapeutische Methoden aufgeführt werden, die neben der klassischen Rollenerarbeitung hilfreich für die psychotherapeutische Inszenierungsarbeit herangezogen werden können und auch im Rahmen dieser Inszenierung verwendet wurden. Dann wird die Gruppe vorgestellt. Es folgt die Darstellung der Ausgangssituation für die Inszenierung und auch schon die erste künstlerische Gestaltungsstufe. In diesen Ausführungen sind auch einige theoretische Ausführungen zur Montage und ihrer Bedeutung und ihren Stellenwert im Gegenwartstheater zu finden.

Hier sind auch einige Aspekte zur Bedeutung der Form in den Künstlerischen Therapien zu lesen, die noch einmal den Blick für die Gründe zur Wahl der Montageinszenierung vertiefen sollen. Es schließt sich die Beschreibung an, wie der Prozess der Inszenierung vor sich gegangen ist und endet mit der Darstellung der zweiten künstlerischen Gestaltungsphase für die Gesamtinszenierung. Zum Schluss werden zwei zentrale Aspekte aufgeführt, die bei der Regiearbeit mit den Klienten beachtet werden müssen. Dafür werden beispielhaft zwei Montageeinheiten beschrieben, aus denen die Beziehung zwischen seelischer Konfliktlage und der entwickelten Form abzulesen sind.

Inszenierung in der Psychotherapie

Die Arbeit an der Rolle steht gewöhnlich bei einer Inszenierung im Mittelpunkt. Die klassischen Aspekte einer Rollenerarbeitung stehen auch hier im Vordergrund. Allerdings handelt es sich bei einer Montageinszenierung um keine plastische Rollenerarbeitung, welche die Bühnenfigur bestmöglich in ihrer Komplexität zu verkörpern versucht. Hier werden eher innere Facetten nach außen gebracht. Es sind solche Persönlichkeitsanteile, die zum gegenwärtigen Zeitpunkt zum Spielen gebracht werden sollen. Da es sich also um psychisch verankerte Rollen im Rollenträger handelt, haben wir die Rollenarbeit um dramatherapeutische Methoden erweitert. Dies wird im kommenden Abschnitt dargelegt.

Fragen an die Rollenträger

Es werden gleich einige Aspekte benannt, die sich erfahrungsgemäß für die Inszenierung von Material aus dem Bereich persönlicher psychischer Schwierigkeiten als hilfreich erwiesen haben. Das sind Methoden der psychotherapeutischen Bearbeitung von Szenen, die aus der theatertherapeutischen Gruppenarbeit für die Regiearbeit herangezogen wurden. Es handelt sich hierbei aber nicht um einen systematischen Zusammenhang, weder vom Aufbau noch von den einzelnen Bearbeitungsmethoden her, sondern um eine Sammlung von Vorgehensweisen, die eine Tiefung der Handlung ermöglichen, indem sie Spiegelszenen, Parallelhandlungen, Spielvignetten u.ä. ermöglichen.

Die großen „W"'s nach U. Hagen[94], um die Rolle in ihrem Beziehungsgefüge zu den anderen, zur Zeit, zum Raum, zu den Umständen üblicherweise zu erarbeiten, werden durch spezifische auf den Klienten bezogene Rollenfragen erweitert, wie:

Interpersonelle Rolle: Wann, wo und wie spiele ich diese Rolle (z.B. mit dem Skript „Freundliche und entgegenkommende Kollegin")? Wie verwandele ich mich dabei (Haltung, Mimik, Gestik)? Wichtig zu ergänzen sind weiterhin Statusfragen, diesmal aber nicht nur im Sinne von K. Johnstone[95], sondern auch aus der soziologischen und sozialpsychologischen Perspektive gesehen: Welchen Status verschafft mir die Rolle, welche Position drückt sie aus und welche Anteile an Macht hat sie im sozialen Kontext.[96] Welchen Preis zahle ich für den Gewinn aus diesen Aspekten und was steht mir dadurch nicht zur Verfügung bzw. verschwindet im Schatten der Rolle? Vergrößern, Verkleinern, die Rolle mit mehr oder weniger Energie versorgen und Tempoveränderungen bieten viele schauspielerische Möglichkeiten, ihre Statusaspekte (auch über Komik) herauszuarbeiten.

Intrapersonelle Rollen: Wenn davon ausgegangen wird, dass eine Rolle immer ganz naheliegende Rollen, welche die darzustellende hervorbringt, „im Schlepptau" hat, kann innerhalb der Regie die Frage nach diesen wichtig werden, also: welche Rolle steht links und rechts hinter/neben der Rolle (z.B. das ängstliche Kind, das sich in formalen Zusammenhängen unwohl fühlt, und auf der anderen Seite die starke, durchsetzungs-

---

94 Who am I? What time is it? Where am I? What are the given circumstances? usw., in: Trobisch, St., (1993), Theaterwissenschaftliche Studien zu Sinn und Anwendbarkeit von Verfahren zur Schauspieler-Ausbildung, Frankfurt/M., S. 202.
95 Johnstone, K., (1997), Theater und Improvisation, Berlin, S. 51ff.
96 Zum Verhältnis von Status, Position, Rolle vgl. u.a. die soziologischen Klassiker I. Goffman, (1973), Wir alle spielen Theater, insb. das Kapitel Darstellungen, S. 19ff, München, 2. Aufl., Gerhards, U., (1971), Rollenanalyse als kritische Soziologie, Berlin.

fähige Frau, die den Zorn der Götter bzw. der anderen fürchtet)? Wer von mir steht im Off?

Neben dem „Schatten" der Rolle können auch Rollen eines Traums inszeniert werden. Um sie zu erschließen, ist es wichtig, alle Details des Raumes, der Choreographie in die Erarbeitung mit hinein zu nehmen, da die formal-ästhetische Organisation des Traumbildes für den seelischen Inhalt eine große Rolle spielt. Als Methoden wären hier Visualisierungen und Imaginationstechniken anzuwenden und die Arbeit mit inneren Stimmen, wie es z.B. die Technik des „Voice-Dialogs"[97] sein kann.

Rollenwechsel ist auch im Inszenierungszusammenhang eine große Hilfe bezüglich der Rollenerweiterung und der Rollendistanz des Darstellers; beides bietet neben der Erarbeitung von inhaltlichen Aspekten auch viele szenische Darstellungsmöglichkeiten für die Bühne.[98]

Die Arbeit mit den Rollenpartnern erfasst nicht nur den Aktionskreis der Rolle des Protagonisten und dessen Folgen für die Interaktion, sondern zeigt ja auch dem Spielpartner seinen Lichtpunkt[99] in dem Rollenpart, den er in dem Stück übernimmt. Wenn man damit spielt, d.h. wenn andere sich nicht mehr wie gewohnt auf eine Rolle beziehen, sondern sie abwandeln, bieten sich durch solche Rollenherausforderungen viele Handlungsvarianten.

Handlungen im Bühnenskript stehen in Beziehung zu anderen und vollziehen sich in der Zeit. Beide Aspekte lassen sich durch Skulpturarbeit einerseits und „Zeitmaschinen" andererseits in ihrer Dynamik erfassen. (Traumbilder insbesondere lassen sich durch Slow-Motion in die Minuten vorher oder nachher auf sehr beeindruckende

---

97 Stone, H./Stone, .S., (1994), Du bist viele, Das 100fache Selbst und die Entdeckung durch die Voice-Dialogue-Methode, München.
98 In der Regel bietet die Fülle der Möglichkeiten für den Therapeuten einige Herausforderungen, was die Regieaufgaben anbelangt. Wie sich der Regisseur/die Therapeutin entscheidet, ob und welche Teile der Rollenerarbeitung in das Stück integriert werden, kann die Komposition stark bestimmen. So z.B. wenn man, wie in der klassischen Komödie, einen Doppelgänger auftreten lässt. Dieser hat innerhalb des Plots aufgrund seiner Spielfreiheit ganz andere Handlungsmöglichkeiten als derjenige, der sie als „Lebensrolle" durchführt (vgl. „Was ihr wollt" oder „Wie es euch gefällt" von Shakespeare, oder ganz besonders Kleists „Amphytrion"), was nicht nur zu komischen Momenten führt, sondern auch die Tragik seiner Selbstbegrenzung erlebbar macht. Anstelle des Dramenaufbaus in seiner klassischen Struktur können – wie in diesem Fall hier – modernere Inszenierungsformen gewählt werden, die mehr Spielraum für die Aufnahme von Einzelaspekten des Gesamtgeschehens bieten. Der dekonstruktive Regiestil mit den Prinzipien der Montage, Collage, Reihung und Wiederholung ist zwar unserer Erfahrung nach anspruchsvoll, was die Kompositionserfordernisse der Gruppe angeht, setzt aber viel Kreativität frei und bietet vielen Inhalten aus der Gruppe Raum. Siehe ausführlicher weiter unten.
99 Stanislawski nennt den Aspekt einer Rolle, der mit der Persönlichkeit des Schauspielers eng zusammenhängt, bzw. an dem dieser sich „entzünden" kann und in die Rolle gut hineinkommt, Lichtfleck, in: Rellstab, F., (1980), Stanislawski Buch, Wädenswill, 2. Aufl., S. 111f.

Weise erschließen). Bleiben Handlungen, Erzählparts in ihrer Tiefe verschlossen, oder blenden sie den Therapeuten oder die Gruppe durch vermeintliche Stringenz und innere Logik, so können „Zeitmaschinen" auch wertvolle szenische Interventionen darstellen, wenn Ort und Zeit ausgetauscht werden.

Schließlich bleibt noch etwas zu dem Punkt zu sagen, der sich auf die Bearbeitung des persönlichen Materials für eine Darbietung vor einem fremden Publikum bezieht. Inszenierungen, die auf dem persönlich Erlebten und Durchlittenen der Spieler basieren, führen nicht selten beim Publikum zu einer starken Betroffenheit. Manchmal allerdings beruht die Betroffenheit weniger auf der Berührung dadurch, wie etwas dargestellt wurde, sondern aus der unverhofften Teilhabe an „privaten Enthüllungen". Um dieser Form des Voyeurismus zu entgehen, ist es häufig vonnöten, den Focus des persönlichen Materials so zu gestalten, dass es eine Fassung bekommt, die dem Zuschauer ermöglicht, auf einer höheren Ebene, als es die individuelle Ebene des Spielers darstellt, innerlich eine Synthese zu bilden.

Meistens bringt gerade die „Erhöhung" ins Allgemeine, die Kollektivität des scheinbar so ganz individuellen Leidens eine Minimierung der bedrängenden Aspekte mit sich. Zudem führt das Spielen mit dem „Drama" im wahrsten Sinne des Wortes, gerade durch die Wiederholung im Üben am Ausdruck, zu einer Erweiterung in die Leichtigkeit, die dem Spielerischen anthropologisch gesehen innewohnt.

Tschechov spricht im Zusammenhang seiner Ausführungen über die psychologische Geste von einem Anwachsen der *Willenskraft*[100] in Verbindung mit der Wiederholung der Bewegung. Wir halten diesen Aspekt in Zusammenhang mit Therapie für ausgesprochen beleuchtenswert, gerade auch für die Frage nach dem Verhaltenstransfer in die Alltagsrealität der Betroffenen. Ähnlich interessant ist die Frage unter ich-psychologischer Theorieperspektive, inwieweit die gute und die gelungene Form mit dem Grad des Anwachsens von seelischer Gesundheit zusammenhängt.[101] Für die Bedeutung der Ausdrucksformen, die durch das spontane Spiel und durch die Stegreifspiele entstehen, liegen weitreichende Analysen seit Moreno vor. Was aber passiert, wenn an der Form gefeilt wird?[102]

Die zunehmende Distanz zum persönlichen Konflikt könnte man paradoxerweise auch als Vorgang der Integration beschreiben, als Form der Identifizierung der bis dato

---

100 Tschechov, M., (1992), Werkgeheimnisse der Schauspielkunst, Zürich/Stuttgart (New York 1979), S. 61.
101 Noy, P., (1984), Die formale Gestaltung in der Kunst, S. 192 und S. 193ff, in:, Kraft, H., Hrsg., Psychoanalyse, Kunst und Kreativität heute, Köln.
102 Hier liegen die kommenden Aufgaben für eine theatertherapeutische Theoriebildung, die sich den Focus auf Kunst in ihre Mitte holt.

entwickelten Handlungskompetenz mit Bezug aufs Thema ins eigene Ich, wo sie als klar erfasster Baustein für die zukünftige seelische Ausrichtung fungieren kann.

Leitfaden für die Inszenierung von persönlichem Material zum Formschaffen mit Darbietungsqualität

mögliche Fragestellungen	Handlungsmodalitäten
➤ Arbeit an der Rolle, an ihrem Ausdruck, an ihrer Verkörperung	Arbeit mit: Subtext / Text / Handlung, (Mimik/Gestik/ Haltung)
Fragen an den Rollenträger im Beziehungskontext ☞ Arbeiten mit Imaginationstechniken, Verkörpern und voice-dialog	Wann, wie oft, wo spiele ich diese Rolle in meinem realen Leben? Wie und in was verwandele ich mich dann? (ggfs. Benennen der Rolle) Welche Rolle steht links oder rechts daneben?
➤ Wie erlebe ich mich in der Rolle, wenn ich die Handlungen vergrößere/verkleinere/übersteigere, energetisch unter-/überlade? **Bei Traum:** intrapsychische Rolle?	Welche Position, Status, Macht verschafft mir die Rolle im sozialen oder privaten Leben? Welchen Preis bezahle ich dafür? Den Schatten der Rolle darstellen Welcher Art ist das Bild: phantastisch, real, verfremdet? Details der „Ausstattung" beachten
➤ Wie würde jemand anderes die Rolle spielen (Rollenwechsel)?	Arbeit an Fixierung und Distanzmangel
➤ Bin ich Mit- und Zuspieler?	Was leiste ich für den Protagonisten? Zuspielen/Zuschreiben/Valuieren: Was gewinne ich durch die Position meiner Rolle, und was verliere ich? Lichtpunkte der übernommenen Rolle im Protagonistenspiel untersuchen
➤ Arbeit mit dem/n Spielpartner/n Zwischenszenen zum Lichtpunkt im eigenen Körper entwickeln	Was verändert sich in meinem Körper als Mitspieler durch die Berührung mit einem Thema von mir, das durch den Protagonisten ausgelöst wird? Was passiert, wenn ich das Rollenskript verändere? – mit mir/ mit dem Protagonisten?
➤ Skulpturarbeit/ tableau vivant	Beziehungen untereinander erkennen

mögliche Fragestellungen	Handlungsmodalitäten
➤ Einzelimprovisation mit Bildelementen (formulierter Anfang/formuliertes Ende)	*Übersetzung in Handlung* (z.B. was ist 2 Minuten vorher, 2 Minuten nachher?)
➤ Phantasien: anderer Ort, andere Zeit, anderes	Surreale Komponenten mit einbeziehen
➤ Distanz nehmen *Was hat meine Rolle für andere zu sagen?* *Was hat mein Thema heute für wen, wann, wo, wodurch welche Bedeutung?*	Wie kann ich die einzelnen Elemente der therapeutischen Szenenarbeit so nutzen, dass daraus eine Darbietung wird, die dem Zuschauer (dem Publikum) ermöglicht, innerlich eine Synthese zu ziehen? D.h., die dem seelischen Thema des Protagonisten adäquat ist ... und die gleichzeitig durch die Inszenierung das Allgemeine menschlicher Fragestellung „im" Thema durchscheinen lässt?

Die Gruppe

Die Gruppe umfasst 14 TeilnehmerInnen, davon drei Männer. Sie hat schon seit ca. zwei Jahren im Anwendungskontext einer ambulanten Psychotherapie an aktuellen Themen gearbeitet und trifft sich wöchentlich 2,5 Stunden. Partnerschaftsprobleme und Konflikte am Arbeitsplatz dominieren in der Gruppe. Drei TeilnehmerInnen haben mit den Folgen von sexuellem Missbrauch zu kämpfen, auch wenn zwei davon schon diesbezüglich eine Therapie abgeschlossen haben.

Die Gruppe wird von zwei Therapeutinnen geleitet. 5 der 14 Teilnehmer sind gleichzeitig in einer Einzeltherapie bei verschiedenen Therapeuten; zwei davon bei einer der Gruppentherapeutinnen. Alle Klienten sind berufstätig. Die Berufe repräsentieren Berufsgruppen aus dem Bildungswesen, der Wirtschaft, dem Gesundheitswesen, der Kunst.

In dieser Gesamtkonstellation erarbeitet die Gruppe ihren gegenwärtigen Entwicklungsstand, findet das gemeinsame Thema und lernt die Montagetechnik. Bis zu diesem Punkt läuft der Gruppenprozess gemeinsam; dann teilt sich die Gruppe, um – jeweils mit dem bisher gefundenen Material -, an einer Stückkomposition zu arbeiten. Zu diesem Zweck sollte die Gruppe eine überschaubare Mitgliederzahl haben, weil bei der Arbeit an der Form, die Distanz nimmt zum nur ganz „Persönlichen" des Protagonisten, eine andere Zugehensweise in der Gruppe und an den Einzelnen erforderlich ist.

Im Folgenden werden diejenigen Spieler und Spielerinnen vorgestellt, auf deren Arbeit später näher eingegangen werden soll.

Die Spieler und Spielerinnen

Ute (32 J.): In der Vorerfahrung Phasen mit Essstörung. Die sehr bürgerliche Herkunftsfamilie, insbesondere die Mutter, zeigt strenge Züge bis hin zur Rigidität und hat großen Leistungsdruck ausgeübt. Hier zeigen sich einige klassische psychosoziologisch bekannte Daten, die Essstörungen begünstigen. Die erste große Liebe ist auf tragische Weise umgekommen, das hat ihr das Herz verschlossen. Sie hat leichte promiskuitive Züge in der Suche nach einem neuen Partner. Ute leidet darunter, keinen passenden Mann zu finden, bzw. macht die Erfahrung, dass Männer keine längere Bindung wollen. Sie sehnt sich nach einem Mann, dem sie sich anschließen und hingeben kann. In der bisherigen Arbeit hat sie die Beziehung zu ihren Eltern und schließlich die abgekapselte Trauer um den verlorenen ersten Geliebten aufgearbeitet und wendet sich seit einer Weile ihren Bedürfnissen nach Hingabe zu, wobei sie bei sich die subtile Abwehr von Männern durch Abwertung des Männlichen überhaupt entdeckt. Ute verfügt über sehr viel Humor und ist sehr intelligent und gebildet.

Paul (35 J.): Ein attraktiver Mann mit narzisstischen Schwierigkeiten, sehr konfliktscheu und harmonieorientiert. Er spielt die Rolle des witzigen Gruppenclowns, kann Gefühle nicht halten und in den Kontakt bringen. Er traut sich nicht, seine sexuellen Wünsche mit seiner Frau zu thematisieren und lamentiert über die periodische „Frigidität" seiner in der Jugend sexuell missbrauchten Frau. Er wird zeitweilig stark von sexuellen Wünschen vereinnahmt, meidet aber nicht nur in punkto Sexualität jede Auseinandersetzung mit seiner Frau. Er ist während seiner Gruppentherapie Vater geworden. Eine Paartherapie, für die er sich schon lange als sinnvoll entschieden hat, schiebt er vor sich her. Seine Kontakte zu den Frauen sind erotisiert. Ute, zu der er einen freundschaftlichen Kontakt auch außerhalb der Gruppe hat, würde ihn gerne verführen. Trotz seiner heftigen sexuellen Phantasien ist er seiner Frau bisher treu. Paul ist ein freundlicher und warmherziger Mann.

Gudrun (39 J.): Gudrun hat schwere Formen von Vernachlässigung nach einer frühen Trennung von der primären Bezugsperson erlitten. Ihre für sie passende Familienrolle beschreibt sie selbst mit der Pechmarie aus Frau Holle. Hohe Kontrolle in Verbund mit Epilepsie hat in einer schweren Krisensituation (Verlust des Liebespartners, starke Ablösungskonflikte mit dem Sohn) zu einer psychotischen Episode geführt, die aber gut überwunden wurde. Sie konzentriert sich seitdem ganz vorsichtig auf die Arbeit an der Trauer des ungeliebten, abgeschobenen Kindes. Sie arbeitet viel mit Entspannungsübungen auf der physischen Ebene und weiter an ihrem Selbstvertrauen, um die hohe innere Spannung reduzieren zu können. Sie ist sehr aktiv in allem, verbindlich und verlässlich im Kontakt und hat große Freude am Spiel.

Nach anfänglich großen Schwierigkeiten in der Gruppe (sie kam als letzte in die Gruppe, ihr Misstrauen, ungeliebt und ungewollt zu sein, in Verbindung mit einer gewissen Starre im Kontakt, in der sich die innere Anspannung ausdrückt, machte es den anderen schwer, sie spontan zu akzeptieren) kann sie gute Beziehungen in der Gruppe aufbauen.

Anita (34 J.): Phobikerin, Co-Alkoholikerin, lebt in einer Beziehung zu einem alkoholkranken Mann ohne Krankheitseinsicht. Ihre Ängste vor ihren verdrängten Gefühlen sind zeitweise so stark, dass die Therapie in Frage steht. Sie arbeitet mit einem Verhaltenstherapeuten an ihrer Phobie, doch sobald sich der Bewegungsspielraum erweitert, sinkt die Einsicht in die Notwendigkeit der Therapie wieder. Die Therapeutin und die Gruppe haben sie vor die Wahl gestellt, aktiv an ihren Problemen zu arbeiten oder sich zu entscheiden, die Gruppe zu beenden. In ihren Spielen zeigt sich ein hohes Maß an Selbsthass und Statuserhöhung anderer, insbesondere Künstler (ihr Partner ist Maler). Dieser wechselt alternierend mit Aggressivität insbesondere gegen Männer und Verachtung gegenüber Frauen. Sie bagatellisiert wiederum, wenn sie ihre Probleme zu deutlich in der Gruppe gezeigt hat. Anita ist ein sehr, manchmal zu hilfsbereiter Mensch, wobei sich ihre Hilfsbereitschaft zum Teil auch aus ihrer Selbstabwertung erklärt und nicht selten manipulativen Charakter hat. Anita verfügt über eine starke künstlerische Begabung, die sie aber abwertet.

Lennert (42 J.): Als Kind sexuell missbraucht von einem Bruder, Nachzügler einer kinderreichen Familie, wird von der Mutter in die Rolle von Muttis Liebling mit deutlicher Note auf einen Partnerersatz gerückt. Leidet aktuell unter schweren Autoritätskonflikten, die ihn in extrem belastende Situationen bringt, weil er sich auf den verschiedensten Arbeitsstellen immer mit den Vorgesetzten verstrickt. Sein Misstrauen hat z.T. paranoide Formen, vor allem hat er großes Misstrauen ob seiner Akzeptanz als Gruppenmitglied. Dies ist immer wieder Thema. Er hat bis dato Angst, sich mit dem Missbrauch in der Gruppe aktiv auseinanderzusetzen. Er arbeitet an seinen Verschwörungsphantasien, die sich ihm nach und nach aus seiner Außenseiterrolle als Nachzügler und seiner exponierten Mutterbeziehung erklären. Ein weiteres Thema ist seine sexuelle Identität, die aber nur schemenhaft in seinen Inszenierungen anklingt, da diese Frage eng mit dem Missbrauch zusammenhängt. Trotz seines Misstrauens hat er eine sehr starke Gruppenbindung, was sich immer wieder in liebevollen Arrangements bei Ritualen und Festen für die Gruppe ausdrückt.

Judith (40 J.): Sie ist eine lebendige Person, die hier mit der Bezeichnung des hysterischen Charakters beschrieben werden kann, und zwar in den klassischen Aspekten starker, unspezifischer Angst, anhaltendem Erschöpfungsniveau durch Dramatisierung aller Handlungen, krisenreicher Partnerbeziehungen. Der depressive Vater ist früh gestorben, die Mutter gab dem Kind nicht die Fürsorge, die es gebraucht hat. Noch heute klagt die Tochter über die feindselige und manipulierende Mutter. Das vernachlässigte Kind in ihr sucht in ihren Männerbeziehungen die fürsorgliche Mutter, wodurch die Männer sich aufgrund der Maßlosigkeit der Forderungen zurückziehen. Sie sucht therapeutische Hilfe, die sie aufgrund ihrer Angst vor Manipulation nur manchmal annehmen kann. Sie ist in ihrer lebendigen, phantasievollen Art ein Paradiesvogel, den die Gruppe liebt.

Es war der Wunsch aufgekommen, mit den eigenen Themen ein Theaterstück zu entwickeln. Dies sollte nach vorbereitenden Arbeiten in einer Blockphase innerhalb einer Weiterbildungsstätte geschehen.

Was ist der Inszenierungsphase vorausgegangen?

Auch Theaterpädagogen kennen die Schwierigkeit, Stoff aus Gruppenimprovisationen für einen Stückentwurf zu bündeln. In dem hier beschriebenen Fall hätte die Gruppe auf viele Szenen zurückgreifen können, auf zu viele. Die TherapeutInnen hatten deshalb die Idee, vom aktuellen Entwicklungsstand aus der Perspektive der SpielerInnen selbst aus zu gehen. Die folgenden Ausführungen beschreiben, wie dabei vorgegangen wurde.

Ausgangspunkt

Um für jeden Einzelnen und alle anderen in der Gruppe den aktuellen Entwicklungsstand verbalisationsfähig zu machen und ein gemeinsames Gruppenthema zu finden, zu dem man etwas inszenieren will, wird zu folgenden drei Fragen ein Partnerinterview durchgeführt:
1. Nenne einige Lichtpunkte auf deinem Weg/ Personen und Ereignisse.
2. Wo bist du jetzt, womit beschäftigst du dich, wo ist dein nächster Schritt?
3. Wie gehst du um mit Hilfe nehmen und Hilfe geben?[103]

Die erarbeiteten Gesichtspunkte werden in das persönliche Textbuch geschrieben, das in dieser Gruppe immer geführt wird. In einer Gruppenrunde stellt jeder Teilnehmer

---

[103] In jeder therapeutischen Arbeit wird dieser Aspekt thematisiert. Er dient der systematischen Entwicklung eines Transferlernens. Die Teilnehmer bleiben immer gewahr, dass ihre Erfahrungen in der Lebenspraxis ihren Niederschlag finden wollen. Die Entwicklung der Fähigkeit, Hilfe zu holen und anzunehmen, begleitet den ganzen Prozess. In den kommenden Ausführungen werden wir die Arbeitsabschnitte zu diesem Punkt nicht näher darstellen, da dies den Rahmen dieses Aufsatzes überschreiten würde.

die zentralen Aspekte seiner Entwicklung aus seiner Sicht dar. Als ergänzendes Material für die Themenerarbeitung zur Stückinszenierung erzählen die TeilnehmerInnen einen Traum, den sie in der Nacht oder einige Tage vor dem Gruppentreffen geträumt haben. Die Erforschung des Traumes ergänzt die bewusste Einstellung des Klienten um Aspekte, die den Schatten der Person und persönliche Mythen zum aktualisierten Thema durch die Inszenierung im wahrsten Sinne des Wortes mit ins Spiel bringen.

In diesem Zusammenhang können wir nicht auf die theatertherapeutische Rolle des Traums und seiner Bearbeitungsmethoden näher eingehen. Dies würde den Rahmen dieser Ausführungen überschreiten.

Es erschien uns sinnvoll, den Entwicklungspunkt der Teilnehmer, so wie diese ihn zum gegenwärtigen Zeitpunkt rational fassen können, durch die Aspekte der unbewussten Einstellung, wie sie u.a. durch den Traum erfahrbar werden können, mit einzubeziehen. Hier nur einige der zentralen Aspekte für die Arbeit, wie sie hier beschrieben wird.

Drei Dimensionen der Traumdeutung können eine Rolle spielen:
➤ Träume reflektieren unser tägliches Leben, man kann sie als Hilfe für das tägliche Leben nutzen;
➤ Träume sind die persönlichen Mythen;
➤ Alles im Traum bist du.

Ein übergeordneter Bezugsrahmen, um die Träume der Teilnehmer einzuordnen, waren folgende Aspekte:
➤ Träume als Reste des/der Vortag(e);
➤ persönlicher Traum: als Wunschtraum, Albtraum, Weissagungstraum;
➤ Gruppentraum (zentrales gemeinsames Thema);
➤ Welttraum (Utopie, Apokalypse).

Die Arbeit mit persönlichen Träumen nimmt die symbolische Sprache und die Bildersprache des Traumes als Spielgegenstände. Die zentrale Frage bleibt dabei stets: Wie verhält sich das Traum-Ich?
➤ Wir bedenken den Dualismus in Träumen, also die Tatsache, dass der Trauminhalt sowohl den Wunsch als auch die Angst vor dem Wunsch repräsentiert/repräsentieren kann.
➤ Wir beachten insbesondere das Arrangement, die Choreographie, also letztendlich die Form des Traumbildes.[104]
➤ Wir lassen alle Teile spielen.

---

104 May, R., (1987), Mut zur Kreativität, Paderborn, S.119ff.

Hier ausgewählte Methoden waren:
a. zu einem zentralen Gegenstand aus dem Traum zu sprechen (Selbstgespräch) und imaginär mit dem Gegenstand zu spielen;
b. der Gegenstand selber zu sein. Über Identifikation mit dem Gegenstand wird in Ich-Form gesprochen: „Ich bin eine Toilette". Der Protagonist bewegt sich in der Rolle des Gegenstandes auf der Bühne und stellt sich den anderen vor.

Die Traumbilder haben zu einer großen Zahl sexuelle Motive, zum Teil verschlüsselt, aber meistens sehr unzensiert. Der hohe Vertrautheitsgrad in der Gruppe und die Tatsache, dass Sexualität schon Thema in der Gruppe war, können dies erklären.

Das Thema

Aus der Analyse der Träume (die wir hier aufgrund des Umfangs, der sich daraus ergeben würde, nicht darstellen wollen) geht hervor, dass die Fragen nach Liebe und Sexualität zwischen Mann und Frau zentral waren[105]; dabei stellen sich zwei Schwerpunkte heraus:
Wie komme ich in die seelische Nähe des geliebten Anderen?
Darf ich sexuell sein?

Zu diesem kollektiven Themenkomplex wird nun „Material" über jeden Einzelnen gefunden. Die Therapeutin gibt vier Aspekte vor, zu denen in Form der freien Assoziation Worte, Sätze und Stichpunkte zügig und ohne Korrekturen vorzunehmen, ins Textbuch aufgeschrieben werden. Die Aspekte – Liebe, Misstrauen, Erwartungen, Erinnerungen – bieten die Möglichkeit, Dinge zum persönlichen Mythos „Liebeswunsch, Liebesleid" aus der Vergangenheit und in Hinsicht auf Zukunftsprojektionen anklingen zu lassen.

Liebe	Misstrauen	Erwartungen	Erinnerungen
rot u.a.	hilf mir	Unglück	Vater, Licht, enger Raum

---

[105] Hier müssen wir allerdings erwähnen, dass bei zwei TeilnehmerInnen, die Erfahrungen mit emotionalen und sexuellem Missbrauch haben, die Träume näher um diesen Komplex herum orientiert waren; dieses Thema haben wir in der Inszenierungsarbeit nur soweit es von den Teilnehmern selber gewünscht war, mit hineingenommen.

Sprech-Text-Darbietung

Nach der freien Assoziation zu diesen vier Bereichen gehen die TeilnehmerInnen in eine Vorbereitung für eine Einzelarbeit. Die Aufgabe lautet: Komponiere die Bilder aus deinem Traum mit deinen Erinnerungen zum Thema Liebe in eine Textform, forme aus den anderen assoziierten Begriffen zu den Aspekten „Liebe, Misstrauen, Erwartungen" ein Gedicht. Wähle zu diesen Texten Musik aus, und lege fest, wann sie ein- und ausgespielt werden soll. Führe deine Sprechtext-Komposition auf.

Bilder	Erinnerungen	Gedicht	Musik
Traum	Vater, Licht, Raum	Gedicht aus den Assoziationen zu Liebe, Misstrauen, Erwartungen	freie Wahl

Danach stellt jede/r Einzelne ihre/seine Sprechperformance vor. Gesprochen wird mit Blick ins Publikum, als würde man auf eine Leinwand schauen. Dazu wird auf vorherige Absprache Musik ein- und ausgespielt.

Beispiel 1: Traumbild

„Ich sehe einen kleinen engen Raum, es ist eine Toilette. Obwohl es ungewöhnlich eng ist, führt eine Treppe auf ein schmales Podest, fast direkt unter der Decke hängend. Eine Frau liegt mit dem Rücken auf diesem Podest. Das Bild ist so angeordnet, dass ihr Kopf aus dem Bild zu hängen scheint. Ein großer mächtiger Mann, fast ein Koloss, beugt sich über sie. Sie kann nicht entrinnen unter ihm. Meine Blicke streifen durch den Raum, einen Ausgang suchend. Ganz hinten rechts, irgendwie ums Eck, sehe ich den Ansatz einer Tür.

Neben der Frau, ungefähr auf der Höhe ihres Oberkörpers, nur wenige Zentimeter entfernt, steht ein Klo, aus dem Scheiße brodelt ... Ich weiß, dass ich mehrfach versucht habe, die Scheiße herunter zu spülen, aber je mehr ich spülte, um so mehr quoll aus dem Untergrund heraus.

Ich denke, warum stehst du nicht einfach auf und gehst aus der Tür?
Ich habe Angst vor der Gewalt des Tyrannen.
Gut zu wissen, dass es überhaupt eine Tür gibt.

Beispiel 2: Gedicht

Musikeinspielung, die Teilnehmerin spricht in die Musik hinein:

Liebe,
Liebesbein verdreht,
Bauch vom Herzen abgenäht
kann nicht drehen, laufen, hüpfen
und den Mund nicht zu verknüpfen

steht im Mond alleine da,
hat den Bart nicht rot, nicht nah,
ist ein Kopf allein zu zweit,
kommt nicht weit.

Stille

Beispiel 3: Erinnerung
Ein kleines ganz goldgelbes Pappelblatt gefunden,
darunter ein gleiches aus dem Jahr davor.
Wie ein Filigran – nur noch Stil, Adern, Zwischenadern, Rand. Ein Kunstwerk.
So schön die Vergänglichkeit.
Ich sehe deine Augen und blicke zuversichtlich in die Zukunft.

Der Inszenierungsvorgang

Erster Inszenierungsschritt – Montage

Im Folgenden beschreiben wir – auf diesen Prozess bezogen – eine Vorstufe für eine Inszenierungsarbeit. An und für sich kann diese Vorstufe schon als Inszenierung gelten.

Nicht selten wird in der therapeutischen Arbeit oder in der theaterpädagogischen Arbeit mit einem Bezug zur Selbsterfahrung so vorgegangen, wie gleich beschrieben: Man erarbeitet über diverse Methoden authentisches Material, das dann nach künstlerischen Kriterien zu einem Formganzen moduliert wird. Der „persönliche Bezug" bringt dabei Intensität der Szenen, Handlungen oder Bilder mit sich. Die subjektive Bezogenheit stellt einen inneren Leitfaden für die Komposition dar.

Dramatherapeutische und psychodramatische Vignetten können – wie weiter oben im Leitfaden schon angemerkt – von Experten dazu genutzt werden, die entstehenden Strukturen des Stückes näher auszuleuchten. An anderer Stelle[106] haben wir aber schon

---

106 vgl. Neumann, L., (1999), Wenn's im Spiel Ernst wird, in: PädForum, Heft 2.

dargelegt, dass in einer theaterpädagogischen Arbeit bei Verwendung von autobiographischem Material die Gefahr des Missbrauchs gegeben ist, vor allem wenn die Spielleiter für das, was das Hervorbringen des persönlichen Materials auslösen kann, nicht ausgebildet sind.

Bevor dieser Inszenierungsschritt von der Durchführungsseite her beschrieben wird, soll an dieser Stelle ein theoretischer Exkurs über die Beziehung von Kunststilen, Form, psychischer Energie und heilender Erfahrung eingeschoben werden. Dadurch soll deutlich werden, warum in diesem Inszenierungsprojekt auf die Ästhetik des Gegenwartstheaters zurückgegriffen wird. Es wird nämlich auf ein Text- und Handlungstheater, das einer konsequent-konsekutiven Narration folgt, verzichtet. Ansonsten ist im therapeutischen Theater das Narrative stärker verbreitet als gewissermaßen eine Form von „Story Art auf der Bühne"[107].

In dem hier beschriebenen Gruppenprojekt dient diese erste Inszenierungsstufe dem Kennenlernen eines Stils, der in der Ästhetik des Theaters des 20. Jahrhunderts als Montage bezeichnet wird.

Exkurs: Montage

Die Montage, der Begriff stammt ursprünglich aus den künstlerischen Gestaltungsmitteln des Films – hier sei Eisensteins Film „Panzerkreuzer Potemkin" (1925) genannt –, meint zunächst nur das Zusammensetzen von Einzelteilen. Diese können verschiedenste Formen und Materialien sein. Auf das Theater bezogen bedeutet das, Teile zusammenzufügen, die sprachlich, stilistisch und inhaltlich heterogener Herkunft sind.[108] Aktuell heute werden interaktive Formen mit neuen Medien in die Darstellung einbezogen.[109]

---

107 Belgrad, J., (1992), Identität als Spiel, Wiesbaden.
108 Gerade im Laientheater, das aus Improvisationen Stücke entwirft, finden wir oft Szenen mit unterschiedlichen Stilmitteln zu einer Collage zusammengesetzt. Die unterschiedliche Herkunft der Inhalte müsste durch die starke Hand eines Regisseurs auf eine einheitlichere Form mit Struktur und Rhythmus gebracht werden, um einen Kunstwerkcharakter herzustellen. Dies ist von vielen Gruppen aber häufig gar nicht gewollt, oder die Zeit reicht dafür nicht aus. Ansprechend als Ganzes wirken die Stücke dennoch, vor allem wenn die Montage die Heterogenität entweder betont oder wenn es gelingt, eine ästhetische Klammer über die Einzelelemente zu erschaffen.
109 „Die meisten postmodernen Theatermacher kommen nicht vom traditionellen Theater, sondern von anderen Praktiken her, so von der Bildenden Kunst und Architektur (...) (Finter bezieht sich an dieser Stelle vor allem auf Laurie Anderson, Meredith Monk, Richard Forman und Robert Wilson, Einf.d.Verf.)" Finter, H., (1985), Das Kameraauge des postmodernen Theaters, in: Studien zur Ästhetik des Gegenwartstheaters, Thomsen, Th.W., Hrsg., Heidelberg, S. 48.

Als künstlerisches Stilmittel kann die Montage Ideen optisch zum Ausdruck bringen, Zeit in Darstellungssequenzen raffen, Handlungslinien parallel laufen lassen. Dadurch können hinter den Dingen liegende Zusammenhänge sichtbar gemacht werden (man denke in diesem Zusammenhang auch an die Bildcollagen der Dadaisten). Die Montage verdichtet das Gezeigte, löst beim Betrachter insbesondere Assoziationen aus und aktiviert Gefühle. Obwohl das moderne experimentelle Theater oft als „abstrakt" bezeichnet wird, rekurriert es in seiner Wirkung eher auf die pathische Ebene der Rezeption. Der habitualisierte Übergang vom Wahrnehmen zum Verstehen wird dekonstruiert.[110]

Die Montage in der Ästhetik des Gegenwartstheaters

Gesellschaft bricht sich in vielfältigen Spiegeln der Kunst. Auch in der Ästhetik des Gegenwartstheaters (ca. ab 1970 bis heute) greifen die künstlerischen Ausdrucksformen die Strukturen und Prozesse der Gesellschaft auf. Für unseren Darstellungszusammenhang sollen wenige Aspekte der Situation in den 1970er Jahren nach dem Euphorismus in den 1960ern angesprochen werden.

In den weltanschaulich-philosophischen Theoremen eines Baudrillard[111] (unter anderen) findet man Beschreibungskategorien des neuzeitlichen Bewusstseinszustandes, die für die Untersuchung vieler Dramen und das Entstehen neuer Stilformen herangezogen werden können. D.h. die sich ausbreitende postmoderne Skepsis glaubt nicht mehr an eine Auflösung der Diskrepanz zwischen humanem Anspruch des Subjekts und den Erfordernissen einer auf Optimierung von Leistung angelegten hochindustriellen Gesellschaft. Gesellschaft wird seitdem als selbstregulierendes System wahrgenommen, das sich über sich selbst reproduzierende Systeme organisiert und die ohne Subjekt auskommt.

Die Inszenierungen greifen in ihren Stilen, in Form und Inhalt diese Prozesse in der westlichen Welt auf und folgen einer solchen Desillusionierung. Dramen und Inszenierungen in der Theaterlandschaft der 1970er Jahre spitzen sich fast flächendeckend auf genuine Formen moderner Dramatik zu, wie sie, wie weiter oben schon dargestellt, schon seit dem Expressionismus existieren: Verzicht auf Figurenpsychologie, Bedeutungsverlust des Dialogs, Fehlen einer kausalen und finalen Handlungsstruktur, Hervorhebung szenischer Darstellungsmittel, Benutzung von Bruchstücken, szenischen Fragmenten, des Un-Fertigen, der Formzertrümmerung u.v.m.

Montage, Collage, Fragment, Wiederholung, Reihung drücken diese mentale Situation adäquater aus als Dramen mit psychologisch motivierten Handlungsketten. Warum, woher, wohin, wofür, mit

---

110 Es gibt viele Gründe, warum das Tanztheater Pina Bauschs in seinen frühen Jahren auf so heftige Ablehnung gestoßen ist. Ein Grund ist sicherlich das Ausgesetztsein befremdlicher Assoziationen und Gefühle, die sich nicht mit dem Verstand ins Bewusstsein einfach integrieren ließen. So können vielleicht auch heute noch die Inszenierungen von Godscheff befremden, und vielleicht kann auch Einar Schleef dazu gerechnet werden. Robert Wilson insbesondere scheint mit seiner brillianten Ästhetik das Bedürfnis nach Verstehen zugunsten einer „... Modellierung der perzeptiven Passion (...)" (Finter, H., a.a.O. S. 49) aufzuheben. Seine Bildkompositionen auf der Bühne und die besondere Bedeutung der Musik (nicht nur bei ihm, sondern auch bei Pina Bausch und anderen) lassen verstehen, warum die Montage auch als Augenmusik bezeichnet wird.
111 Baudrillard, (1983), in: Der Tod der Moderne. Eine Diskussion, Tübingen, S. 103ff.

Vom Traum zum Theater – Regie in der Therapie • 111

wem für was? – werden unlösbare Fragen, bzw. lösen sich als sinnlose auf. Diese De-Konstruktion der theatralischen Illusion heißt in der Konsequenz, dass Ideen und Zeichen auf nichts mehr verweisen, nicht mehr Wirklichkeit bedeuten, sondern sie bedeuten nur noch sich selbst und dienen einzig der Artikulation. „Die Freisetzung aus psychologischen, soziologischen und ethischen Deutungsmustern bedingt eine neuartige Intensität von Zeichen und Bildern, die ihre Ausstrahlungskraft aus der Selbstbezüglichkeit und den Verweisungsbezügen untereinander bekommen."[112]

Form[113]

Zum Wesen des Paradoxen gehört es nun, dass auch das Gegenteil von dem mit ausgedrückt wird, das artikuliert werden soll: So durchziehen die Inszenierungen leitmotivisch Zeichen der Sehnsucht nach einem verlorenen Zustand authentischen Erlebens.

Und an schon genannter Stelle analysiert Finter (noch oder schon?) mit der Ästhetik Eisensteins, dass sich über die ästhetischen Prozesse, über die sich die Montage herstellt, beim Rezipienten neue SinnPotenziale eröffnen: „... indem der Weg (vom Wahrnehmen zum Verstehen, Einf. d. Verf.) desautomatisiert wird, kann er selbst signifikant werden: der Appell an das sich identifizieren wollende Ich mittels ihm vertrauter Elemente von Repräsentationen, die neu affektiv besetzt werden können, führt das Ich von sich selbst weg und verführt es in einen Wahrnehmungsraum, der sich vorhandenen Wahrnehmungserfahrungen und die Energie von mit ihnen verbundenen Wertungen zunutze macht für die Konstitution neuer SinnPotenziale. Die Repräsentationen werden aus ihrem habitualisierten Kontext herausgelöst und mit Reihen von Elementen sich ausschließender Kontexte zu einem neuen Paradigma montiert. (....) Sie (die neue Sinnerfahrung) resultiert dann aus der Identifikation ähnlicher Strukturen wie z.B. Form, Linie, Farbe, Bewegung oder Klang."[114]

An anderer Stelle geht der Dramatiker Heiner Müller noch weiter mit der Sinnerfahrung in der Sinnlosigkeit einer selbstbezüglichen Welt. „Für Müller ist es das Neue, dass die Menschen des lange Verdrängten, der Gewissheit, dass sie eines Tages sterben, plötzlich existentiell inne werden.(...): ‚Es gibt eine verkommene Haltung zum Tragischen oder eben auch zum Tod. Eine Idealform für mich wäre: >Ohne Hoffnung und Verzweiflung leben< und das muss man lernen. (...) Für die Griechen (...) wäre das keine Frage gewesen: Man hatte weder Hoffnung noch Verzweiflung. Man lebte.

Das Tragische ist etwas sehr Vitales. Ich sehe einen Menschen untergehen und das gibt mir Kraft. – Mich aktiviert eine gut formulierte Zeile, wo immer ich die lese, was immer drin steht. Diese Form ist eine menschliche Leistung, und das ist ein Moment der Utopie, und das gibt mir Kraft ...'"[115]

Müller plädiert geradezu für die Selbstbezüglichkeit des Seins (ohne Hoffnung und Verzweiflung leben, das Tragische ist etwas sehr Vitales), das auf nichts weiter verweist als darauf, zu leben, weil

---

112 Kafitz, D., (1988), Bilder der Trostlosigkeit und Zeichen des Mangels, Zum deutschen Drama der Postmoderne, in: Tendenzen des Gegenwartstheaters, Floeck, Wilfried, Hrsg., Tübingen.
113 vgl. Kafitz, ebenda.
114 Finter, a.a.O. S. 51.
115 Schulze-Reimpell, W., Theater als Laboratorium der sozialen Phantasie, in: Floeck, a.a.O. S. 184.

das Leben „ist". Er sieht in der künstlerischen Form ein vom Menschen geschaffenes Sein (eine menschliche Leistung). Diese Form ist als „Schönes" (eine gut formulierte Zeile) im Sinne eines gelungenen Ausdrucks eine Potenz von Leben. Zudem verweist sie in sich auf Neues, auf Mögliches und Zukünftiges (und das ist ein Moment von Utopie), und das gibt Kraft und das ist ganz wörtlich zu nehmen.

„Kunst und Therapie"

In den einschlägigen Fachdiskursen gibt es immer noch oder immer wieder die Kritik am Einsatz von Kunstformen aus der sogenannten hegemonialen Kultur. D.h. es herrscht eine Skepsis darüber, ob dem Klientel aus den sogenannten bildungsungewohnten gesellschaftlichen Gruppen die Kunst der Gegenwart zugemutet werden kann.[116] Mit Bezug auf das Theater fallen neben den Klassikern und der modernen Dramenliteratur insbesondere die neuen Inszenierungsformen und verwandte Bereiche aus der Bildenden Kunst wie die Performance darunter. Man geht davon aus, dass diese Gruppen in diesen Ausdrucksformen nichts erkennen können, was ihrem Interesse oder ihrer (immer wieder vorausgesetzten) Gebrauchswertorientierung entspricht. Weder glaubt man an die Möglichkeit eines authentischen Ausdrucks über diese Formen, noch hält man sie vom Methodischen her aus genannten Gründen für vermittelbar. Unsere Erfahrung lehrt das Gegenteil. Auch die Theaterprojekte vom Rande der Kultur, insbesondere der Ratten o7[117], zeigen auf, dass es eine Bewegung von der Darstellung der persönlichen Probleme hin zur Kunst gibt. Erst dient das narrative Theater dem Selbstausdruck im Sinne der Thematisierung der Lebenslage, dann gewinnt das Interesse am Theater zunehmend Primärmotivation. Da macht eine Gruppe Obdachloser auch vor H. v. Kleist keinen Halt! Diese Entwicklung konnten wir immer wieder beobachten: sei es in der kulturellen Sozialarbeit, sei es in der Therapie.

Beispiel: Ein 70jähriger Mann, früher Bäcker, der nach dem Tod seiner Frau dem Leben nichts mehr abgewinnen konnte, entwickelte auf Anregung der Therapeutin nach einer Reihe von dramatherapeutischen Rollenspielen über seinen farblosen, routinierten Lebensalltag eine Performance zu einer Geschichte, die ein Mitspieler geschrieben hat mit Bezug zu Henry Millers „Das Lächeln am Fuße der Leiter", was ungeahnte Möglichkeiten für ihn freisetzte.

Bedeutung der Form in den Künstlerischen Therapien

Diese besondere Bedeutung von Form und ihre ästhetische Verankerung in der Gegenwart scheint in unseren Augen, wie schon weiter oben angeklungen, auch für die theatralen Prozesse im kreativtherapeutischen Feld von großer Relevanz zu sein.

---

116 In diesem Argument wird meistens übersehen, dass die Kunstfremdheit, ja manchmal -feindlichkeit ein Merkmal ist, dass sich durch alle gesellschaftlichen Gruppen zieht. Nirgends findet man auch in den oberen Mittelschichten und in der Oberschicht selbst soviel Unkenntnis und Vorurteile vor wie in Sachen Kunst.
117 Wilde Bühne e.V., Hrsg, (1998), Theater vom Rande der Gesellschaft, Freiburg im Breisgau.

Ästhetische Formen entstehen also nicht beliebig oder unabhängig[118] von der Zeit und der Gesellschaft, in der sie entstehen. Sie sind eine schöpferische Leistung des Künstlers, in der Gegensatz, Paradoxon und Widerspruch der gegenwärtigen Existenz in einer gelungenen Form ihren Aufenthalt finden und ihre Wirkung ausüben können. Wir können Form und Struktur als den Ausdruck einer inneren Bewegtheit sehen, in dem die Qualität der Gefühle reflexiv erfasst sind. Was bedeutet das für unseren Zusammenhang?

Mit John Dewey[119] gehen wir davon aus, dass es eine Isomorphie gibt von psychischer Energie und ihrer Bezeichnung durch Form und Struktur. Im sogenannten „natürlichen" Ausdruck handelt es sich allerdings zunächst um Seelenausdruck und nicht um Ausdrucksgestaltung. Lachen, weinen, traurig sein ist Gefühlsausdruck, aber nicht gestaltetes Gefühl.

In den Kunsttherapien wird der Rolle des Fühlens auf diesen zwei Ebenen Bedeutung gegeben. Die erste Ebene des evidenten Gefühlserlebnisses ist Rückbindung an die verschüttete Erfahrung auf der Erlebensebene, und – das ist in vielen Psychotherapieschulen Konsens – ist ein Schritt hin zur Heilung. Auf der zweiten Ebene geht es um ein spezifisches materielles Äquivalent des Psychischen, das durch das Ringen um eine künstlerische gute oder gelungene Form kreist.

Kunstform ist nach Dewey eine qualitative Erweiterung der Erlebensebene auf eine „Erfahrung" hin. Erfahrung beinhaltet dabei gegenüber dem reinen Erleben etwas, was wir hier mit „existentieller Reflexion" bezeichnen möchten. Dezidiert gesprochen heißt das, Fühlen allein ist nicht hinreichend.

Dem Psychischen wird die Möglichkeit gegeben, Unversöhnlichem eine Existenz zu geben, indem die seelischen Dynamiken in ihrer zerbrechenden Kraft in der künstlerischen Form einen Platz finden, der sich auf den Gestaltenden integrierend auswirkt. Das ganz Entscheidende dabei ist, dass Formen immer noch ein „Mehr" liefern, einen tieferen Sinn aufscheinen lassen als die bewusst ausgedrückte Bedeutung. Dabei ist in der therapeutischen Arbeit, die ja in diesem Punkt eine Verwandschaft aufweist mit den Vorgängen der Kunstrezeption, der Blick auch darauf ausgerichtet, ob es sich beim kreativen Ausdruck um spontane Form oder gesuchte, gute oder gar gelungene Form handelt.[120]

Konkret auf unsere Thematik bezogen heißt das, nicht allein spielend zu erzählen und wiederzuerleben, sondern sich mit dem eigenen Erleben zu reiben, indem um Form gerungen wird. Diese Form

---

118 vgl. dazu auch eins der früheren Werke des Kunstsoziologen Pierre Bourdieu, (1970), Zur Soziologie der symbolischen Formen, Elemente zu einer soziologischen Theorie der Kunstwahrnehmung (Kp. V), Frankfurt/M.
119 Dewey, John, (1980), Kunst als Erfahrung, Frankfurt/.M., S. 47ff.
120 Form benannte Petzold 1987 als fundierendes Konzept für die kreativen Therapien (K&U, 11/1987, S. 59ff). Die besondere Bedeutung der Form in den bildnerischen Therapien ist unmittelbarer nachzuvollziehen, und ist da auch schon genauer erforscht, als in den szenischen Verfahren. In der dramatischen Therapie und im therapeutischen Theater tritt noch die Frage nach dem Therapeuten als Regisseur bzw. Spielleiter oder Theaterpädagoge hinzu. Welche Rolle spielen künstlerische Hilfen vonseiten des Gruppenleiters und wie wirken sie sich auf den therapeutischen Prozess der Gruppe aus?
Moreno sprach in diesem Zusammenhang davon, dass der Therapeut nicht nur eine analysierende, sondern so gesehen auch eine strukturierende Funktion habe (s. o.).

darf sich auch von mir (scheinbar) ablösen, kann sich mir durch Gestaltungen vom ganz persönlich Fassbaren entfremden, solange bis die Formen (und damit auch die psychischen Inhalte) zu *Spielelementen* werden. Auf der psychischen Ebene heißt dies, dass diese möglicherweise schmerzhaften, quälenden, bleiernen Inhalte zu Spielfiguren auf der Bühne werden und nicht zum Regisseur.

Formfindung und Formerarbeitung stellen damit die wesentlichen Pfeiler dar, um das ganz Persönliche für eine Inszenierungsarbeit so aufzubereiten, dass es zu einer Aussage wird, welche das Publikum dazu befähigt, das Allgemeinmenschliche bzw. Gesellschaftliche darin zu erfassen. Die Montage, wie weiter oben ausführlicher dargestellt, macht es möglich, die vielen Facetten des Themas Liebe oder Nähe, die sich heute virtuell und reell zeigen, sichtbar zu machen.

Die neuen Mythen der Liebe, zu Massen von den Medien produziert[121], verlangen nach Ausdruckswegen, welche es vermögen, die Widersprüchlichkeiten, die sich im Einzelnen dadurch aufhäufen, auszudrücken.[122]

Die aus der eigenen Lebensgeschichte determinierten Faktoren des hier angesprochenen Themas „Liebe, Misstrauen, Erwartungen, Erinnerungen" zeigen den Einzelnen in einer multidimensionalen Koexistenz auf allen Zeitskalen seines persönlichen Lebens[123], und – in der Gruppentherapie – multipliziert mit der Koexistenz zu den anderen Spielpartnern.

Die vielen Erscheinungsformen, welche die Liebe hervorbringt, können nicht zwangsläufig einer konsekutiven Handlungsfolge zugeordnet werden. Die Entscheidung für eine Montage-Inszenierung eröffnet aus den Gründen, die bereits näher dargelegt wurden, die formalen Bedingungen für ein Mosaik von Teilen, das in der Struktur der Komposition sowohl diese konkrete Gruppe als auch die Auswirkungen der gesellschaftlichen Situation auf die Individuen ausdrücken kann.

Die Inszenierungsphase Montage: Zweite künstlerische Ausdrucksphase

Als methodische Einübung in den Inszenierungsstil „Montage" wird innerhalb der Gesamtgruppe eine kleine Ensembleeinheit (drei Männer – drei Frauen) gebildet (einschließlich einer Spielerin, die für die Musikeinspielung zuständig ist), die unter

---

121 vgl. Schmidt, G., (1996), Das Verschwinden der Sexualmoral, Hamburg, S. 42f und 87f.
122 In dem Film des chinesischen Regisseurs Zhang Yimon „Heimweg" (2000) wird uns noch einmal ein verlorenes Paradies der ersten, ewigen großen Liebe in Form eines Märchens vorgeführt, uralte Sehnsucht seit Beginn der bürgerlichen Epoche, zurückversetzt in eine Zeit vor dem 2. Weltkrieg in einem abgelegenen ländlichen Distrikt.
123 Dazu gehören die je subjektiv entwickelten Sehnsüchte, Träume, Mythen der Liebe (zeitlose Zukunft); weiter alle Verletzungen, die mit primären und den daraufhin folgenden Liebesobjekten/Partnern einhergehen (Vergangenheit). Schließlich die Angst der Erwartung, dass sich gleiches wiederholt samt der dazu entwickelten Abwehrmanöver (Gegenwart und imaginierte Zukunft). Nicht zuletzt die Symbolik konkreter Erinnerungen, die zu Schlüsselszenen unbewusster Dramenskripte zum Thema Liebe werden (unbewusste zeitlose Realität).

der Regieleitung der Therapeutin eine Montageperformance erarbeitet. Die anderen schauen zu. Später erfolgt ein Wechsel.

Die Beschreibung einer solchen Montageerarbeitung ist ein unbefriedigendes Vorhaben, da es bei der Montage um „Augenmusik" geht, die über Text schwer vermittelbar ist: Einheiten von Bild-Text-Bewegungs-Formationen sollen gefunden werden, die ineinandergreifen, aufeinanderfolgen, abbrechen, den Abbruch wiederholen, von Neuem beginnen, mit Elementen aus anderen Montageeinheiten (Collage) fortfahren und so weiter.

Vom Regieverfahren hat es sich bewährt, dass zu Beginn vom Therapeuten Einrufe erfolgen, auf die hin die SpielerInnen reagieren. Nach einer Weile wird von der Regievorgabe zur freien Improvisation mit den Elementen gewechselt. Die Zufallsergebnisse des freien Spiels, die häufig neue Semantiken hervorbringen, werden aufgegriffen und in einer Abfolge festgelegt. Für Laien besonders schwierig ist das Zusammenspiel von Texteinsage und Bewegungsformationen. Auch da hilft am Anfang eine klare Regiehilfe, bis mehr Sicherheit auch in der Choreographie aufgebaut ist.

Beispiel

Ausgangsstellung der Ensembleeinheit: *3 Männer und 3 Frauen stehen sich gegenüber.*

Einruf der Therapeutin/Regisseurin: *Eine Erinnerung aus der Gruppe der Frauen, z.B. Judiths, soll in den Raum gesprochen werden. Noch im Sprechen wird Paul aufgefordert, die Beschreibung seines Traumbildes einzublenden. Wenn beide enden, spielt Anita, die ihre Position am Medienwagen hat, eine Musik ein.*

Die Therapeutin fordert die Gruppe der Frauen zeitgleich auf, spontan eine Form dafür zu finden, sich geschlossen von der Männergruppe zu entfernen.

Es folgt nach einer Weile des Experimentierens unter der Anleitung der Therapeutin/Regisseurin eine freie Phase: Der Intention nach soll die Reaktion der 2 Teilgruppen innerhalb der Ensemble-Einheit aufeinander im Wechsel wie ein Rufen-Antworten-Spiel erfolgen. Die Vorgabe, die jeweils eine Gruppe macht, ist ein Impuls für die andere zu antworten; *z.B. die Frauengruppe geht in einer Reihe stehend als Formation nach rechts, die Männergruppe folgt.*

Frau 1: „Niemals habe ich gedacht, dass er so etwas tun könnte".

Eine Musik hämmert laut in den Satz hinein, bricht ab, der nächste Satz folgt.

Mann 1: „Ich sehe die Treppe genau vor mir, steil, schmal und lang, Bonbonpapier liegt auf den Stufen."

Vereinzelt werden aus der Parallelgruppe spontan Worte aus diesem Satz aufgegriffen, und paraphrasiert:
„Schmal und lang, schmal und lang, vor allem schmal."

Eine Frau löst sich aus der Gruppe, sucht vom Boden das (imaginäre) Bonbonpapier auf und spricht:
„Blau für den Hut, rot für den Schal, grün für die Hoffnung."

Die Gruppe der Männer bewegt sich in Formation auf die andere zu ...

Wie Stiere, Kopf an Kopf, stehen sie sich mit gebeugten Nacken – Männer und Frauen eins zu eins – gegenüber.

Nach Sekunden der Atemstille, platzt jeder nach und nach mit seinen Narrativen zum Punkt Misstrauen heraus:
— *Kennst du einen, kennst du alle.*
— *Immer will sie mit mir reden, und ich denke, wohin will sie mich kriegen?*
— *Das musst du wissen, ich bin so usw.*

Auf diese Weise entsteht ein rhythmischer Dialog von Bewegung und Sprechtexten in der ersten Stufe.

Anfänglich gibt es naturgemäß Chaos, bis die Reihenfolgen eingeprägt sind und das Konzentrationsniveau gehalten werden kann. Jetzt wird mit diesen Formelementen weiter gespielt. Die Sätze können gereiht, sie können im Takt versetzt wiederholt werden, sie können chorisch gesprochen werden. Ähnlich wird mit den Bewegungsfolgen, den Tempi und mit Spannungsbögen variiert. Hilfreich sind Ordnungselemente für die Choreographie: Reihung, Ballung, Streuung, Neuordnung durch Kombination heterogener Elemente (z.B. ein Mann – zwei Frauen, Paare etc.) u.ä.

Solange die Montageeinheiten eine gewisse Komplexität und Länge nicht überschreiten, kann die Komposition durch mehrmaliges Üben eingeprägt werden. Will man wie in einer komplexen Montage einzelne Formelemente in andere Montageteile einpassen, wird man eine „Partitur" ins Textbuch schreiben müssen.

... dann wieder beginnt die Gruppe mit den Frauen zeitgleich zu sprechen, jede ihre eigenen Erinnerungen[124], während sie in verschiedene Richtungen auseinander preschen:

---

124 Zum Zwecke der Anschauung werden Texte aus Gegenwartsdramen gewählt, da die Originaltexte ein Wiedererkennen erlauben könnten.

Wir laufen aufeinander zu, die Gräser der Wiese wiegen sich im Wind, und unsere Schritte berühren kaum die Erde. Unser Laufen ist ein Fliegen, ein Zueinanderfliegen. *Wir bleiben voreinander stehen, atmen und sehen einander an.*[125]	*Einmal gab es einen geheizten Swimmingpool im Haus. Ich durfte baden und saß dann am Rand des Beckens, und das Chlor war ein fremder Geruch. Dann kam ein Herr, der trug einen Bademantel und Haussandalen, und ich dachte, er wird schwimmen gehen. Aber er kommt her zu mir und bleibt vor mir stehen.*[126]	*Vor einigen Wochen kam die Liebe, an einem Abend kam sie, als ich nichts wollte, außer in einem Café sitzen und einen Tonic trinken.* *Ich ... guckte rum in die Bäume, und da sah ich den Jungen ... Und mein Herz wehtat, weil er doch so schön aussah.*[127]

..... wieder Einspielung einer Musik, dann ein Gedicht, irgendwann ein Bild, wieder Musik ... usw.

Es wird gemeinsam eine Abfolgestruktur mit den vorhandenen Gestaltungselementen erarbeitet. Das Dialogische, der rhythmische Einsatz von Bilddarstellung, Erzählung der Erinnerung, Gedicht, Musik und gemeinsame Bewegung in Beziehung zur anderen Gruppe schafft Struktur und macht aus Einzelelementen ein geformtes Ganzes.

Diese Einheit wird gemeinsam mit den beiden Theatertherapeuten in der gesamten Gruppe erarbeitet und erfolgt allein unter formal-ästhetischen Gesichtspunkten. Die SpielerInnen erfahren, wie durch Struktur und Rhythmus aus dem sehr individuellen Material eine Komposition entsteht, die neue Zusammenhänge aufweist und ästhetisch ansprechend und anspruchsvoll ist. *Gleichzeitig erhält das ganz Persönliche in einem kollektiven Zusammenhang eine neue und tiefere Bedeutung, ohne das Persönliche zu missbrauchen oder ihm Gewalt anzutun.*

Gerade der letzte Aspekt steht in engem Zusammenhang zur ästhetischen Erfahrung. Das Seelische und die entstandenen Formen haben eine Dimension erfahren, die sie vorher nicht hatten. Es tun sich neue Bedeutungszusammenhänge auf, in denen sich oft in verblüffender Weise komplexe Konnotationen ihrer Themen für die TeilnehmerInnen auftun.

---

125 Turrini, P., Endlich Schluss, in: Theater Heute 7/97.
126 Loher, D., Geist, Adam, in: Theater Heute 2/98.
127 Berg, S., Helges Leben, in: Theater Heute 12/2000.

Diese vorbereitende Arbeit an der Montagetechnik hilft den Teilnehmern sich vorzustellen, mit persönlichem seelischen Material für eine Darbietung vor Publikum arbeiten zu können. Insbesondere hilft die Erfahrung, dass durch entsprechende Strukturen der Inszenierung eine Formgestaltung für ein Ganzes denkbar wird, ohne langes Schauspieltraining gehabt zu haben.

Die therapeutische Inszenierungsarbeit: Überblick und Vorschau auf die Arbeitsschritte

Zunächst ein kurzen Rückblick auf das, was die Gesamtgruppe bisher erarbeitet hat:

1. Das Partnerinterview bringt die TeilnehmerInnen zu ihrem Entwicklungspunkt, aktualisiert auf einen nächsten Schritt hin, den sie für die eigene Weiterentwicklung ins Auge fassen.
2. Die Arbeit am persönlichen Traum fokussiert die Themen auf den Bereich der Liebesbeziehungen bzw. der Verunmöglichung von stabilen Liebesbeziehungen.
3. Auf diesem Hintergrund wird frei assoziiert zum Thema Liebesbeziehung auf der Orientierungsfolie → Liebe → Misstrauen → Erwartungen → Erinnerungen.
4. Mit dem gefundenen Material wird das Gestaltungsprinzip Collage bzw. Montage kennengelernt und damit experimentiert. Jeder Teilnehmer hat auf diesem Weg die Möglichkeit, seinen Stoff einzubringen. Assoziierte Sätze und Wörter sind relativ bewegliche Materialien bezüglich der persönlichen Betroffenheit der einzelnen Teilnehmer. Deshalb ist hier spielerisches Handeln in der Regel ohne größere emotionale Einbrüche zu erwarten.

Übersicht

Partnerinterview:	Entwicklungsstand feststellen, aktuelle Aufgabe formulieren
Traumarbeit:	Gruppenthema eruieren
Assoziationen zum Gruppenthema:	Material finden
Montagetechnik erlernen:	Ästhetische Gestaltung des gefundenen Materials
Gruppenfindung:	Ensemble-Zusammensetzung
Kleingruppenarbeit:	Stückentwurf
Therapeutische Inszenierungsarbeit:	Rollenverkörperung wird mit Bezug zum seelischen Thema erarbeitet
Proben:	Einstudieren des Stücks
Aufführung:	Publikum

Grundaspekte therapeutischer Inszenierungsarbeit

Im Folgenden werden nun zwei zentrale Aspekte erläutert, die bei dieser Art zu Inszenieren berücksichtigt werden sollen:

1. Die Frage nach Neubearbeitung oder Weiterarbeit des Themas im tiefenpsychologisch orientierten Sinn (Weg nach innen).
2. Die Frage nach Inszenierungsschritten, die das Persönliche modifizieren (Weg nach außen).

Doch zunächst müssen die zwei Ensemble-Gruppen noch gebildet werden.

Einleitung der Ensemble-Arbeit

Es sollen nun zwei Gruppen gebildet werden, die sich unter dem Gesichtspunkt der Anziehung von Traumbildern und Erinnerungen finden können: Die SpielerInnen legen sich zu zweit auf den Boden, mit dem Kopf an die Füße des anderen, die linke Hand liegt auf dem Bauch des Partners. Eine entspannende und zentrierende Übung ist das, die die Möglichkeit gibt, wieder zurück zu den eigenen Bildern und Träumen zu kommen, ohne den Gruppenzusammenhalt aufzugeben.

Es wird davon ausgegangen, dass die Kleingruppenbildung subtilen Gesetzen der Gruppendynamik (Kommunikation des Unbewussten) folgt, so dass sich hieraus die thematischen Schwerpunkte der Spielenden zueinander und untereinander sichtbar machen lassen.

Therapeutin: *„Jeder lässt jetzt **das** zentrale Bild in sich aufsteigen! Es ist das Bild, das sich gegenüber allen anderen in deiner inneren Wahrnehmung durchsetzt. Sieh es dir genau an, sei aufmerksam auf alle Details, achte auf deine Emotionen und deine Körpergefühle."*

Nach dieser aktiven Imagination machen sich die TeilnehmerInnen Notizen in ihr Textheft für die Inszenierungsarbeit.

Danach werden die TeilnehmerInnen aufgefordert sich die Frage zu stellen: *„Welche der Bilder der anderen haben mich angesprochen?"*

Zuerst im Kreis stehend sprechen sie die Bilder laut aus, mit denen sie sich verwandt fühlen, danach gehen sie frei im Kreis herum, zu jedem einmal, dessen Bild sie angesprochen hat. Dann – auf Gongschlag – bilden sich zwei Gruppen.

Die Teilnehmer werden aufgefordert zu überprüfen, mit wem sie in einer Gruppe sind: Sie überprüfen mit ihrem Gefühl die Stimmigkeit der Gruppenbildung und korrigieren diese, falls es notwendig erscheint.

Zwei Teilnehmer aus jeder entstandenen Gruppe haben spontan so reagiert, dass niemand in ihrer Gruppe ist, von dessen Bild sie sich angesprochen fühlten. Das veranlasst uns anzunehmen, dass die beiden jeweils ein kollektives Thema in der Gruppe vertreten und ihr Bild sozusagen den Focus der Arbeit darstellen könnte.

Dieser Eindruck bestätigt sich. Die Gruppe, in der alle Männer sind, fokussiert auf Pauls Traumbild: *Ich laufe mit dem Kopf vor die Wand, es schmerzt, ich gehe zurück und laufe wieder vor die Wand, der Vorgang wiederholt sich, aber nie schaue ich mir die Wand an.*

Hier kann man schon im Ansatz die Problematik erkennen, die im Ausgangsthema liegt. *Wie komme ich in die seelische Nähe des anderen?*

Die andere Gruppe vereint, bis auf eine Spielerin, eine sehr ambivalente Einstellung zur Sexualität. Das hoch erotische Traumbild der Teilnehmerin, die sich „versehentlich" dieser Gruppenkonstellation angeschlossen hat, ist: *Ich liege auf dem Rücken, die Beine gespreizt, meine Scham geöffnet, ich sehe einen schönen nackten Mann.*

Auch hier zeigt sich das Ursprungsthema, schon fast provokant: *Darf ich ein sexuelles Wesen sein?*

Weitere Bilder der Spielerinnen aus der Gruppe, deren Inszenierung ich im Folgenden beschreiben werde:

Ute: *Ich liege nackt auf dem Boden eines leeren Raumes, ich liege in der Badewanne, da sehe ich, dass rechts und links von der Badewanne 2 Männer stehen und mir zuschauen.*

Judith: *Ich gehe unermüdlich durch einen Fluss und suche die Quelle.*

Gudrun: *Das erstarrte Kind, das voller Entsetzen guckt.*

Die weitere Vorgehensweise

Jede Gruppe erhält den Auftrag, eine Choreographie ihrer Bilder mit Musik zu improvisieren und als Rohform zu erarbeiten. Die Gruppe hat ca. zwei Stunden Zeit.

Die Therapeutin geht noch nicht sofort mit in die Arbeit hinein. Der Vorschlag, den die Gruppe erarbeitet, liefert die Grundstruktur des zu entwickelnden Stücks. Es spiegelt die Gruppe, wie sie und jeder Einzelne in ihr die Bilder und deren Zusammenspiel auffasst. Das gibt der Therapeutin die Sicherheit, nicht über das Fassungsvermögen der SpielerInnen hinauszugreifen; vielmehr kann sie am Aufbau vieles bezüglich der Selbst- und Gruppenwahrnehmung zum Thema ablesen und darauf aufbauend vertiefend mit den SpielerInnen arbeiten.

Nach dieser Phase wird die Improvisation, welche die Teilnehmer in freier Gruppenarbeit geschaffen haben, der Therapeutin vorgespielt.

Der weiteren Arbeit geht der Wunsch der Teilnehmer voran, dass jeweils ihr Bild von einem anderen „vorgespielt" wird. Das Komponieren der Bilder haben sie als verwirrendes Puzzlespiel empfunden und meinen, keinen Kontakt mehr zu der Kraft der Bilder zu haben.

Die Theatertherapeutin greift diesen Wunsch als Impuls für eine choreographische Übung nach Pina Bausch auf: Alle stehen in einer Reihe, *jeder/e* spielt seine zentrale Handlungssequenz, schließt sie ab und fügt sich wieder hinten in die Reihe ein; die nächste nimmt die selbe Handlungssequenz auf, und so weiter, bis alle das Bild durchgespielt haben, und eine neue Handlungssequenz folgt. Diese Übung ergibt eine serielle Reihung, die ohne jede Unterbrechung gespielt wird, also sechs mal sechs Bilder hintereinander. Durch den Non-Stop-Charakter der Übung, unterstützt mit je einer eigenen Musik, kommt die Gruppe in einen großen Spielschwung.

Jedes Bild der anderen wird am eigenen Körper erlebt und so vertraut gemacht, indem jede fünfmal ein fremdes Bild darstellt. Und fünfmal kann das eigene Bild, von den anderen gespielt, gesehen werden. Diese fünf Varianten der eigenen Version kann man in sich aufnehmen. Die an den anderen wahrgenommenen Interpretationen des eigenen Parts fließen in die eigene Rolleninterpretation ein.

Beispiel: Zwei Bilder
Mit verschlossenen Augen eine Wand mit den Händen absuchen nach irgendjemandem, nach irgendetwas, Sehnsucht nach Kontakt, sucht da, wo nichts ist, nicht hinschauen ...

(tritt ab), die Nächste drückt sich an die Wand, tastet mit dem ganzen Körper ... usw.

Mit Rücken an der Wand stehend, Nähe suchend und abwehrend: „Komm bitte näher". (tritt ab), die Nächste steht vor der Wand, greift mit den Armen ins Leere ... usw.

Im Gespräch und im Feed-Back arbeitet die Therapeutin dann gemeinsam mit allen die Handlungsteile jedes Einzelnen und ihr Zusammenspiel mit den anderen heraus.

Regie in der Therapie?

Der jetzt folgende Regieteil enthält eine ganze Reihe therapeutischer Interventionen. Indem der Bildinhalt direkt auf die aktuellen, persönlichen psychischen Schwierigkeiten angesprochen wird, kann der Eindruck einer öffentlichen Diagnose entstehen. Das führt u.U. zu Blockaden und muss sensibel und in Absprache mit dem Klienten geschehen.

Analysen können in dem einen oder anderen Fall wichtig sein, in einem anderen sind sie kontraindiziert. Grundsätzlich gilt es für szenische Verfahren, die Lebensgeschichten inszenieren, zu bedenken: Die tiefenpsychologische Analyse kann die heilende Kraft der ästhetischen Dimension einer inszenierten Geschichte oder eines in Szene gesetzten Bildes aufheben, wenn die Vieldeutigkeit, die allem Symbolischen innewohnt, durch die Interpretation auf **eine** Dimension verkürzt wird.

Gerade hier, bei diesem komplexen Stoff, muss die Theatertherapeutin – in guter Kenntnis des Entwicklungsstandes der Protagonistin – ganz behutsam mit der Vieldeutigkeit, die in der Symbolik von Traum, Imaginationsbild und konkreter Erinnerung liegt, umgehen. Die Bildinhalte sagen oft mehr, als es dem Klienten bewusst ist; eine Rollenverkörperung bei einem Inszenierungsvorhaben kann nur so weit erarbeitet werden, wie die Klientin in der Lage ist, neue Aspekte in ihr Bewusstsein zu integrieren.

Hier, bei der Rollenerarbeitung, heißt es unter Umständen therapeutisch zu intervenieren, falls es doch zu Einbrüchen und Widerständen kommt. Allerdings geht es nicht um Neuerarbeitung oder Weiterarbeiten. Das Bewusstseinsfähige wird gestaltet. Dabei kann es dennoch zu neuen Dimensionen kommen. Vor allem in der Wiederholung von Ausdruckssequenzen arbeitet sich manchmal etwas durch, so dass der Spieler hinterher weiter ist als zu dem Zeitpunkt, als er die Rolle übernahm.

Nachdem Paul sein Bild in eine Handlung übersetzt hat und diese immer wieder spielt, – (bei seiner Frau) „gegen die Wand laufen"-, verspürt er einen Sog zur „linken" Wand. Auf die Ermutigung der Therapeutin, die Rolle „ links" neben den in wütender Ohnmacht gefangenen Mann zu spielen (das soll heißen, Energien von dieser Stelle aus in den Körper fließen zu lassen und diese dann über den Ausdruck des Körpers sichtbar zu machen), ergreift er eine Handlungsdimension, die ihm bis dato verschlossen geblieben war (siehe die genauere Darstellung weiter unten).

Die Verwendung von Formelementen, die zum Bild der Protagonistin gehören, können in ihrer Symbolik Aspekte verschlüsselt haben, die das künstlerische Selbst des Protagonisten zwar kreiert hat, die aber noch nicht bewusst durch ihn erfahrbar sind. Damit und daran zu üben kann dann zu Schwierigkeiten in der Weiterarbeit führen.

So hat Anita im Traum anstelle eines Spazierstockes ein überdimensionales „Fleischermesser", wie sie sagt. Als vorgeschlagen wird, ein Brotmesser als Requisit aus der Küche zu holen, gerät sie in Panik. Sie will nicht damit und auch nicht darüber arbeiten. Zum Schluss kann ein Teilaspekt dessen, was das Messer verkörpert, durch den Einsatz einer Reitpeitsche angespielt werden. Wegen der großen Angst vor ihrer zerstörerischen Wut kann mit der Requisite ihres eigenen Traumbildes (noch) nicht gearbeitet werden.

Die Einzelarbeit in der Gruppe fragt also die Selbstwahrnehmung bezüglich des eingebrachten Rollenskripts ab: *Welchen Bezug hat die Rolle, so wie ich sie jetzt hier angeboten habe, zu mir und dem Thema (Nähe in Liebesbeziehung) im Moment in meinem Leben?*

Die Protagonisten arbeiten mit der Theatertherapeutin unter Mithilfe der Gruppe am persönlichen Bezug zum Bild oder Traumbild, je nachdem, was die Protagonistin für die Inszenierung von sich vorgeschlagen hat, und übersetzt ihn in eine Rolle.

Beispiel: Gudruns Bild
Sie steht mit dem Rücken zur Wand. Sie fühlt sich bedroht. Entsetzt drückt sie sich mehr und mehr gegen die knirschenden Palisaden, mit denen der Übungsraum verkleidet ist, und starrt mit weit aufgerissenen Augen in den Raum.

Ihr Bild stammt aus einem sehr mächtigen Traum über Inzest mit dem Vater. Ihr Verhalten im Traum zeigt sich im entsetzten Innehalten und Über-sich-ergehen-lassen der sexuellen Übergriffe im Stehen. (Der Vater manipuliert mit seinem Geschlecht am Gesicht des stehenden Mädchens.)

In diesem Fall hat die Klientin schon tief über ihre Beziehung zum Vater gearbeitet. Dieser hat sie sehr stark an sich gebunden und sie schon früh als Kind in seinem Geschäft für Reinigungsarbeiten ausgenutzt. Eine sexuelle Komponente war ihr bis dahin unbekannt geblieben. Was dagegen in der Gruppe oft Thema ist, ist ihre innerliche Erstarrung.

Erstarrung war ihre Schutzreaktion auf emotionalen Missbrauch, verstoßen und vernachlässigt werden, Bedrohung, Angst und Zwang. Sie selbst macht dieses frühe Lösungsmuster verantwortlich für die Epilepsie, die sie mit Hilfe der Therapie inzwischen zunehmend ohne Medikamente handhaben kann.

Das Eingehen auf eine mögliche sexuelle Komponente im Missbrauch des Vaters ist in diesem Zusammenhang weder machbar noch nützlich für die Klientin. Deshalb wird Gudrun aufgefordert, die Essenz des Traumbildes in die Gegenwart zu versetzen und in eine alltägliche Situation zu übertragen.

Wir sehen im Spiel mit Paul eine strenge und steife, unflexible Mutter, die ihre Gefühle der Sorge um den pubertierenden Sohn, der „viel Mist baut", völlig verschlossen hält und ihre Angst, die sie innerlich starr macht, in mangelnde Empathie und Härte umsetzt.

Auf die Frage, was diese erlernte Schutzreaktion denn für sie an Möglichkeiten ausschließe, äußert sie: *„Ich möchte mich so gerne fallen lassen, ich möchte nicht so aufpassen müssen, ich möchte einmal alles loslassen. Der Wunsch danach ist so stark, dass mich schon die Angst überkommt, ich könnte mich eines Tages unsere schmale hohe Treppe im Haus runterstürzen. Jedenfalls spüre ich oft so einen Sog dazu."*

Gemeinsam mit ihr wird eine dazu passende Rollenübung entwickelt. Alternativ zur Erstarrung, zum starren bewegungslosen Verharren soll sie ein Stückchen weiter gehen. Das krampfhaft Vermiedene kann hier in einer Rolle ausgedrückt werden, nämlich Ohnmacht und Ausweglosigkeit als (paradoxes) *aktives Ohnmächtigwerden* im Spiel auszuspielen. Das heißt positiv gewendet: das Sich-Fallen-lassen zu üben; immer und immer wieder übt sie, sich aus der Erstarrung heraus fallen zu lassen, ohne sich dabei weh zu tun. Dieser Vorgang wird immer lustvoller für sie. Später wird diese Passage ein sehr wirkungsvolles Collage-Element, das als Signal vor Gewalt in der Schlussfassung an verschiedenen Stellen auftaucht.

Wirkung

Auf der zweiten Ebene muss bei der Regie in der Therapie mit den Wirkungen gearbeitet werden, die mit der Arbeit an der Form im Hinblick auf die Rezeption durch Dritte eintreten können. Es stellt sich die Frage: Wie kann ich die einzelnen Elemente der therapeutischen Szenenarbeit so nutzen, dass daraus eine Darbietung wird, die es dem Zuschauer (dem Publikum) ermöglicht, innerlich eine Synthese zu ziehen? Das heißt: eine Synthese, die dem seelischen Thema des Protagonisten adäquat ist und die gleichzeitig durch die Inszenierung das Allgemeine menschlicher Fragestellung *„im"* Thema durchscheinen lässt.

Hier geht es also um die Befähigung zum *Distanz-Nehmen* zum ganz Persönlichen, ohne dass die Protagonistin gekränkt wird.

Die Arbeit an einer Präsentation nach außen erfolgt nach künstlerischen Gesichtspunkten. Das kann zur Folge haben, dass u.a. Szenenaspekte, Rollenskripts gekürzt, verändert, demontiert werden müssen. Das kann schon in pädagogischen Zusammenhängen zu narzisstischen Beeinträchtigungen führen, so auch hier.

Beispiel: Judith

Judith läuft unbeirrt ihre Kreise über die ganze Bühnenfläche, an den anderen vorbei, nimmt ihnen den Weg, unberührbar in ihrer Aktion; dies ganz gemäß ihres auch im Leben praktizierten Habitus: „Stört meine Kreise nicht, ich muss das tun, es gibt keine Lösung, aber wenn mir schon nicht geholfen werden kann, so sollt ihr mich nicht übersehen können.

Überall, wo ich auftauche, werde ich eure Aufmerksamkeit einholen und euch in euren Aktionen mit meinem Thema unterbrechen. Denn mein Drama ist das größere!"

Wohlgemerkt ist dies nicht oder nur rudimentär bewusstseinsfähig; wäre es dies, hätte Judith einen großen Schritt nach vorn getan. Zwar folgt eine – je nach Einzelfall – mehr oder weniger große Frustration und Depression, doch könnte sie ihren Schmerz von früher Verlassenheit und Beschämung in ihre Erfahrung bringen und einen neuen, eigenen Weg einschlagen.

Obwohl ihre Kreise samt „Zusammenstößen" mit den anderen in die Choreographie aufgenommen werden, sind sie nach unzähligen Malen tatsächlich so „nervig", dass die SpielerInnen sich von Judith eine Wendung im Kreismotiv wünschen. Auch hier zeigt sich in der Form der Klientin ihre Persönlichkeit samt deren Schwierigkeiten. Oft schon hat ihr die Gruppe den Spiegel vorgehalten, dass sie sich im wahrsten Sinne des Wortes im Kreis drehe und dass die Geduld der Gruppe stark im Abnehmen begriffen sei. Für Judith sind ihre Themen immer brandneu und völlig anders als das letzte Mal. Sie ist gekränkt, dass das, was für sie so aufregend ist, die anderen langweilt. Immer wieder ist es in der Gruppe das Thema gewesen, Judith im Ausagieren ihrer Themen auch im Spiel konstruktiv zu begrenzen, was meistens nicht leicht ist.

„Wie ist es da, wo du hin willst? – am Ursprung der Quelle?" fragt einer.

„Stille, Ruhe" ist ihre Antwort.

Die Gruppe schlägt ihr vor, aus ihrem Part ein Entwicklungsstück zu machen, d.h. also tatsächlich an irgendeinem Punkt anzukommen und dort einmal ganz lange auszuharren in Ruhe – und zu schauen, was passiert.

Judith zieht wie ein Kind ein Schüppchen: „Dann ist ja alles vorbei."

Die Gruppe bricht in schallendes Lachen aus:„Ja, dann wäre das vorbei, wir sehen, dass du das gar nicht möchtest. Aber wir lassen auch nicht zu, dass du mit deinen Kreisen das ganze Stück dominierst."

Da Judith keine Form entwickeln will (kann), die sie ein Stückchen nach vorne bringt, wird das Motiv der stetigen Wiederkehr von Enttäuschung und Flucht beibehalten, aber ihr Bühnenauftritt wird zeitlich hinausgezögert. Als jedoch der Schluss des Stückes diskutiert wird, schlägt sie wieder vor, weiter im Kreis zu laufen, auch wenn alle sich schon verbeugen. Das Nein der Gruppe trifft auf ihr völliges Unverständnis. Glücklicherweise hat Judith es in der Gruppe schon gelernt, wenn auch gekränkt, doch dabei zu bleiben und das ganze Stück mit zu tragen.

Rollenpartner

Im Folgenden werden zwei Spieleinheiten exemplarisch beschrieben, die Teil der Gesamtmontage sind. Die szenischen Ereignisse, die sich durch die Bildsequenzen hindurchziehen, ergeben sich direkt aus der Sprache der Bilder, bzw. aus dem mit dem/der Protagonisten/in erarbeiteten Verständnis zu ihnen.

Die SpielerInnen wählen ihre Spielpartner aus.

Judith und Lennert: Sprachlos und ohne Kontakt

„Was ist, wenn das Feuer im Wasser ausbricht, wenn die Furcht vom Beschützer kommt?" (R. Laing)

Judith und Lennert z.B. geben sich oft in der Gruppe Wärme und Halt. Sie beide eint ihr Misstrauen in Beziehungen. Voneinander haben sie nicht die Forderung nach mehr Nähe zu fürchten. Im Stück übernehmen sie komplementäre Rollen des Kindes, das missbraucht und verlassen ist und fortan in einer Art Heimatlosigkeit (sich in keiner Gemeinschaft zu Hause fühlen: er; überall auf der Welt sein, aber keinen Punkt haben, an den man zurückkehren kann: sie.)

In der Inszenierung wendet sie sich als hilfesuchendes Kind an ihn, der die Rolle eines Schutz vortäuschenden älteren Bruders übernimmt. Er lockt sie jedoch in eine dunkle Ecke und fällt über sie her. Dies ist eine Täteridentifikation seinerseits in Bezug auf den eigenen Missbrauch durch einen älteren Bruder. Das Kind reißt sich los und beginnt ab da in endlosen Spirallläufen auf der Bühne die „Quelle", ihren Ursprung, Heimat, sich selbst zu suchen.

Lennert introjiziert nun die eigene Tat auf sich als Opfer. In der Rollenumkehrung – er selbst als Opfer – verliert er, Lennert, seine Sprachfähigkeit.

Dies ist wörtlich zu nehmen. Lennert ist so schockiert über seinen eigenen Handlungsentwurf, dass es ihm in der Gruppenphase, als das Stück ohne die Therapeutin in eine Rohfassung gesetzt wird, die Sprache verschlagen hat. Er will nicht weiter mitarbeiten, nur für die Musik zuständig sein. Als die Therapeutin interveniert, will er sich bei Judith entschuldigen, findet aber keine Worte, kann einfach nicht sprechen. Judith versichert ihm, dass „es" für sie gar nicht so schlimm war und sie seinen Part aber als sehr passenden Anlass findet, in ihre zwanghafte Spiraldrehung zu verfallen.

Natürlich war es für sie nicht so schlimm, denn sie hat keinen Missbrauch real erlebt und weiß auch nichts über die Ursache für Lennerts Rückzug. Die Therapeutin verlässt mit Lennert den Raum, da sie keine Chance sieht, dass er sich vor der Gruppe mit dem

Missbrauch öffnet; andererseits ist jetzt auch nicht der Platz für ihn da, wenn er zum Thema in der Gruppe würde. Die Gruppe spürt schon längst das unterdrückte Thema; noch aber ist der Zeitpunkt nicht reif für Interventionen von Seiten der Gruppe. Das Interesse der Gruppe liegt darin, weiterzuarbeiten und Lennert mit seinem Rollenpart dabei haben zu können. So löst das Hinausgehen der Therapeutin mit Lennert in der Gruppe keine Eifersuchtsgefühle aus, und hat auch nicht den Beigeschmack einer Wiederholung der Mutter-Sohngeliebter-Konstellation in der Übertragung und Gegenübertragung, obwohl – was wir hier jetzt nicht näher kommentieren können –, der Ansatz dafür natürlich deutlich vorhanden ist (die vielen anderen Geschwister = die Gruppe, er und Mutter = Sonderrolle), was im späteren Gruppenverlauf auch aufgedeckt wird.

Lennert ist schockiert über seinen Täteranteil, möchte später mal, aber nicht jetzt in der Gruppe dazu vertiefend arbeiten. Die Therapeutin erarbeitet in einer kleinen Gesprächseinheit mit ihm, dass seine Sprachlosigkeit nicht nur ein Nicht-Sprechen-Können, sondern auch ein Nicht-Sprechen-Dürfen aus seiner Kinderzeit beinhaltet. Lennert erzählt, dass es sich bei den sexuellen Übergriffen um einen Lieblingsbruder gehandelt habe, der ihm ab und zu Märchen vorgelesen hätte. Dies habe eine paradoxe Wirkung auf ihn gehabt, denn er habe sich, solange dieser vorgelesen habe, vor ihm sicher gefühlt. Die Therapeutin fragt Lennert, ob er nicht genau dafür einen Ausdruck im Spiel mit Judith suchen wolle. So könne er etwas aus sich herausbringen, ohne sich konkret mit dem Thema offenbaren zu müssen. Lennert versucht dies.

Nur noch unverständliche Laute fallen auf der Bühne aus seinem Mund, lautlose Mundbewegungen verhindern jede Kommunikation mit anderen. Jede Begegnung mit anderen in der Choreographie bleibt unbeachtet. Erst die Hinwendung seiner Aufmerksamkeit zum herumirrenden Kind bringt ihm die Sprache wieder zurück.

Er spricht ein Märchen vom verlorenen Mädchen in die Richtung des ruhelosen Kindes. Das gibt ihm wieder Konturen: "Es war einmal ein kleines Mädchen, das hatte weder Vater noch Mutter und nichts weiter an Hab und Gut als das Hemdchen, das es auf seinem Leibe trug...".

Er erzählt gleichmütig wie ohne Hoffnung, aber doch stetig weiter. Es scheint so, als wolle er auf jeden Fall da sein, falls das Kind in seinem ruhelosen Kampf innehält und aus Erschöpfung seine Spiralläufe beendet.

Tritt dieser Punkt ein, dann ist Stille. Beide blicken sich wortlos an. Langsam baut sich die Spannung wieder auf – bis zu dem Punkt, an dem er sich in helfender, versöhnlicher Gebärde dem Kind nähert.

Das Kind schreckt hoch, da es von nun an Hilfe mit Bedrohung identifiziert. Es beginnt erneut, in gehetzten Spiralläufen die "Quelle" zu suchen. Er – die abgewiesene Hilfe in erstarrter Geste haltend – sieht ohnmächtig den Kreisläufen des Kindes nach. Dann beginnt er von neuem mit der vorübergehend rettenden Narration.

Ute und Paul: „Ruf mich her zu dir und bleib weg"

Im Folgenden beschreibe ich die Inszenierung der Handlungssequenzen von zwei Protagonisten, die als Typ und Gegentyp jeweils die zwei Seiten ihrer Schwierigkeiten in und für befriedigende Liebesbeziehungen zeigen.

Ute hatte bis dato nur lockere sexuelle Kontakte. Ihre Sehnsucht nach Hingabe verwehrte sie sich aus Angst vor Abhängigkeit und in der Folge vor Unterwerfung. Ihr Bild von zwei Männern, die neben ihr stehen und sie beobachten, während sie auf dem Boden/Wanne liegt, wird als Ausgangspunkt und Anlass genommen, die Kombination von Lust und Gefahr des Überwältigtwerdens u.ä. im Stück zu spielen. Die Bildambivalenz wird herausgefiltert und mit der unvertrauten Perspektive zum Spielanlass gemacht: Sie übernimmt die Rolle, die genau konträr zu ihrer inneren Einstellung ist (den Mann zu dominieren, sich von ihm abzugrenzen), nämlich in diesem Fall die Rolle einer in ihrer Bedürftigkeit schamlosen Frau, die sich dem Mann „an den Hals wirft", der sie misshandelt und ablehnt:

1. *Sie nähert sich bittend dem Mann* (Rolle von Paul). *Dieser zerrt sie demütigend in eine Ecke, wo er sie in namenloser Wut schüttelt und ihr Gewalt androht.*
2. *Er wendet sich ab und geht, sie folgt ihm nach, legt sich vor ihm auf den Rücken und bietet sich an.*
3. *Er steigt auf ihre Brust* (ein an der Wand angebrachtes Klettergerüst verhilft dazu, das Gewicht des Mannes zu dosieren, indem er sich an diesem abstützt). Dieser Teil muss, was leicht nachzuvollziehen ist, mehrfach geübt werden, da nur die absolute Entspannung und leicht fließender Atem den Brustkorb so flexibel machen, dass ein Menschengewicht ohne Gefahr auf ihn gestellt werden kann. Für die anderen in der Gruppe ist dieser Teil schwer auszuhalten und erforderte eine Intervention bei Gudrun und Anita, die „so etwas" nicht sehen wollen. Die Protagonistin jedoch will trotz der Ängste der anderen Teilnehmerinnen bei dem Konzept bleiben. Sie liebt geradezu diese Übung der völligen körperlichen Entspannung durch Atemtechnik, die von der Therapeutin angeleitet wird. Eine Thematisierung der mitschwingenden Konnotationen von SM und Männergewalt *darf* hier nicht angesprochen werden. Das fühlen auch die anderen. Hier zählt nur die lustvolle Seite der Erfahrung totaler Selbstaufgabe.
4. *Er steigt über sie hinweg und entfernt sich von ihr zur gegenüberliegenden Wand der Bühne.*
5. *Sie dreht sich auf den Bauch und folgt ihm mit den Blicken.*
6. *Dann robbt sie – die demütige Unterwerfung auf die Spitze treibend – auf dem Leib zu ihm hin.*

Bis zu diesem Zeitpunkt hat der Mann nur als Gegenspieler gedient, wobei jedoch die Rolle des gewalttätigen Macho-Mannes sein Gegentypus ist und ihm einen Kanal für seine sexuellen Gewaltphantasien bietet. *Sein aktiver Part beginnt jetzt, indem er die Frau einfach liegen lässt, sich mit dem Leib zur Wand dreht und seinen Unterleib mit kräftigen Stößen immer wieder gegen diese schlägt.* In der Gruppe hat er zu diesem Bild erarbeitet, es drücke seine ohnmächtige Wut darüber aus, dass er seiner Frau nicht oder nur kaum und sehr vorsichtig sexuell nahe kommen könne.

Da er nicht frei über diese aggressive Energie verfügt, muss die Szene bis zur Grenzwertigkeit, was die körperliche Belastbarkeit betrifft, geübt werden. Rollenverkörperung wird hier fast zu einem – im bioenergetischen Sinne – Durchbrechen einer Hemmung, aber natürlich nur unter der Voraussetzung der Entschlossenheit des Mannes, sich „überzeugend" an der Wand zu vergehen. Die Therapeutin interveniert hier nicht, denn das reale sinnbildliche „gegen eine Wand laufen", also im Sinne von *„nicht weiter kommen"* kann deutlicher nicht erfahren werden. Es ist nur die Frage, ob der Protagonist resigniert aufhört, oder die Erfahrung, dass er so nichts erreichen kann, zu neuen Einsichten führt.

7. *Er schlägt mit dem Unterleib die Wand.*

An dieser Stelle in der Erarbeitung überkommt den Protagonisten ein tiefer Ernst. Paul hat keine Lust mehr. Seine Aktion kommt ihm sinnlos vor. Er sagt, er fühle sich schlecht, und habe keine Lust mehr, an dieser Wand „herumzumachen".

Auf die Frage, wo der richtige Platz im Raum jetzt für ihn wäre, will er zur nebenliegenden Wand. *„Schau mal, wie sich dein Körper jetzt an dieser Stelle ausdrücken möchte."*

Paul probiert erst ein bisschen herum, lehnt sich erschöpft ins Hückchen sitzend an, um gleich darauf mit unterdrücktem Schluchzen die Hände vors Gesicht zu schlagen.

Er wird gewahr, dass die Fixierung auf die sexuelle Komponente der Versuch ist, die seelische Nähe zu seiner Frau zu umgehen. Er möchte ihr so gerne nah sein und weiß nicht, wie er das anfangen soll: *„Es kommt immer sofort als Sex bei ihr an, und dann macht sie dicht."*

Die Therapeutin bittet ihn daraufhin noch mal, die Position an diesem Platz einzunehmen und zu schauen, ob und wie sich seine Rolle jetzt innerlich wandelt. Er tut dies und schlägt erst zögernd, dann bestimmt vor, in die Rolle eines Mannes zu gehen, der sich der Begegnung mit der Frau durch einfachen, direkten Kontakt stellt.[128]

---

128 Kommentar von Lennert: „Es erscheint mir einfacher, in eine Höhle zu steigen und einen Drachen zu töten, als so etwas zu wagen."

So wird es gemacht. In den ersten Versuchen beginnt Paul sofort zu schluchzen, sobald die Frau vor ihm steht. Das Weinen ist eine Mischung aus Trauer und Bedauern, aber auch dem Versuch, nicht wirklich hinzufühlen. Immer wieder wird daran gearbeitet, alle „Schnörkel" im Kontakt wegzulassen wie z.B. verlegenes Lächeln, Gesten des Schuldigfühlens, bedrohte Körperhaltung, Atem anhalten, flackernde ausweichende Augen. Nach und nach nähert er sich der Begegnung und bleibt einfach dabei, das zu fühlen, was ist, als sich die Frau zu ihm senkt.[129]

8. *Er ruft die Frau in sanftem Ton zu sich.*
9. *Sie nähert sich behutsam und misstrauisch.*
10. *Sie bleibt mit Abstand vor ihm stehen.*
11. *Er nähert sich sanft.*
12. *Er sinkt vor sie hin auf die Knie.*
13. *Er nimmt ihre Hände, legt sie auf sein Gesicht und weint still.*
14. *Sie senkt sich lautlos zu ihm.*
15. *Sie verharren in dieser zärtlichen Haltung.*

Bei dieser Rollenerarbeitung fällt die Befreiung eines Gefühls mit der Arbeit am Ausdruck zusammen. Das ist der Moment, wo das Wort *authentisch* sowohl von der Wahrhaftigkeit des Rollenträgers als auch der Echtheit des schauspielerischen Ausdrucks eine Einheit beschreibt.

Zum Ende ...

Das ganze Arrangement des Stückes kann hier wegen der Komplexität und Gleichzeitigkeit von Handlungskombinationen nicht beschrieben werden. Die Choreographie der Montage, welche die Gruppe entwickelt hat, ist so aufgebaut, dass jeder Spieler mit signifikanten anderen aus der Gruppe eine Episode hat. Man trifft mit seinen Rollenparts auf einen oder mehrere andere aus der Gruppe. An diesen Rändern ergeben sich kleinere Spielvignetten. Das heißt also, dass die Rollenerarbeitung der meisten Spielerinnen sich zu einer Handlung nicht nur auf einen, sondern auf mehrere hin erweitert. Jeder kann für einen anderen Co-Spieler, Gegentypus oder Antagonist sein. D.h., Ute und Paul spielen miteinander, Paul und Gudrun haben eine Begegnung, Gudrun schließt sich Anita an, Anita ist Antagonistin zu Paul und Ute, Judith trifft auf Lennert.

---

129 Diese Innigkeit zwischen den beiden Spielpartnern machte den beiden in den späteren Gruppenprozessen noch Schwierigkeiten, was das „Ent-Rollen" aus dieser Erfahrung betraf. Sie hatten beide miteinander so etwas wie eine heilige Conjunctio zum ersten Mal erfahren, und es dauerte etwas, bis sie wirklich realisierten, dass jewels ein anderer Mensch gemeint war, für Paul seine Frau, für Ute der herbeigesehnte Mann.

Die Abfolge der Spielsequenzen ergibt ein rhythmisch klar gegliedertes Netz an Begegnungen. Alle Spielsequenzen haben einen bestimmten Rhythmus, in dem sie ablaufen, sich wiederholen und überschneiden. Die einzige Handlung, die eine Fortentwicklung, einen Plot sozusagen, im Handlungsaspekt hat, ist die Beziehung zwischen Ute und Paul.

Letztendlich stellt die abschließend erarbeitete Form eine künstlerische Transformation der Gruppendynamik[130] dar, ohne dass es so gezielt intendiert war und ohne dass dies für ein rezipierendes Publikum relevant wäre.

... alles gut

Nachdem die Rollen und Handlungsbruchstücke und das Arrangement konzipiert sind, wird das Stück geprobt, bis Form und Ausdruck richtig sitzen. Jetzt folgt die Phase, in der alle Gestaltungen des Prozesses abgewogen werden: Welche sollen integriert werden, an welche Stelle platziert, wie geht der Schluss? ... usw.

Schließlich gibt es noch die Sprechperformances, die Bewegungscollage, der Bilderreigen, die um das Kernstück gebaut werden und das Stück der Parallelgruppe.

Das „Feilen" an der Form macht großen Spaß und hat diese wohltuende Arbeitsatmosphäre, die jeder Regisseur kennt, wenn die Schauspieler sich mit ihrer Rolle, mit dem Stück und den anderen Mitspielern sowohl als Mensch als auch als Rolleninhaber in Übereinstimmung befinden; wenn der gemeinsame Produktionswille auf eine entspannte Weise das Gruppenklima trägt.

Die Aufführung ist offen für alle in dem Bildungszentrum, in dem die letzte Erarbeitungs- und Probenphase über vier Tage stattgefunden hat, und findet großen Anklang.

Zum Schluss

Bleibt noch, über Körperarbeit und Rituale im Kontext der Regiearbeit zu sprechen.

Die Arbeit ist begleitet von Körperarbeit aus dem Hata-Yoga und der Bioenergetik, Energiearbeit mit dem Atem und sanfte Selbst- und Partnermassagen unterstützen den

---

130 Die soziometrischen Aspekte der Gruppe spiegeln sich in der Art und Weise, wie die Spielvignetten in den einzelnen Begegnungen ausfallen. In der Nachbearbeitung dieses Prozesses konnte über Videoabschnitte, die während der Produktionsphase aufgenommen wurden, gemeinsam mit den Gruppenmitgliedern wichtige Beziehungsaspekte herauskristallisiert werden. Es erschien so, als fiele es einigen viel leichter, auch problematische Dinge auszusprechen, da sie auf die symbolischen Semantiken zugreifen konnten. Das heißt, die poetische Sinnsprache kann sinnfällig machen ohne zu kränken und bloßzustellen.

Prozess. Anfangsrituale und Abschlussrituale lenken die Energieausrichtung in der Gruppe für den Einstieg in die seelische Arbeit, und beim Ausstieg für die Transferarbeit im kommenden Alltag des einzelnen Klienten. In dem beschriebenen Projekt wird ein Teufels- und ein Engelsritual zur Rahmung der Arbeit gewählt.

Teufelsritual

Im Teufelsritual wird über verschiedene Verfahrensschritte der Persönlichkeitsanteil des Klienten herausgefunden, der sich seinem gegenwärtigen Wunsch entgegenstellt. Bei dem oben beschriebenen Protagonistenspiel sind es die Arroganz bei Ute und die Harmoniesucht bei Paul, die sich dem Verlangen nach Hingabe und Begegnung entgegenstellen.

In einem gemeinsamen Gruppentanz wird diesen hinderlichen Kräften Aufmerksamkeit geschenkt, indem man sie im Kreis hemmungslos sprechen lässt, unterstützt durch chorische Begleitung der Gesamtgruppe.

Engelsritual

Im abschließenden Engelsritual wird der allernächste Handlungsschritt, der eine ganz konkrete, längst überfällige Tat bzw. Handlung beschreiben soll, auf dem Hintergrund der künstlerisch gestalteten Thematik eruiert.

Ein Engel, gespielt von einem Gruppenmitglied, das für den jeweils Betroffenen den eigenen Wunsch, sein Verlangen schon verkörpert, steht am Hintergrund der Bühne und lockt den Kandidaten mit den herrlichsten Zukunftsaussichten über den „Rubikon". Der Rubikon ist eine Grenze vor der Bühne, über welche die Teufel nicht mehr gehen dürfen.

Die Teufel, links und rechts am gegenüberliegenden Ende des gesamten Raumes postiert, begleiten als Spalier den Protagonisten auf dem Weg zum Engel. Es sollen zwei Teufel sein, die von Gruppenmitgliedern präsentiert werden, welche die Probleme des Klienten gut kennen und auch alle Tricks seines Teufels, mit denen es ihm gelingt, den Protagonisten am Verwirklichen seines Wunsches zu hindern. Sie reden aufdringlich auf den Protagonisten ein und benutzen alle erdenklichen psychologischen Tricks, den Protagonisten zum „Überlaufen" auf die Engelseite zu hindern. Gewalt oder Anfassen ist nicht erlaubt.

Der Klient geht im wahrsten Sinne *durch* seine mentalen Strategien, die er benutzt, um nicht zu bekommen, was er sich wünscht.

Nach diesem Ritual, das je nach Gruppengröße sehr lange dauern kann, sind die Teilnehmer sehr gelöst und aufgemuntert.

„Einmal durch die Hölle und dann weiter ..."
Heilsames Theater
Von Doris Müller-Weith

Wer sich bereits intensiv mit den Möglichkeiten theatralischen Ausdrucks beschäftigt hat, weiß nicht erst seit Moreno, welche psychischen Komponenten in einer Darstellung enthalten sein können. Theater als Therapie?

Anhand eines von vielen Projekten möchte ich darlegen, welche Verbindung Theater und Therapie eingehen können, wo die Chancen, aber auch wo die Grenzen liegen.

Genese

Meine Erfahrung, mein Lebensweg waren Basis und Fundus der Suchbewegung einer Verbindung von Theater und Therapie. Zwei Ansätze, die auf den ersten Blick so gegensätzlich erscheinen und doch eine produktive Verbindung eingehen können.

Es war das Theater, welches mich erstmals „gerettet" hat. Das Körpertheater, die Pantomime, Mime, Tanz, Ballett, Maske, Musik – all dies wurde zu Synonymen für Bewegung, für Ausdruck, für Improvisation. Die Bühne wurde zum Ort, wo ich lebendig sein, meine Gefühle spüren und ausdrücken durfte – durch Körper, Bewegung, Handlung, Stimme, die Stimme als der Muskel der Seele. Theaterspielen hieß für mich: mal aus der Alltagsrolle fallen – die eigene Kraft spüren, miteinander lustvoll kämpfen, spielen, tollen.

So wurde ich Schauspielerin, „Theaterfrau" und Theaterpädagogin. Doch ich erlebte auch die Grenzen dieses faszinierenden Spiels. Nicht jede kreative Handlung führt zwangsläufig zu einer positiven Veränderung, zu einer Erweiterung oder Stärkung des Selbst. Dieses Spiel kann, wie ich es erlebt habe, zu einem Ersatz werden für das Leben.

Auf der Bühne der Raum für alles, Raum für Euphorie, Neurose, Angst, Depression ... Und im Alltag??? Wenn die Wahrnehmung verrückt, leidet die Seele.

In der Gestalttherapie konnten meine eingefrorenen Gefühle langsam wieder auftauen, gleichzeitig wurde mein schauspielerischer Ausdruck differenzierter. Weil ich ergründen wollte, was so gut gewirkt hat, begann ich eine Gestaltausbildung.

In meiner theaterpädagogischen Arbeit beim Anleiten von Theaterspielen war mir bereits aufgefallen, dass die Aufwärm- und Sensibilisierungsübungen, die Ausdrucksgestaltung sowie die Improvisation mächtige Mittel waren. Sie berührten tief und bargen somit ein VeränderungsPotenzial in sich. Ich wollte lernen damit umzugehen.

Der Traum von der Synthese der heilsamen Verbindung von Theater und Therapie entstand: Hier sind die Eindrücke, die uns von Anbeginn an formen und auch begrenzen, die Prägungen, die sich auch leidvoll einprägen, die dort erst durch den Ausdruck erlebbar und auch sichtbar werden, anders als reine Worte es je tun können.

Erst im Ausdruck lernen wir den Dämonen, aber auch den Göttern in uns zu begegnen, sie wahrnehmen, anschauen, erkennen, bändigen oder ihre Energie nutzbar zu machen.

Theater als Heilung? Heilsames Theater also?

Das Projekt, das heilsame Theater, hat, wie ich hier kurz angedeutet habe, eine lange Geschichte, und es hat viele Wurzeln. Es sind die Grundlagen der Pantomime, des Maskentheaters, der Commedia dell`arte, es sind die Spielregeln des Improvisationstheaters, die ich durch J. M. Roy aus Lausanne kennengelernt habe.

Es ist ebenso die Faszination von Ritualen und schamanistischen Praktiken, die Grundgedanken des therapeutischen Theaters eines V.N. Ilijne und von Morenos Psychodrama sowie die Erkenntnisse von F.S. Perls und seiner Gestalttherapie, die eingeflossen sind. Ich beziehe mich auf die körpertherapeutischen Elemente aus der Bioenergetik und dem Hakomi. Wir spielen mit Elementen des freien Tanzes, der Tiefenentspannung und des Schauspiel-Trainings, eingeschlossen die Methoden von Stanislawskij.

Wie kann ein für Körper-Seele-Geist heilsames Theater heute aussehen?

Wie ein griechisches Drama mit seiner vielgerühmten Katharsis? Oder eher wie ein Stück von Shakespeare? Oder ähnelt es doch eher Morenos Stegreiftheater? Sieht es aus wie Ilijnes therapeutisches Theater oder doch mehr wie P. Pörtners Mitspieltheater? Oder ist die Form eine gänzlich andere – Love Parade in Berlin??? Wer sind die Akteure und wer die Zuschauer?

Ein Projekt aus meiner Theatertherapiepraxis

Die Gruppe wurde von mir geleitet, eine Schauspielerin machte Assistenz, die Gruppe bestand ausschließlich aus Frauen. Alle waren schon länger bei mir in einer Gestalttherapie gewesen. Sie hatten darüber hinaus bereits mindestens an einem Projekt der Theatertherapie teilgenommen – eine Gruppe von Fortgeschrittenen also. Geplant waren 12 Abende, 3 Wochenenden mit einer Aufführung als Höhepunkt und Abschluss. Die jeweiligen Abende unterscheiden sich in ihrem Einstieg nur unwesentlich von anderen therapeutischen Settings.

Am Anfang steht die Besinnungsphase. Wie bin ich heute hier? Welche Gefühle bewegen mich? Was bringe ich als Thema mit? Doch im Verlauf der Begegnungen ändert sich die Form des Einstiegs. Stehen zu Beginn mehr die Worte im Mittelpunkt, kommt es mit zunehmendem Vertrauen in der Gruppe auch zu anderen Ausdrucksformen. Die eigene Befindlichkeit wird in Farbe, Ton, Bewegung oder Tanz ausgedrückt. Je eingespielter die Gruppe wird, desto klarer die Verständigung über andere Medien.

„In der eigenen Befindlichkeit ankommen..." ist das Ziel. Ist dies erreicht, folgt die Warming-up-Phase: in den Körper rutschen, wach werden, ins Fließen kommen, leichte Spielübungen. Mit Körper, Geist und Seele kann nun dem Thema des jeweiligen Abends begegnet werden. Ausklang bildet ein Abschiedsritual – mal ist es ein Tanz, mal eine Entspannungsmeditation, mal eine Gesprächsrunde.

Annäherung

Was sind die Themen, die diese Frauen bewegen? Sie wollen sich mehr trauen, wollen ihre eigene Weiblichkeit entdecken: Neugier und Entdeckungslust. Ein Gruppenthema wird augenfällig: Vorsicht, Misstrauen und Konkurrenz den anderen Frauen gegenüber. Meine Assistentin und ich entscheiden uns für eine Pendelbewegung zwischen der Konfrontation mit schwierigen Themen und angenehmen Übungen. Die ersten Themen werden noch von uns vorgegeben, doch je länger die Gruppe zusammenarbeitet, desto mehr bringen die Frauen ihre eigenen Themen und Bedürfnisse ein.

Der Einstieg ins Spiel gelingt schnell. Schon der erste Abend verläuft spielerisch. Geschichten werden gemeinsam erfunden, ein Kostüm ausgewählt und eine Figur kreiert. Die erste spielerische Darstellung beginnt. Der persönliche Ausdruck und das Können, welches hier bereits sichtbar wird, beeindruckt alle sehr. Das Spiel wird am nächsten Abend noch gesteigert. Die Figuren erhalten mehr Leben durch das Hinzufügen von Marotten, ein Geheimnis oder durch besondere Begegnungen. Die Figuren werden gestaltet – werden Gestalt.

Die Gruppe ist eingespielt – die Damen der Weltliteratur können die Bühne betreten. Die Figuren mit ihren kurzen Rollenbeschreibungen dienen der Aneignung einer fremden Biographie. Diese Heldinnen: Liebende, Leidende, starke, schwache, gestrauchelte Frauen werden zu Projektionsfiguren. Aus einem großen Angebot wählten die Frauen spontan, ohne genauer hinzusehen: Iphigenie, Ismene & Antigone, Elektra & Klytämnestra, Stella & Cäcilie, Kätchen von Heilbronn & Kunigunde, Brunhild & Kriemhild, Maria Stuart.

Wenn auch die Figuren in groben Zügen bekannt sind, so sind doch manche Geschichten, die hinter den Figuren stecken, gänzlich unbekannt. Auch und gerade weil Themen mancher Figuren unbekannt sind, ist die Erfahrung immer wieder verblüffend: die Themen, mit denen die Teilnehmerinnen über die Rolle in Berührung geraten, sind immer passend.

Die Frauen gestalten die Rollen. Kostüme helfen ihnen, die Figuren zu konkretisieren und sich als Person zu distanzieren. Eine erste Präsentation findet statt. Eine Figur nach der anderen begibt sich in die Mitte des Stuhlkreises. Die Frauen im Kreis reagieren aus ihren Rollen heraus. Die Figuren beginnen zu leben, haben bereits eine gewisse Stärke in ihrem Ausdruck. Wir können bereits am nächsten Abend mit ihnen spielen: mit Taschenlampen „bewaffnet" begeben wir uns im Kreise unserer „Heldinnen" in die Dunkelheit des Waldes.

Die ersten Improvisationen geschehen somit nicht im Rampenlicht, aber auch nicht in völliger Dunkelheit. Der Kampf beginnt: Die Frauen ringen mehr oder weniger stark mit ihren Widerständen gegen die Themen der Figur. Sie sind sehr darüber betroffen, wie viel dieses Schicksal mit ihnen zu tun hat. So entdeckt die Elektra-Darstellerin durch die Rolle ihren Zorn auf die eigene Mutter, Klytämnestra findet die Härte ihrer eigenen Mutter wieder.

Nach der Aneignung und dem Spiel mit den Rollen probieren wir den Ausstieg aus unglücklich machenden Mustern. Es ist ein Schritt, der viel Kraft und Bereitschaft erfordert. Ein Dialog mit der Rolle dient als Vorbereitung auf diesen Kraftakt. „Wie bin ich Dir ähnlich? – Wie bin ich anders als Du?"

Kleingruppenszenarien dienen der Erkundung von Alternativen. Die Heldinnen bewegen sich – und fallen aus der Rolle. Stella geht selbst in die Welt – hinaus zu den afrikanischen Buschfrauen. Das zentrale Thema wird immer deutlicher: Wie können die Figuren ihr Selbstvertrauen und ihre Stärke entwickeln, wie können sie in Kontakt treten zu ihren Geschlechtsgenossinnen, sich gegenseitig vertrauen?

Die Frauen improvisieren mit den literarischen Rollen – sie zitieren höchstens einen kleinen selbst gewählten Abschnitt oder auch nur einen Satz aus der Vorlage. Literatur macht oft Druck, löst Widerstände aus. Mit der ganzen Last eines Klassikers und dem Anspruch einer textgetreuen Interpretation auf den Schultern lässt sich schwerlich spielen.

Doch auf unserer Suche nach inneren Bildern von Frauen, Liebe, Freiheit, Anarchie, Sehnsucht, Angst, Geborgenheit .... sind die Beziehungsfantasien, die Träume und Leiden der Göttinnen und Heldinnen aus Mythologie und Literatur in ihren Verstrickungen der Liebe und des Hasses Projektionsfläche, Vorbild, Abbild – ein Tor zu anderen Welten und zu sich selbst zurück.

Die literarischen Rollen bieten sich auch an, weil es für viele Menschen oft leichter erkennbar ist, was der jeweiligen Figur gut tut, als diese Fragen für die eigene Person zu beantworten. So helfen die Leiden literarisch verewigter Frauen, die eigenen Leiden zu erkennen, zu begreifen und ihnen zu begegnen, Ausstiege zu probieren, Selbsterkenntnis zu fördern und heilsam zu wirken.

Wege aus festen Mustern werden gesucht und auch gefunden. Die Figuren werden verändert. Wir bringen die Frauen mit ihren eigenen Stärken in Kontakt in der Annahme, dass Neid und Konkurrenz aus einem Mangel an Selbstwert und aus dem Gegensatz stark/schwach entstehen können. Wer sich selbst als schwach erlebt, leidet an der Konkurrenz.

Abgründe

Nachdem sich die Frauen durch das Spielen und Verändern der Handlungen der literarischen Rollen einige persönliche Erfolgserlebnisse erarbeitet haben und sich auf einer sicheren Plattform von mehr Selbstakzeptanz und liebevoller Hinwendung zu sich selbst befinden, beschließen meine Assistentin und ich, dass nun mehr die Zeit reif ist, um den Abstieg in die persönlichen schattenhaften, abgründigen Gefühlswelten zu wagen.

Mit Hilfe eines „Gefühlsparcours"[131] bewegen wir uns von einem emotionalen Abgrund zum anderen. Meine Assistentin und ich nehmen folgende Gefühlszustände bei den Gruppenteilnehmerinnen wahr und bereiten folgende Plätze vor: Platz der reinen Liebe – Platz der mörderischen Wut – der Einsamkeit – der Angst – des Hasses – der verletzten Liebesgefühle – der Missgunst – der Rache.

Wir schaffen Plätze im Raum für die jeweiligen Gefühle und statten die Orte mit Handlungsinstrumenten aus, welche die Begegnung mit der dort angesiedelten

---

131 Diese Methode wird am Ende des Aufsatzes ausführlicher beschrieben.

Gefühlsqualität fördern sollen – missgünstige Masken, Tennisschläger für die Wut, Telefonbücher zum Zerfetzen, eine große Leere am Platz der Angst, schwarze Tücher am Platz der Einsamkeit zum Einigeln, eine besondere Musik am Platz der reinen Liebe.

Die Teilnehmerinnen wählen ihr Tempo und ihre Reihenfolge in der Begegnung und Auseinandersetzung mit diesen Gefühlen. Sie spannen ihren eigenen psychodramatischen Bogen. Der Erfahrungsaustausch, am Ende der Einheit, ist bewegend und befreiend zugleich.

Angeleitet durch eine Fantasiereise finden die Frauen Zugang zu einem ihrer eigenen verborgenen und missachteten Gefühle. Sie finden Verzweiflung, höhnenden Triumph, Mörderisches, schwarze Leere, Missgunst. Diese Gefühle bekommen zum ersten Mal eine Gestalt. Mit Hilfe der Partnerin wird eine Figur für dieses Gefühl kreiert.

Beispiel
Aus Verzweiflung wird eine schleimig kriechende, verzweifelte Gestalt; aus dem Wunsch Böses zu tun, eine böse Zauberin, die Ihren Liebsten in ein Huhn verwandelt etc. Es folgt ein Auftritt. Solche Momente der Offenbarung im Kreise der Mitspielerinnen berühren immer wieder tief durch ihre ungeheure Dichte und Kraft. Momente wie jene sind in ihrer Katharsis heilsam und schön, die Hässlichkeit der Erscheinung ist authentisch und wird in dieser Authentizität als schön empfunden – dieses paradoxe Phänomen erleichtert das Annehmen und Integrieren eigener Schattenseiten.

Wünsche

Nach der Reise durch die eigenen Abgründe stellen wir jeder Teilnehmerin drei Wünsche frei. Weihnachten steht vor der Tür. Der Wunschzettel darf gefüllt werden. Womit möchtest Du Dich in diesem Projekt noch beschäftigen?

Etwas Gutes tun wollen die Frauen sich und anderen, ihre eigene Weiblichkeit erleben, mit der Mutter ins Reine kommen, die eigene Stärke erleben. Eine neue Phase wird eingeleitet. Wir planen zwei Wochenenden der Vorbereitung und ein Wochenende der Präsentation – diesmal mit geladenen Gästen. Der bisherige Weg der Rollenfindung, der Begegnung mit den unterschiedlichsten Figuren führte über die Themen Fürsorge, gute Mutter, einander Gutes tun zum Thema „meine Stärken". Wir suchen den Zugang zum eigenen inneren, freien Kind (siehe Transaktionsanalyse) als Ebene der Kraftquelle für die eigenen kreativen Potenziale und Stärken. Wir sammeln. Die Aufgabe besteht darin, je fünf Stärken und drei Schwächen zu finden und der Gruppe zu präsentieren.

Die Stärken zu finden, gestaltet sich nicht einfach. Der Höhepunkt des Wochenendes ist eine eigene Darstellung, ein selbst verfasstes Szenario zu den Themen: Fürsorge, freies Kind oder Stärke. Ein kraftvolles, lebendiges Spektakel entsteht. Ganz andere Energien werden freigesetzt. Es wird laut, lebendig und lustvoll. Die Stärken bleiben von nun an im Blick, bekommen mehr Raum. Die Stärken werden zur Figur – starke Wunschfrauenfiguren werden kreiert. Eine illustre Schar versammelt sich: ein Mannequin mit äußerst erotischem Gang, eine gewiefte Bankkauffrau, eine närrische Clownin. Mit Hilfe dieser Figuren entstehen neue Handlungsimpulse. Monologe werden geschrieben.

Ein breites Repertoire ist geschaffen. Wir bieten den Frauen an, aus allen bereits gespielten Rollen vier auszuwählen. Szenarien werden entwickelt, festgehalten, ausprobiert.

Nun sind meine Assistentin und ich wieder aktiv. Aus dem Spielort – einem Bauernhof mit Wiesen, Wald, Scheune und einem Saal – und den ausgewählten Rollen entwickeln wir einen szenarischen Ablauf. Unser Regievorschlag wird von den Akteurinnen modifiziert und in Parallelgruppen (szenisch) konkretisiert.

Die Aufführung

Jedes Stück braucht einen Namen. Unser Spektakel heißt: *„ Einmal durch die Hölle und dann weiter…" Eine Wanderung für die Seele.*

Die Gäste erscheinen. Einzeln oder in Gruppen betreten sie das Grundstück. Zwei Frauen empfangen sie. Die eine ist äußerst freundlich – die andere etwas verrückt.

Eine Zuschauerin: *„Was mir zuerst auffiel? Es war kalt und ungemütlich. Und im wahrsten Sinne des Wortes bewegend. Erst wurden die Figuren bewegt. Dann bewegte ich mich von Szene zu Szene – war bewegt. Aber der Reihe nach. Ich wurde von einer freundlichen und einer etwas, nun ja, verrückten Frau empfangen. Wir wurden immer mehr. Dann wurden die Hauptfiguren aufgestellt. Bekannt und doch irgendwie unbekannt. Maria Stuart, die Venus, ein Mörder…*

Die Statuen beeindrucken. Wie können die Frauen solange eine Position halten? Welche Stärke braucht es dazu? Eine illustre Schar ist da versammelt. Ich bewege mich durch die Szenenfolge und bin berührt von der Dichte des Ausdrucks, von der Klarheit der Emotionen, die hier erlebbar wurden.

Noch spüre ich die Kälte. Plötzlich ertönt ein Schrei. Gezeter! Bekannt und doch unbekannt. Bekannt ist jedes Wort, doch was hier so öffentlich hinausposaunt wird, ist mir als innerer Dialog vertrauter. Wer ist die Schönste im Land? Vom Nagellack bis zu den Seiden-

strümpfen, nichts wird ausgelassen. Der Kampf der Eitelkeiten denkt man – doch man macht so etwas nicht öffentlich. Eine der Schönheiten bricht auf. Will sie ihren eigenen Weg gehen? Eine Reise machen wie Stella? Wie oft bin ich schon aufgebrochen? Wie heißt es so schön: weggehen um anzukommen. Da, die spielenden Kinder. Ich möchte selbst mittenrein in diese tobende kreischende Schar. Ich betrachte die Frauen von Minute zu Minute genauer. Erinnerungsfetzen tauchen auf. Ist das nicht die, die ich vor langer Zeit in einem Workshop erlebt habe? Wo ist die gebückte Haltung geblieben? Wo der leidende Blick?

Nur noch wenige Charakteristika im Gesicht erinnern mich an die Frauen und die Begegnungen mit ihnen. Die Frauen, die ich damals so voller Kummer und Schmerz erlebt habe, toben nun durch die Büsche. Laut, lachend, übermütig. Doch dann sind sie weg. Zurück bleibt Stella, angebunden, hilflos. Wie ich diese Rolle kenne. Die Metamorphose beeindruckt. Ich sehe die Figuren, sehe ihre Wandlung und bin aufgewühlt. Was hat ihr Weg mit meinem Weg zu tun? Stella, armes Opfer, dank einer Eingebung kannst Du Dich befreien. Doch was lauert nun? Wir werden in eine Scheune geleitet. Jetzt wird's eng für mich. Alles ist so nah. Die dunklen Seiten der Seele lauern hier. Beängstigend, bedrückend und gleichzeitig verlockend. Es muss befreiend sein, genau diese hässlichen, ungeliebten Rollen so mit Ausdruck zu füllen. Endlich einmal rausschleudern, was nie Raum hatte. Doch die Figuren wirken auch bedrohlich, machen Angst. Die Kälte ist weg, mir wird heiß. Die Begegnung mit den Figuren ist sehr nah, sehr unmittelbar. Die Dunkelheit verstärkt die Beklemmung. Mein Herz rast. (...) Die Fee befreit mich. Es wird wieder Licht. Ich darf die Hölle verlassen. Fühle mich ein bisschen erschöpft, so als hätte ich selbst getobt und geschrieen. Ich tauche ein in die Sinnlichkeit des Abschlussszenarios.

Weide mich an der liebevollen Zärtlichkeit, mit der die Frauen einander begegnen. Was ich hier sehe, ist mehr Traum als Realität. Ist ein solch zärtlicher Umgang möglich? In einer kleinen intimen Runde unter Ausschluss der Öffentlichkeit vielleicht, aber so? Offen? Dem Blick der anderen trotzen? Es einfach tun? Schönheit den Raum geben? ...

Geleitet von Stella bewegte ich mich von Szene zu Szene. Bewegte mich durch den Raum und gleichzeitig durch eine Vielzahl auftauchender Gefühle. Ein Zitat von Virginia Woolf aus »Orlando« fällt mir ein: »Denn sie hatte eine große Zahl verschiedener Ichs, welche sie rufen konnte; zu viele, als das wir Platz für alle finden könnten, weil eine Biographie schon für vollständig gehalten wird, wenn sie bloß über sechs oder sieben Rechenschaft gibt, indes ein Mensch ganz gut ebenso viele Tausend haben kann.«

Epilog

Die Aufführung ist gelungen. Die Schlussszene, das sinnliche Gelage, löst sich auf in eine gemeinsame Feier mit den Gästen. Im Tanz wird die Trennung von Schauspielerinnen und Zuschauerinnen wieder aufgehoben.

Am Tag danach sind wir wieder „entre nous". Keine Gäste, keine Zuschauer, nur die Gruppe – Nachlese. Zeit zum Aufräumen – zu wenig Zeit für all die Gefühle, die da noch so dicht an der Oberfläche sind, viele Emotionen, wenig Raum für Abschied. Haben wir nicht gerade erst eine gemeinsame Reise begonnen? Sind wir denn schon angekommen? Die Vorbereitung des großen Ereignisses der Aufführung bringt viele Themen noch mal auf den Punkt, so auch in dieser Gruppe. Die eigenen Ängste und Unsicherheiten machen empfindlich. Die Haut wird dünn. In dieser Gruppe ist das zentrale Thema: Konkurrenz unter Frauen. Wer nimmt wieviel Raum, Grenzziehungen gegen unerwünschte Einmischung neben Annäherung. So wird dieses Thema immer wieder aktualisiert – sowohl auf der Bühne als auch im mitmenschlichen Miteinander. Es kann und muss auch im therapeutischen Gespräch immer wieder bearbeitet werden.

Aus dieser und anderen Erfahrungen mit Aufführungen empfiehlt es sich, mehr als nur einmal aufzutreten, und die Nachlese mit mindestens einer Woche Abstand zur Aufführung zu machen.

Ein Blick zurück

Das große Szenario ist vorbei. Zeit für eine vorläufige Bilanz. Welche Themen beschäftigten die Frauen als sie kamen? Wo standen die Frauen in ihrem Leben? Welche Rollen wählten sie für ihren Heilungsprozess? Wo stehen sie jetzt?

Als Petra[132] mit der Suche begann, war ihr Leben gerade sehr vom Dunklen geprägt. Sie litt unter Trennungsschmerzen, dem Alleinleben, den einsamen Wochenenden; sie war trübsinnig. Durch die Theaterarbeit entdeckte sie zunehmend ihre Heiterkeit. Sie gewann Spaß an der Autonomie. Die Rolle der Stella war das Medium. Durch die Auseinandersetzung mit dieser Figur spürte sie den Wunsch, selbst in die Welt hinauszugehen. Sie konnte sich im Spiel aus ihrer Opferrolle befreien und wählte statt einer Schattenrolle in der Hölle die Lichtrolle der Fee. Die Metamorphose fand ihren Abschluss in der Figur der Südsee-Schönheit beim Gelage. Im realen Leben ist Petra heute eine erfolgreiche Projektleiterin. Sie lebt zwar immer noch allein, kommt aber damit besser zurecht.

Als Claudia kam, war sie Epileptikerin, hatte ihr Kunststudium abgebrochen und lebte mittlerweile von Sozialhilfe. In ihrer Einzeltherapie war sie bereits einen weiten Weg gegangen. Die Rollen, die sie auswählte, waren eine Unterstützung ihrer verrückten, sprich kreativen Anteile: die verrückte junge Frau, das freie Kind im Wald, die böse,

---

132 Namen sind geändert.

Männer hassende Zauberin und dann die tanzende, vor Lust und Lebenslust sprühende Frau beim Gelage. Zu dieser Zeit machte Claudia bereits mit einigen Hindernissen ihre Fahrprüfung. Heute ringt sie um ihre Anerkennung als Kunstlehrerin. Die Schwierigkeiten mit den normalen Rollen dieses Lebens (zu ihrer Traumrolle, der versierten Bankerin, bekam sie partout keinen Zugang) sind zwar noch vorhanden, aber ihre Kraft und ihr Mut, sich Schwierigkeiten zu stellen, sind gewachsen.

Oder Beate, die sich immer wieder mit der mörderischen Wut ihres Vaters auseinander setzte. Vor dieser Wut hatte sie sich ein Leben lang gefürchtet. Gleichzeitig spürte sie jedoch, dass sie selbst eine solche Wut in sich hatte. Durch die Rolle des Mörders wurde dieses abgewehrte Gefühl unmittelbar, zeigbar und somit Stück für Stück weniger angstbesetzt. Der Beginn, dass die Wut handhabbarer wurde und somit lebbarer, war gemacht.

Insgesamt beschrieben die Frauen diese Arbeit als sehr unterstützend – durch das Sichtbarmachen im Spiel wurde ihr persönlicher Standort klarer. Befreiung von Angst, Schuld und Scham konnte einsetzen – die Schönheit bekam Raum. Sind wir nicht alle schön, wenn die Lasten von Angst, Depression, neurotischer Schuld und Scham von uns abfallen? Sicher, die Arbeit war auch anstrengend und schmerzhaft. Und das sich ins Spiel bringen wird auch lustvoll und erfüllend erlebt. Das Ringen in Gemeinschaft wird als beglückend und heilsam beschrieben, das eigene „so bin ich – und so auch" als bereichernd und stärkend empfunden, die gemeinsame Kreation stärkt Selbstvertrauen und Selbstwert. Das sich zeigen bzw. sehen lassen gibt Sicherheit im Umgang mit sich und der Welt.

Dies sind nur drei Beispiele der Veränderung. Ich habe erlebt, dass Heilung möglich ist, doch wie geschieht sie? Ich kann noch nicht genau sagen, was wie wirkt. Anhand der Besonderheiten dieser Therapieformen möchte ich jedoch anregen, über Wirkungszusammenhänge nachzudenken und diese weiterzuentwickeln.

Handeln in einer Zeit der Worte

„Der Mensch [hungere] nach Ausdruck, und sein Hunger nach Ausdruck ist zuerst Hunger nach Handlung, lange bevor es Hunger nach Worten ist." Dies stellte Moreno[133] bereits vor vielen Jahren fest.

Wir leben in einer verbalen und oralen Kultur, in der die Tendenz feststellbar ist, auch in der Therapie über Probleme reden zu wollen. Die Angst setzt spätestens dann ein,

---
133 Zeintlinger, K.E., (1981), Analyse, Präsizieren und Reformulierung der Aussagen zur psychodramatischen Therapie nach J.C. Moreno, Dissertation, Salzburg.

wenn Handeln gefragt ist. In der hier vorgestellten Arbeitsweise ist Handeln jedoch zentral: etwas tun, sich erleben, sich anders ausdrücken als bisher, aktiv sein, lebendig sein. Dies kann an sich schon ein heilsamer Akt sein in einer Welt, in der manchmal das Reden über das Leben das Leben ersetzt.

Jedoch auch diese Arbeit kommt nicht ohne Worte aus. Wie viele Worte sind nach einer Improvisation nötig? Für mich bewegt es sich zwischen notwendiger sprachlicher Umsetzung und dem Zerreden. Nach einem Augenblick des Innehaltens und Nachspürens erhalten zuerst die Handelnden das Wort, um ihre unmittelbaren Gefühle, ihr frisch Erfahrenes verbal auszudrücken. Meine Erfahrung ist, dass das eigene Erleben, einmal ausgedrückt, den Selbstwert stabilisiert. Danach folgen Rückmeldungen der Zuschauenden. Immer wieder stelle ich Fragen: Was ist jetzt? Was fühlst Du? Was denkst Du? Wie ist Deine Befindlichkeit? Was spürst Du?

Oft sind diese Fragen schwer zu beantworten. So gilt es doch über die Antworten etwas ins Bewusstsein zu holen, in Worte zu fassen, was sich vorerst auf einer anderen Ebene vollzieht. Es sind aber gerade die Fragen, welche die Selbstwahrnehmung, die Unterscheidung zwischen Denken, Fühlen und Empfinden anregen. Es sind die Fragen – und die Suche nach den Antworten, welche die Fähigkeit fördern, Worte, Bilder und Handlungen zu finden, um den Gedanken und Gefühlen Ausdruck zu geben. So werden sich die Spielenden ihres Selbst bewusst – Selbstbewusstsein. Doch manchmal ist es wichtiger nicht zu reden, sondern die Handlung wirken zu lassen, wie eine Medizin. Das therapeutische Theater bietet die Gelegenheit, handelnd zu philosophieren über persönliche, soziale, geistige und spirituelle Themen. So geht es um Angst, Lust, Schmerz, Wut, Frust, Konflikte, Sucht, Kindheit, Freude, Geburt, Tod – ebenso wie um Träume, Visionen, Gott, Jenseits oder das Miteinander mit einem speziellen Gegenüber.

Indem wir wieder lernen zu improvisieren, Szenen zu kreieren, erfahren wir eine bedeutsame Auseinandersetzung mit dem Augenblick. Es geht darum, den Augenblick zu nutzen, spontanen Eingebungen zu trauen und im Kontakt mit sich selbst und den anderen zu kommunizieren, dabei sich selbst zu vertreten und die anderen in ihrem Anderssein zu achten.

Dies ist eine Form von Lebendigkeit. Ist es nicht auch eine Form von Leiden, sich über die Beschäftigung mit der Vergangenheit und den Gedanken an die Zukunft aus dem lebendigen Augenblick zu entfernen? Im Reden sind so oft die „nicht-mehr" oder „noch-nicht" Zeiten allgegenwärtig – im Handeln lebt der Augenblick. Für mich ist das therapeutische Theater ein sehr pragmatisches und sinnliches Mittel der Bewusstseinsschulung. Spielerisch bewege ich mich mit den Teilnehmenden auf den verschiedenen Bewusstseinsebenen. Spielend, experimentierend beginnen wir Menschen Mensch zu werden, unsere Welt zu entdecken, sie uns anzueignen. Spielend ist auch

Veränderung möglich. Spielerisch handeln bedeutet hier auch, Raum zu geben für Fantasien und Vorstellungen, Raum für Spaß und Ernst.

Auf der Körperebene wird Wahrnehmung gefördert, Atem und Stimme werden geweckt, Erdung, Kontakt zu sich, zum Raum und zu den Mitmenschen angeregt, Energie wird mobilisiert und dadurch seelische, geistige und körperliche Berührung möglich gemacht. Auf der seelischen Ebene wird sensibilisiert und stabilisiert.

Da das Szenario, das Ziel etwas gemeinsam zu schaffen, von Anbeginn präsent ist, bietet diese Form der Therapie auch eine große Chance, die eigene soziale Kompetenz zu entdecken und auszubauen. So ist die Gruppe nicht nur durch ihre Betroffenheit, ihr Leid miteinander verbunden, sondern auch durch einen gemeinsamen Schaffensprozess. Der Gruppenprozess hat stabilisierende, nährende, korrigierende und konfrontierende Funktion. Im Unterschied zu anderen Therapiearten ist hier die Besonderheit, dass wir etwas miteinander produzieren (eine Präsentation, eine Performance). Die Gruppe wird somit auch zu einem Lernfeld für berufliche (Produktions-)Zusammenhänge, für Teamarbeit. Der Satz: „Der Blick des anderen ist der Tod meiner Möglichkeiten" macht der Erkenntnis Platz, dass es genauso gut der Beginn der eigenen Freiheit sein kann. Und zwar einer Freiheit der oder die zu sein, die man ist.

Da, wo keine Angst vor dem Entdeckt-werden oder vor der eigenen Hässlichkeit mehr ist, wird Schönheit erblühen. Wenn die Angst weicht, entsteht Raum für die eigene Fülle.

Sich dem Publikum stellen

Die Aufführung stellt als großer Höhepunkt einen wesentlichen Aspekt dieser Therapieform dar. „Rausgehen", d.h. sich der Welt mit den neu entdeckten oder auch altbekannten, aber oft verheimlichten Gefühlen – stellen. Dieser letzte Schritt der Arbeit ist für die Teilnehmenden oftmals der schwierigste. Kann ich so sein, wie ich bin und auch so bleiben – auch in der Gegenwart von Fremden – dem Publikum – selbst wenn das Lampenfieber mich ereilt? Durch die Aufführung bekommen die Teilnehmerinnen Mut, das, was sie sich zunächst selbst „getraut" haben und der Gruppe von sich selbst zeigen können, nun der „Welt" vorzustellen. Es ist die letzte Mutprobe für den „Ernstfall Leben" und die Alltagsrealität. Der Teamgeist wird gefordert und gleichzeitig gefördert. Das bedeutet, sich als Teil des Ganzen zu erleben, sich von der Gruppe getragen zu fühlen, gemeinsam eine Atmosphäre zu schaffen und in einen Dialog mit dem Publikum (der Welt) zu treten.

Auf dem Weg zur Aufführung wird noch eine Frage wichtig: Welche Form gebe ich dem, was ich mitteilen will? Es ist die Frage nach der Ästhetik, die in der Gruppe gemeinsam beantwortet werden muss. Zum Publikum wäre noch zu sagen: Es sollte wohlgesonnen sein; Freunde, Bekannte in nicht zu großer Zahl, vielleicht mit eigenen Therapieerfahrungen, denn das wird das gemeinsame Erlebnis begünstigen.

Eine Bühne für die Leiden der Neuzeit?

Zum Ende meiner Ausführungen kommend, noch ein paar Gedanken zum Zeitbezug dieser Therapieform.

Jede Kultur hat ihre kulturspezifischen Störungen, Konflikte und Krankheiten. Jede Kultur braucht andere Therapieformen. Jede Krankheit, jede Störung braucht spezielle Mittel, um sie zu heilen. Hilarion Petzold stellte dazu fest: „Wir finden im ausgehenden 19. Jahrhundert besonders bei weiblichen Patientinnen Hysterien in einer Reinkultur, die uns heute nicht mehr begegnet." Chargot, Freud, Breuer, die Psychiater jener Zeit behandelten im Wesentlichen hysterische Patienten. Was hatten Frauen damals auch an anderen Möglichkeiten als die einer großen psychischen Inszenierung, um sich gegen gesellschaftliche Unterdrückung aufzulehnen?

Krankheiten sind aus einer jeweils spezifischen kulturellen Situation geboren. In den „Gay Twenties" finden wir vermehrt Manien; in der „Great Depression" vermehrt Depression und Suizid, und wir finden offenbar in unserer Zeit vermehrt das, was wir als „Frühe Störung", als „Narzisstische Neurosen" und „Borderline-Erkrankung" bezeichnen. Diese Krankheiten gab es in den zwanziger und dreißiger Jahren in dieser Häufigkeit nicht. Und wir müssen uns fragen, wie kommt es denn, dass sich in unserer Zeit der „Kultur of Narcism" (Lasch) Menschen nur noch oder vermehrt ins Zentrum stellen und nicht mehr gut empathisch mitschwingen können – immer mehr „Narzisstische Neurosen" ausbilden? Wie kommt es, dass Menschen so verwirrt sind, dass sie ihre eigenen Grenzen nicht mehr spüren können? Wie kommt es zu Borderline-Kranken?

Der Einzelne war früher Teil eines konkreten Ganzen, geborgen in der Gemeinschaft und in tradierten Werten mit klaren Grenzen. In unserem Jahrhundert finden sich Menschen zunehmend herausgeworfen aus diesem Rahmen, auf sich selbst zurückgeworfen, narzisstisch, fragmentiert, isoliert, desillusioniert, süchtig danach, das Loch der inneren Leere, das Vakuum zu stopfen.

So ist es heute der vereinzelte, entwurzelte, geniale, früh gestörte Borderliner, der sich uns zunehmend in der Praxis zeigt. Und für ihn scheinen Kunst und Kunsttherapieformen zu greifen. Durch Malen, Musik, Bewegung und Tanz lernt er über den Körper, sich zu vertrauen und Ich-Strukturen aufzubauen. Durch Ausdrücken seiner inneren Spaltung und Monstrositäten lernt er, dass er nicht so monströs ist, wie es ihm – auf sich selbst zurückgeworfen, ohne Haut und Grenzen – erscheint.

Durch das Arbeiten am Ausdruck lernt er Frustrationstoleranz, Ringen um eine Sache, Austausch, Mitfühlen und vieles mehr. Ich habe immer wieder erlebt, wie das authentische Theaterspiel befreit, erleichtert, betroffen macht, begeistert und herausfordert. Aber ich habe auch die Grenzen gesehen, wenn z.B. TherapeutInnen den Transfer ins „reale Leben", den Alltag nicht im Blick haben. Dann lauert die Gefahr, dass dieses Spielen und Probehandeln zu einer Ersatzhandlung im geschützten Freiraum verkommt und die heilsame Integration ausbleibt. Dann besteht die Gefahr einer Manifestation, die sich darin äußert, dass einmal pro Woche/Monat gefühlt, gelebt werden darf, während an den verbleibenden Tagen weiterhin die alten Muster unser Handeln bestimmen.

Diese Integration, die Anbindung an den Alltag, ist die Begleitung, welche die Therapeutin, der Therapeut zu leisten hat. Fragend kann dieser notwendige Bezug zum realen Leben hergestellt werden: „Wie hat das, was Du hier getan hast, in Dir und Deinem Alltag nachgewirkt?"

Ich träume von einem heilsamen Theater. Was ich bisher erfahren habe und was mir zur Gewissheit geworden ist: Heilsam ist das therapeutische Theater sicher für die, die es betreiben und auch für die, die mit den Akteurinnen verbunden sind. Heilsam ist es auch für die, die als ZuschauerInnen Zeugen der Aufführung wurden. Offen bleibt für mich die Frage, welche gesellschaftliche Relevanz eine solche Arbeit haben kann.[134]

Anhang: *„Der Gefühlsparcours"*

Diese wenig strukturierte Arbeit mit den eigenen Gefühlszuständen ist meist eingebettet in eine längere Beschäftigung mit Gefühlsbewegungen.

Grundannahmen hierbei sind:
1. Gefühle sind Bewegung und „gefärbte Energie".
2. Analog der bioenergetischen Annahme: Wir können durch bestimmte Haltungen respektive Handlungen (z.B. Schlagen mit Tennisschläger auf Schaumgummiklotz oder Fäuste ballen und böser Blick) unsere blockierten oder eingefrorenen Gefühlsenergien stimulieren, um sie zu fühlen und auszudrücken.
3. Wir alle haben archaische Gefühlsregungen in uns, zu denen wir im Laufe unserer Entwicklung den Zugang abgeschnitten haben, die jedoch als Metapher gesprochen wie rohe, ungeschliffene Diamanten in uns ungenutzt liegen, uns blockieren, und darauf warten entdeckt und geschliffen zu werden. Am Ende einer solchen längeren Entwicklung steht dann der „angemessene Ausdruck".

---

[134] Petzold, H., (1992), Dramatische Therapie, S. 51f, in: Klosterkötter, (1994), „Grenzüberschreitungen", a.a.O.

Vorangegangen könnten sein:
a) Körperausdrucksschulung allgemein und besonders: Haltungen für innere Zustände: Trauer, Angst, Wut, Bedürftigkeit, Sehnsucht, Freude etc. zu finden und sie als Statuen auszudrücken.
b) Eine bestimmte Reihenfolge der Grundgefühle, wie ich sie in den 5 Wandlungsphasen der chinesischen Gesundheitslehre kennengelernt habe:

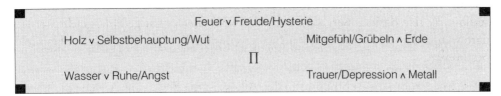

Diese 5 Stationen werden räumlich festgelegt. Zu jeder der Stationen gehört ein Vorschlag für eine Bewegung. Wir beginnen und enden immer beim Mitgefühl, sprich bei der Erde, weil uns diese Haltung hilft, unsere Energie zu zentrieren und zu erden.

Diese Reihenfolge durchzugehen ist an und für sich heilsam fürs Gemüt und kann als Meditation in den Alltag so übernommen werden. Sie kann auch für diagnostische Zwecke genutzt werden. Fragen wie:
Wo stocke ich, ... möchte da gar nicht viel mit zu tun haben?
Wo möchte ich gar nicht wieder weg?

etc. sind hier relevant. Varianten sind möglich, z.B. den Kreislauf rückwärts zu durchlaufen, um festzustellen, wo die Energie ins Stocken gerät. Eine zweite Variante ist kreuz und quer zu springen, um heraus zu finden, ob der persönliche Ablauf ein anderer ist.

Nun zum Gefühlsparcours. Ich möchte zwei Spielarten vorstellen.

1. Spielart: Nachdem die Teilnehmer die Übung zu den 5 Wandlungsphasen durchgemacht haben, trennen sie sich eine bestimmte Fläche im Raum als ihren Innenraum ab und gehen auf eine Entdeckungsreise zu ihren eigenen Gefühlszuständen, stimuliert durch verschiedenste tanzbare Musik. Sie tanzen und bewegen sich durch verschiedene, eigene Gefühlszustände und benennen sie jeweils mit einem Begriff auf einem Zettel. Dauer dieser Phase: 20–30 Minuten. Anschließend kann eine Landkarte der eigenen Gefühle erstellt werden.

Danach können folgende Schritte anschließen:
– Beratung anhand der Landkarte;
– Herausarbeiten eines besonderen Gefühls, um es weiter zu erforschen;
– Finden einer theatralen Figur, die diese Gefühlseigenschaft verkörpert, z.B. der Zustand die Kontrolle wegzulassen, kann in der Rolle *Clochard* verkörpert werden.

2. Spielart (wie im Aufsatz angedeutet): Die Spielleiterinnen (vielleicht zusammen mit den Teilnehmern) definieren acht Gefühlszustände, die für alle TeilnehmerInnen mehr oder weniger relevant sind, z.B.: mörderische Wut, Hass, Rache, Einsamkeit, Angst, verletzte Liebesgefühle, reine Liebe. (Je nach Absicht der Übung können die Gefühlszustände in ihrer positiv/negativen Wirkung ausgewogener kombiniert werden.)

Jeder Platz bekommt nun 1-2 Handlungsvorschläge, z.B.: für mörderische/zerstörerische Wut liegen Telefonbücher bereit, die tatsächlich zerfetzt werden dürfen. Die TeilnehmerInnen gehen nun von Platz zu Platz in ihrem Tempo und versuchen sich durch Handlung in diesen Gefühlszustand hinein zu begeben, um ihn zu erleben, auszukosten, endlich die Erlaubnis zu haben dieses Gefühl zu fühlen, um es auch wieder loszulassen bzw. in ein anderes Gefühl zu verwandeln (neuer Platz). Nach diesem Parcours sind die meisten TeilnehmerInnen in einen „Fühlfluss" gekommen.

Ein Erfahrungsaustausch in der Gesamtgruppe gibt ihnen die Möglichkeit, das Erlebte mitteilbar zu machen, und uns eine Orientierung, zu welchen Zuständen unsere TeilnehmerInnen besondere Affinität verspüren.

Maskenarbeit
Von Christian Bohdal

Vorbemerkung

Die in diesem Text dargestellten Erkenntnisse ergeben sich aus einer kontinuierlichen Suche nach Möglichkeiten und Grenzen der Maskenarbeit. Die folgenden Inhalte stammen aus persönlichen Erfahrungen, die ich im Laufe verschieder Kurse und Projekte mit unterschiedlichem Klientel gemacht habe, unter anderem mit ehemaligen Drogenabhängigen der Fachklinik Friedrich Daumer Haus in Sinntal/Schwarzenfels, mit Straßenkids in einem Projekt der evangelischen Jugendarbeit, in der Erwachsenenbildung in verschiedenen deutschen Städten, im Rahmen der Kunsttherapie-Ausbildung an den Fachhochschulen Ottersberg und Nürtingen.

Einleitung

Sommer 1988, Berlin, Bode-Museum, Ägyptische Abteilung. Ich war mit einem Skizzenbuch und Zeichenstift bewaffnet hierher gekommen, um den mir gut bekannten Kopf einer ägyptischen Prinzessin zu besuchen, den ich schon einmal gezeichnet und später im Atelier nachplastiziert hatte. In stiller Betrachtung versunken, berührte mich dieser Anblick unerwartet, und prägte sich unauslöschlich in mir ein. Für einen Augenblick wurde mir gewahr, wie dieser Stein, aus dem Vergangenen geformt, in die Zukunft hinein wirkte. Der zierliche Kopf erschien mir als ein in die Endlichkeit hinein geprägtes Bild einer unendlichen Wesenheit. Schon bei der ersten Begegnung war mir aufgefallen, wie lebendig dieser 3.000 Jahre alte Stein anmutete. Jetzt wurde mir klar, dass das zugrundeliegende Prinzip, das diesem Stein seine Form gegeben hatte, die lebendige Ausstrahlung bewirkte. Dieses Phänomen möchte ich Maske nennen.

Maske und Persona

Das etruskische „Persona" für Maske ist ein Wegweiser im unwegsamen Gelände der vielfältigen Maskendefinitionen. Leitet sich der Begriff „Person" von Maske ab, so ist

Maske zu verstehen als topographischer Ort, durch den etwas hindurchscheint, wie auch das lateinische „per-sonare" durchtönen bedeutet.

Wie jede festgefügte Form die Kräfte ahnen lässt, die sie hervorgebracht haben, so birgt jede physiognomische Form einen seelischen Ausdruck. Eine lange, gebogene Nase, ein kräftiges Kinn oder tiefliegende Augen, sind Ausprägungen einer bestimmten seelischen Qualität.

Die traditionellen Masken des Baseler Karnevals sind genau stilisierte Grundtypen, deren Vorbilder nicht nur im Schweizer Raum zu finden sind. Waren die frühen Masken der „heidnischen" Religionen magische Bilder der verschiedenen Gottheiten, so hatte der Spieler/Schamane einen seit Generationen überlieferten, sehr differenzierten Bewegungskanon auszuführen, um den „Daimon" (Schutzgeist) herbeizurufen. Choreographie der Bewegung, Form und Farbigkeit der Maske, Requisiten etc. zielten auf die Präsenz der jeweiligen Gottheit. Der Spieler geriet in Trance und überließ seinen Körper der Anwesenheit eines höheren Wesens, bis zur völligen physischen Erschöpfung. Dabei sind die Maske und ihr Spieler niemals mit der Gottheit identisch. Sie bilden das Gefäß, in das die Gottheit einziehen kann. Jedes Wesen, das in einer höheren, nichtstofflichen Ebene wurzelt, braucht ein stoffliches Gefäß, um im Diesseits zu erscheinen. So gesehen, ist „Person" das als Maske sichtbar gewordene Bild eines unendlichen Wesenskerns.

Maske und Individuum

Ein Säugling hat keine Maske. Die Form des Gesichts ist noch ganz bildfähig im Gleichgewicht zwischen innerem Formprinzip und äußerer Begrenzung. Zwischen dem 1. und 3. Lebensjahr, wenn das Kind zum ersten Mal zu sich selber „ich" sagt, beginnt sich – leider oft unterstützt von allzu eifrigen Pädagogen – eine feste, dem Gesetz der kulturellen Entwicklung entsprechende Maske zu formen. Vorher ist das Kind ungeschützt und kann sehr stark in seiner Sehnsucht nach Einzigartigkeit beeinträchtigt werden. Ein Ausdruck dafür ist das eindrucksvolle schauspielerische Talent des Kleinkindes, in diese oder jene Figur zu schlüpfen, ohne sein Eigenwesen zu verlieren. Später wird sich das Individuum spezifische Masken wählen, um sein Eigenwesen zu behaupten. Die Maske der Hässlichkeit (Punk), der Macht (Rocker), der Schönheit oder des Todes (Magersucht) sind nur wenige Beispiele.

Berufliche Tätigkeit, Einbindung in familiäre Zusammenhänge und Zugehörigkeit zu einer Gesellschaftsschicht geben der Maske den endgültigen Schliff. Bekannte männliche Formen sind der Macho, der Amtsinhaber (Politiker und Beamter), der kleinbürgerliche Pedant, der Lebemann etc. Zu den bekannten weiblichen Ausprägungen gehören die jugendliche Madonna, die aufopfernde Mutter, die Karrierefrau oder die Femme fatale, die Maske der verführerischen Schönheit.

Die menschliche Wesenheit, die nach Ganzheit strebt, wird aufgespalten. Je ausgeprägter das Erscheinungsbild einer oder mehrerer Wesensanteile ist, um so stärker sind die komplementären Gegenfiguren, die ein Schattendasein führen müssen und nur in Extremsituationen erscheinen.

Eine sanfte Form der Enthüllung oder Demaskierung ist die Maskenarbeit. Die Maske ist ein Werkzeug zur verhüllten Enthüllung.

Maskenbau und Maskenspiel

Es gibt verschiedene Wege, eine Maske zu formen. Ich bevorzuge einen unmittelbaren Weg, bei dem der Gestaltende seine Maske mit geschlossenen Augen innerhalb einer bestimmten Frist (nicht länger als eine 3/4 Stunde), in eine gegebene Menge Ton prägt. Diese Methode vermeidet Überformungen, die von ästhetischen Vorstellungen herrühren, so dass der seelische Ausdruck sich ungehindert in der Maske ausdrückt. Diese Arbeit benötigt eine geschützte Atmosphäre und stille Konzentration, da das handwerkliche Bilden der Form aus dem reichen Schatz des Unbewussten schöpft und lebenswichtige Hinweise enthalten kann. So entsteht aus einem Klumpen Ton, oft zum Erstaunen des Schöpfers, ein ausdrucksvolles, ebenso anmutiges wie schreckliches Gesicht. Das fertige Tonmodell sollte eine Weile ruhen. Dabei verlassen die Kursteilnehmer den Raum, und warten, bis alle ihre Arbeit beendet haben, um dann geschlossen wieder einzutreten. Dieser Vorgang ermöglicht eine gemeinsame Wahrnehmung der Ergebnisse und kann die Einsamkeit in der Konfrontation mit dem Maskenwesen auffangen.

Für das Kaschieren des Tonmodells bevorzuge ich das Baseler Maskenpapier, da es sich durch besondere Materialdichte und Elastizität auszeichnet. Es genügen zwei Schichten, bis die Stabilität der Maske erreicht ist und die Trockenphase beginnt. Um Verletzungen der Form zu vermeiden, muss die Papierschicht völlig trocken sein, bevor sie abgenommen werden kann. Das vorsichtige Ablösen der Maske vom Tonkern gleicht einem Geburtserlebnis, da der Schöpfer in der Arbeit des Plastizierens etwas hervorgebracht hat, das er nun wie ein eigenständiges Wesen in Händen halten kann. Was vorher noch ein unbewegliches Tongebilde war, ist jetzt eine bespielbare Form mit Innenraum. Das Weißen der Oberfläche bringt die entstandenen Charaktermerkmale am stärksten zum Ausdruck. Jetzt ist die Maske aber noch nicht lebendig. Erst das Schneiden von zwei kleinen haselnussgroßen Löchern verbindet den Innen- mit dem Außenraum, gibt der Maske einen Blick und damit ihre Seele.

Die Entwicklung einer vollständigen Figur aus der Maske (Kleidung, Bewegungsstil, Requisiten) sollte der Spieler selbständig und unbeeinflusst gestalten, damit er Ausdruck und Eigenart der Figur selbstverantwortlich tragen kann. Die Aufgabe des Spielleiters besteht lediglich darin, der Figur Schutzraum zu geben, ihre Eigenart zu erkennen und sie in ihrem Anliegen zu unterstützen.

Das Eintauchen in die Figur braucht ein Ritual: Die Person des Spielers und die der Figur müssen klar voneinander abgegrenzt werden. Wie auch immer der Spielleiter dieses Ritual gestaltet, es ist der Gang über eine Schwelle. Dieser Eintritt in ein unbekanntes Wesen ist vergleichbar mit dem Eintritt in eine mittelalterliche Kathedrale. Das Tageslicht wird verlassen, und erst allmählich erhellt sich der Innenraum durch die Wirkung der farbigen Glasfenster. Dieser Schwellenaspekt der Maskenarbeit wird unterstützt durch die deutliche Unterscheidung von Privat- und Bühnenraum. Der Abschied von der Alltagsmaske ist die Voraussetzung für die Begegnung mit dem unbekannten Maskenwesen. Die Aufgabe des Spielleiters ist die eines Geburtshelfers, der dem Neugeborenen auf die Welt hilft, ohne es in seinem Wesen zu beeinflussen.

Dem Spieler ist bis dahin meistens noch nicht bewusst, in welchen Bereich seine Figur gehört. Ist sein Spiel beendet, kann, mit Hilfe der Mitspieler und des Spielleiters, der Lebensraum dieser Figur umschrieben werden. Gehört sie in den Bereich der Märchen und Mythen, ist sie eine Gestalt aus unserer Zeit, gehört sie zu den schützenden Geistern oder ist sie ein zerstörendes Wesen? Fragen, die den Konsens der gesamten Gruppe brauchen, damit der Spieler und die Gruppe mit seiner Figur leben können. Wenn auch die Entdeckungen schmerzhaft sein können, so ist das Leibwerden einer Figur aus dem Unbewussten, ihr Sichtbar- und Anschaubarwerden ein Prozess, der zu einem Abschluss geführt werden sollte, was erst im freien Spiel, in der Interaktion mit anderen Figuren geschehen kann.

Es gehört zu den unerklärlichen Geheimnissen der Maskenarbeit, dass die Figuren der Mitglieder einer Gruppe ihre jeweiligen Gegenfiguren finden, um ihre Geschichte zu erzählen. Die Gestaltwerdung aus den Seelentiefen setzt Kräfte frei, die so stark sind, dass sie durch Anziehung oder Abstoßung verwandte Elemente an sich binden. Es inszenieren sich Geschichten, die oft lange darauf warten mussten, endlich erzählt zu werden. Diese Geschichten sollten unbedingt unter künstlerischen Kriterien (Wahrhaftigkeit der Figur, Kontinuität der Handlung, Einheit von Zeit und Ort etc.) angeschaut und bearbeitet werden. Nur so wird vermieden, dass die Figuren, die sich ins Scheinwerferlicht des Bewusstseins gewagt haben, sich zu früh wieder zurückziehen und vielleicht nie wieder auftauchen. Allein eine künstlerische Atmosphäre schafft die notwendige Balance zwischen Spielen, Anschauen und Benennen.

Ist das Vertrauen der Gruppe ungebrochen, kann die Arbeit gegebenenfalls noch weitergeführt werden: das Spiel mit fremden Masken. Niemals darf eine Maske von einem anderen Spieler belebt werden, bevor der Gestalter sie nicht selbst belebt hat. Der Vorgang der Figurenentwicklung ist erst abgeschlossen, wenn der Gestalter seiner Figur Erscheinungsbild und Namen gegeben hat.

Danach kann die Figur noch plastischer werden, indem der Spieler seine eigene Maske als lebendige Gestalt vor sich sieht. Dazu braucht es wiederum einen szenischen Rahmen, indem ein Spieler sein Spiel mit einer von ihm gewählten Maske beginnt. Die anderen Spieler können dann in die Szene einsteigen, diese vertiefen oder ihr eine andere Richtung geben, indem sie eine ihrem Anliegen gemäße Maske nehmen und als vollständige Figur den Bühnenraum betreten.

Der Spielraum ist das frei fluktuierende Spiel. Hierbei wird der zur Verfügung stehende Raum in zwei gleich große Flächen geteilt. Dadurch entsteht ein Schau- und ein Spielraum, der von einer Reihe Masken geschieden wird. Diese Verortung betont den Schwellenaspekt der Maske. Jeder Teilnehmer kann jetzt eine Maske seiner Wahl nehmen, ihr aus den bereitgestellten Kostümen ein passendes auswählen, und nach einer Verwandlung am Rand des Raumes, als Figur den Spielraum betreten. Sobald eine Figur im Spielraum agiert, haben die übrigen Spieler die Aufgabe, Figuren zu entwickeln, die auf der Bildebene des Spielraumes gebraucht werden. So entstehen sich ständig wandelnde Geschichten, die Träger wichtiger Motive der Spieler zum Vorschein bringen.

Das Königsspiel

Die Voraussetzung des Königsspiels ist ein Tabubruch. Ist beim frei fluktuierenden Spiel durch die Grenzziehung eine Raumdefinition gesetzt, die dem Spieler verbietet, privat, das heißt ohne Maske den Spielraum zu betreten, so ermöglicht das Königsspiel die Anwesenheit eines Spielers (Protagonist/Spieler) ohne Maske, der passiv das Auftauchen von Figuren erlebt, mit diesen aber aktiv in Interaktion treten kann.

Zunächst besteht die Aufgabe des Spielers in einer stillen, offenen Anwesenheit in der Mitte des Spielraumes, das Gesicht den Betrachtern zugewandt. Die Betrachter, im freien Spiel geübt, versuchen nun Figuren zu entwickeln, die sie in der Sphäre des „Königs" vermuten, und als solche dem Protagonisten begegnen. Da jeder Figur eine Idee oder eine Information innewohnt, die dem Protagonisten zugeeignet ist, kann dieser sich als König den verschiedenen Figuren zuwenden, böse Bilder abweisen, die guten Kräfte stärken und sein Land neu ordnen. Eine vergleichbare Situation wäre die Möglichkeit, in einem Traum inszenierend eingreifen zu können, um beispielsweise einen Albtraum in einen richtungsweisenden Zukunftstraum zu verwandeln.

Das Maskengespräch oder die Parsivalfrage

Der Abschluss eines Maskenprojektes kann, wenn ausreichend Zeit vorhanden ist, das sogenannte Maskengespräch sein. Es sollte erst stattfinden, wenn sich im freien Spiel möglichst viele Facetten der Figuren zeigen konnten. Findet das Projekt innerhalb einer gegebenen Institution statt, können Mitarbeiter oder Therapeuten mit anwesend sein, wenn das Einverständnis der Gruppenmitglieder gegeben wurde.

Da das Maskengespräch die spielerisch künstlerische Maskenarbeit verlässt, braucht es eine Struktur, ähnlich eines therapeutischen Settings. Ein Teilnehmer der Gruppe installiert seine Maske auf einem bereitgestellten Stuhl, die übrigen Teilnehmer sitzen im Halbkreis der Maske gegenüber. Der Schöpfer der Maske nimmt außerhalb dieser Anordnung Platz und hält Papier und Stift bereit. Das nun folgende Gespräch gliedert sich in vier Abschnitte, nach Art des phänomenologischen Betrachtens.

1. **Einstimmung:** Die Teilnehmer versuchen die Maske nach rein formalen Gesichtspunkten zu beschreiben: Gesamtform, Gliederung, Anteil konvexer und konkaver Elemente. Dadurch wird die Konzentration gebündelt und eine gemeinsame Voraussetzung geschaffen.

2. **Wahrnehmungsbild:** Die Betrachtung der Formenelemente wird zu einem Bild entwickelt. Unabhängig von der Kenntnis der gespielten Figur beschreiben die Teilnehmer die physiognomische Struktur der Maske. Bei auftretenden Besonderheiten sollte, durch die Mithilfe des Anleiters, ein Konsens über die Beobachtungsergebnisse gefunden werden.

3. **Wesensbild:** Aus der physiognomischen Struktur entsteht in der Betrachtung das Bild des Maskenwesens, das an dieser Stelle mit der Figur, die der Spieler anhand der Maske entwickelt hat – ergänzt durch die Figuren, die im Rahmen der Arbeit von anderen Spielern gefunden wurden – verglichen werden kann.

4. **Wesensbegegnung oder die Parsivalfrage:** Der oftmals überraschenden Tiefe in der Betrachtung des Maskenwesens folgt jetzt die Begegnung im Sinne der Frage, die Parsival dem kranken Gralskönig Anfortas stellt: „Was fehlt Dir?" Damit ist nicht die Aufdeckung von Defiziten gemeint, sondern die Benennung von Zukunftsimpulsen, die aus der Begegnung mit dem Maskenwesen transparent werden. So könnte mit der Parsivalfrage auch gemeint sein: „Was ist Deine Vision?"

Der Schöpfer der Maske, der an dem Gespräch nur wahrnehmend beteiligt ist und gegebenenfalls Notizen gemacht hat, sollte im Anschluss die Möglichkeit erhalten, zu den genannten Aussagen Stellung zu beziehen. Inwieweit er die Äußerungen auf sich beziehen kann und will, unterliegt unbedingt der Freiheit seines Willens, und sollte nicht Inhalt einer gemeinsamen Erörterung werden.

Wirkung von Masken in künstlerischer und therapeutischer Sicht

Ein wichtiges Ausdrucksmittel des Schauspielers ist seine Mimik. Ein anderes ist seine Gebärdensprache. Weil die Maske die Möglichkeit des mimischen Ausdrucks negiert, ist der Spieler verstärkt auf seine Körpersprache angewiesen. Da die Mimik enger an den Nerven-Sinnes-Pol angeschlossen ist, wird sie auch in stärkerem Maße durch die Vorstellung geleitet. In der anthroposophischen Terminologie werden Nerven-Sinnes-System, Herz-Kreislauf-System und Stoffwechsel-Gliedmaßen-System als Anteile des dreigliedrigen Menschenbildes unterschieden, wobei das Nerven-Sinnes-System dem Kopf zugeordnet wird. Die Körpersprache hingegen speist sich weitgehend aus unbewussten Kräften des Willens.

Der in diesem Jahrhundert aufgekommene Begriff des Körpertheaters ist eine Reaktion auf das sich weitgehend in Sprache und Mimik erschöpfende herkömmliche Theater, und damit ebenso eine Reduktion auf einen Teilbereich der Ausdrucksmittel. Im Maskentheater wird die Einflussnahme der Vorstellung auf das lebendige Spiel eingeschränkt und die Gefahr der Dissoziation von Vorstellung und freier Bewegung überwunden.

Ein Maskenspieler, der ganz und gar in seine Figur eingetaucht ist, wird ein Gesicht zeigen, das ganz im Einklang mit seiner Figur ist, würde man ihm die Maske während des Spiels abnehmen, was allerdings absolut tabu ist. Da sein Antlitz verdeckt ist, braucht er nicht den Schutz seiner Mimik, die das einheitliche Bild der Personage oft genug stört. Er kann die Figur von innen fühlen und füllen, und läuft nicht Gefahr, sich selbst von außen zu kontrollieren.

Dem Maskenspieler werden im Spiel verborgene Wesensanteile bewusst, nicht als abstraktes Ergebnis eines therapeutischen Dialogs, sondern als lebendige Figur. Er begegnet schützenden Engeln oder zerstörenden Teufeln, die aus seiner eigenen seelischen Substanz gebildet sind. Da er diese Wesen außerhalb seiner selbst als Bild betrachten kann, bestimmt er seine Verwandtschaft mit ihnen und Art und Ausmaß der Konfrontation selbständig. Kann er sich identisch fühlen, so schrecklich der Anblick auch sein mag, können die vormals abgespaltenen Wesensanteile wieder integriert werden. Für diesen Moment der Wahrnehmung ist die Einheit der Person wiederhergestellt. Das kann allerdings erst der Anfang der Heilung sein. Nicht selten folgen diesem Moment des Ansichtigwerdens körperliche Symptome, die für die

Wirksamkeit des Maskenprozesses sprechen. Diese lebenden Bilder, hervorgerufen durch die schöpferische Arbeit der Hände, wirken heilsam in die leibliche Gegenwart hinein.

Besonders zu empfehlen ist die Arbeit innerhalb einer Institution, in der Therapeuten aus anderen Bereichen zusammenarbeiten und somit die Maskenarbeit in einem größeren Zusammenhang eingebettet ist. So können die aus der Arbeit entwickelten Motive erweitert und vertieft werden. Insbesondere das Maskengespräch bietet wertvolle Hinweise für die Therapie, inklusive richtungsweisender Handlungsansätze.

Abschließend sei noch erwähnt, dass die Reise in das Bilderreich der Seele eine nicht ungefährliche ist. Als Rüstzeug braucht der Masken-Spielleiter eine genaue Kenntnis über Struktur und Wirkung der „Übungswege", eine gehörige Portion künstlerischer Intuition, eine fundierte Kenntnis der Archetypen aus Märchen und Mythen, und vor allem viel Empathie für Figuren und Wandlungsfähigkeit seiner Klienten, so wie Theseus im Labyrinth den Ariadnefaden.

„Tanz auf dem Vulkan" – Theaterarbeit in der ambulanten Suchtrehabilitation
Von Ingrid Lutz

In diesem Bericht wird ein Pilotprojekt therapeutischer Theaterarbeit für Suchtklienten in einer ambulanten Nachsorgephase im Rahmen einer Psychosozialen Beratungsstelle dargestellt. Zunächst werden als Angelpunkte für Ziele und Begründung des Einsatzes dieser *Theaterentwicklungsarbeit* zwei zentrale Aspekte in den Blick genommen, welche die Wirkung von Sucht als seelische Erstarrung der betroffenen Menschen beschreiben. Von dort aus wird dann die konkrete Zielgruppenarbeit vorgestellt, die Entstehung und Entwicklungsarbeit der Theatergruppe SENTIMENTOL mit ihrem Stück „Tief im Keller ...". Schließlich werden heilende Aspekte des Theaters in acht Positionen reflektiert.

Körperliche und seelische Erstarrung

Zwei typische Mechanismen werden erkennbar, wenn wir in der therapeutischen Arbeit den chronifizierten Suchtmittelkonsum als Form eines spezifischen Beziehungsverhaltens verstehen:

1. Suchtmittelkonsum hat eine Reduzierung der Wahlmöglichkeiten für Beziehungshandeln zur Folge. Er führt zum Einfrieren emotionaler Schwingungen bis hin zur emotionalen Indifferenz.

2. Diese Reduzierung ist Folge eines regelhaften Kontaktabbruchs, der durch die Wahrnehmung innerer Spannungen bewirkt wird. Dies führt letztlich zu einer Summierung nicht ausgelebter innerer Spannungen und damit zu weiteren Verspannungen und Verhärtungen, v.a. auch im Körper, mit entsprechender Einschränkung der (körperlichen *und* geistigen) Beweglichkeit.

Beide Prozesse, letztlich ein sich selbst verstärkender Zirkel, lassen *inter*personelle Beziehungen verkümmern und führen *intra*personell zu einem massiven Versteck- und Verheimlichungsspiel. Der Süchtige verliert den Kontakt zu seinem Tun und seinem Körper, hat kein Bewusstsein für seine eigene Person, im wahrsten Sinne des Wortes kein Selbst-Bewusstsein.

Nach einem häufig jahrzehntelangen energievollen Versteckspielen in der Sucht werden in der Therapie dann oft verzweifelte Fragen nach der persönlichen Wahrheit gestellt: Wer bin ich eigentlich? Was tue ich? Was tue ich mir und anderen an? Um den alten Zwängen, dem alten Druck und Spannungen ohne das „Lösungsmittel" Alkohol zu entkommen, werden zunächst dringendst neue Möglichkeiten zur Spannungslösung und Entspannung gesucht.

Leider münden gerade bei nun abstinent lebenden Menschen die „Lösungen" und Antworten, die in der Therapie gefunden werden, nicht selten wieder in einer neuen Festschreibung und Erstarrung: „Jetzt habe ich gelernt...", oder: „Dort wurde mir gesagt/empfohlen...", u.a. Eine neue Form unflexiblen und fixierten Verhaltens setzt sich auch oft in einer einseitigen Bevorzugung von „Entspanntsein" durch. Jegliche „Spannung" wird mit der oben beschriebenen „Anspannung" und dem entsprechenden Teufelskreis gleichgesetzt und vermieden. Damit fehlt aber auch die für die persönliche und berufliche Alltagsbewältigung dringend benötigte Lebensenergie. Das „Versagen" dabei führt dann nur allzu leicht in den alten Teufelskreis zurück, der „Rückfall" ist sehr nah.

Bei dem hier angewandten therapeutischen Arbeitsansatz wurde daher versucht, zwei Prinzipien gleichzeitig zu vermitteln: erstens, dass Stabilität auch in der *Bewegung*, ohne Fixierung, zu finden ist; und zweitens, dass Aktivität und Spannung auch ohne die bekannte An- und Verspannung möglich ist! Das bedeutet, den Wechsel und die Balance zwischen Aktivität und Passivität zu erleben, die notwendige Spannung zwischen Gegensätzen, sowohl in der eigenen Person als auch außen, auszuhalten (*nicht* nur zu erleiden), also schlicht zu lernen, im „Fluss des Lebens zu schwimmen".

Eine so verstandene Therapie kann nicht mehr sinnvoll den gewohnten formalen Strukturen und Prozessen einer eher krisenorientierten Psychotherapie unterworfen werden. Unterstützung und Begleitung für ein individuelles *Leben lernen* ist dabei notwendig.

Dazu bietet die Entwicklung eines Theaterstücks mit therapeutischer Begleitung, die produkt- und prozessorientierte Arbeitsweisen in einer spezifischen Weise verbindet, die Möglichkeit. Hier kommt es zu ungewohnten Lernprozessen, bei denen in der Gruppe ein gemeinsames „Alltagshandeln" neu vereinbart und als ständiger Lernprozess genutzt wird; dies ist ganz ähnlich wie in östlichen Übungsformen – z.B. im

Bogenschießen oder Aikido – zu verstehen, die die Konzentration auf ein Ziel hin mit „hoher Spannung ohne Anspannung" verbinden. Diese Fähigkeit ist aber nur in einem beständigen Übungs- und Anwendungsprozess zu erwerben. Dabei ist nicht ein irgendwie zu erreichender Erfolg oder ein Ergebnis entscheidend, sondern mit welcher Intensität, Aufmerksamkeit und Ehrlichkeit der Spieler/die Spielerin dieses Tun bewusst gestaltet und dabei das ganze Potenzial des Lernmediums nutzt.

„Ach wie gut, dass niemand weiß..." und „Tief im Keller ..." – Theatertherapeutische Ausgrabungsarbeit

Die Gruppe, mit der ich mich an das Experiment der theatertherapeutischen Suche nach den verschiedenartigsten „Leichen" im Keller machte, bestand zum Großteil aus Teilnehmern einer ambulanten Therapiegruppe mit systemischer und psychodramatischer Orientierung, die ich zuvor mit einem Familientherapeuten zusammen geleitet hatte. Die restlichen TeilnehmerInnen meldeten sich aufgrund einer Ausschreibung, die mit dem Titel „Ach wie gut, dass niemand weiß ...." an alle Selbsthilfegruppen des Landkreises gegangen war. Die Gruppe setzte sich schließlich aus sieben Suchtabhängigen und zwei Partnern („Co's") zusammen, sechs Frauen und drei Männern. Ursprünglich betrug die Teilnehmerzahl elf, doch wegen permanenter Rückfälle und zu hoher emotionaler Belastung schieden zwei Teilnehmerinnen bald zu Anfang aus.

Der Arbeitsprozess in der Gruppe beinhaltete zunächst vor allem bewegungsintensive und nonverbale Spielangebote. Es sollten neben dem aus der therapeutischen Arbeit vertrauten problemorientierten Denken auch Möglichkeiten des Körperausdrucks erfahrbar gemacht werden. Oft wurden den Teilnehmern zu ihrer eigenen Überraschung ungeahnte Qualitäten und Fähigkeiten sichtbar. Auf der Grundlage eines solchen langsam wachsenden neuen „Selbst-Bewusstseins" wagten wir uns dann an ausgegrenzte, „verheimlichte" Persönlichkeitsanteile und an traumatische Stationen der persönlichen Lebensgeschichte, die wir unter dem Schutz theatralischer Verfremdung spielten: Kindheitsszenen, Love-Stories, Beziehungskrisen, bis zu Situationen absoluter Verzweiflung. Und immer wieder den „Tanz auf dem Vulkan", das Ausleben ungelebter und ungeliebter Seiten, in den sogenannten „Antirollen".

Wichtig waren dabei die Möglichkeiten der theatralischen Verfremdung (z.B. einen Beziehungskrach auf nur zwei Sätze reduziert zu spielen, in den Love-Stories ganz ohne Sprache zu agieren oder in der Verzweiflung eine Geste endlos zu wiederholen). Die Reduktion auf einen inneren „Kern" gab den Szenen oft eine überraschende oder absurde Wendung, die das gewohnte Verheimlichungsspiel durchbrach und befreiendes Lachen oder Weinen ermöglichte. Dieses von den Gruppenmitgliedern dann oft eingeforderte wöchentliche Quantum befreienden Lachens erwies sich während der folgenden „Durststrecke" der Probenarbeiten vor der Aufführung als notwendig und hilfreich, um bei dem „trockenen" Arbeitsprozess des Wiederholbarmachens des erspielten Materials und bei der Festlegung der Szenenfolge für „Tief im Keller..." bei der Stange zu bleiben.

Dieses „Durchhalten einer Durststrecke" war z.B. nur einer der eminent wichtigen, scheinbar „beiläufigen" Lerneffekte dieser Theaterarbeit. Während der Entwicklungsarbeit hatte die Theatergruppe für die Spieler auch den Charakter einer hochqualifizierten Selbsthilfegruppe: Die Treffen und die gemeinsame Arbeit gehörten für die Spieler und ihre Familien zum lebendigen Alltag. Durch die öffentlichen Aufführungen und die jeweils anschließenden Diskussionen der Spieler mit dem Publikum ergab sich für die Familien und Partner der Spieler eine für uns eher unerwartete systemische Entwicklung. Mit den Aufführungen wurde nicht nur gewissermaßen der therapeutische Schutzraum, den ja gerade ambulant behandelte Klienten für sich intensiv in Anspruch nehmen, endgültig verlassen. Die Spieler gaben sich als Suchtklienten mit ihrem Namen zu erkennen, ohne sich in Relativierungen (bei mir war's nicht so schlimm; ich bin ja nur eine Angehörige usw.) retten zu können. Damit waren auch Kinder und Partner in einer ganz neuen Intensität gefordert.

Während sonst häufig bei solchen Outings die Scham der Angehörigen überwiegt und nur mühsam vom eigenen Solidaritätsanspruch ausgeglichen wird, wurde die Verunsicherung bei den ersten Auftritten hier rasch abgelöst durch Stolz auf die gezeigten professionellen Leistungen der Spieler. Nicht mehr Sucht war das Beziehungsthema, sondern der bewusste, entschiedene und öffentliche Umgang mit Suchterfahrung in der Form des Theaterspiels. Der miterlebte Applaus nach den Aufführungen hat in den partnerschaftlichen Positionen vielleicht mehr Veränderung ermöglicht, als dies durch gezielte Interventionen in einer familientherapeutischen Sitzung hätte angeregt werden können.

Die Erfahrungen in der einjährigen Entwicklungsarbeit mit der Theatergruppe SENTIMENTOL und bei den inzwischen zehn öffentlichen Aufführungen von „Tief im Keller..." haben die Annahme bestätigt, dass professionell konzipierte Theatertherapie und -entwicklungsarbeit ein sinnvolles Element in der ambulanten Suchtrehabilitation sein kann. Und darüber hinaus: Der Tanz auf dem Vulkan darf nicht nur als allegorisches Bild in der Therapiesitzung geträumt werden, sondern steht als Lebensmöglichkeit zur Verfügung. Leben kann auch lustvoll sein, voller Risiko und Spannung, mit ständig neuen Überraschungen!

Heilende Aspekte des Theaters

Ohne Anspruch auf Vollständigkeit und Systematik möchte ich zusammenfassend die wesentlichsten Aspekte der Wirkung und Effekte dieser Theaterarbeit kurz skizzieren:

1. Anders als in vielen Therapieformen, in denen neue Erfahrungen und blitzartige Erkenntnisse als situationsabhängig erlebt und verstanden werden, zu denen in der weiteren Arbeit bestenfalls Anknüpfungen gesucht werden können, geht es bei der Theaterarbeit um die bewusste Wiederholbarkeit einer Handlung und eines emotionalen Ausdrucks, auch unter veränderten äußeren Rahmenbedingungen. In der bewussten Erarbeitung von Alltagshandlungen, die aus dem ursprünglichen Entstehungs- oder Sinnkontext abgelöst werden können, werden konkrete Handlungsmöglichkeiten, Gesten, Sätze als konstitutive und abrufbare Elemente der Gesamtpersönlichkeit, des persönlichen Potenzials des Spielers erkennbar.

2. Gleichzeitig wird in der Arbeit des Verfügbarmachens einer (sprachlich/gestischen) Handlung die ursprüngliche „Opfererfahrung" immer schwächer, in welcher emotionale Reaktionsenergien auf wenige Verhaltensmöglichkeiten begrenzt waren. In der bewussten und aktiven Wiederholung des Geschehens werden die emotionalen Aspekte einer Handlung immer differenzierter als Handlungs- und Entwicklungsenergien erkennbar, die nur in der Nichtfixierung ihr wahres Potenzial entfalten können. Der Spieler kann vom reagierenden Opfer zum spielerisch wahrhaftigen Nutznießer aller seiner Erfahrungen werden.

3. Der „normale" therapeutische Arbeitskontrakt thematisiert die *Veränderung* als Voraussetzung für eine „Verlebendigung", das „Wieder-in-Bewegung-kommen". Notwendigerweise werden dadurch Hoffnungen, Phantasien aber auch Ängste auf den Aspekt der Veränderung konzentriert, es bilden sich Widerstände. Das Theaterspiel bietet die Möglichkeit, Handlungen und Erleben zu „verfremden", als Bestandteil einer Rolle oder fremden Figur zu spielen. Die dazu notwendige innere und äußere Beweglichkeit ist gewissermaßen technische Voraussetzung für die „eigentliche" Aufgabe und wird z.B. als körperliches Warming-up viel weniger mit Angst und Emotion verbunden. Ein solches „Warming-up" trägt nicht nur zur gesamten physiologischen Verlebendigung bei (verbesserte Körperfunktionen, Ausdauertraining) und zu veränderten sozialen Kontakten (wer schwitzt und schnauft, ist – in der Regel – nicht mehr in seiner offiziellen Alltagsrolle), sondern es ermöglicht durch gezielte Bewegungsübungen auch neue Brücken zwischen den Hirnhemisphären und öffnet so den Zugang zu bislang verschlossenen Handlungspotenzialen (v.a. der rechten Gehirnhälfte).

4. Bei der Theaterarbeit ist die Arbeit am eigenen Ausdruck eine selbstgewählte professionelle Aufgabe und nicht eine Reaktion auf eine persönliche Unfähigkeit oder ein Versagen. Die Arbeit an der Rolle ist somit möglich ohne Imageverlust, ohne Bedro-

hung der Position in einer Alltagsbeziehung. Theaterarbeit als professionelle Aufgabe beinhaltet zudem die Verpflichtung *und* Erlaubnis, alle Rollenaspekte wahrzunehmen, insbesondere auch negativ gewertete, bedrohliche oder emotional berührende Aspekte, und verlangt, sie im Sinne der Wiederholbarkeit, als Fähigkeit zu erinnern und verfügbar werden zu lassen. Indem der/die SpielerIn sich diese gesamte Wahrheit einer Rolle verfügbar, zu „eigen" macht, überschreitet er/sie zwangsläufig die Erfahrungs- und Verhaltensgrenzen der bisherigen Alltagsrolle, erweitert somit sein/ihr „Repertoire".

5. Die Wechselwirkung von Rollenarbeit und persönlicher Entwicklung wird bei dieser Theaterarbeit noch durch andere Faktoren begünstigt: Das Beziehungsnetz der Spielenden ist durch die gemeinsame Aufgabe definiert, es sind keine persönlichen Lebensbeziehungen und auch keine Repräsentanten bisheriger wichtiger Beziehungspartner, wie dies bei anderen therapeutischen Spielformen der Fall ist. Das heißt, die Interaktionen sind nicht vorgeprägt, die bekannten Verhaltensmuster können und müssen nicht greifen, es ergeben sich offene Entwicklungs- und Übungschancen für unbekannte und ungewohnte Interaktionsmöglichkeiten. Außerdem ist im definierten Rahmen der Theaterarbeit ein rascher Rollenwechsel möglich und erlaubt, sogar verlangt. Das so entwickelte „professionelle" Rollenrepertoire und der hier ohne Identitätsverlust mögliche permanente Rollenwechsel ermöglichen ein ideales Lernfeld für *Nicht*-Fixierung! Auch für die Gestaltung der „Alltagsrolle" in der Gruppe, hinter der Bühne, sind spielerisch Elemente der Bühnenrolle nutzbar und finden meist wohlwollende Aufnahme.

6. Theater braucht Publikum. Nicht nur der Handlungspartner auf der Bühne ist wichtig, sondern entscheidend ist auch die Qualität und Intensität der Beziehung zum Publikum. Dieses Gegenüber liegt im Dunkel, ist nicht individuell greifbar, so dass der/die SpielerIn es gewissermaßen in ihrer Wahrnehmung entstehen lassen muss. Neben der „äußeren" Realität einer Handlung wird so die Möglichkeit – und Notwendigkeit – eines inneren und umfassenderen Handlungsbezugs deutlich. Der Spieler entwickelt sein Potenzial für diese Beziehungsgestaltung und entdeckt seine Verantwortung für die Nutzung dieses Potenzials.

7. Das „Publikum" unterscheidet sich natürlich sehr deutlich von alltäglichen Beziehungspartnern, das Theater hat andere Gesetze. Der Spieler macht z.B. die Erfahrung, dass der „Beziehungspartner" Publikum nicht wie ein „normaler" Partner auf einzelne Reizgesten und Worte reagiert, sondern in einer aufnehmenden und akzeptierenden Rolle das gesamte Beziehungsangebot des Spielers zur Kenntnis nimmt. Der Spieler hat so die Chance, auch in seiner Widersprüchlichkeit und mit seinen Schattenseiten in Erscheinung zu treten, ohne durch sein Gegenüber auf diese Anteile festgenagelt zu werden. Und darüber hinaus sogar noch mit diesen Anteilen akzeptiert und angenom-

men zu werden. Das war für die Spieler, die sonst ja alle Energie in die Verheimlichung und Nicht-Wahrnehmung dieser Persönlichkeitsseiten stecken, eine der ungewohntesten Erfahrungen und trug wesentlich zur Möglichkeit der Integration ausgegrenzter Teile und zur Erfahrung personaler Ganzheit bei. Wichtig war auch, die Anerkennung nicht für eine „perfekte" Leistung, eine „geglättete" Rolle und Fassade zu bekommen, sondern dafür, nicht abgeschlossen und fertig/perfekt zu sein und sogar öffentlich, vor anderen, um Ausdruck, Klarheit und Präzision zu ringen und sich so zu zeigen.

8. Die Beziehungsmuster im Alltag dienen nicht zuletzt der individuellen und systemischen Spannungsentlastung, um den Preis emotionaler Vereinfachung und Erstarrung. Das Publikum lädt durch seine Aufmerksamkeit und Neugier zum zusätzlichen Spannungsaufbau ein (u.a. in Form von Lampenfieber). Die Bühne bietet so dem Spieler – und dem Zuschauer – die Chance, Handlungsspannung und emotionale Intensität zu halten, gleichzeitig aber aus der eigenen Verantwortung für die Handlungsentwicklung nicht entlassen zu sein, sondern in der Spannung in Bewegung und Entwicklung zu bleiben.

„Jetzt muss ich Clean-Sein nicht mehr aushalten." Die heilende Wirkung von Theaterarbeit mit Drogenabhängigen[135]
Von Dorothea Ensel

Künstlerische Arbeit mit Patientinnen und Patienten steht immer in einem besonderen Spannungsfeld: dem zwischen Kunst und Therapie, zwischen Ausdruck und Heilung. Dieser Beitrag über Theaterarbeit mit ehemaligen Drogenabhängigen möchte sich diesem Spannungsfeld stellen, es aufspannen und beleuchten.

Dazu beginne ich mit Kunst, genauer mit Poesie, mit einem Gedicht:

Der Panther
Im Jardin des Plantes, Paris

Sein Blick ist vom Vorübergehen der Stäbe
so müd geworden, dass er nichts mehr hält.
Ihm ist, als ob es tausend Stäbe gäbe
und hinter tausend Stäben keine Welt.

Der weiche Gang geschmeidig starker Schritte,
der sich im allerkleinsten Kreise dreht,
ist wie ein Tanz von Kraft um eine Mitte,
in der betäubt ein großer Wille steht.

---

[135] Dieser Aufsatz ist die gekürzte Fassung eines Vortrags, den ich unter gleichem Titel am 20. Mai 2000 bei der Jahrestagung der Deutschen Gesellschaft für Theatertherapie in Stuttgart gehalten habe. Die Tagung stand unter dem Titel: „Theater und Heilung, zwischen Kunst und Therapie. Brücken!"

> Nur manchmal schiebt der Vorhang der Pupille
> sich lautlos auf –. Dann geht ein Blick hinein,
> geht durch der Glieder angespannte Stille –
> und hört im Herzen auf zu sein.[136]
>
> *(Rainer Maria Rilke)*

Mir ist kein poetisches Werk bekannt, das – wie es der künstlerische Auftrag eines Gedichtes ist, nämlich etwas zu verdichten – die wesentlichsten Aspekte der Ätiologie von Sucht so auf den Punkt bringt. Kunst drückt in konzentrierter und verfremdeter Form etwas aus, wozu wir in der therapeutischen Fachsprache viele Worte und Sätze brauchen würden. Hier scheint mir ein wesentlicher Aspekt des Zusammenspiels von Kunst und Therapie zu liegen.

Ich möchte Sie einladen, meiner sicherlich eigenwilligen Interpretation des Rilke-Gedichtes, bezogen auf die Ätiologie von Sucht, in vier Aspekten, zu folgen. Da ist:

1. das *Gefängnis der Sucht*, das den abhängigen Menschen in seinen sozialen Kontakten, sowie seinen sozialen Handlungskompetenzen beschränkt und sich im Gedicht in dem *Bild der tausend Stäbe* widerspiegelt. Hinter diesen tausend Stäben scheint die Welt nicht mehr existent zu sein und der Süchtige muss sich im Teufelskreis der Sucht drehen. Da ist:

2. *der Panther* selbst, von Natur aus ein wildes, gefährliches, starkes und schönes Geschöpf. Das Gedicht erzählt, dass seine Natur nicht zerstörbar ist. Sein starker Wille ist noch immer vorhanden. Er ist jedoch betäubt und im Gefängnis dazu verurteilt, sich im allerkleinsten Kreise um sich selbst zu drehen.

3. Auch der Süchtige hat, wie noch zu zeigen sein wird, einen *unzerstörbaren Kern* und meist einen starken Willen oder starke Gefühle, die er oder sie, warum auch immer, betäubt. Durch die Aufgabe seiner sozialen Kontakte und Kompetenzen lebt er oder sie am Schluss nur noch auf sich selbst bezogen. Das Gefängnis wird zum einzigen Ort, an dem er oder sie überhaupt noch leben kann. Da sind:

4. die *Augen des Panthers*. Als Spiegel der Seele zeigen sie den müden Blick und einen Vorhang vor den Pupillen. *Bild für einen seelischen Zustand*, in dem scheinbar hin und wieder etwas von der äußeren Welt aufgenommen, aber nicht gehalten werden kann. „...und hört im Herzen auf zu sein." In welches Bild könnte man die seelische Verfassung eines Süchtigen besser fassen? Da sind:

---

136 Rilke, R.M., (1986), Die Gedichte, Frankfurt/M., S. 451.

5. die *Bewegungen des Panthers*. Rilkes genaue Studie seiner Orginalbewegungen „der weiche Gang geschmeidig starker Schritte" und des Bewegungsstillstands „durch der Glieder angespannte Stille" sind eindrückliche Bilder für die körperliche Verfassung des Abhängigen und für den inneren Zusammenhang von innerer Leere und *körperlicher Bewegungslosigkeit*.

Damit sind vier Wesensmerkmale von Sucht einfach und eindrucksvoll charakterisiert. Wenn ich nun im Weiteren der Frage nachgehen möchte, welche heilende Wirkung Kunst – in diesem Fall Theaterarbeit – bei Suchtkranken haben könnte, erscheint es mir wichtig, mögliche heilende Wirkfaktoren und Wesensmerkmale der Krankheit aufeinander zu beziehen.

Wie habe ich das in meiner Forschungsarbeit umgesetzt? Wie entstand die Idee, Theaterarbeit mit Drogenabhängigen überhaupt zu beforschen?

In meiner langjährigen therapeutischen Arbeit mit Drogenabhängigen in der stationären Langzeittherapie sind mir immer wieder Klientinnen und Klienten begegnet, die durch Theaterkurse der Wilden Bühne[137] in der Einrichtung Zugang zum Theaterspielen fanden und darüber ihren Weg zurück in die Normalität unseres gesellschaftlichen Alltags gefunden haben. In einem Fall war es mir möglich, diesen Prozess gleichzeitig auch therapeutisch begleiten zu dürfen. Aus dieser Innensicht habe ich den eingeschlagenen Weg als außerordentlich erfolgreich und spannend erlebt. Die Theaterarbeit meiner Klientin ergänzte und erweiterte den therapeutischen Prozess in unschätzbarer Weise, ja sie bot ihr Erfahrungen, die therapeutisch zu nennen waren, jedoch nicht im klassischen therapeutischen Setting stattfanden.

Daraus entstand die Idee, diesen Faden intensiver weiterzuverfolgen und die heilende Wirkung der Theaterarbeit über biographische Interviews mit den ehemaligen Abhängigen und gleichzeitigen Schauspielerinnen und Schauspielern näher zu beleuchten. Dabei interessierte mich vor allem zweierlei:
1. **die Drogenkarriere:** Also, die Frage, wie war jemand zu Drogen gekommen? Wie war der Verlauf? Welche Erfahrungen waren prägend? Und:
2. **die schauspielerische Karriere:** Wie war jemand zur Wilden Bühne gekommen? Was hatte er oder sie dort erlebt? Wie sahen die Betroffenen selbst den Zusammenhang zwischen ihrer schauspielerischen Karriere und ihren individuellen Wegen aus Sucht und Abhängigkeit?

---

137 Die Wilde Bühne Stuttgart ist ein soziokulturelles Forum für ehemals Drogenabhängige. Sie besteht seit über 11 Jahren. Im Ensemble spielen mehr als 20 Ehemalige Theater. Sie entwickeln z.T. eigene Stücke und spielen im Bereich der Jugendarbeit und Suchtprävention, aber auch mit „klassischen" Stücken auf eigener Bühne in Stuttgart.

Biographisches Interview

Ich entwarf einen entsprechenden Interviewleitfaden und führte insgesamt 8 etwa zweistündige biographische Interviews. Die Erfahrungen einer Schauspielerin der Wilden Bühne möchte ich hier – in verkürzter Weise – wiedergeben.

Meine Gesprächspartnerin heißt Claudia. Sie wuchs im bürgerlichen Milieu einer fränkischen Kleinstadt auf. Sie war Nachzüglerin. Ihre beiden Schwestern waren schon aus dem Haus, da war sie noch ein Kind. Als sie elf Jahre alt war, starb ihr Vater, für sie völlig unerwartet. Claudia lebte nun allein mit ihrer Mutter. Sie ging in die Schule, machte ihren Realschulabschluss und später eine Lehre zur Maler- und Lackiererin.

Claudia war aber mit ihrem Leben nicht zufrieden. Sie träumte von der großen, weiten Welt. Mit knapp 18 Jahren verließ sie die Kleinstadt und ging in die Großstadt Stuttgart. Dort geriet sie mit 22 Jahren in die Drogenszene. Sie war knapp fünf Jahre „drauf". Dann wurde sie verhaftet. Vom Gefängnis aus bewarb sie sich um einen Therapieplatz.

Claudia machte Therapie und lernte während dieser Zeit die Wilde Bühne kennen. Sie war begeistert vom Theaterspielen und schloss sich nach der Therapie dem Ensemble an.

Wie hast du die Wilde Bühne kennen gelernt?
Ja, Lea kam in unsere Therapieeinrichtung und hat gesagt: „Ich bin von der Wilden Bühne. Ich bin Lea Butsch. Wir machen einen Theaterkurs hier bei euch. Bis zum Sommerfest machen wir jeden Freitag Theatergruppe und wer mitmachen will, trägt sich in eine Liste ein. Wir machen Improvisationstheater, wir machen zusammen ein Stück, was wir entwickeln, nichts schriftlich und so, keine Texte. Jeder guckt, was er für Rollen spielt." So war die Vorstellung.

Was war dein allererster Eindruck?
Ich hab gedacht: „Da mache ich mit! Ich guck mir das auf jeden Fall an. Das ist was anderes. Da kann man was anderes machen." Das war was Neues. Und Theaterspielen konnte ich mir für mich schon vorstellen. Das hat mir gefallen. Die Idee fand ich gut.

Und dann hast du angefangen, mitzuspielen?
Ja, also die erste Probe. Wir haben, ich weiß nicht mehr, was wir in der ersten Probe – doch, ungefähr weiß ich's noch: Also, auf den Boden stampfen und sagen: „Ähhh" und so Sachen. Dann hab ich gedacht: „Oh Gott, oh Gott, das wird nichts! Daraus soll ein Theaterstück entstehen? Niemals!" Dann hatten wir zwei Stunden was gemacht:

stampfen, heulen, traurig sein, lustig sein und so Sachen und dann haben wir uns zusammengesetzt und überlegt, welches Stück wir machen wollen. Lea hat vorgeschlagen, die Bremer Stadtmusikanten, aber ganz anders. Das wäre doch nicht schlecht. Da fiel mir sofort ein: Esel, Hund, Katze, Hahn, wer spielt wen? Also, mir fiel gar nichts anderes in dem Moment ein. Und mir fiel auch überhaupt nicht ein, was auf den Boden stampfen mit Bremer Stadtmusikanten zu tun hat. Ich hab da überhaupt nicht durchgeblickt und dann kamen Zweifel. Wo ich gedacht hab: „Nein, jetzt hast du dich vergriffen. Das ist doof. Das wird nichts. Da wird nie ein Stück draus." Dann hab ich aber gedacht: „Na gut, es macht Spaß. Es macht einfach Spaß mit der Gruppe. Wenn nichts draus wird, okay. Pech gehabt."

Ich wollte trotzdem mitmachen und seis auch nur, dass Lea und Rolf total nett waren. Das war schon klasse, wie die mit Menschen umgehen können. Das war schön. Das war angenehm.

Kannst du dich noch an deine allererste Rolle erinnern?
Das war nach vielen, vielen Proben, wo ich immer noch keinen Zusammenhang sehen konnte, wo Lea auf einmal sagte: „Okay, das ist ja so bei den Bremer Stadtmusikanten: alle sind Tiere, die nutzlos und überflüssig sind, die sich dadurch treffen oder abholen. Der Esel holt die ja alle ab. Warum machen wir's nicht so? Jeder spielt einen nutzlosen Charakter." Also, irgendwas, was in der Gesellschaft überflüssig ist: der eine war der Punker am Bahnhof, der in der U-Bahn pennt und so. Ja, aber Moment, jetzt brauchen wir einen, der die einsammelt...? Da bin ich dann dazu gekommen. Okay, ich hol die alle ab. So hab ich jemanden gespielt, der die Schnauze voll gehabt hat vom Leben. Genau! Ich hab gesagt: „Ich mach jetzt was ganz anderes." So fing's an! Zum Publikum hab ich aber nie gesagt, was ich mach, sondern ich hab gesagt, ich mach jetzt was ganz anderes und bin losgezogen. In der nächste Szene hab ich E. aufgefischt oder H. und dann nächste Szene C. aufgelesen und so weiter. Das war dann praktisch der Esel. Der hat ja in den Bremer Stadtmusikanten die Idee: „Wir stellen uns aufeinander, singen und machen Musik", und so wars dann auch. Ich war praktisch der Esel, das Leittier, das alle abholt und wir machten einen Zirkus auf. Ich hab gesagt: „Ich bin euer Direktor und ihr macht die Show." So war das.

Jetzt krieg ich Gänsehaut, wenn ich das erzähle. Es war schön. Ich weiß nicht, wie ich sagen soll. Es hat einfach alles gestimmt. Das Reinwachsen hab ich dann mitgekriegt, was Lea am Anfang uns mal gesagt hatte beim Improvisieren. Wir wachsen da rein. Das hat wirklich geklappt und irgendwann, der Tag rutschte halt immer näher ... Das Sommerfest. Wir treten auf!

Kostüme kommen dazu. Es wird immer mehr, es wird immer interessanter und toller. Weißt du, du kannst es auch nicht mehr bremsen irgendwann und ich bin ja auch nicht der Typ, der dann sagt: „Nein, jetzt will ich nicht mehr." Sondern dann musste ich schon sehen, was dabei herauskommt. Wir haben uns teilweise echt umgeschmissen vor Lachen bei den Proben. Deswegen haben wir gesagt: „Das ist gut! Das Stück ist einfach super. Wir müssen das aufführen, weil wir uns selber so amüsiert haben." Ja und wir haben's dann auch gespielt.

Das erste Mal gestorben hinterm Vorhang ...

Dein allererster Auftritt, wie war das?
Da war ein Vorhang gespannt und dahinter waren unsere Sachen. Ja, wir waren hinten drin und haben uns umgezogen. Es war alles dabei, von hysterisch kichern bis fast weinen, bis kurz vorm Übergeben. „Ich hab doch Durchfall jetzt." – „Ich muss noch mal auf's Klo." – „Ich hab Durst." Also, es war total chaotisch.

So ging es allen?
Allen, mir inklusive. Ich hab dann zwischendurch auch Anfälle gehabt, wie: „Jetzt seid doch mal alle ruhig!" Es hat aber überhaupt niemand auf mich gehört. Dann hatte jemand anders den Anfall: „Wir müssen uns konzentrieren!" Aber das hat auch nicht geklappt. Lea war, glaube ich, genauso aufgeregt und hat das auch noch voll ausgestrahlt. In dem Moment hab ich gedacht: Das geht nicht! Das überlebt doch kein Mensch.

Plötzlich war draußen die Ansage: „Meine sehr verehrten Damen und Herren...", und dann war ... es war total chaotisch da hinten. E. und H. waren, glaube ich, die ersten auf der Bühne und ich kam dann, um sie abzuholen. Die sind also raus ... Hinterm Vorhang haben sie noch total komisch gesprochen und dann gehen sie raus und sprechen ganz normal. Dann war's – „Oh Gott, welches Wort war's? Wann sollte ich rauskommen? Die sagt irgendwann sowieso und dann...? Ich weiß es nicht mehr!" – Irgendwann hab ich so einen Pusch gekriegt von hinten, einen sanften, aber energischen Pusch. Jemand hat mich vorgeschoben und dann gings los! Es war Licht da draußen und das stimmt, dass man die Leute gar nicht arg sieht, wenn man so beleuchtet wird. Das hab ich bis dahin noch nicht erlebt gehabt. Ich hab dann einfach das gesagt, was wir geübt hatten. Ich habs gemacht!

Das finde ich faszinierend, wenn man das erste Mal rausgeht. Man macht das einfach! Und dann lief's! Lief super. Also, man ist wie in so einer Hülle drin. Man macht das und hört von außen immer wieder so ... Lachen und Klatschen. Wir haben ja gelernt, wenn sie klatschen, nicht sprechen und so, aber das ist verrutscht beim ersten Mal. Das ist ja wurst. Das war, ich fand das berauschend. Ich fand das toll. Das Feeling, die gucken alle her jetzt, also die gucken alle hierher und amüsieren sich ...

Während des Spiels wurde ich immer, – wie soll ich sagen? – immer ruhiger. Ich war schon noch total aufgeregt, aber ich hab gemerkt, dass es nicht mehr so schlimm ist und dass mir nicht mehr schlecht ist, sondern es ist nur noch Nervosität und konzentrieren: langsam und deutlich sprechen und so.

Plötzlich war's vorbei. Das ging ungefähr drei Minuten, hab ich das Gefühl gehabt. Das ging in Wirklichkeit glaube ich eine halbe Stunde.

Dann war Verbeugen. Alle klatschen, toben und jubeln. Das war super gut! Danach war ich ungefähr noch zehn Minuten genauso aufgedreht, wie vorher und dann hats irgendwann „Klick" gemacht und dann „huuu" – und dann war's total angenehm. Ich war total ruhig, entspannt. Hab mich total wohl gefühlt. Ich hatte warme Hände, warme Füße. Die Leute waren alle okay. Das war toll. Es war richtig gut, ein richtig gutes Gefühl.

Was ist für dich das ganz Spezielle, das ganz speziell Neue, was du bei der Wilden Bühne erfahren kannst?
Das Besondere ist, wie soll ich sagen, dass alle abhängig waren und dass ich da ein Fleckchen Gesellschaft hab, wo ich mich nicht rechtfertigen brauche dafür, dass ich mal abhängig war. Ich muss keine Angst haben, dass mich jemand darauf blöd anspricht oder mich als Außenseiter bezeichnet. Dass ich einen Schutz hab, einen drogenfreien Raum. Das ist immer noch genauso wichtig wie am Anfang, dass ich da hinkommen kann (...).

Ich fühle mich immer noch rückfallgefährdet. Ich denke oft oder manchmal an Drogen und dass ich weiß, bei der Wilden Bühne würde mir nie jemand Drogen anbieten. Das ist immer noch so eine Angst in meinem Leben. Von mir aus, ich trenne mich von meinem Freund, hab einen neuen Freund und plötzlich kommt der und sagt: „Komm, wir kiffen einen", trotzdem der weiß, dass ich drauf war. So Geschichten, das möchte ich nicht. Davor graut's mir. Das weiß ich, das wird bei der Wilden Bühne nicht passieren.

Und dann der Kick. Das habe ich nicht geglaubt, dass es das legal und offiziell auch gibt. Der Kick beim Auftritt, bei jedem Auftritt. Vor dem Auftritt ganz ganz schlimm. Während dem Auftritt ist er kurz ein bisschen beiseite, aber immer noch da und dann diese Entspannung nach dem Auftritt. Der Applaus! Ich hab das gemacht! Ich hab das gut gemacht heute! Wobei ich mittlerweile es auch wegstecken kann, wenn's mal nicht so gut war. Man kann ja gucken, wo waren die Fehler und alles.

Aber der Kick ist es.

Was ist deine Message, wenn du auftrittst?
Für mich ist ein wichtiger Punkt zu zeigen, dass meine Abhängigkeit mit meiner Kreativität, mit meiner Lebenslust nichts zu tun hat. Dass mir da nichts fehlt. Ich bin nicht beschnitten. Dass ich genauso fröhlich, traurig, groß, klein, alles sein kann wie jeder andere auch und dass ich überhaupt kein Tier bin oder – weißt du, wie ich meine -, also keine Narben im Gesicht und keine so Augen oder Riesenohren oder was weiß ich..., wie sich aus den Medien Leute Drogenabhängige vorstellen: mit Blut beschmiert, ganz schrecklich und fürchterlich. Sondern, dass ich ganz normal bin.

Was glaubst du, was aus deiner Sucht geworden wäre, wenn du nicht zur Wilden Bühne gegangen wärst?
Ja, da denke ich öfter drüber nach. Ich glaube, dass das mir ganz viel Kraft gegeben hat. Erstens mal danach noch weiter anders zu sein und das Anders-Sein auch zu dürfen, und dass mir das ganz arg fehlen würde. Ich hab die Vorstellung, dass es mir wieder genauso langweilig gewesen wäre wie vorher, dass ich eventuell auch wieder rückfällig geworden wäre. Bloß glaube ich, dass ich eine lange Puste gehabt hätte. Also, ich hätte es vielleicht drei Jahre einfach ausgehalten. Ich hätte das Clean-Sein aushalten müssen. Das geht aber nicht gut, glaube ich. Das verrutscht nach einer Zeit.

Weißt du, jetzt muss ich clean sein nicht aushalten. Jetzt will ich clean sein, um weiterzumachen. Das ist für mich eine Grundvoraussetzung. Arbeiten gehen kann man auch zu, das hat damit nichts zu tun. Dafür muss man nicht clean sein. Beim Theaterspielen geht das aber nicht.[138]

Heilende Wirkfaktoren der Theaterarbeit

Soweit Claudia. Wenn wir nun die hier geschilderten Erfahrungen auf die eingangs aufgezeigten Wesensmerkmale von Sucht legen, dann lassen sich verschiedene heilende Wirkfaktoren der Theaterarbeit unschwer erkennen.

Dies möchte ich in vier Thesen kurz anreißen:

1. Theaterarbeit führt in einzigartiger Weise aus dem Gefängnis der Sucht, indem Situationen geschaffen werden, die sozial sind. Theater spielen geschieht immer im unmittelbaren Kontakt mit anderen Menschen. Im spielerischen Umgang miteinander auf der Bühne wird ein gemeinschaftliches Erfahrungs- und Erlebnisfeld eröffnet.

---

138 Ensel, D., (2000), Über Grenzen gehen – Lebensgeschichten, Suchtgeschichten, Theatergeschichten – 10 Jahre Wilde Bühne, Stuttgart.

Theater spielen übt Handlungsvielfalt ein und hilft damit dem Abhängigen, aus seiner egozentristischen Kreisbewegung herauszufinden. Die Theatergruppe kann zur Übergangsheimat werden, in einer Situation, in der es schwierig ist, andere soziale Bezüge zu finden. Darüber hinaus drängt Theater auf Veröffentlichung. Das heißt, der Raum der unmittelbaren menschlichen Begegnung in einer kleinen Theatergruppe öffnet sich durch das Spielen nach außen. Es wird eine Begegnung mit der Gesellschaft, ja mit der Welt möglich.

2. Theaterarbeit bezieht sich auf einen nicht zerstörbaren Kern der menschlichen Persönlichkeit, die Kreativität, und verhilft dieser Ressource auf vielen verschiedenen Ebenen zu neuem Leben. Ich beziehe mich in diesem Zusammenhang auf den amerikanischen Psychoanalytiker D.W. Winnicott, der Kreativität als eine Fähigkeit versteht, die im Wesen des Lebendigseins liegt. Winnicott sagt, „ dass es eine völlige Zerstörung der kreativen Lebensfähigkeit eines Menschen nicht geben kann und dass selbst in Fällen äußerster Angepasstheit und bei fehlgeschlagenem Persönlichkeitsaufbau irgendwo im Verborgenen ein geheimer Lebensbereich besteht, der befriedigend ist, weil er kreativ ist und dem betreffenden Menschen entspricht. Er ist nur insofern unbefriedigend, wie er verborgen ist und nicht durch lebendige Erfahrung erreicht wird."[139] Theaterarbeit sucht diesen geheimen Lebensbereich auf und regt ihn durch Erfahrung zum Wachsen an. In diesem Sinne arbeitet Theater ressourcenorientiert.

3. Theaterarbeit vermittelt Lust und Spaß am Leben und schafft damit ein Erfahrungsfeld, in dem Körper, Geist und Seele angesprochen und als Einheit erlebt werden können. Kreativität, Spontaneität und Flexibilität können über die Ebene der Rollen, der Situation des „So-tun-als-ob" spielerisch erweitert und erprobt werden. Die schauspielerische Bühne bietet Raum zum Erkunden und Experimentieren. Damit sind neue seelische Erfahrungen und Stärkung der Persönlichkeit von innen her möglich.

4. Da Theaterarbeit nicht ohne Bewegung denkbar ist, bietet sie darüber hinaus explizit eine nicht sprachliche Körper bezogene Ebene an. Damit löst sie die äußere und in Folge auch die innere Bewegungsstarre des Süchtigen auf und eröffnet ein neues Erfahrungs- und Ausdrucksfeld über den Körper. Da, wo die Sprache versagt, keine Worte mehr zu finden sind, wird die eigene Sprache des Körpers entdeckt, exploriert und auf der Bühne zu neuem Leben erweckt. Die Wahrheit des Körpers kann im Theater nicht im Verborgenen bleiben.

---

[139] Winnicott, D.W., (1995), Vom Spiel zur Kreativität, Stuttgart, S. 78.

Für das Verhältnis von Theater und Heilung zwischen Kunst und Therapie ergibt sich so aus meiner Sicht ein Spannungsfeld, das ich an Hand folgender Graphik zusammenfassend darstellen möchte:

Das Spannungsfeld von	
Kunst und	**Therapie**
Ästhetische Ausdrucksform	Biographische Aufarbeitung
Veröffentlichung – mit der Welt in Dialog treten	Intimität-Entwicklung von Beziehungsfähigkeit im kleinsten Rahmen
Abstraktion und Verfremdung	Ich-Entwicklung bzw. Aufbau vom eigenen Ich (Rolle)
Erschaffung eines Produkts darüber: legaler Kick	Selbstheilung/Ich-Stärkung, Katharsis
Selbstverständnis als Kulturschaffende(r)	Intermediäre Raum, Kreativität Entdeckung des wahren Selbst Bewegung/Körperausdruck Sprache/Stimme/Sinne Lachen und Spaß

Schluss

Zum Schluss möchte ich die Frage aufwerfen, ob meine biographische Forschung und die von mir entwickelte Thesenbildung die heilende Wirkung von Theater, die – wie ich finde – offen-sichtlich auf der Hand liegt, für die Wissenschaft nachweisbar macht?

Die Antwort ist zunächst einmal nein. Die Frage, die sich mir dann stellt, ist, ob dies im Kontext unseres derzeitigen Verständnisses von Wissenschaft überhaupt möglich ist?

Diese Frage weiß ich nicht zu beantworten. Im Laufe meiner Auseinandersetzung mit den wissenschaftlichen Anforderungen einer qualitativen Sozialforschung z.B. wurde mir deutlich, dass, wenn ich eine wissenschaftlich fundierte Auswertung meines Materials will, ein Auseinanderreißen aller von mir geführten Interviews notwendig wäre, ich einzelne Kategorien bilden müsste und mit Hilfe z.B. einer detaillierten hermeneutischen Vorgehensweise eng am Text einen entsprechenden Nachweis führen müsste. Da aber eine Biographie eine zusammenhängende Lebensgeschichte ist, die lebendiges und gelebtes Leben weiterzugeben versucht, ginge – aus meiner Sicht – der wesentlichste Kern meiner Arbeit, nämlich die Annäherung an das Lebendige, an einzigartige Lebenserfahrungen verloren. Diesem Verlust wollte ich mich bisher nicht aussetzen und habe darum den Weg gewählt, aus den geführten Gesprächen, Geschichten – Lebensgeschichten, Suchtgeschichten und Theatergeschichten – zu schreiben, die ich in Form eines Buches zum 10jährigen Jubiläum der Wilden Bühne Stuttgart veröffentlicht habe. Was aus meinem Anliegen einer wissenschaftlichen Arbeit in diesem Kontext werden wird, ist im Moment noch offen.

Die heilende Wirkung von Theaterarbeit im Spannungsfeld von Kunst und Therapie: Ich habe mit Kunst, mit Poesie begonnen, ich möchte mit Kunst schließen. Ich zitiere noch mal Rainer Maria Rilke:

„Kunst erscheint mir als das Bestreben eines Einzelnen, über das Enge und Dunkle hin, eine Verständigung zu finden mit allen Dingen, mit den kleinsten wie mit den größten, und in solchen beständigen Zwiegesprächen näher zu kommen zu den letzten leisen Quellen alles Lebens. Die Geheimnisse der Dinge verschmelzen in (des Künstlers) Innern mit seinen eigenen tiefsten Empfindungen und werden ihm, so als ob es eigene Sehnsüchte wären, laut. Die reiche Sprache dieser intimen Geständnisse ist die Schönheit."[140]

---

140 Rilke, Rainer Maria, (1988), Lektüre für Minuten; Frankfurt/M., S. 101.

Drama und Trauma – Zwei Projekte mit Opfern und Tätern sexueller Gewalt
Von Ingrid Lutz

„Neun Frauen stehen auf der Bühne und erzählen eine uralte – und gleichzeitig ihre – Geschichte. In dem Stück *Ungehört. UNERHÖRT! Penelope, Kassandra, Medusa & Co.* zeigen sie in unglaublich starken Bildern, was sie erlebt haben. Worte sind ein untaugliches Mittel, diese Erfahrungen darzustellen, deshalb haben sie Geschichten aus der griechischen Mythologie als 'Verkleidung' genutzt. In diesen mythologischen Geschichten wird von Göttern, Göttinnen und Helden nach Herzenslust kreuz und quer vergewaltigt und missbraucht, das scheint der Normalfall zu sein, und so wird es auch gezeigt. Penelope bleibt dieser Tradition und ihrer Rolle treu, sie gibt den roten Faden an die nächste Frau, die nächste Generation weiter. Kassandra ist dran, und keine(r) will ihr glauben, keine(r) will wissen und hören, was passiert ist, nicht mal die eigene Mutter. Jede Figur reagiert unterschiedlich auf diese Erfahrung: Psyche verzweifelt, Medusa versteinert, Penthesilea bringt den Täter, den Geliebten um. Aber Leben und Lieben ist bei allen geprägt, sie sind erstarrt, eingefroren, um zu überleben. Die Sehnsucht nach dem Tod, dass es aufhören möge, ist riesengroß. Die Erlösung bringt dann eine unangepasste Figur, die alte Baubo, die mit dem Thema ihr Spiel treibt, wüst, laut und obszön, und so die trauernde, erstarrte Demeter zum Lachen bringt. Ja, es darf sogar gelacht werden in diesem Stück, das wirklich die ganze Palette menschlicher Möglichkeiten zeigt. Die Frauen spielen mit einer unglaublichen Intensität, das Publikum war völlig in den Bann gezogen." – *Bietigheimer Zeitung, 25.7.2001*

Ich berichte hier von zwei mehrjährigen Projekten:
- Einem 2jährigen Prozess, in dem ich mit einer Gruppe missbrauchter Frauen in einer spezifischen Verbindung von therapeutischer und künstlerischer Arbeit ein Theaterstück erarbeitet habe, von dessen Aufführung der Zeitungsausschnitt oben berichtet (Penelope, Kassandra, Medusa & Co.).
- Von dem Pendant, einem Pilotprojekt primär prozessorientierter dramatherapeutischer Arbeit mit Tätern, in dessen Rahmen ich seit jetzt 3 Jahren im Gefängnis arbeite, und den besonderen Schwierigkeiten und Potenzialen einer solchen Arbeit (... der werfe den ersten Stein).

Aber zunächst möchte ich mich mit grundlegenden Fragen dieses Arbeitsansatzes auseinander setzen.

Welchen Sinn – und welche Berechtigung – hat Theaterarbeit mit diesen Zielgruppen und wie und wodurch kann sie heilend wirken?

Die erste Reaktion, wenn ich davon spreche, Theater- und Dramatherapie mit missbrauchten Frauen und Gewalttätern zu machen, ist meist Unverständnis bis zu hellem Entsetzen und die Frage: „Was soll denn das? Damit kann man doch nicht spielen!" Auch die Gefangenen stellten mir diese Frage, als ich mit der Arbeit im Gefängnis begann. Mit meiner Kurzantwort, dass mein Metier, Theater und Drama, sehr oft genau von den Verbrechen handle, deretwegen sie im Gefängnis seien, und Möglichkeiten zeige, damit umzugehen, waren sie nur vorläufig zufrieden. Ich werde später noch darauf eingehen.

Aber zurück zur Frage des Sinns von Theaterarbeit in diesem Zusammenhang: Wozu dient Theater, was geschieht auf der Bühne?

Wenn ich nicht ausschließlich Boulevardtheater oder Spaß & Fun im Blick habe (ohne das geringste dagegen zu haben!) und Theatermacher und -theoretiker wie Artaud, Grotowski und Peter Brook, aber auch Aristoteles und andere Klassiker, ernst nehme, geht es bei Theater und Drama primär um zwei Dinge: Es zeigt menschliche Grundkonstellationen, es stellt grundlegende existentielle Fragen, nach Leben und Tod, Schuld und Sühne, Liebe und Hoffnung, und es findet Bilder, Ausdruck für diese Themen und spielt damit, auch mit den entsetzlichsten und unvorstellbarsten. Es zeigt ihre Existenz und lebt mit ihnen, indem es damit spielt. Sinn des klassischen griechischen Theaters war die Katharsis, wörtlich die „Reinigung" von das Leben schädigenden/ beeinträchtigenden Affekten, und sie findet dann statt, wenn diese existentiellen Fragen zugelassen werden und erlebbaren, sichtbaren Ausdruck finden, der sie einem Publikum nahe bringt.

Theater ist der Ort, wo öffentlich extreme Gefühle geäußert werden dürfen, wo es erlaubt ist, unkonventionelle, provokative, sozial nicht akzeptierte Handlungen auszuführen und zu zeigen: Mord – Inzest – Liebeserklärungen – Wahnsinn – Blasphemie – ..., d.h. Grenzverletzungen, für die man in der normalen Realität im Gefängnis oder der Psychiatrie landet oder sich der Verfemung oder Lächerlichkeit preisgibt.

Künstlerische Medien waren seit Urzeiten die Mittel, oft die einzigen, mit denen das Unaussprechliche, das Unfassbare ausgedrückt werden konnte. Und Ausdruck dafür zu finden ist sowohl für den Einzelnen als auch für die Gemeinschaft existentiell wichtig. Frühere Kulturen hatten offensichtlich noch eine instinktive Ahnung davon. Entsetzliches, Unfassbares existiert in jedem Menschen und je weniger es Ausdruck findet und ins Leben einbezogen ist, umso virulenter wird es. Ausdruck zu finden macht z.B. bei Missbrauchsopfern den für die Suche nach der eigenen Identität so notwendigen Prozess des „Sich-Erinnerns" erst möglich, nur dann müssen die traumatischen Erfahrungen weder der individuellen. noch der kollektiven Verdrängung anheim fallen und mit dem Verlust von Lebensmöglichkeiten und Lebendigkeit bezahlt werden!

Theater, gutes, packendes Theater, heißt Leben, das heißt, mit Körper, Geist, Gefühl und Seele voll beteiligt zu sein, nicht getrennt, hinter einer Mauer zu sich, zu anderen, zu dem Thema. Die künstlerische Inszenierung und Gestaltung verlangt, schmerzhaften, schrecklichen Erfahrungen eine neue Form zu geben, sie zu verwandeln und in Spiel umzusetzen, als Gegenbild zur Erstarrung und dem Einfrieren des Lebens. Das scheinbar Unmögliche wird auf einmal möglich! Der Theaterraum ist ein magischer Ort, in dem Kraft unserer Phantasie – dieser kreativen Funktion unserer Seele – eine ganze Welt erschaffen wird, und somit „wirklich", Realität wird. Allerdings eine andere Realität als die alltägliche, die bisher bekannte und gewohnte! Im künstlerischen Ausdruck kann das persönliche Problem zum Thema transformiert und einem Publikum nahe gebracht werden – wider die persönliche und kollektive Ausgrenzung und Verdrängung! Denn, um es noch mal zu betonen, diese Realität der extremen Gefühle und entsetzlichen Taten ist wirklich vorhanden, sie wird nur in unserer Sozialisation extrapoliert, verdrängt und als nicht existent erklärt, und kann dadurch umso unkontrollierbarer ihre Wirkung entfalten.

Und, nicht zuletzt, Theater ist und war immer Gemeinschaftskunst, ist die Kunstform, die auf die Gesellschaft, die Gemeinschaft, ausgerichtet ist, und kann so einen eminenten sozial integrierenden Effekt haben.

Soweit zunächst zum Theater und seiner Berechtigung im Zusammenhang dieser Thematik. Aber was hat nun Drama mit Trauma und seiner Heilung zu tun? Ich gehe im Folgenden zunächst auf die Arbeit mit den Frauen ein und dann auf den Arbeitsansatz mit den Tätern.

Zur Begriffsklärung: Als Dramatherapie bezeichne ich die Verwendung von Elementen der Theaterarbeit wie Rollen und Spielübungen als Grundlage für den therapeutischen Prozess.

Theatertherapie nenne ich eine Arbeit, bei der die Gesamtkunstform „Theater", einschließlich des dafür integralen Bestandteils einer öffentlichen Aufführung, als Medium des therapeutischen Prozesses genutzt wird.

Ich unterscheide ferner bei der Verwendung des inzwischen fast inflationär gebrauchten Begriffs „Trauma" zwischen dem *traumatischen Erlebnis* und dem Prozess der *Traumatisierung* als *Reaktion* auf das traumatische Erleben.

Das „Medusa-Syndrom": Der Prozess und die Folgen der Traumatisierung

Von Missbrauch betroffene Frauen erleben sich oft wie abgeschnitten vom „Strom des Lebens", mit einem Körper, der nicht wirklich ihnen gehört und zur Verfügung steht, sondern besetzt ist von der traumatischen Erfahrung: Im Mittelpunkt steht das Überleben, nicht Leben! Die Folge ist in der Regel eine massive körperliche Erstarrung, einhergehend mit einer emotionalen Fixierung und Verengung und der Einschränkung von Lebensmöglichkeiten.

Das Projekt, das ich im Folgenden darstellen werde, habe ich deshalb **„*LEBEN??!!!*"** genannt. Ich werde zuerst den Prozess und die Folgen der Traumatisierung durch die Missbrauchserfahrung beschreiben und dann meinen Ansatz der Verbindung von Körper- und Dramatherapie und die Entwicklung des Stücks als Theatertherapie vorstellen.

Der Prozess der Traumatisierung

Traumasymptome entstehen in einem zunächst fürs Überleben absolut sinnvollen Prozess der Immobilitäts- und Erstarrungsreaktion auf ein Geschehen, das als übermächtig und Körper und Seele existentiell bedrohend erlebt wird.

Damit die körperliche Basis meines Arbeitsansatzes deutlich wird, muss ich hier kurz etwas ausholen. Bei dieser Beschreibung des Prozesses der Traumatisierung beziehe ich mich i.w. auf Levine.[141] Um auf Bedrohungen zu reagieren, kann der Organismus kämpfen, fliehen, oder – erstarren! Diese Verhaltensweisen sind Bestandteile eines von der bewussten Steuerung unabhängigen Reaktionsmechanismus, der im Stammhirn, dem sog. Reptiliengehirn lokalisiert ist, das alle unwillkürlichen Lebensvorgänge steuert. Wenn es unmöglich ist, zu kämpfen oder zu fliehen, kontrahiert der Organismus instinktiv und greift zu seiner letzten Möglichkeit, der Erstarrung. Durch dieses Sich-Zusammenziehen wird die hohe Energie, die für Kampf oder Flucht aktiviert ist, komprimiert und im Nervensystem gebunden, d.h. kurzfristig aufbewahrt, um bei einer Veränderung der Situation blitzschnell fliehen oder zum Gegenangriff übergehen zu

---

141 Levine, Peter, (1998), Trauma-Heilung. Das Erwachen des Tigers, Essen.

können. Als Beispiel schildert Levine[142] eine von einem Geparden verfolgte Antilope. Als der Gepard sie erreicht, fällt sie zu Boden. Das völlig erstarrte Tier „täuscht" nicht vor, tot zu sein, sondern ist in einen veränderten Bewusstseinszustand eingetreten, in dem es keinen Schmerz spürt. Falls der Gepard sich einem anderen Opfer zuwenden sollte, könnte die Antilope die in der Erstarrung gespeicherte Energie nutzen und blitzschnell fliehen. Sobald sie außer Gefahr ist, schüttelt sie mit einem starken Zittern die Nachwirkungen der Immobilitätsreaktion buchstäblich ab und erlangt die Kontrolle über ihren Körper vollständig zurück. Danach nimmt sie ihre normale Lebensweise wieder auf.

Traumatisierung geschieht, wenn diese Energie über längere Zeit komprimiert und im Organismus bleibt. Dann verwandelt sich die nicht möglich gewesene Kampfreaktion in ohnmächtige Wut und die fehlgeschlagene Fluchtreaktion in das Gefühl absoluter Hilflosigkeit. Die gewaltigen, für das Überleben aktivierten Energien werden nicht, wie im instinktiven Reaktionssystem vorgesehen, wieder entladen, sondern in Verbindung mit den übermächtigen emotionalen Zuständen der Angst, der Wut und der Hilflosigkeit gebunden. Auf der physiologischen Ebene wird die normale Funktionsweise des Nervensystems außer Kraft gesetzt, Immobilität tritt ein, die/der Betroffene erstarrt (oder kollabiert). Der Erstarrungszustand wird chronifiziert, indem die hohe Energie durch die mobilisierten Emotionen im Nervensystem gehalten wird. Es entsteht ein Teufelskreis, der den physiologischen „natürlichen" Abschluß der Immobilitätsreaktion verhindert. So wie Erschrecken und Wut bei der Entstehung der Erstarrung eine Rolle gespielt haben, tragen sie später zu deren Aufrechterhaltung bei – auch wenn keine reale Bedrohung mehr existiert.

Die Perpetuierung dieses dramatischen Geschehens wird in dem griechischen Mythos von Medusa sehr eindrücklich symbolisch beschrieben. Jede(r), der/die der Ungeheuerlichkeit von Medusa direkt in die Augen schaut, erstarrt auf der Stelle zu Stein!

Die Trennung von Körper und Seele ist eine der wichtigsten Auswirkungen von Traumata. Für Traumatisierte heißt das, dass die Wahrnehmung des Körpers und der inneren Erfahrung abgetrennt wird, um sich vor Empfindungen und Emotionen zu schützen, die in dem Moment nicht verkraftet werden können, und um auszuhalten, was eigentlich unerträglich ist. Aber sie haben ins Auge der Medusa geschaut und das Schreckliche gesehen und erlebt. Die Folge ist die Erstarrung und die Abspaltung der Wahrnehmung des Körpers als Überlebensstrategie. Diesen hier beschriebenen Prozess der Chronifizierung der Erstarrungsreaktion bezeichne ich im folgenden als *Traumatisierung*. Die Entwicklung meines Arbeitsansatzes setzt da an: Das zentrale Thema

---

142 ebenda, S. 24f.

ist bei meiner Arbeit nicht das „Trauma", die Verletzung an sich, sondern die chronifizierte Reaktion der Erstarrung und des Identitätsverlusts als Folge davon, dass diese Verletzungserfahrung, u.a. aufgrund des Fehlens schützender und identitätsstützender Bezugspersonen, nicht angeeignet, „integriert" werden konnte und kann und somit eine entpersönlichte/entpersönlichende Erfahrung bleibt.

Die Folgen und Symptome der Traumatisierung

Nach den ersten Sitzungen habe ich die Frauen gebeten, ihre Lebenswirklichkeit zu beschreiben. Ich gebe sie hier mit den Worten der betroffenen Frauen wieder. Die Übereinstimmung mit den oben beschriebenen Prozessen ist frappierend!

- Sich tot stellen, Bewegungs-/Gefühls-/Empfindungslosigkeit allem gegenüber, auch und gerade dem eigenen Körper;
- alles wird rationalisiert, keine Verbindung des Denkens mit Körper und Gefühlen;
- gespalten, zweigeteilt sein, der bedürftige und der elende/wütende Teil dürfen nicht gesehen werden, müssen *nicht existent* gemacht werden;
- nichts von sich zeigen – Scham;
- „Scheiß"-Angst, alles drin halten, es darf nichts raus kommen, sonst bricht die Welt zusammen;
- keine Wurzeln, keinen Boden unter den Füßen, „im Boden versinken" wollen, aber darunter ist nur die „Hölle";
- ich komme aus der Hölle und da kann nur was Schlechtes, Unsauberes rauskommen;
- sich wertlos fühlen, beschmutzt, nicht „ganz sauber", verrückt, und vor allem, Hass auf sich selbst;
- Angst vor allem und jedem, permanent in Alarmbereitschaft sein, es gibt keinen sicheren Platz auf dieser Welt;
- Einsamkeit, Isolation, total verlassen, allein gelassen sein;
- Sehnsucht nach Leben und gleichzeitig nach dem Tod, dass „es" doch endlich aufhören möge;
- Sehnsucht nach „Kümmern", dass sich jemand kümmern möge, dass es jemand gäbe, auf die/den man sich verlassen kann, aber dem steht die Grunderfahrung entgegen: keine/r will was wissen!

Traumatisierte vermuten, dass niemand ihnen glauben kann und dass sie für verrückt gehalten werden – oder verrückt werden -, weil sie das Erlebnis nicht adäquat wiedergeben können. Worte vermögen den Schmerz und das Entsetzen, das sie erlebt haben, nicht auszudrücken. Deren Intensität entzieht sich jedem Beschreibungsversuch. Sie haben das Gefühl, in einer persönlichen Hölle zu leben, und halten es für unvorstellbar, dass ein anderer Mensch ihre Empfindungen kennen könnte. Und dieses Gefühl ist ja durchaus richtig. Weil die mit Traumata verbundenen Emotionen und Symptome extrem sein können, schrecken die meisten Menschen (vor allem auch diejenigen, die Traumaopfern nahe stehen) vor diesen intensiven Reaktionen zurück und versuchen, sie zu unterdrücken. Das Verständnis und die Umgangsmöglichkeiten mit starken Emotionen sind in unserer Kultur nicht sehr groß, ihre Unterdrückung und Leugnung weit verbreitet. Sätze wie „Reiß dich zusammen, es ist ja vorbei", „Du solltest die ganze Sache vergessen, das Leben geht weiter!" sind das Übliche. So bleibt oft gar nichts anderes übrig, als nach außen so zu tun, als ob nichts geschehen wäre, so schwerwiegend die Symptome auch sein mögen. Das ist aber nur möglich mit Hilfe einer Überbetonung des rationalen Denkens und der massiven Unterdrückung von Impulsen und der Wahrnehmung von Körpersignalen, wie oben von den Frauen beschrieben.

So war es entscheidend für die Arbeit:
- diese Gefühle auszudrücken;
- sie „sichtbar" werden zu lassen;
- sie nicht vor sich und anderen zu verstecken;
- die Erfahrung zu vermitteln, dass sie sein dürfen;
- dass die Frauen sich mit ihnen angenommen fühlten;
- und sich damit zeigen konnten.

Und das war ungeheuer schwer. Wir haben in diesem Prozess neben Medusa noch einige andere Ungeheuer entdeckt. Aber die Erfahrung war, dass es „befreit" und Erleichterung bringt, einen Weg zu finden, das alles nach außen zu bringen, es nicht in sich und nicht allein zu tragen. Denn, wie eine der Frauen es ausdrückte: „Wenn ich mich von allem abschotte und jede Regung in mir abtöte, lebe ich doch nicht mehr. Ich will nicht mein ganzes Leben in diesem Gefängnis verbringen!"

Nach der traumatischen Erfahrung des Mißbrauchs, v.a. in der Kindheit, geht die Suche nach der eigenen Identität und dem vollständigen Leben nicht ohne den Prozess des Sich-Erinnerns. Leben geht nur mit der eigenen Geschichte und mit dem eigenen Körper. Dazu ist es notwendig, sich innerhalb der eigenen Person mit den gemachten Erfahrungen auseinanderzusetzen und zu versöhnen. Nur so ist es möglich, sich seine eigene Geschichte wieder anzueignen, zu eigen zu machen, und die geraubte Sexualität und Identität als Frau zurückzuholen!

Wie kann das nun gehen? Wie sieht dieser Weg aus?

Die Verbindung von Körper- und Dramatherapie und das Spiel mit mythischen Rollen – Der Weg zur Verwurzelung im eigenen Körper und in der sozialen Welt

Das Auge der Medusa – die mythische Verbindung

Im Mythos von Medusa wird jeder zu Stein, der ihr direkt in die Augen schaut. Das gilt auch für das Trauma. Wenn wir direkt dran gehen, tut das Trauma, was es immer getan hat: es jagt uns Angst ein und lässt uns erstarren. Was erzählt uns nun der Mythos über den Umgang mit Medusa?

Bevor der Held Perseus versuchte, Medusa unschädlich zu machen, bekam er von Athene, der Göttin der Weisheit, den Rat, Medusa nie direkt anzuschauen, sondern nur im Spiegelbild seines blank geputzten Schildes. So gelang es ihm, ihr den Kopf abzuschlagen. Und was geschah? Aus ihrem Körper kamen zwei Wesen heraus, mit denen sie seit undenklichen Zeiten schwanger gewesen war – Pegasus, das geflügelte Pferd und Chrysor, ein Krieger mit goldenem Schwert!

In Medusa, dem Erstarrung erzeugenden Ungeheuer, sind die zwei anderen Überlebensmöglichkeiten des Fliehens und Kämpfens verborgen! Das ist schon fast ein Hinweis mit dem Zaunpfahl auf die Ressourcen, die es beim Kampf mit Medusa zu entdecken gilt.

Grundannahmen bei der Entwicklung meines Arbeitsansatzes

1. Die Reaktion auf das traumatische Erlebnis ist zunächst eine rein physiologische, die vom Bewusstsein nicht steuerbar ist. Die traumatisierende Immobilitäts- und Erstarrungsreaktion geschieht im Körper als unwillkürlicher Prozess. Die physiologische Reaktionsbildung ist zwar durch individuelle personale Strukturen geprägt, aber nicht unmittelbar bewusst steuerbar. Die „Erstarrungsreaktion" kann dabei sehr vielfältige Formen zeigen, z.B. sich in zwanghaft gesteigerter Aktivität äußern oder in nach außen hin unauffälligem, manchmal perfektem Funktionieren im Alltag. Je intensiver oder auch je häufiger die traumatische Situation erlebt wurde, desto tiefere Schichten des Körpers sind davon betroffen und desto separierter und komprimierter sind sie. Und umso weniger sind sie der Wahrnehmung zugänglich. Der Zugang zur Wahrnehmung der Körperebene, dieser physiologischen „Heimat" der Traumatisierung, ist für mich der erste Schlüssel zur Lösung. Dazu bedarf es einer behutsamen, schrittweisen Aktivierung von motorischen Handlungsmustern, die zur Auflösung der Erstarrungsreaktion wichtig sind. Wichtig ist, zunächst ganz konkrete körperliche Erfahrungen von Kraft und Stärke, von Abgrenzung und Beweglichkeit zu vermitteln und allmählich

verschiedene körperliche Möglichkeiten der dosierten und bewussten Nutzung der ungeheuren gebundenen und komprimierten Energiemengen zu finden und so das Vertrauen in die eigene Fähigkeit zu stärken, mit starken Energien umgehen zu können.

2. Zur Dekomprimierung dieser festgehaltenen Energiemengen ist die Unterscheidung von Empfindung und Emotion notwendig. Mit Empfindung ist hier die konkrete Körperempfindung gemeint, z.B. die Wahrnehmung von Zittern, Enge in der Brust u.ä. Diese körperlichen Empfindungen als Angstgefühl wahrzunehmen, ist schon eine Einordnung/Wertung aufgrund vergangener Erfahrungen. In unserem Sprachgebrauch werden die Begriffe Empfindung und Gefühl oft synonym gebraucht; im Englischen z.B. ist die Unterscheidung zwischen sensation = Empfindung/Körperwahrnehmung und feelings = Gefühle deutlicher. Emotionen/Gefühle basieren auf Verbindungen zur Vergangenheit. Bei der traumatischen Erfahrung wurden bestimmte Körperempfindungen und die Wahrnehmung von hoher Energie und Intensität mit den Gefühlen von totaler Hilflosigkeit und ohnmächtiger Wut verknüpft. Diese Verbindung ist chronifiziert, bestimmte Körperempfindungen rufen automatisch diese Gefühle hervor. Deshalb ist es wichtig, zunächst die individuell unterschiedliche automatische Verknüpfung zu erkennen und dann zu versuchen, die Automatisierung aufzulösen. Dazu ist es zentral, die konkrete aktuelle Wahrnehmung des Körpers und der momentanen Situation von den (alten) Gefühlen unterscheiden zu lernen und wahrzunehmen, wie sie von der Vergangenheit gesteuert werden. Dass das so ist, ist den Frauen meist schmerzhaft bewusst. Aber das reicht nicht. Wichtig ist, die körperlichen Empfindungen, durch die diese alten Gefühle aktiviert werden, konkret wahrzunehmen und Alternativen zur bisherigen Reaktion zu haben. Dazu ist es hilfreich, die Präsenz im Hier und Jetzt zu üben, wie die Präsenz auf der Bühne, das Gegenwärtige zu erfahren, ohne es zu interpretieren oder verändern zu wollen. Bei dieser Verankerung in der Gegenwart und im Körper kann die Theaterarbeit eine wertvolle Hilfe darstellen. Die Präsenz auf der Bühne zu lernen heißt, voll und ganz da und im Moment zu sein und blitzschnell reagieren zu können. Das ist mit das Wichtigste bei der Schauspielarbeit, und es gibt eine Fülle von Übungsmöglichkeiten dazu.

3. Als weiteren Schritt, um aus dem alten Drama herauszukommen, erachte ich es für sehr wichtig, eine Wahrnehmung des allen physiologischen Prozessen innewohnenden Phänomens von Zyklus und Rhythmus und dauernder Veränderung zu vermitteln – und den Gegenpol von Erstarrung und Tod wirklich, mit allen Sinnen, „wahr" zu nehmen. Aus der Trauerarbeit ist bekannt, dass der Prozess des Trauerns seine Phasen hat und wie wichtig es ist, allen Phasen Zeit und Raum zu lassen und Menschen als Begleitung zu haben, die das zulassen können und „einfach" da sind.

Traumatisierte haben genau diese Erfahrung nicht machen können, dass es Zeit und Raum gibt für ihre Erfahrung und es Menschen gibt, die sie halten – und die Konfrontation mit diesen Erfahrungen aushalten, ohne in die gleiche Angst und Panik zu geraten wie sie. Und dass es nicht notwendig und manchmal auch gar nicht möglich ist, viel zu tun, dass es entscheidender sein kann, etwas sein lassen zu können. Dieser Prozess braucht Zeit und Geduld, man kann Ebbe und Flut nicht antreiben. Physiologische Prozesse haben ihre eigenen Gesetze. Es ist grundlegend für diese Arbeit, als Leiterin diese Haltung zu haben und sie auch als Gruppenklima zu etablieren.

4. Bei der Entstehung der Traumatisierung und ihrer Symptome ist, wie oben schon ausgeführt, nicht das traumatische Erlebnis selbst zentral, sondern die erstarrte Energie und ihre automatisierte Verknüpfung mit den o.g. Gefühlszuständen, die nicht aufgelöst werden kann und weiterhin lähmt. Demzufolge ist das Fokussieren auf das traumatische Erleben und ein erneutes Durchleben der damit verbundenen Gefühle in der Regel nicht sinnvoll. Im Gegenteil, das kann sogar eine Erneuerung der Traumatisierung und Verfestigung der Erstarrung zur Folge haben und den Teufelskreis des Wiederholungszwangs in Gang setzen. Das Trauma hat einen Sog, dem schwer zu entkommen ist. Die Kunst ist, in intensive Empfindungen und Gefühle hinein und wieder heraus gehen zu lernen. Und zwar langsam, Schritt für Schritt, immer bewusster und gezielter! Genau wie bei der Rollenarbeit, wo ich lerne, wie ich in eine Rolle hinein gehe und wie ich wieder aus ihr heraus gehe. Das ist basales Theaterhandwerk. Um den Schutz der Rollendistanz zu nutzen, achte ich sorgfältig darauf, nicht die persönliche Geschichte der Frauen zu spielen. Deshalb habe ich bei der Entwicklung des Stücks Rollenfiguren aus der griechischen Mythologie benutzt, in der, wie oben schon erwähnt, das Thema Missbrauch und Vergewaltigung in unendlichen Variationen vorkommt. Diese Rollen haben genau die Funktion von „Schild" und „Spiegel" aus dem Medusa-Mythos, in deren Schutz es möglich ist, sich dem Trauma zu nähern, ohne zu erstarren.

5. Die dramatherapeutische Vorgehensweise schafft einen durch Theaterregeln strukturierten Raum, in dem eine Auseinandersetzung mit extremen menschlichen Erfahrungen möglich ist, unabhängig von sonst bestehenden sozialen Regelsystemen. Des weiteren erfordern die Regeln des Theaters bei der Rollenarbeit, sich die dargestellte Erfahrung „einzuverleiben", sie gezielt und bewusst, mit allen Körperempfindungen und Gefühlen, in Ausdruck, in Bewegung, ins Spiel umzusetzen. Das hat notwendigerweise das Ende der Erstarrung, zumindest in diesem Kontext, zur Folge. Denn diese Rollen- und Szenenarbeit ist eben genau nicht Abbild der alten Erfahrung, sondern ermöglicht die Erfahrung einer Alternative zur Erstarrungsreaktion in einer gefühlsmäßigen Extremsituation. Darauf beruht m.E. ein wesentliches Element der heilenden Wirkung von Dramatherapie hier.

6. Unter „heilend" verstehe ich bei diesem Ansatz nicht die Auflösung der Traumatisierung oder die therapeutische Bearbeitung des traumatischen Ereignisses. Was ich mit meiner Arbeit anbiete, ist ein neues Identitätsmodell. Ich versuche, Erfahrungen mit anderen Persönlichkeitsanteilen und Verhaltensmöglichkeiten zu vermitteln, bei denen in der Bewegung, im (Rollen)-Wechsel, in der Veränderung, eine neue Struktur von Stabilität und Identität erfahrbar ist. Denn der „Sog des Traumas" beruht m.E. neben der physiologischen Verankerung sehr wesentlich auf seiner identitätsverengenden Wirkung. Stark vereinfacht lässt diese sich so beschreiben: Um überhaupt lebensfähig zu sein und sich nicht nur als Opfer zu erleben, übernimmt das Opfer einen Teil der Verantwortung für die Traumatisierung und sieht sich dabei als Akteur – „Ich bin erstarrt, ich hab mich nicht gewehrt, ich hab mit niemand gesprochen, ich war hilflos, etc." Diese Erfahrung und Sichtweise der eigenen Person wird, unter Abspaltung anderer Empfindungen, Gefühle und Handlungsimpulse, als identitätsprägend erlebt. Jede Erweiterung des Erlebens und Empfindens bedroht diese, bei allem Schmerz und aller Enge, eben doch haltgebende Identität. Mit meiner Arbeit suche ich die Verlebendigung und Integration des traumatischen Erlebens in eine fließende Identität zu erreichen und damit die Lockerung und Relativierung der Traumatisierung.

7. Um in diesem Sinne auf dem Weg zu einer vollständigeren Identität heilend zu wirken, genügt es nicht, diese ganze Arbeit im zwar nicht stillen, aber doch geheimen Kämmerlein zu machen. Dies möglichst so, dass die umgebende Welt unbehelligt bleibt und das Ganze weiterhin als rein persönliches Problem sehen kann. Genauso wenig heilsam ist es allerdings nach meiner Erfahrung, wenn die ganze Energie in Wut und Anklage stecken bleibt. Entscheidend ist, diese Erfahrungen in einer Form mitteilen zu können, dass sie wahrgenommen, für „wahr" genommen und angenommen werden. Es reicht nicht, zu lernen, sich selbst wahr- und anzunehmen. Notwendig für jede Identitätsentwicklung ist der Spiegel, von anderen wahrgenommen und angenommen zu werden, mit allen Aspekten der eigenen Person. Und der Bühnenraum und die Aufführung ermöglichen hier ein Weiteres: Sie erlauben das Wagnis, bisher ausgegrenzte Aspekte wie Rache, Raserei, den Ausdruck von Schmerz zu zeigen und damit weiterzuentwickeln. Das Ausleben der damit verbundenen lebens- und gemeinschaftsbedrohenden Gefühle und Handlungsimpulse werden damit möglich – ohne Gefahr für andere oder die eigene Identität. Indem durch den Theaterkontext die Dramatik und Bedrohlichkeit dieser komplexen Erfahrung intersubjektiv erfahrbar und so relativiert und akzeptierbar wird, ist die Integration dieser Persönlichkeitsanteile erst möglich und stärkt die bewegliche Identität der Spielerinnen.

8. Mit diesem Projekt wurde ein Weg gesucht, wie diese extremen „Geschichten" und ihre Geschichte erzählt werden und innere und äußere Akzeptanz finden können. Dazu ist es notwendig, Ausdrucksformen und Bilder zu finden, um sie anderen *nahe* bringen zu können, und so den Weg aus der Isolation heraus und zurück ins „*LEBEN!*", auch in die soziale Welt, die Gesellschaft, zu finden. Dazu bietet, wie oben ausgeführt, Theater die Möglichkeit. Meine Aufgabe in meiner Doppelfunktion als Regisseurin und Therapeutin ist es, eine Form von Stück und Aufführung zu finden, die nicht nur für die Spielerinnen, sondern auch für das Publikum heilsam sein kann, in dem Sinn, das Publikum teilhaben zu lassen, ohne die bekannte Abwehr oder wohlfeiles Mitleid zu aktivieren.

Zum konkreten Ablauf der Arbeit

Um einen Eindruck von dieser Arbeit zu vermitteln, möchte ich auch hier zuerst die Frauen ihr Erleben beschreiben lassen:

Christina (24): „Die Theatergruppe war und ist für mich wie eine Tür zu mir selbst. Durch sie ist es mir möglich, wieder Kontakt zu mir aufzunehmen und mir selbst näher kommen zu können.

Ich erlebe die Theatergruppe als einen Raum, durch den ich erfahre, dass ich ich sein darf und dass ich „missbraucht" sein darf. In dem Unausgesprochenes, Unterdrücktes, Stillgeschwiegenes, Schamhaftes eine Stimme findet und sein darf. Und – ganz wichtig – dass ich mir vertrauen darf. Durch das Spielen von den verschiedenen (Familien-, Kindheits-)Situationen unserer Rollen war es möglich, die zwischenmenschlichen, „nonverbalen" Beziehungen, Familienkonstellationen und verfestigten Verhaltensmuster anzuschauen, mich selbst besser zu verstehen und anders kennenzulernen. Und dadurch etwas von dem „alten Drama" loszulassen.

Sehr wichtig ist für mich dabei die Körperarbeit. Auf meinen Körper zu achten, über ihn wahrzunehmen, mich zu bewegen, meine Lebendigkeit, aber auch meine Starrheit zu spüren, hat es mir möglich gemacht, diese Starrheit und „Abgespaltenheit" zu überwinden und wieder zu mir und meiner Energie zu finden."

Susanne (37): „Das ganze Elend traut sich heraus.
Es anschauen können, und als existent begreifen.
Aufhören, es KLEIN zu machen!
All die Gefühle, die in verschiedenen Phasen des Hochkommens damit verbunden sind, rauslassen zu können. Ohne jemand dadurch zu schaden/zu „kränken".
Die Scham darüber zu überwinden, weil du im Kreise von Eingeweihten bist.
Da, wo ich mich zeigen kann, eine tiefe Liebe und Verbundenheit mit den anderen zu spüren.
Mich zeigen mit dem, was war.
Wahrgenommen werden mit dem, was war.

Dass Menschen hinschauen auf das, was war.

Dass wir was geleistet haben – trotzdem zu überleben – dem Tod zu widerstehen – und nun auch den Mut haben, uns damit zu zeigen. Dass das gewürdigt wird. Das ist Balsam, der heilt."

Helga (50): „Beim Projekt *LEBEN?!* wollte ich mir ja in erster Linie einen alten Traum erfüllen und mal „richtiges" Theater spielen. Den Inzest in meiner frühen Kindheit glaubte ich, nach 8 Jahren intensiver therapeutischer Auseinandersetzung, verarbeitet und hinter mir gelassen zu haben.

Weit gefehlt! Erst vor dem Publikum, in dieser Öffentlichkeit, habe ich den alten Pakt durchbrochen, darüber niemals zu „sprechen". Natürlich hatte ich schon vorher darüber gesprochen, mit der Therapeutin, mit FreundInnen, bei Diskussionen u.ä., aber mir war die noch vorhandene Gültigkeit des Pakts – nichts nach außen dringen zu lassen, nichts von mir und meinen wahren Gefühlen zu zeigen – bis zu der ersten Aufführung nicht bewusst gewesen."

Der Rahmen der Arbeit

Ich arbeite seit vielen Jahren in Gruppen- und Einzelarbeit, z.T. auch auf der Psychiatriestation einer Klinik mit missbrauchten Frauen, vereinzelt auch Männern. In den Anfängen, meiner therapeutischen Grundausbildung entsprechend, eher mit psychodramatischen Methoden, zunehmend dann mit körper- und dramatherapeutischen Methoden, aus den oben aufgeführten Gründen. Mit diesem Projekt wollte ich diese Arbeit weiterentwickeln, und das Wagnis eingehen, **theater**therapeutisch mit dem Thema „Missbrauch" zu arbeiten und es auf die Bühne zu bringen. Meine sehr positiven Erfahrungen mit einem derartigen Projekt mit Alkoholikern (siehe Aufsatz „*Tanz auf dem Vulkan*", in diesem Band) gaben mir den Mut dazu. Außerdem die Tatsache, dass die Idee aus der Arbeit und Gesprächen mit einigen der dann später am Projekt beteiligten Frauen entstanden war, die großes Interesse daran hatten und ich ihnen – und mir – das zutraute.

Die Gruppe bestand dann aus zehn Frauen, zwischen 23 und 56 Jahren alt, mit unterschiedlichsten Missbrauchserfahrungen. Die Hälfte von ihnen hatte schon davor mit mir gearbeitet, drei kamen über die Ausschreibung des Projekts im Rahmen der „Kampagne gegen Gewalt an Frauen, Mädchen und Jungen" dazu und zwei durch Weiterverweise ihrer Psychotherapeutinnen. Interessanterweise hatten sich auf die Ausschreibung über die Kampagne auch zwei Männer gemeldet, die in ihrer Kindheit missbraucht worden waren. Die Mehrheit der Frauen entschied aber, ohne Männer arbeiten zu wollen.

Die Frauen kamen aus einem Umkreis von z.T. bis zu 100 km, deshalb wurde eine Zeitstruktur von 14-tägigen Treffen mit einer Dauer von 3-4 Stunden und zusätzliche Wochenenden vereinbart. Finanziert wurde die Arbeit über einen Zuschuß des städtischen Frauenbüros im Rahmen der Kampagne, Spenden der Caritas, des Weißen Ring und Eigenbeiträgen der Frauen.

Die Arbeit mit dem Körper und dem Ausdruck von Gefühlen

Missbrauchte Frauen fühlen sich nicht sicher in ihrem Körper. Den eigenen Körper spüren und wahrnehmen zu können, ist nur schwer möglich. Der Körper ist voll toter Stellen und blinder Flecken. Die Wiederbelebung dieser toten Stellen geht, wie oben beschrieben, immer einher mit der Intensivierung von Empfindungen und dem Wecken von Erinnerungen. Beides versuchen die traumatisierten Frauen aus gutem Grund und oft um jeden Preis, zu vermeiden. In beidem liegt aber das Potenzial der Heilung. Das Problem ist, dass jegliches Angebot in diese Richtung zunächst einmal die eingefahrenen und bisher auch überlebenswichtigen Schutzmechanismen aktiviert. Deshalb ist eine therapeutische Begleitung notwendig, die diesen komplexen Zusammenhang zwischen somatischen und psychischen Gegebenheiten miteinbeziehen kann.

Um mit diesen Körperempfindungen und Erinnerungen umgehen zu können und sie produktiv zu nutzen, ohne in diesen Schutz- und Widerstandsmechanismen hängenzubleiben, versuche ich zunächst, genau dieses Thema von Schutz und Widerstand aufzugreifen. Ausgehend von den Hauptsymptomen traumatischer Störungen suche ich gezielt, den Gegenpol zu schaffen. Dem Erleben von Machtverlust, dem Verlust jeglichen Vertrauens in sich und die Welt und des Verlusts der Verbindung zu sich selbst und anderen stelle ich als Eckpfeiler diese Arbeitsprinzipien gegenüber:

➤ *Sicherheit* herstellen;
➤ *Vertrauen* in die eigene Kraft und die eigenen Fähigkeiten finden;
➤ *Verbindung* aufnehmen, zu sich, zu anderen und zur äußeren Welt.

Dazu sind nach meiner Erfahrung die folgenden Schritte, auch in dieser zyklischen Abfolge, wesentlich und zu diesen Themen habe ich die unterschiedlichsten körper- und drama-/ kreativtherapeutischen Formen und Methoden angeboten:

1. *Grenzen wahrnehmen* und setzen – einen sicheren Platz ganz konkret finden und schützen, den eigenen Abstand einnehmen, eigene Entscheidungen treffen, auch in kleinsten Details, d.h. aktive und v.a. körperliche Wege entwickeln zum Schutz vor Übergriffen, auch den eigenen;
2. *Stärke/Kraft finden*, Vertrauen in sich und andere, in den festen Boden unter den Füßen etc.;

3. *Abläufe im eigenen Körper wahrnehmen;*
4. *Präsenz im Körper und in der Gegenwart stärken, Fähigkeit entwickeln, Vergangenheit und Gegenwart zu trennen;*
5. *Ausdruck finden* - mit Gegenständen, malen, Körper, Stimme, ...;
6. *Der Weg aus der Isolation* – Verbindung zu anderen wahrnehmen, aufnehmen.

Beispiel: Grenzen setzen

Hier ein Beispiel zum Thema „Grenzen setzen" aus einer der ersten Gruppenstunden: Als körperliche Vorübung findet jede Frau im Sitzen ihre „Königin"-Haltung in Kontrast zur „Normal"- und zur „Kleinsein"-Haltung. Ich lasse sie durch mehrmaliges Hin- und Zurückwechseln von Normalsitzhaltung zu Königinhaltung detailliert nachvollziehen, was sie ganz konkret rein körperlich dazu verändern. Bei der nächsten Zweierübung steht eine Partnerin in Königinhaltung, die andere soll von jeder Seite näher kommen und die Königin sagt: „Stop, nicht weiter", wenn ihre Grenze erreicht ist. Dann richtet jede Frau mit Gegenständen im Raum (Stühlen, Decken, Tüchern und diversen Requisiten aus der Materialkiste) ihr Königinnenreich ein, möglichst prächtig und schön, und mit der Aufgabe, die Grenzen ihres Reiches deutlich zu markieren. Dann können drei der Frauen sich eine andere als Grenzwächterin wählen und ihr genau sagen, was sie zu tun hat, um die Grenze zu schützen. Die restlichen vier Frauen gehen herum, „besuchen" ... die drei Königinnen und überschreiten dabei die Grenzen. Danach wird im Gespräch genau ausgewertet, was sich an den jeweiligen Grenzen an konkreten Handlungen und Aktionen abgespielt hat, und erst dann im zweiten Schritt, mit welchen Gefühlen das verknüpft war.

Beispiel: Wahrnehmung des Bodens unter den Füßen

Eine spätere Gruppenstunde zum Thema „Wahrnehmung des Bodens unter den Füßen":
Am Anfang beschreibt jede Frau ihren momentanen Zustand als Wetterbericht (Ruhe vor dem Sturm, Altweibersommer, Nieselregen ...). Ich ermutige dazu, das Wetter möglichst detailliert zu beschreiben, durch Tages-, Nacht-, Jahreszeit u.a. zu ergänzen. Dann sucht jede ihren Platz im Raum, an dem sie sich wohlfühlt, geht die Grenzen dieses Platzes ab und klopft sie mit den Füssen fest. Ich lege Musik auf und gebe die Aufgabe, zu den Elementen Erde, Luft, Wasser und Feuer, zunächst einen Ton und dann eine Bewegung zu finden. Danach werden die Elemente gemalt, dann kreuz und quer Assoziationen zu „Erde" gesammelt. Die Frauen gehen an ihre Plätze zurück, finden einen Platz als Baum innerhalb ihrer Grenze und beschreiben die genaue Qualität ihres Bodens, ihres Baumes und die Jahreszeit.

Das hört sich wenig spektakulär an, fast banal. Aber diese Klein- und Feinarbeit ist sehr wesentlich. In dem letzten Beispiel geht es z.B. darum, die beim Prozess der Traumatisierung beschriebenen hohen Energiemengen, die im Körper gehalten werden und die u.a. zu dem Erstarrungssymptom führen, zu erden und eine „unbelastete" Erfahrung von physiologischen Vorgängen zu vermitteln. Ein Baum wird durch seine Wurzeln, die ihn mit der Erde verbinden, stark und widerstandsfähig. Er kann über diese Wurzeln Energie aufnehmen und ableiten, kann sich im Wind und im Wechsel der Jahreszeiten bewegen, ohne entwurzelt zu werden. Wichtig ist hier, in einem körperlichen Prozess und einer neuen Verknüpfung von körperlichem Empfinden und Phantasie-/Gefühls-/Denkfunktionen einen Zugang zu diesen Lebensqualitäten zu erfahren. Ich arbeite sehr viel mit Phantasie- und Vorstellungsbildern, um den „Kopf" damit beschäftigt zu halten, damit kein „Leerraum" für die Erinnerungen und damit verknüpften automatisierten Reaktionen entsteht und neue, mit positiven Bildern besetzte Verknüpfungen zu den Körperempfindungen etabliert werden können.

Aber vielleicht noch viel entscheidender als das, was im einzelnen gemacht wurde, war das wie. Eine klare Regel war z.B., dass jede Frau selbst entscheidet, ob und was sie mitmacht – ohne es begründen zu müssen. Das hatte zur Konsequenz, dass eine der Frauen fast ein halbes Jahr lang sehr regelmäßig kam, sich an ihren Platz an der Heizung setzte und sonst nichts tat. Irgendwann entschied sie dann, einige meiner „Vorschläge" mitzumachen. An diesem Punkt war meine Grundhaltung von Akzeptanz und Erlaubnis geben schon (heraus-)gefordert! Auf der anderen Seite war meine andere Grundhaltung, alles ganz genau und detailliert anzuschauen, für die Frauen manchmal ziemlich nervend, und der Sinn davon nicht immer unmittelbar einsehbar. Bei beidem war Klarheit und Konsequenz gefragt und natürlich indirekt das Thema „Sicherheit". Kann man dem, was ich sage und tue, wirklich trauen? Achte ich ihre Grenzen?

Ohne diese Vertrauensbasis wäre der dann folgende Prozess der Auseinandersetzung mit dem Thema „Missbrauch" nicht möglich gewesen.

Die Arbeit mit Rollen und deren „Verkörperung"

Bei meinem Ansatz der Rollenarbeit beziehe ich mich u.a. auf die Prinzipien der zeitgenössischen Dramatherapie, wie von Jennings, Landy u.a. beschrieben. Sie basieren auf einer über 40jährigen Erfahrung mit Drama und Theater als therapeutischem Medium in den verschiedensten Einsatzbereichen, vor allem in England und den USA. Die zwei für meinen Ansatz wesentlichen Prinzipien sind a) das Spiel und den Schutz von Rollen zum Entdecken neuer Handlungsmöglichkeiten zu nutzen und b) sich dabei zunächst primär auf die „fähigen", gegenwartsbezogenen Anteile der Persönlichkeit zu konzentrieren und diese zu stärken. Erst dann werden die verwundeten Seiten angegangen.

Nach der ersten Phase der oben geschilderten vertrauensbildenden und Sicherheit gebenden „Maßnahmen" ging es dann an unser Thema. Auf der Suche nach Rollen und Geschichten zu dem Thema „Missbrauch" wurde ich bei den griechischen Mythen fündig. Diese Mythologie, die neben der christlichen mit zu den Wurzeln unserer Kultur gehört, hat eine wahre „Schatzkammer" zu dem Thema zu bieten.

Zur Rollenfindung habe ich 20 Frauenfiguren aus der griechischen Mythologie ausgewählt und die jeweilige Geschichte dazu in einer Kurzbeschreibung zusammengefasst. Daraus zog jede Frau blind eine erste Rolle, eine zweite Rollenfigur wählten die Frauen nach dem Lesen der Kurzbeschreibungen selbst aus, so dass jede Frau zwei Rollenfiguren hatte. Zu diesen Rollen habe ich die Frauen dann über mehrere Monate selbst ausgedachte Kindheits- und Pubertätsszenen spielen lassen.

Beispiel: Penthesilea

Als Beispiel für diesen Prozess möchte ich eine Szene schildern. Eine der Frauen, Silke, hatte sich die Rolle der Penthesilea gewählt. Penthesilea ist im Mythos eine Amazonenkönigin, die im Trojanischen Krieg auf der Seite der Trojaner kämpft, unter anderem gegen den griechischen Helden Achilles. Er verliebt sich in Penthesilea, tötet sie aber beim Kampf und vergewaltigt dann ihre Leiche.

Silke wollte als Kindheitsszene von Penthesilea eine Situation spielen, in der die 8jährige zukünftige Amazonenkönigin mit Pfeil und Bogen allein im Wald unterwegs ist und von einer Meute Hyänen angefallen wird, aber sie sich mit ihren Waffen wehrt. Beim Spiel entwickelte sich die Situation aber so, dass sie in die Ecke gedrängt wurde und ihr Einschlagen auf die „Hyänen" mit dem Bogenstock die Wut und Energie der „Hyänen" nur noch verstärkte. Sie war hilflos, fliehen war nicht möglich und kämpfen verschlimmerte die Situation nur noch mehr – eine klassische Missbrauchsituation. Und sie reagierte entsprechend panisch und erstarrte.

Ich unterbrach das Spiel und fragte, welche Handlungsmöglichkeit die kleine Penthesilea in dieser Situation hat. Die Antwort war spontan „Keine! Sie wird umgebracht." Ich wies darauf hin, dass Penthesilea die Situation ja überlebt haben muss, denn nach dem Mythos sei sie auf jeden Fall erwachsen geworden. Ich fragte auch die anderen Frauen, was in dieser Kindheitssituation noch geschehen sein könnte. Keine Idee, es war, wie wenn alle in diesem Gefühl von Aussichtslosigkeit paralysiert und gefangen wären.

Ich blieb im Rahmen der Geschichte und fragte weiter, ob ein 8jähriges Amazonen- und Königinnenkind denn wirklich ganz allein im Wald wäre. Und da kam auf einmal die rettende Idee: „Na klar, die anderen Amazonen kommen auf ihren Pferden, sie springt drauf und reitet mit ihnen davon!" Und so wurde die Szene dann weitergespielt, und Silke war danach hoch erleichtert und befreit. Sie hatte, nachdem Kämpfen versagt hatte, die zweite aktive Überlebensstrategie des Fliehens gefunden und damit eine andere Möglichkeit außer dem Erstarren.

Der Kampf mit dem Ungeheuer oder das Aneignen der aggressiven Kraft

Ein weiterer ganz entscheidender Entwicklungsschritt war für die Frauen damit verbunden, die Täterrollen selbst zu spielen. Am Anfang gab es heftige Widerstände dagegen, pendelnd zwischen: „Das kann ich nicht" und: „Das will ich nicht" mit dem schließlichen: „Wollen wir doch mal sehen, wir haben jetzt schon so viel gespielt, was wir uns nie vorstellen konnten, also ....". Dem waren natürlich solche Szenen wie die gerade geschilderte Hyänengeschichte voraus gegangen. Den Frauen, die die Hyänen gespielt hatten, hatte das nach ihrer Aussage unbändigen Spaß gemacht und sie waren hinterher selber erschrocken darüber, wie sehr sie in dieser Rolle immer aggressiver geworden waren und das auch noch genossen hatten!

Beim Zugang zu den Männerrollen versuchte ich auch hier, zunächst möglichst auf der konkreten Körper- und Rollenebene zu bleiben. Wir übten, wie ein Mann steht, geht, Brustkorb, Knie, Becken bewegt, wie die Beine breitbeiniger bewegt werden können – und auch müssen, weil da „was" hängt. Dass Männer einen Penis haben, ist konkrete, „äußere" Realität, die für die Frauen ‚natürlich' mit einer hochproblematischen automatisierten Gefühlsverknüpfung verbunden ist. Umso wichtiger war es, genau an diesem kritischen Punkt diese Verknüpfung ansatzweise aufzulösen. Es soll außerdem die Haltung und Erfahrung vermittelt werden, dass die Dinge umso eher ihren Schrecken und ihr Gewicht verlieren, je selbstverständlicher und direkter ich sie konkret beim Namen nenne und damit umgehe.

Diesen Effekt erfuhren wir dann auch beim Spielen der Täterrollen. Bei der nächsten Szene ging es um die Vergewaltigung der jugendlichen Kallisto durch den Göttervater Zeus in Gestalt eines Hirsches. Ich erarbeitete auch hier die Details wie das Röhren eines Hirsches, das Schütteln des Hinterteils etc. In Erinnerung an die Männervorübungen steckte die junge Frau, die dann den Hirsch spielen sollte, sich „zum Spaß" einen Holzkegel als Penis in die Hose. Und sie spielte die Rolle so „göttlich" und mit so sichtlichem Genuß, dass es ihr und auch den anderen Frauen nach dem ersten Durchspiel zunächst ausgesprochen peinlich war. Ich ließ nur den Hirsch ohne die Vergewaltigung noch einmal spielen. Und jetzt war der Damm gebrochen, wir kugelten uns vor Lachen. Und damit war ein weiterer, noch viel entscheidenderer Damm überwunden: Die Frauen hatten angefangen, mit dem Thema im wahrsten Sinne des Wortes zu *spielen*, und damit hatte es nicht mehr die Macht über sie. Sie hatten die aktive Rolle übernommen, hatten *ihr* Spiel daraus gemacht!

Natürlich war das im Weiteren absolut nicht immer zum Lachen, aber es war wirklich ein Damm gebrochen. In der nächsten Zeit hatten wir nach den Spielen sehr viele Leichen auf der Bühne. Der Schutz der Rollen und die in ihrer Gewalt wirklich fast unglaublichen mythischen Geschichten erlaubten es, bisher ungeahnte/undenkbare Möglichkeiten auszuspielen und als durchaus auch in der eigenen Person vorhandene Fähigkeiten zu entdecken.

Bei diesem Prozess haben die Frauen Schritt für Schritt ihre in Hilflosigkeit erstarrte Reaktion und die festgehaltene, erstarrte Energie der ohnmächtigen Wut in ein eigenes, aktives, aggressives Handeln transformiert. Das war möglich im Schutz der Rollen und durch die „Erlaubnis", die der Handlungsverlauf der mythischen Geschichten gab.

Die Entwicklung des Stücks – Der Weg aus der Isolation, Teil 2: Verbindung nach „draußen", zur Welt

Inzwischen waren fast eineinhalb Jahre vergangen, wir hatten eine Unzahl von Szenen zu den verschiedenen Rollen und Mythen gespielt, die Frauen hatten, wenn auch in unterschiedlichen Graden, die Lust am Spielen und einiges von ihrer Kraft und ihren Fähigkeiten entdeckt. Jetzt kam der nächste wichtige Schritt in dem Prozess, sich nicht weiter zu verstecken und zu schämen, sondern sich zu zeigen und das Thema in einer „heilenden" Form öffentlich zu machen, nicht nur „privat"/individuell und im Schutzraum der Gruppe damit umzugehen.

Damit dieses Öffentlichmachen für die beteiligten Frauen wirklich „heilsam" sein kann, war es allerdings unabdingbar, dass die Spielerinnen geschützt sind, d.h., sich auf keinen Fall und in keiner Form mit ihrer privaten Geschichte öffentlich präsentieren und quasi „ausziehen".

Wir machten uns also an die zum Teil äußerst mühsame Arbeit, die Fülle von Szenen, die in dem bisherigen, eher therapeutisch orientierten Prozess entstanden waren, zu sichten und den überindividuellen roten Faden herauszuarbeiten. Dann ging es daran, die ausgewählten Szenen künstlerisch zu bearbeiten, zu verdichten, auf das Wesentliche zu reduzieren und von allem Privaten zu entkleiden. Das war nicht nur von der künstlerischen, sondern auch von der therapeutischen Wirkung ein schwieriger, aber sehr wichtiger Prozess. Hieß es doch, ein weiteres Stück des persönlichen Dramas und der Umgangs- und Ausdrucksformen, in denen man sich eingerichtet hatte und an denen man hing, herzugeben, loszulassen. Manchmal war das ganz konkret ein persönliches Requisit, mit dem bisher gespielt worden war, manchmal aber auch ganze Verhaltenskomplexe.

Als nächstes kam dann die für die Theaterarbeit sehr wichtige, aber oft sehr trockene und mühsame Arbeit des Wiederholbarmachens der festgelegten Szenen. Konkret heißt das, an jedem Detail der Szene, manchmal an jeder Bewegung zu feilen, ganz „trocken", ohne Emotion. Wenn das dann sitzt, geht es darum, diese Bewegung und Handlung wieder mit Emotion zu füllen. Das hatte, bei aller Schwierigkeit, den bei meinen Grundannahmen unter 2. geschilderten wichtigen therapeutischen Neben-Effekt, die Auflösung der automatischen Verknüpfungen von der körperlichen Ebene der Empfindung und der Gefühlsebene nachhaltig zu üben.

Diese Phase des Projekts erforderte, dass ich als Leiterin eine andere Rolle einnahm. Als Regisseurin war und ist es mir wichtig, gutes Theater zu machen. Alles andere finde ich eine Zumutung für Publikum und SpielerInnen. So war ich jetzt nicht mehr in erster Linie die Geduldige und Gewährende, sondern stellte z.T. hohe Anforderungen und wir mussten eine neue Arbeitsbasis finden. Das ging nicht ohne Widerstände und erhebliche Konflikte, aus denen aber im Endeffekt alle gestärkt herausgingen. Die Frauen waren „groß" geworden und bestanden auf ihren Meinungen und Grenzen. Wir führten eine Auseinandersetzung unter starken Frauen, die sich gegenseitig respektieren können und ein gemeinsames Ziel haben: ein gutes Stück auf die Bühne zu bringen und auf keinen Fall „Betroffenheitstheater" zu machen in dem Sinn, als missbrauchte Frauen als „die Allerärmsten" dazustehen und Mitleid zu bekommen. Der Wunsch und das Ziel waren sich zu zeigen, zu sich und zu dem, was gespielt wird, zu stehen. Dies in dem Selbstbewusstsein der immensen Kraft und Stärke, die dazu notwendig war, zu überleben und den Weg ins Leben unter diesen widrigsten Bedingungen zu suchen und auch gefunden zu haben. Und diese Erfahrung mitzuteilen, mit dem Publikum zu teilen, und sie so auch an die „Gesellschaft" zurückzugeben – als Aufgabe, nicht als Anklage. Und das ist weitgehend gelungen. Die Frauen haben wirklich mit Leib und Seele gespielt und sich in ihrer vollen Kraft, Selbstbewusstheit – und Schönheit gezeigt. Und die Reaktionen des Publikums, auch und gerade von Männern, war z.T. sehr bewegend und berührend und von großer Anerkennung geprägt.

Zum Arbeitsansatz mit den Tätern

Auf die Arbeit mit den Tätern, v.a. auf die ganz spezifischen Bedingungen einer solchen Arbeit im Rahmen einer „geschlossenen" Anstalt, möchte ich in diesem Artikel nur verkürzt eingehen. Wichtig ist mir hier, die Zusammenhänge zu der Arbeit mit den Frauen aufzuzeigen und was es für mich hieß, parallel mit Opfern und Tätern zu arbeiten.

Der Rahmen

Ich begann diese Arbeit im Januar 1999 im Rahmen eines Pilotprojekts des Justizministeriums Baden-Württemberg. Im Zusammenhang mit einer vorgesehenen Gesetzesänderung, welche die Zwangsanordnung von Therapie für Sexualstraftäter vorsieht, sollten mit diesem Pilotprojekt neue, nicht primär verbal orientierte Therapieformen erprobt bzw. entwickelt werden. Diese Therapieformen sollten einen Zugang zu Gefangenen ermöglichen, die einer Selbstwahrnehmung und -reflexion nur schwer zugänglich oder für empathieunfähig gehalten werden.

Ich hatte mich nicht selbst um diesen Job beworben, sondern war von einer Therapeutin, die meine Arbeit kannte, für diese Aufgabe empfohlen worden. In der Nacht nach dem ersten Vorgespräch in der Anstalt träumte ich, dass ich des Mordes angeklagt wäre, ohne ein Alibi zu haben. Ich empfand diesen Traum als Hinweis, die andere Seite anzuschauen, auch in die Sicht des Täters hineinzugehen, und diese Herausforderung anzunehmen.

Mein Arbeitsort ist die sozialtherapeutische Abteilung einer Haftanstalt. In dieser Abteilung sind ca. 60 Gewalt- und Sexualstraftäter inhaftiert, meist mit Mehrfachdelikten. Sie sind für voll schuldfähig befunden worden und müssen sich selbst um die Aufnahme in diese Abteilung bewerben. Sie verbringen dann ca. ein halbes Jahr im „Zugang", d.h. sie werden auf ihre Therapiefähigkeit und -willigkeit getestet, erst dann werden sie zur Therapie zugelassen. Früher war nur Einzeltherapie üblich, jetzt ist zusätzlich Gruppentherapie in einer der „Kreativtherapien" möglich. Im Rahmen des Pilotprojektes wurden parallel zu mir ein Musiktherapeut, später noch ein Tanz- und Bewegungstherapeut als Honorarkräfte angestellt, außerdem eine fest angestellte Ergotherapeutin.

Die Gruppe

Ich arbeite mit einer Gruppengröße von 4–8 Gefangenen, die Gruppensitzungen finden einmal wöchentlich nachmittags für 2 Stunden statt. Die Dauer einer Gruppentherapie ist auf 6 Monate festgelegt, dann wird entschieden, wer weitermacht oder diese Gruppe beendet bzw. in eine andere kreativtherapeutischen Gruppe wechselt. Die ersten 6 Monate hatte ich einen jungen Gefängnisbeamten zu meinem Schutz dabei. Da ich das gruppendynamisch schwierig fand und inzwischen auch ein tragfähiges Vertrauensverhältnis mit den Gefangenen aufgebaut hatte, arbeitete ich dann die nächsten eineinhalb Jahre alleine. Seit einem Jahr leite ich die Gruppen gemeinsam mit dem Bewegungstherapeuten.

Um einen Eindruck zu vermitteln, um welche Tathintergründe es dabei geht, hier als Beispiel die Zusammensetzung einer der Gruppen:

A., 28 J., 7jährige Haftstrafe wegen sexueller Nötigung, sexuellem Missbrauch von Kindern, Freiheitsberaubung und Vergewaltigung.

B., 29 J., wurde wegen dreifacher schwerer räuberischer Erpressung und Nötigung zu einer 7jährigen Haftstrafe verurteilt. Verschiedene Jugendstrafen wegen Diebstahl und Verstößen gegen das Waffen- und Betäubungsmittelgesetz.

C., 37 J., verschiedene Vorstrafen wegen Raub, Betrug, Körperverletzung, Nötigung und Zuhälterei, derzeit 5jährige Freiheitsstrafe wegen sexuellen Missbrauchs seines Stiefsohnes.

D., 39 J., 12jährige Freiheitsstrafe wegen sexuellen Missbrauchs, Entführung und Vergewaltigung von Kindern.

E., 40 J., Gesamtstrafe von 12 Jahren wegen versuchten Mordes, mehrfacher sexueller Nötigung und Vergewaltigung mit gefährlicher Körperverletzung.

F., 40 J., 13 Jahre Haft wegen mehrfacher sexueller Nötigung und verschiedenen Gewaltvergehen, u.a. versuchter Mord an einer Prostituierten. Im Anschluss an die Verbüßung der Haft ist für F. Sicherheitsverwahrung angeordnet.

G., 45 J., verbüßt wegen Mord, Vergewaltigung und sexueller Nötigung eine lebenslange Freiheitsstrafe. G. war selbst Opfer von Missbrauch und Gewalt in seiner Kindheit.

H., 49 J., verbüßt eine lebenslange Haftstrafe wegen Mordes und schweren Raubs.

Schon bei dieser Aufzählung wird vielleicht die Schwierigkeit des Unterfangens deutlich. Ich wurde und werde immer wieder gefragt, wie eine solche Arbeit im Gefängnis möglich und welche Haltung dazu nötig ist.

Ich gehe von der Grundannahme aus, dass ich Menschen nur dann zu einem respektvollen und menschlichen Verhalten führen kann, wenn ich selbst ihnen mit Respekt und Menschlichkeit begegne. Damit meine ich allerdings alles andere als eine vielleicht gutgemeinte, aber völlig kontraproduktive naive Haltung von „Mitmenschlichkeit", die außerdem auch nicht funktioniert. Es erfordert einiges an Stehvermögen und Bereitschaft zu harter Auseinandersetzung und Konfrontation, diesen gegenseitigen Respekt zu etablieren.

Der Begrenztheit bewusst versuche ich im Folgenden, v.a. anhand von Beispielen, einen Blick „hinter die Mauern", auch die der Vorurteile im eigenen Kopf, zu ermöglichen. Ein Leitbild für meine Haltung, die ich auch den Gefangenen so beschrieben habe, ist, dass ich an diese Arbeit herangehe wie ein Schauspieler oder Regisseur, der den Woyzeck oder die Medea spielen bzw. inszenieren will. Um das gut zu machen, ist es notwendig, in die Figur hineinzugehen, die innere Dynamik nachzuvollziehen und einen auch für andere nachvollziehbaren Ausdruck dafür zu finden, wie es dazu kommen kann, seine Geliebte oder seine Kinder zu töten. Als Schauspieler/Regisseur kann ich diese Aufgabe nur erfüllen, wenn ich nicht als Richter an sie herangehe und be- oder verurteile. Mein handlungsleitendes Interesse bei dieser Arbeit war es, genau dieser Frage nachzugehen: Wie kann/konnte es zu einer solchen Tat kommen und wie ist es möglich (wenn überhaupt) und was ist dazu notwendig, damit zu leben, den Weg zurück in die Gesellschaft zu finden? Und zwar mit der größtmöglichen Sicherheit, dass „es" nicht wieder passiert.

Dazu reicht m.E. keine Kopfeinsicht und keine noch so ehrlich gemeinte Absichtserklärung. Für entscheidend halte ich dafür die Handlungsebene. In den Handlungen und der Körpersprache werden die grundlegenden Verhaltens- und Beziehungsmuster deutlich, die sich oft der bewussten Wahrnehmung entziehen. Zunächst die Wahrnehmung dessen, was ich tue (nicht, was ich denke, dass ich tue) und die erst dann mögliche Auseinandersetzung damit, macht das Kennenlernen der unbewussten Antriebskräfte des Handelns möglich und damit den Ausstieg aus dem „Teufelskreis" der Wiederholung der Tat. Als Motto möchte ich hier den Körpertherapeuten Moshe Feldenkrais zitieren: „Erst wenn ich weiß, was ich tu, kann ich tun, was ich will!"

Zum Arbeitsansatz

Das immer noch weit verbreitete Klischee vom Sexualstraftäter als Lust- oder Triebtäter stimmt nach allen neueren Untersuchungen nicht. Meist sind Sexualdelikte Ventil für aufgestaute Aggressivität, verknüpft mit dem Versuch der Umkehrung permanenter Ohnmachts- und Misserfolgserfahrung und massiver sozialer und emotionaler Defizite. So, wie es für die Frauen wichtig war, mit der aggressiven Täterenergie in sich in Kontakt zu kommen, ist es hier bei der Arbeit mit den Männern wichtig, dass sie mit demjenigen ausgegrenzten Teil von sich in Kontakt kommen, der sich ohnmächtig, hilflos und bedürftig fühlt. Das ist die grundsätzliche Voraussetzung für die bei einer therapeutischen Arbeit mit Tätern so zentralen und auch angeforderten Empathie mit der Opferseite. Die große Gefahr dabei ist, dass diese Wahrnehmung der *eigenen* „Opferseite" auf die kognitive, rationale und verbale Bearbeitung beschränkt bleibt und dann als „Erklärung" und Begründung in die innere Rechtfertigungsschleife eingebaut wird. Damit ist nichts gewonnen, im Gegenteil – und ich könnte es vor mir selbst nicht rechtfertigen, dazu beizutragen.

Vom Grundansatz geht es bei meinem Arbeitsansatz mit den Gefangenen, wie bei den Frauen, um die Handlungsebene, und zunächst um die Arbeit mit dem Körper und den Ausdruck von Gefühlen, allerdings mit anderer Schwerpunktsetzung und z.T. anderen Methoden. Im Mittelpunkt des therapeutischen Prozesses steht auch hier der Körper. Körpersprache und Bewegungsausdruck sind das primäre Medium der Kommunikation, der Intervention und Gestaltung. Bei Sexual- und Gewaltstraftaten wird das persönliche Problem auf der Körperebene ausagiert. Das Besondere dieses Arbeitsansatzes besteht darin, auch die *Lösungswege* genau auf dieser Ebene zu suchen. Dazu ist es notwendig:

1. einen Zugang zur *Wahrnehmung des Körpers* zu finden. Als Methoden verwende ich hier zunächst eher aktivierende Übungen, auch, um aus eingefahrenen Bewegungs- und Verhaltensmustern herauszukommen. 8 Männer in einem Raum von 20 qm in 10 Minuten zum Schwitzen zu bringen, erfordert zwar einiges an Einfallsreichtum, ist aber möglich!

2. *Grenzen und Grenzverletzung wahrnehmen.* Auf diesem Thema liegt ein Schwerpunkt der Arbeit und ein großes Defizit bei den Gefangenen. Näheres dazu und zur Arbeit mit den erlebten (Grenz-)Verletzungen und Demütigungen weiter unten.

3. *Gefühle wahrnehmen und ausdrücken:* Damit tun die Männer sich erwartungsgemäß schwer. Ich war allerdings doch überrascht, wie massiv eine Vielzahl von unterschiedlichen Gefühlen sehr undifferenziert als „Wut" wahrgenommen und definiert wird, mit entsprechender Reaktion (auch hier: siehe Beispiel weiter unten).

4. *Wege aus der Isolation finden:* Verbindung zu anderen wahrnehmen und aufnehmen. Es gibt, etwas vereinfacht gesagt, zwei Grundhaltungen bei den Gefangenen: a) ich allein gegen den Rest der Welt und b) ich allein, verlassen vom Rest der Welt. Je nach Situation sind diese zwei Grundhaltungen innerhalb einer Person austauschbar. Um sich als soziales Wesen wahrzunehmen, – eine Grundvoraussetzung für „Sozialfähigkeit" -, ist die konkrete Wahrnehmung der Körper- und der Gegenwartsebene entscheidend. Es tut sich im wahrsten Sinne des Wortes eine andere Welt auf für die Gefangenen, wenn sie wahrhaftig sehen/spüren/wahrnehmen, dass sie die gleiche Luft atmen wie die anderen, dass und wie sie Einfluß darauf haben, wie die anderen auf sie reagieren und sie auf die anderen, sie die Situation und Gefühle mit anderen teilen und Teil eines Ganzen sind. Theoretisch mag das klar sein, im Prinzip sogar als Banalität gesehen werden, aber es körperlich und konkret zu spüren und diese Wahrnehmung zuzulassen, ist ein großer Unterschied und eine massive Konfrontation mit dem bisherigen Welt- und Selbstbild.

Zum Arbeitsprozess

Wie schon angedeutet, war es alles andere als einfach, eine Arbeitsbasis von gegenseitigem Respekt und Akzeptanz aufzubauen. Allein das ist in so hohem Maße schon ein Gegenprogramm zu dem, was die Gefangenen von sich, aber auch vom Gefängnisalltag kennen, dass die Schwierigkeiten und Widerstände entsprechend groß waren. Auf den institutionellen Rahmen einzugehen und die komplexen Zusammenhänge der spezifischen Bedingungen und Schwierigkeiten jeglicher therapeutischer Arbeit im Gefängnis, und zusätzlich z.B. den derzeitigen politischen „Erfolgs"- und Rechtfertigungsdruck, würde den Rahmen hier sprengen und ist einer späteren Veröffentlichung vorbehalten. (Ohne eine gute Supervision, die es ermöglicht, diese komplexen Zusammenhänge immer wieder zu klären und auseinanderzuhalten, wäre eine solche Arbeit übrigens m.E. nicht sinnvoll möglich.)

Ich möchte mich hier, wie angekündigt, darauf beschränken, anhand von Beispielen einen Einblick in die Möglichkeiten und Grenzen dieser Arbeit zu geben.

Beispiel: „Darf man diese Frage stellen?"
Bei der Arbeit mit dem Thema „Grenzen" hatte ich der Gruppe die Aufgabe gegeben, mit Gegenständen im Raum (Tische, Stühle, Matten, Tücher, etc.) ihren persönlichen Raum aufzubauen und

sich einen Platz darin zu suchen. Um die persönlichen Strategien und Umgangsformen mit Grenzverletzung in ihrem aktuellen Umfeld weiter zu erkunden, wählte einer der Gefangenen, ich nenne ihn hier A., und zwei Mitgefangene, welche die Rolle des Gefängnisses als Institution spielen sollten, in dem es diesen persönlichen Raum praktisch nicht gibt. Die zwei Gefängnis-Spieler kamen in A.'s „Raum", in dem er auf einer Matte unter einem Tisch saß, und nahmen ihm eins nach dem anderen weg, z.T. mit provokanten Äußerungen, was er stoisch hinnahm mit der Haltung: „Ich laß mich nicht aus der Ruhe bringen, ich laß mich nicht provozieren". Dann fingen sie an, ihm die Matte, auf der er saß, wegzuziehen. Da auf einmal fing er an, mit allen zur Verfügung stehenden Mitteln (als Regel für diese „Spiele" war körperliche Berührung untersagt), um diese Matte zu kämpfen.

Ich ließ das Spiel wiederholen und fragte bei jedem Gegenstand, den das „Gefängnis" wegnahm, was das für ihn sein könnte. Persönliche Briefe, privater Raum, die Möglichkeit zur Selbstbestimmung u.ä. waren die Antwort. Bei der Matte fing er wieder an zu kämpfen. Ich fragte. „Um was kämpfen Sie?" „Um mein Bett!" Ich: „Was ist so wichtig daran?" „Das ist das Einzige, was mir gehört!" Ich: „Gehört Ihnen das hier wirklich?" „Nein!" Ich: „Um was kämpfen Sie dann?" Stille, im ganzen Raum, man hätte eine Stecknadel fallen hören. Ich wiederholte die Frage, dann, kaum hörbar, A.: „Um einen Platz hier in der Welt...." Ich griff das Thema der Existenzberechtigung für die ganze Gruppe auf, und fragte, was ihre Haltung zu der Frage sei, ob und welchen Platz sie in dieser Welt, dieser Gesellschaft mit ihrer Tat hätten. Es war ein sehr intensiver Austausch. Nach Abschluß der Gruppe, beim Hinausgehen, kam einer der Gefangenen zu mir her und fragte: „Frau Lutz, darf man diese Frage stellen?"

Darf man das?

Beispiel: Gefühle

Um einen Zugang zur Wahrnehmung der eigenen Gefühle zu finden, sollte jeder der Männer eine Kindheitssituation spielen, in der er wütend war. Ich hatte vorgeschlagen, eine möglichst alltägliche Situation zu wählen. Ein Gefangener, B., sagte, er möchte zu dem Thema gern eine nicht alltägliche Szene spielen, die sich ihm dazu aufdränge, obwohl er sie gerne verdrängen würde.

Er erzählte dann eine Situation, bei der er als ca. 10Jähriger nach einem Sturz vom Fahrrad von einem Mann angesprochen wurde, der anbot, ihn mitzunehmen und das kaputte Fahrrad im Kofferraum. Der Mann fuhr dann stundenlang mit ihm durch die Gegend, missbrauchte ihn, und ließ ihn dann frei, nachdem es dunkel geworden war.

B. spielte den Teil, als er nach Hause kam mit kaputter und schmutziger Kleidung, zur Mutter in die Küche geht, die ihn ausschimpfte, weil er so spät und so schmutzig nach Hause kam und ihn zur Strafe ohne Essen ins Bett schickte. Dort saß er dann und war nach seiner Aussage „so wütend wie nie mehr in meinem Leben." Bei mir kam was völlig anderes an. Ich fragte ihn, ob er dieses Gefühl, das er gerade wahrnahm, auch anders nennen könnte. Er verneinte, er wäre einfach wütend.

Ich ließ die anderen Männer die gleiche Haltung einnehmen wie B. und bat sie, das Gefühl zu benennen, das sie bei sich oder bei B. wahrnahmen. Sie nannten eine ganze Palette von „enttäuscht, traurig, verletzt, ..." bis zu „gnadenlos allein gelassen" und „verlassen". Bei den letzteren fing B. an zu weinen, der entscheidende Punkt war getroffen. Und wie meist, wenn das geschieht, reagierten die anderen Männer zunächst betreten bis unangenehm berührt. Es ist ein langer Weg zu ...

Beispiel: Vater und Sohn

Im Gegensatz zu der Arbeit bei den Frauen war es für die Männer sehr schwierig, fremde Rollen einzunehmen. Es war für sie zunächst kaum möglich, in eine andere Sichtweise hineinzugehen, der „Spielraum" bewegte sich in einem sehr kleinen Radius um ihre persönliche Erfahrung herum. Um sie dort abzuholen und zu erreichen, arbeitete ich immer wieder mit eher psychodramatischen Methoden an ihrer persönlichen Biografie entlang (wie aus den bisher aufgeführten Beispielen deutlich wird) und versuchte von dort, Brücken zu schlagen und „Ausflüge" in andere Welten zu unternehmen. Ein solcher Versuch war, dass ich sie fragte, ob es aktuell einen Film oder Roman gäbe, der sie emotional berührt hätte.

Ganz schnell war die Gruppe sich einig, dass ein kürzlich gesehener Fernsehfilm sie sehr beschäftigt habe. Er handelte von einem krebskranken 15Jährigen, der in der Nacht vor der Chemotherapie, die er vielleicht nicht überleben wird, wenigstens einmal in seinem Leben mit einer Frau schlafen will. Der Vater, der sich bisher nie um den bei seiner Mutter lebenden Jungen gekümmert hat, sucht ihm eine Frau und findet sie in einer Prostituierten.

Natürlich war für die Männer zunächst ganz offensichtlich der Bezug zu dem Thema Sexualität interessant. Ich schlug vor, dass sich jeweils zwei eine Situation des Films auswählen und sie spielen. Überraschenderweise wählten sie alle, unabhängig voneinander, eine Begegnung von Vater und Sohn. Über mehrere Gruppenstunden spielten wir diese Situationen in allen denkbaren Varianten durch – und sie waren mit Feuereifer dabei. Jeder Gefangene entwickelte seine eigenen Szenarien, einer schrieb in seiner Freizeit ein richtiges Stück zu dem Thema, mit ausgefeilten Dialogen und verteilten Rollen.

Auf einmal war es möglich, die Palette der unterschiedlichsten Gefühle und Verhaltensmöglichkeiten auszuloten. Und es war möglich, in eine Rolle ganz reinzugehen und aus der Sicht des Jungen, aber auch des Vaters, konfrontiert mit dem Tod und angesichts der vielleicht letzten Chance, Bedürfnisse und Sehnsüchte wahrzunehmen, sich einzugestehen und sie auch auszudrücken. Und das Bedürfnis nach einem Vater war riesengroß, und zwar nach einem Vater, der ein männliches Bild, ein Vorbild dafür gibt, dass Stärke, Männlichkeit, Zuwendung und das Eingeständnis und der Ausdruck von Bedürfnissen und Gefühlen in einer Person vereint sein kann.

Beispiel: Im Grab

Mit einer kleinen Gruppe von vier Gefangenen arbeitete ich ein halbes Jahr lang gezielt deliktorientiert. Vereinbartes Ziel dieser Gruppe war, den Weg zum Delikt nachzuvollziehen und mehr darüber herauszufinden, wie und aufgrund welcher tiefliegenden Verhaltens- und Beziehungsmuster es zur Tat kommen konnte. Im zweiten Teil sollte es um die Auseinandersetzung mit dem Opfer und dem Thema „Schuld" gehen. Bei zwei der Männer ging es um Tötungsdelikte ohne sexuellen Hintergrund, bei den zwei anderen um Vergewaltigung mit versuchtem Mord bzw. sexuellem Missbrauch in der Familie.

C. hatte bei der Beerdigung seines Bruders mit Tötungsabsicht auf dessen Freundin geschossen. Sie überlebte, ist aber querschnittsgelähmt. Für C. war der Tod seines Bruders ihr Verschulden und er war der Meinung, dass er seinen Bruder rächen musste. An dieser Sichtweise hielt C. eisern fest und damit an seiner inneren Berechtigung zur Tat, auch wenn er einsah, dass Töten nicht in Ordnung war und das bereute und gern ungeschehen gemacht hätte. Das Ganze spielte im Zuhältermilieu, wo bestimmte Regeln von Mann-Sein und „Männerehre" einen hohen Stellenwert haben. Obwohl C. sonst sehr offen und zur Auseinandersetzung mit sich bereit war und er sich in der Gruppe als durchaus warmherziger, gefühlvoller Mensch zeigte, war er an diesem Punkt absolut „dicht". Nach mehreren fehlgeschlagenen Versuchen, einen Zugang zu finden, sah ich keine Möglichkeit mehr. Ich erlebte ihn als völlig gefangen in dem Wertesystem und seinem Bild von männlicher Identität.

Da es mir sehr widerstrebt aufzugeben, machte ich einen letzten drastischen Versuch und ließ C. die Beerdigung seines Bruders spielen, allerdings nur den Teil vor der Tat. Ich schlug ihm vor, die Rolle seines Bruders als Toter zu spielen und das Ganze aus dessen Sicht wahrzunehmen. Ich führte ihn ausführlich in die Rolle des toten Bruders ein, der jetzt keine Schmerzen mehr spürt und diese ganze Welt mit all ihren Regeln und Gesetzen hinter sich hat. Dann bat ich ihn, als dieser tote Bruder mit seinem lebenden Bruder (also sich selbst, gespielt von einem der Männer) zu sprechen und zu sagen, was ihm jetzt als Toter noch wichtig ist und was er sich von oder für seinen Bruder wünscht. Und was ich kaum noch für möglich gehalten hätte, geschah. Er sprach als ein völlig anderer, auch mit einer anderen Qualität von Stimme und mit einer sehr großen inneren Ruhe. Und als erstes bat er seinen Bruder, auf seine Freundin aufzupassen und dafür zu sorgen, dass es ihr gut ginge.

Nach dem Spiel konnte er sich zunächst kaum daran erinnern, was er als Toter gesagt hatte. Ich ließ ihn diesen Teil noch einmal in seiner eigenen Rolle spielen und sich die Worte des toten Bruders anhören. Und erst jetzt wurde ihm das ganze Ausmaß dessen klar, was er gesagt hatte. Sein ganzes Rechtfertigungssystem brach zusammen und er konnte – und musste vor sich selbst – im Folgenden seine Schuld annehmen und dem Opfer mit einer anderen Haltung gegenübertreten.

Beispiel: „Der Fluch" und die Frage nach dem Trauma

In der ersten Gruppe, mit der ich arbeitete, war ein junger Mann, D., inzwischen 24, der mit 18 Jahren drei Frauen getötet hatte, seine Freundin und deren Mutter und Schwester. Die Strafdauer war wegen der ihm attestierten gestörten Persönlichkeitsentwicklung nach dem Jugendstrafrecht festgelegt worden, nach seiner Aussage, auch vor Gericht, kann er sich nicht an die Tat erinnern. D. zeigte sich in der Gruppe als eher überangepasster, sehr bemühter „Junge". Seine körperliche Beweglichkeit und Gesichtsmimik waren sehr reduziert, er wirkte wie erstarrt und bewegte sich steif wie eine Marionette mit eingefrorener Mimik und mit einem, durch eine starke Brille verstärktem, starren Blick. Seine Intelligenz war eher unterdurchschnittlich. Die anderen Gefangenen begegneten ihm durchaus mit Respekt, u.a. weil seine Tat in der Gefängnishierarchie natürlich weit höher angesiedelt ist als Vergewaltigung und Pädophilie, aber auch, weil er etwas unheimlich wirkte. Die intensive Körperarbeit und Beweglichkeitsübungen machte er gerne mit, er wurde langsam lockerer und reagierte auf Aufmerksamkeit von mir mit einem überraschten Lächeln. Ich war dann wiederum überrascht, als er sich bei der oben berichteten Vater-Sohn-Arbeit auf einmal engagiert an den Gesprächen beteiligte.

Als einen weiteren „Ausflug" aus den eingefahrenen Verhaltensmustern und Sichtweisen heraus baute ich mit Unterstützung der Ergotherapeutin mit den Gefangenen selbstgestaltete Masken. Zu den entstandenen Figuren ließ ich die Gefangenen eine Personenbeschreibung und Lebensgeschichte erfinden.

D. nannte seine Maske „Claudius" und beschrieb sie so: „Claudius lebte bis zu seinem 18. Lebensjahr bei seinen Eltern in einem großen Dorf. Seine Eltern waren angesehene Leute, der Vater war Zimmermann, die Mutter arbeitete in einer Schneiderei für die Landesherrschaft. Seit seinem 18. Lebensjahr zieht Claudius durch die Welt, wo er viel erfahren hat. In schlechten Zeiten bettelt er sich durch die Ortschaften, und ansonsten sorgt er in den Gaststätten für gute Laune und Unterhaltung. In vielen Gegenden wird er nicht gerne gesehen. Da glaubt man, dass ein Fluch auf ihm lastet. Leute werden krank, einige sterben, immer dann, wenn er in dem Ort oder der Stadt ist.

Keine Arbeit kann ihn reizen, sie zu tun, wobei er hilfsbedürftigen Leuten gerne hilft, eine schwere Last zu tragen."

Natürlich eignet sich diese Geschichte gut für Interpretationen, die ich bei dieser Arbeit aber möglichst vermeide. Zudem hatte ich den Eindruck, dass die Gefangenen damit eher überfüttert sind, und speziell bei D., dass er Interpretationen kaum auf sich und sein Verhalten beziehen konnte. Mir war es bei der Arbeit mit dieser Geschichte wichtig, dass er aus seiner Erstarrung heraus ins Spiel und in Bewegung kommt und Zugang zu Körperwahrnehmung und Gefühlen hat und einen Bezugsrahmen, die es ihm erlauben, diese ein- und zuzuordnen – und sie dadurch z.T. überhaupt erst wahrzunehmen.

Ich ließ ihn die Geschichte spielen. Als ich ihn aufforderte, mit dem Abschied bzw. dem Weggehen von den Eltern zu beginnen, fiel ihm nichts dazu ein und er begann mit seinem Zug durch die Welt. Ich erarbeitete dann auf der konkret körperlichen Ausdrucksebene das Betteln und die Gegensätze des „für gute Laune Sorgens" und dem Fluch, der von den Leuten wahrgenommen wird. Das Betteln und „Unterhalten" waren ihm sehr fremd, er musste die Bewegungssprache dafür fast wie ein ABC-Schütze lernen. Als ich ihn aufforderte, mit seinem Körperausdruck zu zeigen, woran die Leute erkennen, dass ein Fluch auf ihm laste, lieferte er eine Überzeichnung, fast eine Karikatur des oben beschriebenen marionettenhaften Verhaltens. Auf die Frage, wie es in Claudius' Geschichte zu dem Fluch kam, wusste er keine Antwort außer „Er war halt da!"

Am Ende der Stunde äußerte D. – scheinbar zusammenhanglos – den Wunsch, seine Tat zu spielen. Offenbar hatte er durch die Erfahrungen im Spiel selbst den Zusammenhang der Claudius-Geschichte zu seiner Problematik hergestellt. Ich griff diesen Wunsch auf. Da ich es v.a. in seinem speziellen Fall nicht für sinnvoll halte, die Tat selbst zu wiederholen, einigte ich mich mit ihm und der Gruppe darauf, beim nächsten Mal den Tag, welcher der Tat vorausging, anzuschauen und Situationen daraus zu spielen. Wir spielten dann zuerst eine Situation mittags, wo er versuchte, für die Berufsschule zu lernen, von seinem Halbbruder mit Aufträgen daran gehindert und wegen seiner Lernschwierigkeiten gehänselt wurde. Dann die Situation, wie er für den Vater, in dessen Betrieb er eine Metzgerlehre absolviert, Wurst machen sollte, sich sehr bemühte, es recht zu machen und in einem Ausmaß um Anerkennung „bettelte", dass es uns „Zuschauern" den Hals zuschnürte. Das wurde ihm nach dieser Szene zurückgemeldet; seine Wahrnehmung war, dass er nichts recht machen konnte. In der nächsten Situation befahl ihm der Vater, zur Strafe für das nicht gelungene Wurstmachen nach Feierabend allein das Kühlhaus zu putzen. Er fing zunächst ganz brav damit an und schmiss dann plötzlich den Besen hin und stand erstarrt da.

In dem Moment war für uns andere eine massive, erstarrte, eisige Wut zu spüren (die Szene spielt im Kühlhaus!), die den ganzen Raum zu füllen schien und für die mir der Ausdruck „mörderische Wut" absolut zutreffend erscheint. Bei den anderen Gefangenen löste sie z.T. ganz konkret Gänsehaut aus. Von D. wurde sie aber erst nach der Rückmeldung und dem Wiederholen dieser Situation wahrgenommen. Er erzählte dann, dass er danach zur Freundin ging. Diese hatte keine Zeit und wies ihn als lästig ab. In der Hosentasche hatte er das Messer. Die Erinnerung an die Tat war klar da, seine Beschreibung des Geschehens war „Ich weiß nicht, was mich trieb, ich musste einfach zustechen".

Und das war in dem Moment absolut glaubhaft. Aber wie konnte es zu dieser Tat kommen? Was könnte „der Fluch" sein?

Levine schreibt in seinem Buch „Trauma-Heilung"[143] von vergewaltigten Frauen, die nach der Überwindung des erlittenen Schocks oft erst nach Monaten oder sogar Jahren aus der Erstarrung aufwachen und dann den starken Impuls haben, den Täter zu töten. Der Normalfall ist, dass dieser Impuls so beängstigend ist, dass sie (ich zitiere jetzt wörtlich) „ihn nach innen gegen sich selbst richten und die implodierte Wut die Form einer Angstdepression einnimmt, mit den vielfältigen Symptomen von posttraumatischem Stress. Manche Frauen haben aber den Täter wirklich getötet und sind wegen geplanten Mordes verurteilt worden, weil ihre Tat aufgrund der Zeitspanne zwischen dem traumatischen Erlebnis und ihrer Reaktion als geplant verstanden wurde. Zumindest einigen dieser Frauen ist womöglich Unrecht getan worden, weil die Richter das biologische Drama missverstanden haben, das sich bei den Betreffenden abgespielt haben könnte. Die Frauen könnten aufgrund der tiefgreifenden, dem Selbstschutz dienenden Wutreaktion gehandelt haben, die ihnen einen Gegenangriff ermöglichen sollte, nachdem sie den Zustand der Immobilität verlassen hatten und ihre für den Überlebenskampf mobilisierte Energie wieder frei wurde. (...) Einige dieser Morde hätten durch eine effektive Behandlung des posttraumatischen Schocks verhindert werden können."[144]

Soweit Peter Levine. Auch wenn ich den Bezug zur Biologie in der Form problematisch finde, beschreibt dieser Text doch Zusammenhänge und wirft Fragen auf, die sich mir bei D. auch gestellt haben. Das Thema der Traumatisierung und der therapeutische Umgang damit wird meines Wissens bisher bei der Täterbehandlung kaum behandelt. Der Gefahr bewusst, dass dieser Zusammenhang als „Erklärung" und Begründung/Rechtfertigung benutzt, bzw. missbraucht werden kann, sehe ich doch bei der Arbeit mit den Gefangenen immer wieder die gleichen Symptome wie bei den Frauen. Die körperliche und emotionale Erstarrung, die Einengung und Fixierung der Identität, die Abspaltung und Ausgrenzung von Wahrnehmung, erlebe ich bei den Männern sogar in noch viel höherem Maße. Aber der Zugang dazu ist umso verbauter.

---

143 ebenda, S.109.
144 ebenda.

Und gerade im Kontrast wurde und wird mir immer wieder deutlich, welch große Rolle bei der Wirkung dieses Arbeitsansatzes die Akzeptanz durch die Gruppe spielt, das Erleben von Sich-zeigen-können und Gesehen- und Angenommen-Sein auch der unangenehmen, bedürftigen oder schrecklichen Seiten. Die Momente, in denen das gelang, waren für mich und die Frauen immer die, die „nähren", Herz und Sinne öffnen, das Leben trotz alledem lebens- und liebenswert machen und mit Sinn füllen. Das war bei den Gefangenen nur minimal möglich, was natürlich noch durch den institutionellen Rahmen des Gefängnisses und die dort herrschenden „Gesetze" verstärkt wird.

Zum Sinn des „Ganzen"

Trotz den z.T. durchaus sichtbaren Erfolgen muss ich leider sagen, dass die Arbeit mit den Männern mehr Fragen für mich aufwirft und warf, als mir lieb ist. Sie stellt Sicherheiten in Frage, die ich aus der Arbeit mit den Frauen gewonnen hatte. Oft genug bin ich an Grenzen gelangt, z.T. waren es die Mauern der Institution, an denen ich mir den Kopf angeschlagen habe und auch meine Ohnmacht erkennen musste. Zum Teil war ich auch mit der prinzipiellen Unmöglichkeit konfrontiert, „die Welt zu erklären" und zu verstehen, was „Menschen möglich" ist.

Zum anderen Teil haben mich diese Grenzen immer wieder zur Auseinandersetzung mit meinem Arbeitsansatz geführt. U.a. beschäftigte mich die Tatsache, dass ich bei der Arbeit mit den Männern in Krisensituationen, wenn – scheinbar – nichts mehr ging, auf mein psychodramatisches Handwerkszeug und Repertoire zurückgegriffen habe und dann wiederum mit dessen Begrenztheit konfrontiert war. Ich bin nach meiner langjährigen Arbeit auch mit schwierigsten Problemgruppen zu der immer tieferen Überzeugung gelangt, dass „Heilung", wenn sie überhaupt möglich ist, nur über einen Wechsel der Sichtweise und Perspektive geht, nur dann, wenn es gelingt, aus dem begrenzten Spektrum der individuellen Welt und bisherigen Erfahrung herauszutreten und eine weitere Perspektive einzunehmen, die Sicht des „anderen".

Die Arbeit mit den Tätern hatte ich begonnen mit der mir selbst gestellten Aufgabe, „die andere Seite" zu erfahren. Und wenn ich jetzt zum Abschluss dieses Berichts versuche, von einer weiteren Perspektive auf diese Arbeit zu schauen, stellen sich mir weitere Fragen: Auf der Opfer- wie der Täterseite wird das Ausmaß an Dramatik schon in dieser verkürzten Darstellung deutlich, auf jeden Fall ahnbar. Ist das wirklich nur ein persönliches Drama? Und ist es wirklich individuell, auf sich allein gestellt, tragbar?

Wir messen in unserem Kulturkreis der Individualität, dem individuellen Schicksal und der persönlichen Schuld und Verantwortung einen hohen Stellenwert zu. Ohne letzteres in Frage zu stellen, zeigen uns z.B. die antiken Dramen, die wir bis heute als durchaus aktuell erleben, eine Einordnung und Eingliederung dieser Themen in größere Zusammenhänge, die uns fehlt. Wie anfangs ausgeführt, stellen sie die Fragen nach Schuld und Sühne, Liebe und Verrat als existentiell menschliche Fragen, die alle angehen. Und ich frage mich, inwieweit sowohl die Täter als auch die Opfer von Gewalt und Missbrauch, beide Seiten, einen Beitrag und Dienst am Allgemeinen leisten – sicher unbewusst – und Fragestellungen aufgreifen, die uns alle angehen. Fragen, die sich z.B. aktuell „damals" nach Auschwitz stellten und sich jetzt, wieder neu und verschärft auf vielen Ebenen, nach dem 11. September 2001 stellen *(so man sie denn stellen will!)*.

Diese Sichtweise kann die Bedeutung des individuellen Dramas relativieren, aber es hebt vielleicht auch das häufig anzutreffende Gefühl von Sinn- und Nutzlosigkeit des Ganzen auf. Wenn es den Betroffenen, die das Leid und die „Lasten" tragen (siehe Claudius, der in D.'s Geschichte gerne dabei hilft), möglich ist, sich dieses größeren Zusammenhangs und ihrer Rolle darin bewusst zu werden, haben sie vielleicht eher die Möglichkeit, eine andere Lebensqualität zu erfahren. Diese Rolle anzunehmen kann bedeuten, nicht nur zu leiden und sich als ausgestoßen, minderwertig und „loser" der Geschichte zu erleben, sondern als sinnvoller Teil eines größeren Ganzen. Keine Vergewaltigung, kein Missbrauch und kein Mord ist aufhebbar, durch irgendeine Verarbeitung „lösbar". Aber ich hoffe, es ist möglich, damit menschenwürdig zu leben. Und gesehen zu werden als das, was Täter und Opfer sind: Ein Teil von uns. Wir haben alle teil an der ganzen Geschichte, und „wer ohne Schuld ist, der werfe den ersten Stein"!

Dramatherapie in der Arbeit mit schwer traumatisierten Kindern
Von Ilona Levin

> *„Jedes spielende Kind benimmt sich wie ein Dichter, indem es sich eine eigene Welt erschafft oder, richtiger gesagt, die Dinge seiner Welt in eine neue ihm gefällige Ordnung versetzt."*
> – S. Freud

Allgemeines

In der Dramatherapie wird die Vielfalt der Theaterarbeit, Improvisation, Rollen- und Bühnenarbeit, Bewegung, Musik- und Tanztheater, Schwarzes Theater, Puppen/Figuren- und Maskentheater usw., für die klinische, psychotherapeutische und pädagogische und supervisorische Arbeit genutzt.

Aus der Verbindung von Theater und Therapie ergibt sich ein breites Spektrum wirksamer Behandlungsmöglichkeiten. Dramatherapie hat sich für den Einsatz in klinischer, psychotherapeutischer und supervisorischer Arbeit bewährt. Schwierigste Klienten/Patienten, die als nicht gruppenfähig oder „therapieresistent" gelten, sind mit Theater/dramatherapeutischen Methoden zu erreichen (z.B Arbeit mit Suchtkranken, Psychiatrie, Forensik, schwer traumatisierte Kinder und Jugendliche mit aggressivem Verhalten). Im Spiel werden neue Rollen und Haltungen erprobt, Kommunikation, soziales Lernen und soziale Kompetenz werden gefördert, Begabungen können geweckt, Fähigkeiten und Stärken – Ressourcen – entdeckt werden.

Grundlagen

In dramatherapeutischen Kindergruppen haben wir bisher vorwiegend mit schwer traumatisierten, teilweise kriegstraumatisierten Kindern gearbeitet, die in Schule und sozialem Umfeld durch Unruhe, Konzentrationsmangel und hohes Agressions-Potenzial auffielen und sich dadurch in schulische oder außerschulische Gruppen (Sportverein etc.), nur schlecht oder gar nicht integrieren ließen: Kinder, die in ihrer Entwicklung gestört wurden, die nicht die Bedingungen fanden, die sie für Ihre Entwicklung benötigt hätten, brauchen einen „Spielraum" im Sinne des „Potenzial Space" Winnicotts[145] einen Möglichkeitsraum,[146] einen Raum, in dem für sie Entwicklung möglich wird. Sie benötigen eine Gruppe, in der sie mit ihrer Verstörtheit aufgehoben sind, aus der sie nicht wegen ihres Verhaltens ausgeschlossen werden und in der es trotzdem noch für alle Beteiligten, TherapeutInnen und Kinder möglich bleibt, miteinander zu arbeiten. Sie benötigen Struktur, aber kein für sie uneinhaltbares Regelwerk, in dem sie Forderungen ausgesetzt werden, die sie nicht erfüllen können. Unter dem Druck solcher Forderungen (stillsitzen, der Reihe nach sprechen, etc.), würden diese Kinder wieder versagen, wieder würden ihre Defizite deutlich werden, während es gerade darum gehen muss, ihre Fähigkeiten und Potenziale, ihre Ressourcen zu entdecken und zu unterstützen.

Wir können von Kindern in extremen Lebenssituationen (z.B. kriegstraumatisierten Kindern) nicht erwarten, dass sie sich einer Gruppe anpassen. Die Art der Gruppenarbeit muss sich ihnen anpassen. Für diese Kinder ist die Methode der Integrativen Dramatherapie besonders geeignet. Warum das so ist, das wird – so hoffe ich – in den folgenden Ausführungen deutlich werden.

Die Vorbereitungsphase

Wir lernen das Kind in einem Vorgespräch mit den Bezugspersonen, Eltern oder einem Elternteil kennen. Meist werden die Kinder auf Empfehlung einer Institution (Kinderarzt, Erziehungsberatung, Schule, etc.) angemeldet. Im Erstgespräch legen wir für die spätere Gruppenarbeit Wert darauf, etwas über die Fähigkeiten und Stärken, die Ressourcen eines Kindes zu erfahren. Anders als Aichinger/Holl[147] es für psychodramatische Kindergruppen beschreiben, ist eine ausreichende „Ich-Stärke" nicht Voraussetzung für die Aufnahme in die Gruppe. Gerade auf die Entwicklung der Ich-Stärke kann sich das Spiel günstig auswirken. Von den Eltern bzw. Bezugspersonen wird ein Kontrakt unterschrieben, der die Bereitschaft der Eltern, das Kind regelmäßig in die Gruppe zu bringen, anspricht.

---

145 Winnicott, D.W., (1987), Vom Spiel zur Kreativität, Stuttgart.
146 Khan, M.R., (1993), Erfahrungen im Möglichkeitsraum, Frankfurt/M.

Die Gruppenzusammensetzung

Wir haben bisher mit 4–7 Kindern zwischen dem sechsten und zehnten Lebensjahr gearbeitet, dabei hat es sich als günstig erwiesen, wenn der Altersunterschied zwischen den Kindern nicht mehr als ein Jahr beträgt, wobei auch die individuelle Entwicklung der Kinder berücksichtigt werden muß. Die sorgfältige Zusammenstellung der Kinder für die Gruppe wirkt sich deutlich auf das gemeinsame „Zusammenspiel" aus. In einer günstigen „Mischung" werden die einen angeregt, die Zurückhaltung ihrer Konflikte und Schwierigkeiten in der Rolle aufzugeben und auszudrücken, die anderen können im Schutz der Rolle und der Sicherheit in der Gruppe auf Aggressionen verzichten, die sonst durch Angst verstärkt würden. Der Gruppenprozess sollte mindestens 20 Stunden, zuzüglich der für die Beratung der Eltern notwendigen Sitzungen, umfassen. Eine dramatherapeutische Gruppensitzung dauert 60 Minuten. Die Erfahrung zeigt, dass ein längerer Zeitraum (1 $^1/_2$ Stunden) dazu führt, dass die Kinder zu stark regredieren.

Das Spiel

„Es spielt ja nur", eine typische Bemerkung von Erwachsenen. Die Verkennung dessen, was das Spiel im Leben eines Kindes (und des Erwachsenen!) ausmacht, ist weit verbreitet und hat seine geschichtliche Entwicklung. Darauf einzugehen würde an dieser Stelle zu weit führen. Die Geschichte der Kindheit von P. Ariès[148] gibt dazu interessante Informationen.

Winnicott beschreibt als den ersten Ort des Spiels den „Potenziellen Raum", den Spielraum zwischen Mutter und Kind, sozusagen den ersten zwischenmenschlichen „Spielplatz", der auf Grund des Vertrauens zur Mutter entstehen kann. An den Körpergrenzen zur Mutter hin, am „Hin und Her" zwischen Mutter und Kind, wächst langsam beim Kind die Wahrnehmung von „Innen und Außen", die Unterscheidungsfähigkeit zwischen „Ich und Du". Wenn dieser erste Dialog gelingt, ist der nächste Schritt möglich: das „Alleinsein in Gegenwart eines anderen".[149]

Das Kind kann jetzt alleine spielen, in dem Wissen, dass es letztlich eben nicht allein gelassen ist. Das Kind muss sich jetzt mit „fremden" Spielideen und mit einem anderen Spielverhalten der Mutter auseinandersetzen: „So wird der Weg für gemeinsames Spiel in der Beziehung geebnet."[150] Findet dieser Prozess nicht statt oder wird er gestört, so ist das Kind in seiner Spielfähigkeit und damit in seiner weiteren Entwicklung gefährdet.

---

147 Aichinger, A./Holl, W., (1997), Psychodramagruppentherapie mit Kindern, Mainz.
148 Aries, P., (1975), Geschichte der Kindheit, München.
149 Winnicott, D.W., (1987), Vom Spiel zur Kreativität, Stuttgart.
150 ders., a.a.O. S. 52–59.

„Man sollte sich immer wieder daran erinnern", so Winnicott, „dass spielen an sich schon Therapie ist. Kinder dazu zu bringen, dass sie spielen können ist bereits Psychotherapie, die unmittelbar und ganz allgemein angewandt werden kann."[151]

Ungefähr im dritten Lebensjahr, in der „rollensensiblen Phase",[152] beginnen die Kinder in unterschiedlichen Rollen zu spielen. Rollen aus Märchen und Geschichten (Riesen, Hexen, Drachen, Feen, Prinzen) werden von den Kindern ebenso erprobt wie Rollen aus dem sozialen Umfeld (Vater, Mutter, Kind, Schule etc.) Wer in dieser Zeit keine Rollen oder keine guten Rollen spielen kann, „der behält unter ungünstigen Umständen eine bleibende Unsicherheit, sich in den alltäglichen Kontakten auf neue unbekannte Situationen, menschliche Begegnungen in wechselnden Kontexten, unterschiedliche Erfordernisse in der Komplexität unseres Alltags einstellen zu können."[153] Die Kinder, die wir in der Gruppe kennenlernten, hatten oft nicht die Möglichkeit, so zu spielen. Die frühe Kindheit war von den Gräueltaten eines mörderischen Krieges oder anderen überwältigenden, erschreckenden traumatischen Erfahrungen überschattet. Einige Kinder mussten unter ständiger Bedrohung, Angst, Panik leben, sich verstecken, fliehen. Solche Lebenserfahrungen wirken krankmachend, sie können unbewusst wirkend den Erfahrungs- und Handlungsspielraum eines Kindes einschränken „oder gar den Lebensverlauf in destruktive Bahnen lenken".[154] Wenn man existenziell bedroht ist, ist man gezwungen, situationsangemessene Rollen zum Überleben zu erlernen. Einige Kinder verstummten und isolierten sich, andere wurden aggressiv. In der Schule wird aber ein anderes Rollenverhalten erwartet, hier soll man nicht schlagen, treten, schreiend herumlaufen oder schweigen. Der Konflikt ist deutlich: Wenn es nicht gelingt, dem Kind neue Erfahrungen zu ermöglichen, die es integrieren und im Alltag umsetzen kann, wird es zu Schwierigkeiten kommen, eine Abwärtsspirale ist in Gang gesetzt. Im Alltag der Kinder kann es aber auch zu großen Schwierigkeiten führen, neue Rollen und damit ein neues Verhalten auszuprobieren. Will beispielsweise ein schweigsames Kind, das sich bisher alles gefallen ließ, aus dieser Rolle aussteigen und sich wehren, so kann das, wenn man es mit ungeeigneten Mitteln tut, ebenfalls zu erheblichen Problemen, z.B. zum Schulverweis und/oder in die soziale Isolation führen, so, wie es bei den Kindern in unseren Gruppen oft der Fall ist.

Hier setzt die Dramatherapie ein. Im dramatischen Spiel können die Kinder alternative Erfahrungen machen, eigene Fähigkeiten entdecken und diese im Verhältnis zu anderen abschätzen. Wer in der alltäglichen Realität eher passiv, gehemmt und ständig unterlegen ist, kann im Spiel die aktive, führende Rolle einnehmen. Verbotene oder

---

151 ders., a.a.O. S. 62.
152 Petzold/Matthias, (1983), Rollenentwicklung und Identität, Paderborn.
153 Petzold, H., (1990), Die neuen Kreativitätstherapien, Paderborn, S. 10.
154 Petzold, H., (1993), Integrative Therapie, Paderborn, S. 905.

unterdrückte Bedürfnisse, enttäuschend oder erschreckend erlebte Erfahrungen können im Spiel nacherlebt und/oder umgewandelt werden. Das Kind kann verschiedene Rollen spielend ausprobieren. Nicht ein perfektes, am Ende der Arbeit stehendes Theaterprodukt ist das wesentliche Ziel, sondern der gemeinsame Arbeitsprozess, die Zeit, die wir in der Gruppe miteinander verbringen, in der wir miteinander sprechen, lachen, streiten: in der Rolle oder in den Pausen dazwischen. Dramatherapeutische Arbeit benötigt eine tragfähige, sichere Atmosphäre. Bestimmte Bedingungen tragen dazu bei, diese Sicherheit, das Gefühl, gut aufgehoben zu sein, zu unterstützen:

Der Raum

Wir leben und handeln in Räumen. Räume können sowohl fördernd als auch hemmend für den dramatherapeutischen Spielprozess sein. Ein Raum, unser „Spielraum", in dem wir uns jedesmal wieder treffen, kann Sicherheit geben, weil er vertraut und bekannt ist, er kann aber auch atmosphärisch belastet sein, weil er in der übrigen Zeit für Betätigungen genutzt wird, die Ablehnung, Angst und Widerstände erzeugen: Schularbeiten, Nachhilfeunterricht usw.

Um einen sicheren „Spielraum" zu schaffen, der es Kindern mit besonderen Schwierigkeiten ermöglicht, sich auf das Spielgeschehen einzulassen, ist es also wichtig darüber nachzudenken, welche Rahmenbedingungen, welche Raumatmosphäre die Gruppe benötigt: Wo liegt der Raum, ist die Gruppe ungestört? Was für einen Boden hat der Raum: Teppichboden, auf dem man sitzen kann und in Socken herumlaufen kann oder einen kalten, dafür aber abwaschbaren Boden? Ist der Boden glatt? Wie groß ist der Raum, ist es ein „Bewegungsraum", in dem man sich weiträumig bewegen und toben kann, in dem es möglich ist hochzuspringen, ohne sich den Kopf zu stoßen und ohne Unfälle befürchten zu müssen? „Raum ist die Voraussetzung jeder Bewegung, Bewegung braucht Raum." Ein kleiner Raum, der zuwenig Bewegungsfreiheit bietet, kann das Gefühl der Enge hervorrufen und damit zu einer aggressiven Atmosphäre beitragen. In der Regel trifft man nicht auf ideale Raumbedingungen, um so wichtiger ist es, mit der Raumsituation bewusst umzugehen, sich bewusst zu machen, was dieser „unser" Raum an Möglichkeiten und Grenzen birgt und – welche Atmosphäre er transportiert, die dann das Spielgeschehen beeinflusst.

Manchmal kann ein spezieller Duft, ein zu Beginn auf den Boden gelegtes großes farbiges Tuch etc. dem Raum einen anderen Charakter geben. Jeder Raum hat eine Wirkung auf uns: ein enger Raum oder einer, der Weite bietet, ein heller oder dunkler Raum, sie beeinflussen die Atmosphäre, das Denken, schaffen Raum für das gemeinsame Spiel der Gedanken, Ideen, für imaginäre und erinnerte Räume. Der Raum kann ein „Möglichkeitsraum" werden, in dem Entwicklung – aus der Enge in die Weite – miteinander möglich wird. Kinder, die schon mehrmals in ihrem Leben nicht nur den geborgenen Raum einer Wohnung, sondern auch ihr Land verlassen mussten, die sich unfreiwillig mit einer anderen Sprache und einer anderen Kultur auseinander zu setzen haben, müssen sich – im weitesten Sinne – auf vorhandene Räume verlassen können, um nicht ins Bodenlose zu fallen: Räume, deren man sich versichern kann, die bleiben, die zu begreifen sind, Räume an Orten, die man verlassen und wieder aufsuchen kann.

Die Requisiten

Es gibt viele Möglichkeiten, mit den Kindern ins Spiel zu kommen. Welcher methodische Zugang im Rahmen der Dramatherapie gewählt wird (Bewegungstheater, Sprechtheater, Maskentheater, Schattenspiel, Schwarzes Theater, Objekttheater etc.), richtet sich nach den Kindern und ihren Möglichkeiten. In unseren Gruppen ist der eigene Körper das wichtigste Ausdrucksmittel. Wir verzichten darauf, mit vielen Materialien und Hilfsmitteln zu arbeiten. Wir haben die Erfahrung gemacht, das jedes überflüssige Requisit zerstört wird oder zum aggressiven Ausagieren genutzt wird. Zuviel Material engt zudem die Phantasie ein. „Leere im Theater gestattet der Phantasie die Lücken zu füllen. Paradoxerweise ist die Phantasie um so glücklicher, je weniger man sie füttert, denn sie ist ein Muskel, der gerne spielt."[155] Unterstützend und spielanregend setzen wir Zeitungspapier und große Tücher ein. Die Tücher werden zum Verkleiden und/oder zur Kennzeichnung von Spielorten im Raum (z.B. blaues Tuch = Meer), eingesetzt. Durch die Größe der Tücher (ca. 2m) vermindert sich das Verletzungsrisiko der Kinder. Aus Zeitungspapier kann geformt werden, was für das Spiel benötigt wird: Hüte, Fernrohre, Geldscheine, Pistolen, Becher, Tierfutter etc. Wenn Kinder im Eifer des Gefechts mit Zeitungspapier zuschlagen, ist niemand ernsthaft gefährdet.

Das Aufwärmen (Warming-up)

Das Warming-up steht am Beginn jedes neuen Treffens. Ungewöhnliche Bewegungsmöglichkeiten werden erprobt und lassen neue Freiheiten der Bewegung zu. Das Bewegungsrepertoire wird erweitert, um zu anderen und neuen Ausdrucksmöglichkeiten zu gelangen. Dazu gehören Spiele, die die gegenseitige Einfühlung der Kinder und die unterschiedlichen Möglichkeiten des Aufeinandereingehens (Führen und Folgen, Spiegeln etc.) unterstützen. Auch Regelspiele sind Teil der Aufwärmphase. Durch klare einfache Regelspiele wird die Angst und Unsicherheit der Kinder in der neuen Situation gemildert. Winnicott weist darauf hin, dass Spiele Angst machen können: „Spiele mit Spielregeln müssen als ein Versuch betrachtet werden, diesem beängstigenden

---

155 Brook, (l993), Das offene Geheimnis, Frankfurt/M., S. 43.

Aspekt von Spiel zuvorzukommen."[156] Je nach Alter der Kinder werden Spiele wie Nachlaufspiele, Ochs am Berg etc. gespielt, deren Regeln allen bekannt sind.

Die Rolle

Die Übernahme einer Rolle bedeutet die Übernahme von Verantwortung für das gemeinsame Spiel. „Wenn die Rollen verteilt sind, kann es losgehen", las ich irgendwo. Wer verteilt denn hier die Rollen und wie? Erwachsene sollten erlebt haben, wie das ist, wenn einem eine Rolle „aufgedrückt" wird, die man nicht ausfüllen kann und will. Dem Kind wird also keine Rolle zugeordnet, sondern es wählt frei, findet *seine* Rolle, die Rolle, die ihm zu diesem Zeitpunkt entspricht, die es spielen will. Es hat die Möglichkeit unterschiedlichste Rollen auszuprobieren. Lediglich Kindern, die sich aus den unterschiedlichsten Gründen nicht für eine Rolle entscheiden können oder wollen, schlagen wir eine Rolle vor. Die Rollen bleiben aber austauschbar, das Kind kann also die Rolle wechseln. Die Rolle wird so anschaulich und genau wie möglich entwickelt, denn um zu spielen muss man wissen *wer* man ist und *wo* man ist (Rollenbiographie). Ohne eine klare Rolle entsteht kein Spiel. Das dramatherapeutische Spiel erlaubt es, sich in verschiedene Aspekte der eigenen Persönlichkeit zu verwandeln, jeder Rolle wohnen viele Möglichkeiten inne und jede Rolle hat ihre Grenzen: „Terminator I" schießt mit Laserstrahlen, er ist aber kein wildes Tier. Ein Löwe brüllt und besitzt die Eigenschaften eines Löwen, aber er kann nicht wie ein Vogel fliegen.

Durch die Wahl der Rolle setzt das Kind sich selbst eine Grenze, die es durch eine erneute Rollenwahl verändern kann. Im Prozess der Grenzfindung kann sich Ich- und Identitätsentwicklung entwickeln. Dieses „Handeln um Grenzen"[157], die Grenze als Ort von Berührung und Trennung in einem, ist für das Kind von immanent wichtiger Bedeutung, „da ohne Berührung, sei sie sanft oder aggressiv, und ohne Trennungserleben keine gute Ich- und Identitätsentwicklung möglich ist".[158]

Die Rolle bietet den Kindern Schutz. Konflikte finden nicht auf der realen Ebene, z.B. zwischen den TherapeutInnen und den Kindern statt, sondern sie werden auf der Ebene der Rollen geführt. Ohne ausgeschlossen zu werden oder sich auszuschließen kann ein Kind sich abgrenzen und dabei im Kontakt bleiben, das ist das „Paradoxon der Grenze, die Abgrenzung und Berührung zugleich ist".[159]

---

156 Winnicott, W.D., (1987/1995), Vom Spiel zur Kreativität, Stuttgart, S. 61.
157 Petzold, H., (1993), Integrative Therapie, Bd.3, S. 1126.
158 ebenda, S. 1126.
159 Petzold, H., (1990), Puppen und Puppenspiel als dramatherapeutische Methode in der Integrativen Therapie mit alten Menschen, in: Die neuen Kreativitätstherapien,: Petzold/Orth, Hrsg., Bd.II, Paderborn, S. 1142.

Beispiele

Einige Beispiele machen deutlich, was im dramatischen Spiel geschieht: Ein 7jähriger Junge, nennen wir ihn Kevin, entscheidet sich für die Rolle als „Hero Turtle", er spielt diese Rolle laut und aggressiv, er hat Macht, er kann, wie er sagt, „die Welt platt machen". Er greift an, tötet im Spiel mit Laser. Nicht er als Kevin, sondern Kevin in der Rolle des „Hero Turtle" ist hier in Aktion. Die Rolle ermöglicht es ihm, sich mit seinen Aggressionen in der Gruppe zu zeigen, ohne den Kontakt in der Gruppe zu verlieren.

Ein weiteres Beispiel: ein 8jähriger Junge wird wegen seiner gefährlichen Angriffe auf andere Kinder in der Gruppe abgelehnt. Nachdem deutlich wurde, dass ihn „große" Autos interessieren, schlage ich ihm vor, sich in so ein Auto zu verwandeln. In den nächsten Stunden rast er als Auto herum (mit der Bemerkung: ohne KAT!). In der Rolle als Auto gehört es dazu, zu rasen, laut zu hupen, den Auspuff röhren zu lassen oder jemanden anzufahren. Außerdem muss so ein Auto auch mal in die Werkstatt zur Reparatur! (Als Leiterin ist man natürlich Fachfrau für Kraftfahrzeuge – vielleicht benötigt der Motor Öl, vielleicht braucht der Wagen Pflege; Autos muss man gut behandeln!) Der 8-Jährige hält die Rolle durch und wird nun für ein Verhalten, das vorher alle ärgerte, in der Rolle als Auto respektiert. Auch ohne die Rolle wird der Zugang zu ihm leichter, es entwickeln sich Kontakte aus der Gruppe zu ihm.

Max, ein sehr großer und adipöser 7-Jähriger schreit hoch und schrill eine 3/4 Stunde. Die Kinder haben sich für ein Spiel im Urwald entschieden. Da Max nicht mit uns spricht, weisen wir ihm die Rolle als Löwenjunges zu, damit er schreiend im Spiel bleiben kann. Er nimmt die Rolle auf der Handlungsebene an. Ohne diese Rolle wäre das Schreien für die Gruppe nicht auszuhalten gewesen. In der Rolle kümmern sich alle Tiere um das Löwenjunge. Max lässt sich in dieser Rolle zum ersten Mal vorsichtig berühren.

Die Rolle hilft den Kindern beängstigende und heftige Gefühle zu zeigen und auszusprechen, ohne dass damit die Beziehungen in der Gruppe oder die Beziehung zu den Therapeuten in Gefahr gerät, denn – jetzt ist sie/er eben ein Terminator, ein Löwenjunges und nicht sie/er selbst. Die Rolle kann also ein Verhalten, für das ein Kind möglicherweise im Alltag abgelehnt wird, sozusagen legitimieren. Es kommt vor, dass Kinder ihrer übermächtigen Gefühle wegen den Raum verlassen wollen, „ich will hier raus". Wir sprechen diese Kinder dann in der Rolle an, z.B.: „Panther, dir ist dein Käfig zu eng?" Durch die Ansprache in der Rolle können die Kinder ihre eigenen Angstgefühle wieder auf die Rolle verschieben und sind ihnen nicht mehr ausgesetzt. Das bietet dem Kind die Möglichkeit „es spielend auszuhalten".[160] Um den Kindern Hilfe durch das Spiel zu ermöglichen ist es nötig, ihnen diesen Distanz bietenden Schutz durch die Rolle (Rollenschutz) zu geben.

---

[160] Hentschel, (1988), Kindertheater, die Kunst des Spiels zwischen Phantasie und Realität, Frankfurt/M., S. 20.

Ein neues Rollenrepertoire erwerben

Die Jungen in unseren Gruppen sind in aller Regel auf ein bestimmtes „Rollenrepertoire" eingeschworen, das ihnen Sicherheit gibt: rennen, schießen, prügeln, schlagen, töten, schreien, kämpfen ist häufig das einzige Thema, auf das sich die Gruppe einigen kann und es braucht oft etliche Stunden, bis das Bedürfnis gesättigt ist. Daher gibt es eine Regel, die in der Gruppe absolut gilt: Es ist nicht erlaubt Gewalt auszuagieren, sich also wirklich gegenseitig tätlich anzugreifen. Im Warming-up üben wir dazu mit den Kindern das „Schattenboxen". Ein neues „Rollenrepertoire" zu erwerben bedeutet zunächst Angst und Verunsicherung. Die Kinder benötigen Vertrauen in die Gruppe, um sich langsam zu immer mutigeren, eigenen, veränderten Ausdrucksformen durchzuspielen. Im geschützten Spielraum können neue Rollen erprobt werden, Rollen, die man im Alltag nicht „spielt". Die Kinder haben die Möglichkeit, sich von den Zwängen alltäglicher Rollen (z.B. nur der Gewalttätige zu sein) zu befreien, indem sie sie gefahrloser ausleben und sie solange spielen, bis sie möglicherweise abgelegt werden können. Hin und wieder braucht ein Kind konkrete Ermutigung, um eine „Gegenrolle" zu entwickeln oder sich in ihr zu erkennen und mit ihr zu experimentieren. Eigene und fremde Rollen sind klar geschieden. „Das Eigene wird prägnant, ohne dass das andere ausgeschlossen wird."[161]

Die Leiterinnen spielen mit. Wir entscheiden uns, nachdem die Kinder ihre Rollenwahl getroffen haben, für eine Rolle, die uns die Möglichkeit offen lässt, im Spiel handlungsfähig zu bleiben und die Kinder zu schützen. Die Therapeutinnen sprechen und agieren aus ihrer Rolle heraus, sie bleiben im Spiel. In der Rolle als Zoodirektorin oder Tierärztin kann man Tieren zur Seite stehen, in der Rolle als Weltraumpolizistin einen „Terminator" zur Ordnung rufen. Wir sagen nicht „Kevin, hör damit auf", sondern sprechen die Kinder aus unserer Rolle in ihrer Rolle an.

Die Szene

Die Kinder bringen Atmosphären, Bilder, Szenen ihrer Lebensgeschichte mit in die Gruppe. „Unser Leib nimmt nicht nur Worte, Berührungen und Blicke auf, nicht nur Zärtlichkeiten und Schläge, nicht nur Zuwendung und Zurückweisung, Pflege und Verletzung, er nimmt Atmosphären auf, speichert Bilder, Orte, Sätze, Geschichten, Szenen, Sequenzen, Stücke als Eindrücke, die ihn prägen."[162] Auf dem Hintergrund dieser Szenen, ihrer gesammelten Erfahrungen spielen die Kinder; sie verwandeln ihre Erfahrungen in szenische Bilder. Auch was sich nicht mit Worten sagen lässt, weil es

---

161 Petzold, H., (1990), S. 1142.
162 Orth/Petzold, (1990), Metamorphosen – Prozesse der Wandlung, in: Integrative Therapie 1–2, Zeitschrift für Verfahren Humanistischer Psychologie und Pädagogik, Paderborn, S. 121.

wahrhaftig „unsagbar", manchmal unsagbar schrecklich ist, wird so sichtbar. Themen, die die Kinder beschäftigen, werden in jeder Rolle deutlich. Auch wenn die Kinder bekannte Rollen aus der Medienwelt, aus Comics, Büchern oder Märchen wählen, spielen sie keine bekannten „Geschichten" nach, sondern entfalten in der Rolle eine Dynamik, in der eigene lebensgeschichtliche Erfahrungen und Zusammenhänge durchscheinen: „Der Teilnehmer am szenischen Geschehen der Gruppe bringt die in seinem Leib aufgezeichneten Szenen seiner Geschichte mit. Sie ragen in die neuen, in der Gruppe und durch die Gruppe geschaffenen Szenen hinein, die ihrerseits altes szenisches Material hervorrufen und sich dadurch zu einem neuen Stück verdichten. Realität und Phantasma, Bewusstes und Unbewusstes sind deshalb beständig mit wechselnder Intensität und Dichte verschränkt."[163]

Im szenischen Spiel werden die traumatischen Erfahrungen der Kinder sichtbar: Das Thema eines 7jährigen bosnischen Jungen ist Flucht. Er ist über viele Stunden der in Panik Fliehende, um sich zu verstecken – und zwar in jeder Rolle, die er spielt. „Das Kindheitsdrama (wird) immer wieder inszeniert und zwar so, als ob jene belastenden Erlebnisse und Konflikte der Kindheit noch bevorstünden, als ob sie vermeidbar wären oder als ob sie durch besonders befriedigende und glückliche Situationen mit neuen Bezugspersonen jetzt noch ersetzt werden könnten."[164] Das führt dazu, dass z.B. ein ständig von allen abgelehntes Kind durch sein aggressives oder selbstisolierendes Verhalten, z.B. in der Schule, wieder dazu herausfordert, es zurückzuweisen, ihm wieder mit Ablehnung zu begegnen, so dass sich die alte „Szene", unter der es in seinem Leben schon oft zu leiden hatte, wieder herstellt, sich wiederholt. Nun ist dieses Verhalten nicht einfach zu verändern, denn es ist ein Verhalten, das die Kinder in ihrem sozialen Umfeld möglicherweise lange geschützt hat, die einzige Möglichkeit, in einer extremen, nicht zu bewältigenden Lebenssituation, der sie ohnmächtig ausgeliefert waren, eine Überlebensstrategie, „das Wertvollste, was sie zu entwickeln in der Lage waren."[165]

Kevin macht nach vielen Stunden, in denen es vorwiegend um Kampf und Töten geht, den Vorschlag, an den Laserpistolen sei ein Knopf, mit dem man sich selbst ins Leben zurückbeamen könne. In der darauffolgenden Stunde verwandelt er sich plötzlich in einen kranken Hund, der alleine auf der Straße herumliegt und dringend ärztliche Hilfe benötigt. Er lässt sich von mir, die ich in der Rolle der Tierärztin bin, zum ersten Mal lange und ausgiebig versorgen. Gefühle von Angst und Einsamkeit, die sonst nicht

---

163 Petzold, H./Schneewind, U., (1986), Konzepte zur Gruppe und Formen der Gruppenarbeit in der integrativen Therapie, in: Petzold/Frühmann, Hrsg., Modelle der Gruppe, Paderborn, S. 141.
164 Leber, (1988), Zur Begründung des fördernden Dialogs in der psychoanalytischen Heilpädagogik, in: Iben, Gerd, Das Dialogische in der Heilpädagogik, Frankfurt/M., S. 54.
165 Bettelheim, B., (1987), Zur Begründung des fördernden Dialogs in der psychoanalytischen Heilpädagogik, in: Iben, Gerd, Das Dialogische in der Heilpädagogik, Frankfurt/M., S. 216.

geäußert werden und die auch in diesem Moment Kevin nicht als zu ihm selbst gehörig bewusst sind, werden sichtbar und es gelingt ihm, in der Rolle sein Bedürfnis nach Zuwendung zu zeigen und dies auch zu genießen: Hunde darf man streicheln – nicht nur wenn sie krank sind. Das geschieht im Spiel und gleichzeitig als reales, spürbares und sichtbares Handeln in der Realität. „Das Kind macht im Spiel eine reale Erfahrung, allerdings eine, deren Bedingungen es selbst hervorgebracht hat."[166]

In der Szene wird Kevin eine neue Erfahrung möglich. Unter diesen Umständen bietet das szenische Spiel einen Spielraum, in dem Neues ausprobiert werden kann, ohne dass das Alte in der Realität schon aufgegeben werden muss. Verhalten kann erprobt, verworfen und – wenn es zu bedrohlich wird – jederzeit unterbrochen werden. In der Rolle können wir als TherapeutInnen trösten, „neue Wege aufzeigen und alternative Szenen mit neuen Erlebnis- und Erfahrungsmöglichkeiten bereitstellen"[167], wenn wir über das Erfassen der konkreten sichtbaren Szene hinaus die darin enthaltene Sinnstruktur szenisch verstehen.[168] Die Erfahrung zeigt, dass einige Kinder nach relativ kurzer Zeit (ca. 10 Stunden) bereits beginnen, ihre neuen, im Spiel gesammelten Erfahrungen in ihrem sozialen Umfeld zu erproben.

Voraussetzungen für die dramatherapeutische Arbeit

In der dramatherapeutischen Gruppe benötigen die Kinder eine Atmosphäre des Gehaltenseins, des Schutzes, um den Mut zur Expressivität aufzubringen. Sie benötigen ein wertschätzendes, achtsames Hinsehen der Leiterinnen, „die Kraft liebevoller Blicke"[169] so, „dass das Spiel nicht nur ein `Beobachtungs- und therapeutisches Instrument´ ist, sondern zu einer Form der Zusammenarbeit wird, die eben nicht Zusammen-Arbeit ist, sondern Zusammen-Spiel".[170] Dadurch, dass die TherapeutInnen immer mitspielen, selbst in der Rolle agieren, sind sie gefordert, selbst in der Rolle, also ganz im Spiel zu sein und gleichzeitig mit ihrer ganzen Aufmerksamkeit die Prozesse in der Gruppe wahrzunehmen, „kontrollierte Regression" nennt Ingrid Olbricht das.[171]

---

166 Hentschel, (1988), Kindertheater, die Kunst des Spiels zwischen Phantasie und Realität, Frankfurt/M., S. 138.
167 Petzold, H., (1993), Integrative Therapie, Bd.3., Paderborn, S. 1113.
168 Lorenzer, (1973), Sprachstörung und Rekonstruktion, Frankfurt/M., Petzold, H., (1990), Die neuen Kreativitätstherapien, Bd.I u. II, Paderborn.
169 Petzold, H., (1995), Die Kraft liebevoller Blicke, Psychotherapie und Babyforschung, Paderborn.
170 Neugebaur, (1987/99), Übergänge, Spiel und Realität in der Psychoanalyse D.W. Winnicotts, Frankfurt/M.
171 Olbricht, (1992), Heilende Kräfte im kindlichen Spiel, Bewegen, Wahrnehmen, in: Zeitschrift für Gestalt und Integration, 2/91–1/92, Düsseldorf, S. 48.

Dramatherapie in der Arbeit mit schwer traumatisierten Kindern • 217

Das erfordert eine fundierte Ausbildung der DramatherapeutInnen, damit sie ihre Eigenproblematik so handhaben können, dass der gruppentherapeutische Prozess nicht beeinträchtigt wird. Zudem benötigt man nicht nur Wissen über das Wesen des Spiels, sondern viel eigene Spielerfahrung. Situationen in der Gruppe müssen diagnostisch sicher wahrgenommen werden, denn es geht darum, die Bilder, die im szenischen Spiel der Kinder entstanden sind, szenisch wahrzunehmen und szenisch zu erfassen, d.h. die von den Kindern freigesetzten Bilder aufzunehmen, zu hören, zu sehen, zu spüren und die enthaltene Sinnstruktur zu begreifen.

Nur auf Grund dieses Prozesses kann die DramatherapeutIn im Spiel angemessen reagieren, nämlich szenisch intervenieren. Damit das Spiel zu einer protektiven heilsamen Erfahrung werden kann, braucht das Kind Erwachsene, „die es aus dem Zusammenhang ihrer eigenen Bezugspunkte verstehen, die Worte zu finden, welche der Angst, der Furcht und dem Hass eine Antwort geben. Diese Worte lernt man nicht auf der Schulbank. Möglichkeiten sie zu erfinden ergeben sich allein aus dem eigenen, persönlichen Drama". Maude Manoni

Teil III

Dramatherapie und Therapeutisches Theater im klinischen Bereich

Theatertherapie als Mittel zur Stabilisierung nach traumatischen Erlebnissen[172]
Von Simone Nowak

Die spezielle Situation und die besonderen Therapiebedürfnisse von traumatisierten Menschen werden in jüngerer Zeit stärker wahrgenommen. So widmen sich Psychologen heute beispielsweise gezielt Opfern von Unfällen und Naturkatastrophen unter diesem Gesichtspunkt. Nach dem Zugunglück von Eschede beispielsweise haben sie noch vor Ort bei Geschädigten und auch Helfern psychotherapeutisch interveniert. Auch im klinischen Bereich wird Traumatisierten mehr Aufmerksamkeit entgegen gebracht. Entsprechende Bedeutung bekommt die Auswahl geeigneter Therapiemethoden.

Das betrifft auch die Abteilung Psychosomatik/Psychotherapie der Medizinischen Hochschule Hannover (MHH). Hier werden PatientInnen mit diversen Krankheitsbildern wie zum Beispiel psychosomatischen oder funktionellen Beschwerden und Neurosen behandelt, zunehmend nun auch mit posttraumatischen Belastungsstörungen. Generell wird die Station nach dem Prinzip der therapeutischen Gemeinschaft geführt und es wird Gruppentherapie auf tiefenpsychologischer Grundlage eingesetzt.

Man hat mittlerweile festgestellt, dass sich Traumata mit der reinen psychoanalytischen Methode oder interaktionell analytischen Methode schwer behandeln lassen. Oftmals wirkt das Setting regressiv, Ich-Funktionen werden herabgesetzt und das Trauma wird nicht bearbeitet. Aufgrund dessen werden neue Behandlungsmethoden eingesetzt, die sich speziell mit dem Trauma befassen. Damit diese Patientengruppe sich mit dem Trauma auseinandersetzen kann, brauchen sie eine stärkende, stabilisierende Vorbereitung. In dieser Stabilisierungsphase wird verstärkt mit künstlerischen, kreativen Methoden gearbeitet.

---

172 Auszug aus einer Abschlussarbeit der Weiterbildung Theatertherapie des Hamburger Instituts für gestaltorientierte Weiterbildung (HIGW).

Zunehmend habe ich den Eindruck gewonnen, dass sich dieser Ansatz bei Traumatisierten bewährt und die Entdeckung eigener schöpferischer Potenziale zu mehr Selbstvertrauen und Selbstakzeptanz führt, was bei Traumatisierten eine existentielle Bedeutung hat. Meine Erfahrungen in der erlebnisorientierten Gruppe „Tanz und Bewegung" möchte ich als Grundlage zur Erläuterung von Stabilisierungsmaßnahmen vorstellen.

Das Traumatherapiekonzept der Medizinischen Hochschule Hannover

In unserer Abteilung wird eine Traumatherapie in drei Phasen durchlaufen:
➤ Stabilisierungsphase;
➤ Traumabearbeitung;
➤ Trauerphase und Integration des Traumas in die Persönlichkeit.

In der Stabilisierungsphase geht es darum, den PatientInnen Wege und Möglichkeiten aufzuzeigen, sich psychisch, aber auch körperlich stabil zu machen, um für die anstehende Traumabearbeitung genügend Reserven zu haben. Das kann in Form von Phantasieübungen und Imaginationen geschehen, Ressourcen entdecken, sich einer positiven Selbstfürsorge zugänglich zu machen, sich mit schöpferischen Mitteln an eigene, verschüttete Fähigkeiten zu erinnern. Während der Traumabearbeitung mit dem Verfahren „Eye Movement Desensitization and Reprocessing" (EMDR-Sitzung) kann es zu Verschlechterungen des psychischen und physischen Befindens kommen, da das Trauma Bild für Bild durchgegangen wird und die Erinnerungen sich ganz konkret auf die betreffende Person auswirken. Der letzte Teil der Traumatherapie lässt sich vor allem in den Gesprächsgruppen, Einzelkontakten und in das Beziehungsverhalten der PatientInnen untereinander gut integrieren.

Schwierigkeiten mit TraumapatientInnen im stationären Setting

Unsere Abteilung schenkt TraumapatientInnen besondere Aufmerksamkeit. Zum Einen haben wir noch keine ausreichenden Erfahrungen mit diesem Beschwerdekomplex, was Unsicherheiten bei Therapeuten hervorruft und einen intensiveren Umgang erfordert. Zum Anderen verhalten sich traumatisierte PatientInnen meist sehr viel auffälliger als andere PatientInnengruppen. Das mag daran liegen, dass ein stationäres Setting in der Regel regressiv wirkt und dadurch die Ich-Funktionen herabgesetzt werden, was sich bei den Traumatisierten erschwerend bemerkbar macht.

Die Arbeit ist dadurch erheblich schwieriger geworden. Die Übungen müssen sorgfältiger ausgewählt und besprochen werden. In der Gruppe selbst muss man immer damit rechnen, dass ein Patient triggert[173] und aus diesem Grund nicht am weiteren Verlauf der Gruppe teilnehmen kann. In solchen Momenten muss eine Krisenintervention durch den zweiten Leiter erfolgen. Die restliche PatientInnengruppe reagiert auf so einen Vorfall meist mit Verunsicherung und ängstlichem Rückzug. Es ist wichtig, eine sichere Atmosphäre zu schaffen, in der die PatientInnen das Gefühl haben, dass verschiedene Gefühlsreaktionen und „Zustände" legitim sind und nicht als Bedrohung erlebt werden.

Ich empfand anfänglich große Unsicherheit, als die ersten TraumapatientInnen dieses Verhalten zeigten. Ich konnte es nicht einordnen und verstand nicht, dass scheinbar ganz „sichere" Übungen und harmlose Alltäglichkeiten als Trigger dienten und es den PatientInnen abrupt schlecht ging. Bei nicht traumatisierten PatientInnen lässt sich meistens ein anderer Kontakt herstellen, wenn sie sich plötzlich überfordert fühlen und mit Weinen reagieren. Die PatientInnen bleiben im therapeutischen Kontakt und halten die Beziehungsebene. Traumatisierte Menschen sind oft in solchen Situationen nicht in der Lage, die Beziehung zu halten, weil die Erinnerung an das Trauma sie so überschwemmt, dass alles andere nicht mehr möglich ist und sie sich mit einer eventuellen Dissoziation aus der Realität begeben.

Man muss sich das in etwa so vorstellen, dass die PatientInnen aus der realen Gegenwart aussteigen und anschließend nicht mehr wissen, wo sie gewesen sind oder dass sie unerträgliche Derealisationszustände und Intrusionen über selbstverletzendes Verhalten abbauen. Nach einem Hautschnitt zum Beispiel ist „der Kopf wieder klar", die Körpergrenzen sind spürbar, die Affekte konturiert, der „Druck ist raus". Das heißt: Dissoziation war früher lebensnotwendig, aber in der Gegenwart verspüren die PatientInnen einen großen Leidensdruck, nicht in der Realität zu bleiben, bzw. die Defizite mit alltäglichen Situationen umzugehen, werden bewusst erlebt.

Das dissoziative Verhalten kann so fein abgestimmt mit dem Verhalten der PatientInnen einhergehen, dass Außenstehende gar nicht merken, dass die PatientInnen dissoziieren. Am Anfang der Behandlung von TraumapatientInnen habe ich nur bemerkt, dass der Kontakt zu den Betroffenen sich „seltsam" gestaltete. Das Phänomen Dissoziation war uns damals noch nicht richtig vertraut, der Umgang mit diesen PatientInnen fiel allen therapeutischen Mitarbeitern unserer Abteilung schwer. Bei früh traumatisierten PatientInnen läuft das dissoziative Verhalten sehr regelmäßig und oft unscheinbar ab, die PatientInnen können es meist gar nicht erklären. Die Dissoziation diente ja über einen langen Zeitraum als Überlebensstrategie. In der Gegenwart nutzen

---

173 Trigger (engl.), Auslöser. Ein Patient triggert = Elemente der Realität beleben die traumatische Erinnerung wieder.

diese PatientInnen die Dissoziation oft in Situationen, mit denen sie nicht umgehen können, z.B. der Affektsteuerung, Kontrollverlust, Frustrationen, Grenzen usw.

Ziel der Traumatherapie ist unter anderem auch, Dissoziationen zu reduzieren, Möglichkeiten zu finden, in der Realität zu bleiben, neue Wege zu beschreiten, um mit schwierigen Gefühlen besser umzugehen, mehr Steuerungsfähigkeiten zu entwickeln.

TraumapatientInnen und körperorientierte Gruppen

Die körperorientierten Gruppen (Entspannungstraining [ET], Körperwahrnehmung, Tanz und Bewegung) haben eine besondere Stellung in der Behandlung von TraumapatientInnen. Manche PatientInnen nehmen nur vereinzelt oder gar nicht am ET und der Körperwahrnehmung teil, weil die Beschäftigung mit dem und die Konzentration auf den Körper sehr angstbesetzt sein können und eventuelle Flash-Backs (Durchlaufen des Traumas) und Dissoziationen auslösen können. In der Tanz- und Bewegungsgruppe kommt der interaktionelle Ansatz hinzu, sodass die Bedrohung nicht so stark ist. Hier zielt meine Arbeit mit den Traumatisierten vor allem darauf ab, sie zu stabilisieren und ihnen Möglichkeiten an die Hand zu geben, sich ihrer schöpferischen Fähigkeiten bewusst zu werden und diese als Stabilisierungsmaßnahme einzusetzen, um einen anderen Umgang zu erleben, in der Realität zu bleiben.

Möglichkeiten von Stabilisierungsmaßnahmen

Warum ist Stabilisierung ein wichtiges Behandlungsziel? Traumatisierungen lassen sich als Angriff auf die persönliche Sicherheit und Unversehrtheit verstehen. Häufige und typische Folge eines Traumas ist eine Regression der psychischen Funktionen auf ein früheres Niveau der psychischen Entwicklung. Die an das Trauma anschließende Symptomatik, wie Vermeidungsverhalten oder amnestische Symptome lassen sich als unbewusste Ausgleichsversuche verstehen, die versuchen, einer weiteren Destabilisierung entgegen zu wirken. In solchen Situationen können schon relativ geringfügige Überforderungen und Auslösereize eine heftige emotionale Krise herbeiführen. Auch ist die Anfälligkeit für narzisstische Verletzungen erhöht, was TraumapatientInnen empfindlich für Kränkungen und Ablehnungen durch Mitmenschen macht. Es können dann Dissoziationen, Verleugnung und Spaltung als Abwehrmechanismus auftreten. Das kann vor allem im zwischenmenschlichen Bereich zu Problemen führen, z.B. wenn ganze Bereiche von Wahrnehmungen verleugnet oder ausgeblendet werden.[174]

---

174 Sack, M., zitiert in: Lamprecht, F., (2000), Praxis der Traumatherapie, Stuttgart.

Ein wichtiger Schritt in der Traumabehandlung ist die Anwendung von Imaginationen. Imagination ist ein „Raum der Freiheit".[175] In der Imagination ist alles möglich: Wir können klein und groß sein, Tiere und Bäume, Steine und Helden. Die Welt der Imagination öffnet uns auch das weite Reich des kollektiven Unbewussten. Es ist immer wieder erstaunlich und faszinierend, wie traumatisierte Menschen sich mit einer Leichtigkeit diesem „großen Selbst" (Jung) anschließen können, wie es viele der anderen PatientInnen nicht können. Dazu gehört die Fähigkeit, sehr lebhafte Bilder in sich entstehen zu lassen.

Imaginationen beinhalten psychologische Vorgänge, die zu Veränderungen beitragen:

➤ Das Gefühl von Kontrolle;
➤ Die veränderte Bedeutung oder der veränderte innere Dialog;
➤ Das mentale Üben von Verhaltensalternativen, die zur Entwicklung von Bewältigungsreaktionen und Fähigkeiten beitragen.[176]

Imaginationen sind mentale Inhalte, die Sinnesqualität besitzen. So wie Paracelsus wusste, dass Imaginationen krank machen können, so wird heute vermutet, dass es die bildhaften Erinnerungen an traumatische Ereignisse sind, die körperliche Stressreaktionen in Gang halten und die therapeutisch unterbrochen werden können. Imaginationsübungen werden in unserer Abteilung den PatientInnen an die Hand gegeben, damit sie sich stabilisieren. Das heißt, dass Imaginationen zentrale Bestandteile der Therapie sind. Meistens verlaufen die Übungen so, dass der Patient sich allein in der Phantasie einen sicheren Ort vorstellen soll, an dem er sich geborgen und sicher fühlen kann. Diese Übung soll einmal täglich geübt werden, damit ein Trainingseffekt erreicht werden kann. Später kommen dann noch andere Übungen hinzu.

Für meine Arbeit in der Gruppe ist es wichtig, dass die PatientInnen eine Zeit lang diese Imaginationsübungen erprobt haben, um ein gewisses Maß an Sicherheit zu bekommen, um dann mit anderen Imaginationen und Bildern theatertherapeutisch zu arbeiten. Ich würde nie zu Beginn der Therapie die PatientInnen dazu auffordern, mit inneren Bildern zu arbeiten, weil bei vielen PatientInnen die innere Phantasiewelt ein Rückzugsort ist, der ausreichend geschützt werden muss und die PatientInnen noch nicht die Sicherheit haben, sich damit an die „Öffentlichkeit" zu begeben. Letztendlich gibt es aber keine Sicherheit, dass die PatientInnen trotz ausreichender Übung nicht doch triggern und dann „aussteigen" müssen.

---

175 Kästele, G., (1996), Essen im Einklang mit Körper und Seele, Freiburg i. Breisgau.
176 Meichenbaum, D., Warum führt die Anwendung der Imagination in der Psychotherapie zu Veränderungen? Zitiert in: Reddemannn, L.; Sachsse, U., Hrsg., (1997), Stabilisierung, aus: Persönlichkeitsstörungen, S. 113–147.

Viele der PatientInnen sind immer wieder erstaunt, dass auch Nicht-Traumatisierte eine Phantasiewelt haben und dass das zum Leben dazu gehört und vollkommen normal ist. Aus ihrer Sicht war/ist die Phantasiewelt (auch innere Welt) ein Schutzraum, an den sie sich früher zurückzogen, um die Unerträglichkeit der Traumatisierungen auszuhalten. Die PatientInnen haben in dieser Welt verschiedene Persönlichkeitsanteile versteckt, die besonders geschützt werden mussten und kommunizieren in dieser Welt auch mit ihnen. (Man vermutet auch, dass so multiple Persönlichkeiten entstehen, aber darauf gehe ich hier nicht weiter ein.)

Ich hoffe, es wird verständlich, warum diese PatientInnen einen ausreichenden Sicherheits- und Schutzraum benötigen, bevor man mit ihnen an der Integration der Realität arbeiten kann.

Wie Theatertherapie wirken kann: Ein Fallbeispiel aus der Tanz- und Bewegungsgruppe

Ausgangspunkt meiner Überlegungen ist die Hypothese, dass Theatertherapie die Integration in die Realität fördert und (früh) traumatisierte PatientInnen stabilisiert. Das soll anhand eines Fallbeispiels und einer Übung näher gezeigt werden.

Fallbeispiel

Frau S. kommt zum zweiten Mal zu uns in die Klinik. Sie war in ihrer Kindheit massiven sexuellen Traumatisierungen über einen Jahre andauernden Zeitraum ausgesetzt. Die Patientin leidet sehr stark an ihren Dissoziationen, die sich in Form von Derealisation und Depersonalisation äußern. Zusätzlich kommt eine große Unsicherheit, den eigenen Wahrnehmungen zu trauen, weshalb sie sich oft innerlich zurückzieht und aus der Gegenwart aussteigt. Das wiederum wirft sie sich vor, sie wertet sich regelrecht ab. Dadurch wird sie instabil und es geht ihr schlecht.

Mit der Patientin wurden im Einzelkontakt über Wochen imaginative Stabilisierungsübungen durchgeführt. Zusätzlich wurde sie in regelmäßigen Einzelgesprächen unterstützt, ihren Wahrnehmungen zu trauen und sich selbst anzunehmen. Ein großer Vorteil ist, dass Frau S. einen sehr guten Zugang zu kreativen Therapien hat, da sie schon sehr früh angefangen hatte, sich mit Hilfe von schöpferischen Tätigkeiten einen Schutzraum aufzubauen. In ihrer inneren Welt führt sie einen sehr regen Austausch mit diversen Persönlichkeitsanteilen, die sie namentlich benennen kann und die eine eigene Identität besitzen.

In der Tanz- und Bewegungsgruppe habe ich sie sehr unterschiedlich wahrgenommen. Es gab viele Übungen, in denen sie triggerte und die Übung nicht weiter fortsetzen konnte, da es ihr unerträglich erschien. Auf der anderen Seite konnte sie sich sehr gut in Übungen hineinversetzen und schien auch Freude und Spaß zu empfinden. Am Anfang war mir nicht klar, in welchen Situationen diese verschiedenen Reaktionen auftraten. Durch mehrere Gespräche und Beobachtung stellte ich fest, dass die Patientin gut auf Übungen reagierte, in denen mit inneren Bildern, Phantasie und Bewegungsmeditationen gearbeitet wurde. Sie hatte dann eher die Möglichkeit, sich auf sich selbst zu konzentrieren und eigenen Empfindungen nachzugehen als in Übungen, in denen der Beziehungscharakter stärker im Vordergrund stand.

Ich habe zu Beginn der Übung viele (etwa 30) Kärtchen in einem großen Kreis auf den Boden gelegt. Die PatientInnen konnten sich dann in Ruhe alle Kärtchen durchlesen und sich eine Karte, die sie besonders ansprachen, auswählen. Auf den Kärtchen waren Sätze notiert, die eine positive Imagination (inneres Bild) beschrieben, z.B.: „Ich bin ein Adler hoch oben in meinem Nest und beobachte das Tal und die Menschen unter mir"; „Ich genieße die Ruhe und den Abstand." Oder: "Ich sitze an der Wurzel eines alten Baumes; ich höre den Wind durch die Blätter rauschen; ich nehme die Kraft und die Weisheit des Baumes in mich auf."

Danach haben sich die PatientInnen einen Platz im Raum gesucht, an dem sie sich in Ruhe der Vorstellung des Bildes hingeben konnten. Dazu habe ich eine kurze Einstimmung gegeben. Anschließend konnten sich die PatientInnen Materialien aussuchen, um sich damit und der Vorstellung des Bildes im Raum zu bewegen. Dabei sollten sie die Kraft oder die Ruhe des Satzes in sich spüren. Ich habe dann begleitend dazu Musik gespielt, damit die Möglichkeit zu fließenden, tänzerischen Bewegungen gegeben war. Jeder konnte für sich im Raum ausprobieren, was er brauchte. Nach dieser Einstimmung forderte ich die PatientInnen auf, sich einen Partner zu suchen, und mit ihm zusammen das Wesen des Vorstellungsbildes gemeinsam zu tanzen, bzw. zu bewegen. Daraus entstand dann eine Interaktion, die ich nach gegebener Zeit erweiterte, indem sich die Paare in kleinen Gruppen zusammenschließen und in einem größeren Raum zeigen sollten. Zum Abschluss der Übung lösten sich die Kontakte wieder auf und jeder hatte noch die Zeit seinen Tanz für sich zu Ende zu bringen.

Es gab sehr unterschiedliche Gruppen zu beobachten. Manche waren im Tanz damit beschäftigt, gemeinsam etwas zu entwickeln, andere haben sich eher in Ruhe auf dem Boden sitzend bewegt und wiederum andere hatten Mühe, sich auf die Übung einzulassen.

Bei Frau S. konnte ich schon am Anfang der Übung beobachten, dass sie sich sehr in den inneren Anblick des Vorstellungsbildes vertiefte. Sie wählte sich ein nachtblaues, glänzendes Tuch aus und bewegte sich zu Beginn der Musik ganz zart und vorsichtig. Aus ihrem Gesichtsausdruck meinte ich zu sehen, dass sie sich phantasievoll mit ihrer inneren Welt beschäftigte und durch die tänzerischen Bewegungen Ausdruck nach außen zeigte. Als es darum ging, Kontakt mit anderen MitpatientInnen aufzunehmen, hatte sie sich eine Patientin gesucht, mit der sie sich gut verstand und der sie vertraute. Damit hatte sie sich ausreichend geschützt und vorsichtig Kontakt geknüpft, um ihr Vorstellungsbild nicht zu beschädigen.

Im Tanz konnte Frau S. die Vorstellung ihres Bildes der anderen Patientin näher bringen und hatte die Freiheit, den Kontakt so zu gestalten, dass sie die Möglichkeit von Nähe/Distanz und Grenzen selbst wählte. Somit hatte sie die Erfahrung gemacht, dass ein Kontakt nicht abbrechen musste, wenn sie ihren Bedürfnissen Ausdruck verlieh.

Beim Tanz mit der Vierer-Gruppe war die Patientin dann so gestärkt, dass sie mehr ausprobieren konnte und die Mehrzahl der Personen sie nicht davon abhielt, an dem Gruppengeschehen teilzunehmen und sich zu zeigen. Es hat sie nicht überfordert, die Bedürfnisse der anderen wahrzunehmen, mit ihren eigenen abzugleichen und eine eventuelle neue Sequenz daraus zu entwickeln. Im

Tanz konnte ich verschiedene Rhythmen beobachten: langsame, ruhige Bewegungen, schnelle, fast kämpferische Bewegungen, spielerische und zärtliche Bewegungsabläufe.

In der Nachbesprechung wirkte die Patientin auf mich ganz anders als zu Beginn der Stunde. Sie hatte einen entspannten, friedvollen Gesichtsausdruck, im Gegensatz zu dem oft ängstlichen, gehetzt wirkenden Ausdruck, den ich so häufig wahrnahm. Auf die Frage, welche Erfahrungen sie in der Stunde gemacht habe, antwortete sie, dass sie für sich etwas ganz Neues ausprobieren konnte. Sie hatte sich, ohne Angst zu empfinden, auf die Vorstellungsbilder einlassen und sich sehr gut in ihr Bild hineinversetzen können. Auch hatte sie den Eindruck, mit ihrer Partnerin die wesentlichen Züge ihres Bildes zu verdeutlichen. Positiv bewertete sie, dass sie sich Zeit nehmen konnte, wann immer sie das wollte, ohne dass der Kontakt abriss. Das war für sie vor allem in der Kleingruppe zu spüren. Dort gefiel ihr, dass die PatientInnen sich gut ergänzten und sehr feinfühlig miteinander umgingen, sodass sie gemeinsam etwas erschaffen (eine Art Haus oder Tempel) und sich darin bewegen konnten. Abschließend äußerte sie, sie fühlte sich gut und innerlich gestärkt und bat darum, den Text des Kärtchens abschreiben zu dürfen, damit sie sich daran erinnern könne, wenn sie es bräuchte.

Ich habe diese Übung ausgewählt, weil in ihr die Imagination sehr stark im Vordergrund steht und die Handlungsebene mit der Phantasie gut verknüpft wird. Bei der Patientin war die Reaktion auf die Übung so überraschend positiv, dass ich ins Nachdenken kam, was daran so erfolgreich war. Ich hätte diese Übung nicht ausgewählt, wenn nicht auch andere PatientInnen (vor allem Traumatisierte) ähnlich darauf reagiert hätten und ich diese Beobachtung nicht auch an anderen ähnlichen „Phantasieübungen" gemacht hätte.

Das Fallbeispiel in der Reflexion

Der imaginative Charakter der Vorstellungsbilder wirkt vertraut auf die PatientInnen, da sie schon genügend Übung und Stabilisation durch die Einzelübungen mit Imaginationen haben. Ich vertraue darauf, dass die PatientInnen in der Lage sind, sich Bilder auszusuchen, die sie schützen und stärken. Sie können bei dieser Übung die neue Erfahrung machen, dass sie ihre inneren Vorstellungen mittels Bewegung ins „Außen" bringen und damit auch ohne Sprache Kontakt mit anderen aufbauen können. Wenn die PatientInnen gut in Imaginationen geübt sind, dann können sie sich auch in der Beziehung zu anderen ausreichend schützen, da die innere Welt sie als Schutzraum umgibt und sie darin die Sicherheit haben, sich im Kontakt auszuprobieren. Damit haben sie die Möglichkeit, anderen Menschen etwas von sich mitzuteilen, was sie meistens unter Verschluss halten, aus Furcht vor Bedrohung ihrer inneren Welt.

Im geschützten therapeutischen Rahmen können sie also allmählich die Erfahrung machen, dass Mitteilungen an die Außenwelt nicht immer gefährlich sein müssen, sondern auch bereichernd sein können. Eventuell bekommen sie die Rückmeldung, dass sie beziehungsfähiger und kontaktfreudiger sind. Die PatientInnen haben die Möglichkeit, die Kontrolle zu behalten und können lernen, sich besser zu steuern. Ein wichtiger Schritt, den ich bei der Zielsetzung von Imaginationen (s.o.) erwähnt habe.

Die Integration in die Realität besteht für mich darin, dass, im Unterschied zu den mentalen Imaginationen, in denen der Patient zunächst einmal Sicherheit für sich selbst bekommen soll, er in der beschriebenen Übung die Möglichkeit erhält, sich im Realraum auszuprobieren und in der Beziehungsaufnahme direkte Erfahrungen zu sammeln, z.B. sich zu öffnen, etwas von sich preiszugeben. Dadurch kann ein Austausch entstehen, der Patient erhält Rückmeldungen und verarbeitet diese, indem er sich im Tanz z.B. zurückzieht oder mit anderen Bewegungen darauf reagiert.

In der Begegnung mit anderen Menschen können PatientInnen sehr gut die Steuerung von Nähe/Distanz und den Umgang mit Körperkontakt erlernen. Die häufig auftretenden Ängste, die ein mitmenschlicher Kontakt auslöst, können so selbst reguliert werden und einen für die PatientInnen angemessenen Kontakt entstehen lassen. Gleichzeitig werden vorhandene Fähigkeiten und Ressourcen belebt und können direkt erfahren werden. Diese PatientInnen haben oftmals kein Gefühl für die eigenen Fähigkeiten und sind daher erstaunt, was in ihnen schlummert.

Im Idealfall hat der Patient am Ende einer erfolgreich abgeschlossenen Stabilisierungsphase ein individuelles Repertoire an Stabilisierungsmöglichkeiten. Diese sollten schriftlich fixiert werden; dann hat der Patient eine Liste mit Hilfsmöglichkeiten zur Hand, die ihm helfen, wenn er in eine Krise gerät und er sich daran erinnern kann, wann er diese Erfahrungen gemacht hat und welchen Umgang er damit gewählt hat. Der Patient sollte darauf hingewiesen werden, sich diese verschiedenen Hilfsmöglichkeiten im Alltag so oft wie möglich zu vergegenwärtigen, weil Traumatisierte dazu neigen, die guten Erfahrungen zu vergessen, bzw. in einer Dissoziation nicht in der Lage sind, sich die positiven Stabilisierungen zugänglich zu machen. Wünschenswert wäre es, wenn die Hilfsmöglichkeiten so abrufbar wären, dass der Patient diese neuen Erfahrungen zur Selbstberuhigung und -regulation einsetzen könnte.

Man darf sich als Therapeut nicht entmutigen lassen, wenn die PatientInnen immer wieder an ihre Grenzen kommen und scheinbar gar nicht wissen, was sie selbst tun können. Es braucht einen langen Zeitraum, bis die PatientInnen das Gefühl der Kontrolle und Selbststeuerung internalisiert haben, schließlich ist die ohnmächtige und hilflose Erinnerung an das Trauma so mächtig, dass die Selbstwert aufbauenden Maßnahmen nur allmählich greifen.

Gefahren in der künstlerisch-therapeutischen Arbeit mit traumatisierten PatientInnen

Für mich als Therapeutin ist es wichtig zu wissen, dass es natürlich vorkommen kann, dass ein Patient noch nicht in der Lage ist, diese Übung gut mitzumachen, meist dann, wenn er nicht ausreichend stabilisiert ist oder sich kurz vorher einer Belastung ausgesetzt hat. Das heißt, es gibt keine Garantie dafür, dass diese Übungen immer stabilisierend wirken. In der Besprechung mit den PatientInnen sollte der Auslöser erarbeitet werden, bzw. die Umstände deutlich werden, damit der Patient seine Reaktion verstehen und einordnen kann. Bei einer Dissoziation oder Krise während einer Übung ist es immer gut, wenn ein zweiter Therapeut mit dem Betreffenden spricht, ihn unterstützt und beide gemeinsam überlegen, was der Patient in diesem Moment brauchen könnte. Damit zeigt man den PatientInnen, dass sie nicht allein gelassen werden und sie trotzdem selbst bestimmen können, welche Art von Hilfe sie benötigen (Gefühl der Selbststeuerung). Letztendlich sollte man sich in der Arbeit mit Traumatisierten klar darüber sein, dass die Gefahr einer Retraumatisierung immer gegeben ist. Es gibt keine „triggerfreie" Atmosphäre, das wäre ein so künstlicher „steriler" Raum, dass die PatientInnen keinen Bezug zur Realität finden könnten. Vielmehr geht es darum, ihnen die Möglichkeit zu geben, sich im geschützten therapeutischen Rahmen auseinanderzusetzen und die Parallele zur Realität wiederherzustellen.

Weitere Möglichkeiten von theatertherapeutischen Übungen

Aus meiner Erfahrung lässt sich gut mit Märchen arbeiten. Dort ist auch wieder die innere Welt stark beteiligt. Die PatientInnen können sich Rollen auswählen, die sie schützen. Gleichzeitig kommen sie durch die Handlung in Beziehung zu anderen. Wenn man Märchen nachspielen lässt (ohne die Geschichte zu verändern) kann die äußere Struktur des Märchens angstbindend sein. Die PatientInnen können sich auf den Verlauf der Geschichte einstellen und müssen nicht eine unvorhergesehene Aktion befürchten. Je nachdem, wie zugänglich sie für das Theaterspiel sind, können sie sich aktive Rollen wie König, Zwerg, Prinzessin wählen oder eher passive Rollen wie einen Baum, ein Gefäß, ein Tier. Damit sind auch PatientInnen beteiligt, die sich eventuell nicht trauen würden, mitzuspielen.

In der Märchenarbeit sehe ich den Vorteil, dass eine phantasierte, imaginative Geschichte gespielt wird und die PatientInnen mit ihren eigenen inneren Bildern das Märchen füllen können. Eine gute Verbindung stellt der Einsatz von Kostümen dar. Durch die Verkleidung können sich die PatientInnen schneller mit der Rolle – als Alternative zum gewohnten Ich – identifizieren. Manch ein Patient mag sich auch an die gute Kindheit erinnern, als Märchen vorgelesen wurden – ein angenehmer Effekt, wenn die Traumatisierung danach stattfand. Probleme treten dagegen auf, wenn die

Traumatisierung gerade in diese Kindheitsphase fiel. Nochmals: Retraumatisierungen lassen sich nie ausschließen.

Zusammenfassung

Die theatertherapeutischen Möglichkeiten sind meiner Ansicht nach vielfältig. Ich glaube, es kommt darauf an, die guten inneren Bilder der PatientInnen zu aktivieren und Möglichkeiten zu geben, in einer phantasievollen Atmosphäre diese beleben zu lassen. Das lässt sich durch Pantomime, Tanz und szenische Arbeit gut verwirklichen.

Man sollte sich immer wieder klar machen, dass TraumapatientInnen erst allmählich lernen müssen, dass ihre gute innere Welt ein Recht hat, ge- und belebt zu werden und dass es eine Bewältigungsstrategie für den Umgang mit den traumatischen Bildern darstellt. Aus diesem Grund ist es wichtig, sich zu vergegenwärtigen, dass einmal neu erlebte Erfahrungen oft wieder vergessen werden und dass man die PatientInnen immer wieder darauf hinweisen muss, welche Erfahrungen sie schon gemacht haben. Es ist sehr viel Geduld und ein gewisses Maß an Gelassenheit nötig, da sonst die Gefahr besteht, mit Ungeduld und Unverständnis zu reagieren.

Die Arbeit mit traumatisierten Menschen berührt mich jedes Mal aufs Neue. Sie erfordert ein hohes Maß an Selbstfürsorge. Es kann sehr anstrengend sein, Traumatisierte zu begleiten, ihnen behilflich bei der Bewältigung von Krisen zu sein, sodass man sich selbst gut schützen muss. Auf der anderen Seite sind diese Menschen so freudig erstaunt und so authentisch in ihren Reaktionen, wenn ihnen ein neuer Schritt in die Realität gelungen ist, dass es mich mehr menschlich berührt, als dass ich es therapeutisch empfinde. Vielleicht kann man sie in ihren erstaunten Reaktionen mit kleinen Kindern vergleichen, die vor Freude juchzen, wenn sie etwas Neues von der Welt erfahren und in sich aufgenommen haben.

Der unmittelbare Wechsel von Schmerz und neuer Erfahrung läuft so essentiell nebeneinander her, dass die Begleitung und die Entwicklung der PatientInnen nach außen hin sichtbar wird, sodass man in ihrem Prozess stärker eingebunden ist, was natürlich die Gefahr von Abhängigkeit zum Therapeuten/Klinik erhöht. Also sollte man rechtzeitig vor der bevorstehenden Entlassung den Ablöseprozess behutsam einleiten.

Fürstenau[177] gibt die Empfehlung: „In einer Therapie treffen sich zwei Erwachsene, die sich gemeinsam um Verständnis und Hilfe für ein verletztes, traumatisiertes Kind oder

---

177 Fürstenau, P., „Entwicklungsförderung durch Therapie. Grundlagen psychoanalytisch-systemischer Psychotherapie", zitiert in: „Stabilisierung", ebenda.

auch eines Erwachsenen bemühen. Dies geschieht in einem Klima basal akzeptierender Haltung und Aufmerksamkeit."

Ich glaube, dass traumatisierte Menschen diesen Ansatz sehr gut wahrnehmen, da sie ein sehr feines Gespür dafür haben, wie andere Menschen auf sie reagieren. In Verbindung mit der Entfaltung ihres eigenen schöpferischen Potenzials können sie die verschütteten Fähigkeiten und Ressourcen wieder neu- oder zum ersten Mal beleben. Damit erweitert sich ihr Handlungsspektrum um Einiges und diese Entdeckung wirkt stabilisierend. Man könnte sagen, die eigenen inneren Schätze werden geborgen und bekommen einen neuen Glanz im Licht der Bewusstwerdung.

Anhang: Begriffsdefinitionen von traumatischen Ereignissen und posttraumatischen Belastungsstörungen

Ein traumatisches Ereignis definiert die zehnte Ausgabe der International Classification of Diseases (ICD 10) als „ein belastendes Ereignis oder eine Situation außergewöhnlicher Bedrohung oder katastrophalen Ausmaßes (kurz- oder langanhaltend), die bei fast jedem eine tiefe Verstörung hervorrufen würde". Allgemein werden heute aggressive Kindesmisshandlung, sexuelle Gewalt, erhebliche emotionale und/oder somatische Deprivation, Verlust eines Elternteils in der Kindheit, lebensbedrohliche Gewalterfahrung (innerhalb und außerhalb der Familie), Naturkatastrophen und Verkehrsunfälle als traumatisches Ereignis betrachtet. Die PatientInnen, die zu uns zur Behandlung kommen, leiden unter einer sogenannten posttraumatischen Belastungsstörung. Die Symptome sind vielfältig: diffuses Angstgefühl, Apathie, Suizidgedanken, sich aufdrängende Erinnerungen, Wiedererleben (Flash-Back), Albträume, Vermeidung von Situationen, Schlafstörungen, Reizbarkeit. Mit einem traumatischen Ereignis umzugehen kann sich einerseits in einer normalen und andererseits in einer pathologischen Reaktion äußern.

Normale Reaktion: Man schwankt etwa vier bis acht Wochen zwischen entgegengesetzten Zuständen, die als Intrusion und als Konstriktion bezeichnet werden.

Intrusion: In diesen Phasen reaktualisiert sich die traumatische Situation erneut. Intrusionen sind Zustände, in denen das Trauma voll durchlebt wird (Flash-Back). Solche Zustände können etwa dann auftreten, wenn man zur Ruhe kommt: vor dem Einschlafen oder in Form von Albträumen, in denen die Szenen wieder und wieder mit allen begleitenden Affekten und Körpersensationen ablaufen. Intrusionen und Flash-Backs sind Manifestationen von gespeicherten Ereignis-Fragmenten, meist visuelle Abläufe („alte Filme"). Intrusionen können angetriggert werden, wenn zum Beispiel in einer alltäglichen Situation ein realer Gegenstand oder der Anblick eines realen Bildes dazu die traumatische Erinnerung wieder belebt. Es ist wichtig in der Behandlung von traumatischen PatientInnen zu wissen, dass alles ein Trigger sein kann. Wenn man die PatientInnen freundlich berührt, könnten sie das als Übergriff empfinden; wenn man sie gar nicht berührt, löst das vielleicht Einsamkeitsempfindungen aus. Jede Übung in der Körpertherapie kann zum Trigger werden, jedes Wort, Musik, Gerüche, selbst die Phantasievorstellung, sich mit Bäumen zu beschäftigen dient unter Umständen als Trigger.

Konstriktion: Konstriktion ist das Gegenteil von Intrusion, eine emotionale Betäubung, eine gewisse Stumpfheit, Lustlosigkeit, Anhedonie, innere Lähmung. Zwischen diesen Zuständen versucht der Traumatisierte mit Hilfe von Verleugnung, Ablenkung, Aussprechen, Abschalten und Wegdenken das Trauma zu bearbeiten. Nach etwa acht Wochen ist das Trauma durchgearbeitet und die traumatische Erfahrung in die Persönlichkeit integriert.

Pathologische Reaktion: Dieser Bewältigungsprozess kann natürlich vielfachen Störungen ausgesetzt sein. Wenn zum Beispiel narzisstische oder depressive Überzeugungen vorhanden sind, wird der Bearbeitungsprozess erheblich schwieriger. Problematisch ist auch, wenn ein Mensch vorhersehbar damit rechnen muss, traumatisiert zu werden, z.B. bei wiederholtem sexuellen Missbrauch in der Kindheit oder bei Folterungen. Dann wird dieser Mensch Trauma-Copying-Mechanismen entwickeln. Die wichtigste Möglichkeit zur Bewältigung einer traumatisierenden Situation völliger Hilflosigkeit und Ohnmacht ohne Möglichkeiten zu Kampf oder Flucht ist die Fähigkeit zur Dissoziation.

Dissoziation wird als Abspaltung bestimmter Gedanken, Einstellungen, Empfindungen zur übrigen Persönlichkeit beschrieben. Das kann sich als „aus dem Körper gehen" oder sich „tief ins innere Ich zurückziehen" auswirken. Die PatientInnen können sich an einen entfernteren Ort begeben, ohne zu wissen, wie sie dort hingekommen sind. Auch körperliche Empfindungsstörungen ohne somatische Ursache können auftreten, z.B. Blindheit, Taubheit, chronische Heiserkeit, Lähmungen, Derealisation und Depersonalisation. Dissoziation ist der Versuch der Wahrnehmungszerstörung oder der Wahrnehmungsveränderung. Weiterhin kommt es bei der pathologischen Reaktion zu Panik, Kontrollverlusten, extremen Vermeidungsverhalten, Überflutungszuständen, persistierenden Bildern, Flash-Backs, Somatisierungs- und Persönlichkeitsstörungen.

Dramatherapie bei Distanzproblemen im Allgemeinen und sexueller Delinquenz im Besonderen. Ein Bericht aus Theorie und Praxis.
Von Ilka Labonté

Einleitung

Mit dem Titel dieses Aufsatzes möchte ich einen Bezug zwischen Distanzproblemen einerseits und sexueller Delinquenz andererseits herstellen.

Zur Erläuterung des Begriffes Distanzproblem gebrauche ich R.J. Landys[178] Auffassung von Distanz. Landy geht davon aus, dass alle menschlichen Interaktionen geprägt werden von dem darin zum Tragen kommenden Maß der Distanz.

Sich zu distanzieren – einen bestimmten Abstand zu jemandem oder etwas wählen – kann unterschiedlichen Zwecken dienen. Es ist ein Mittel, um sich von jemandem abzusondern, um sich jemandem anzunähern oder um eine Balance herzustellen zwischen diesen beiden Extremen: Abgeschiedenheit und Nähe. Der Prozess des Distanzierens kann auf drei verschiedem Niveaus stattfinden: dem körperlichen, emotionalen und intellektuellen. Laut Landy stehen diese Ebenen miteinander in Verbindung und beeinflussen sich gegenseitig.

So kann eine „Unterdistanzierung" auf intellektueller Ebene, eine „Überdistanzierung" auf emotionaler Ebene hervorrufen. Hierbei denke ich z.B. an den psychischen

---

[178] Vgl. Landy, R.J., (1983), The use of distancing in drama, in: The arts in psychotherapy, Vol. 10, S. 175–185.

Abwehrmechanismus der Rationalisierung. Dieses Beispiel zeigt, dass Distanzierung nicht nur eine *inter*psychische Erscheinung ist, sondern auch eine *intra*psychische.

Es ist möglich in Bezug zu einer bestimmten sozialen Rolle „unterdistanziert" zu sein, während man gegenüber einer anderen sozialen Rolle „überdistanziert" ist (z.B. Beruf versus Vater). In der gleichen Weise können wir „über- und unterdistanziert" sein in Bezug zu unseren Gefühlen, Gedanken oder physischen Selbstbild.

In meiner Arbeit mit sexuellen Straftätern im Maßregelvollzug bin ich einem interessanten Phänomen auf dem Gebiet der Distanzprobleme begegnet. Dieses Phänomen formte einen wichtigen Bestandteil im Entstehen meiner Arbeitsweise mit dieser Zielgruppe. Es fiel mir auf, dass einige Sexualstraftäter, zum Beispiel Exhibitionisten und Vergewaltiger, mir – entgegen meiner Erwartung – nicht grob und aufdringlich begegneten, sondern sehr schüchtern und unsicher. Sie hatten Schwierigkeiten im Kontakt mit ihren Mitmenschen und waren in ihren Wohngruppen oftmals Außenseiter und Opfer von Ausbeutung. Mir schien es, als stünden sie nicht in Kontakt mit ihren Gefühlen und ihrem Körper und als wüssten sie nicht, wie sie ihre hieraus entstehenden Bedürfnisse auf eine adäquate und nuancierte Weise in menschlichen Kontakten ausleben konnten.

Ihren Missbrauch betrachte ich in diesem Zusammenhang als einen plötzlichen Ausbruch ihres tiefsten Bedürfnisses „gesehen" zu werden, Einfluss und Macht auf jemanden auszuüben und sich selbst aus der Opferrolle zu befreien. Kurzum: Ich denke, dass bestimmte Formen sexueller Delinquenz als ein extremes Distanzproblem betrachtet werden können.

Meiner Meinung nach kann intrapsychische „Überdistanzierung" – entstehend aus einem Mangel an Selbstbewusstsein – zu einer interpsychischen „Unterdistanzierung" führen in Form von sexueller Delinquenz. *Dramatherapie* bietet Menschen mit diesem Problem die Möglichkeit, ihre eigenen Bedürfnisse zu erschließen und diese ausdrücken zu lernen. Dabei wird kein bestimmtes Maß an verbalen Fähigkeiten vorausgesetzt.

Die eigenen Bedürfnisse wahrnehmend, ist es auch möglich, die Fähigkeit und Kreativität zu entwickeln, sich in die Bedürfnisse anderer einzuleben und auf eine verändernde soziale Umgebung „einspielen" zu können. Dramatherapie schenkt die Freiheit, experimentierend und spielerisch sich selbst besser kennen zu lernen, meiner Ansicht nach eine Voraussetzung für die Erweiterung sozialer Kompetenz.

Im Folgenden möchte ich dies mithilfe einer Fallbeschreibung veranschaulichen. Bevor ich anhand der zentralen Themen den Therapieprozess von Nico (Name ist geändert) beschreibe, soll eine kurze Einführung in den Begriff sexuelle Delinquenz, verschiedene Erklärungsmodelle und Behandlungsmethoden gegeben werden, die schließlich in meine persönliche Behandlungsphilosophie münden.

Sexuelle Delinquenz

Was ist sexuelle Delinquenz?

Aus dem Artikel „Sexualkriminalität" von U. und H.J. Schneider entnehme ich die folgende Definition sexueller Delinquenz: „Sexuell motivierte Handlungen gelten dann als Sexualkriminalität, wenn sie gegen rechtlich anerkannte Normen verstoßen, die das menschliche Sexualverhalten regeln. In das Strafrecht hat dabei nur ein Teil der gesellschaftlichen Sexualnormen Eingang gefunden."[179] Dieser letzte Satz weist darauf hin, dass es auch sexuelle Praktiken gibt, die gesetzlich erlaubt sind, von der Gesellschaft jedoch als anormal betrachtet werden. Man denke z.B. an Fetischismus oder Masochismus. In dem Fachausdruck „Paraphilie" werden *alle* sexuellen Formen gefasst, die als normabweichend betrachtet werden.

Es bestehen zwei Sichtweisen auf sexuelle Paraphilien:[180]

1. *Die natürliche Sexualität.* Freud, Bloch, Ellis und andere (vor 1945) waren der Ansicht, dass nur die Sexualität zwischen Mann und Frau natürlich ist. Alle sexuellen Formen der Sexualität, die von dem heterosexuellen Koitus abweichen, sind pervers.

2. *Die machbare Sexualität.* Ford und Beach (1951) gingen davon aus, dass der Mensch eine genetische Prädisposition hat, um in seiner Sexualität variieren zu können. Sie meinen, dass der Begriff Perversion nur ein Begriff ist, der von einer dominanten sozialen Gruppe geprägt wird, aber über keinerlei wissenschaftliche Bedeutung verfügt.

Aus diesen zwei extremen Sichtweisen entstand eine neue Definition sexueller Deviation, die in den letzen zwanzig Jahren die gebräuchlichste geworden ist: die *konsensuelle Sexualität*. „Normales sexuelles Verhalten wird als konsensuelle Sexualität zwischen Partnern definiert, die zu einem Konsens imstande sind.

Deviante Sexualität wird demgemäß als paraphile Sexualität definiert, durch die konsensuelle Sexualität intrapsychisch und/oder interpsychisch, behindert oder unmög-

---

[179] Schneider, U., Schneider, H.J., (1981), Sexualkriminalität, in: Die Psychologie des 20. Jhdt. Band 14.
[180] vgl. Gijs, L., Cohen-Kettenis, P., und van der Schoot, P., (1994), Psychologische en biologische theorieen over parafilieen, in: Tijdschrift voor sexuologie 18, p. 3–32.

lich gemacht wird, wodurch ein Konsens instrumental mit den Füßen getreten wird."[181]

Wir finden heute solche sexuelle Formen im Strafrecht aufgenommen, die außerhalb der definierten konsensuellen Sexualität fallen.

Erklärungsmodelle sexueller Paraphilie

Sexuelle Paraphilie aus psychoanalytischer Sicht[182]

Die psychoanalytische Sichtweise geht davon aus, dass Paraphilien die Ergebnisse eines gestörten Desidentifikationsprozess von der Mutter sind. Das Kind hat den Ambivalenzprozess – der zwischen Verschmelzungsängsten und Trennungsängsten stattfindet – nicht lösen können und verfügt nur über ein schwaches Identitätsgefühl. Trotz des Generations- und Geschlechtsunterschiedes wird es probieren, seine narzisstischen Illusionen von Allmacht und Unverletzbarkeit zu behalten.

Dies steht der Entwicklung einer eigenen männlichen sexuellen Identität jedoch im Weg. Der Erwachsene sexuelle Delinquent versucht, durch seine Taten ungelöste Konflikte und Traumata aus der Kindheit zu kompensieren. Ein Beispiel ist Exhibitionismus als Ausdruck einer verletzlichen Männlichkeit und der Not, den Penis als Machtorgan zu demonstrieren.

Sexuelle Paraphilie aus lerntheoretischer Sicht[183]

Die Lerntheorie betrachtet sexuelles Verhalten in seiner konkreten Erscheinungsform als angelerntes Verhalten. Nur die Möglichkeit zur Sexualität ist angeboren. Abweichendes sexuelles Verhalten wird auf Grund von fehlgeschlagenen Versuchen entwickelt, einen sozial akzeptierten sexuellen Kontakt einzugehen. Die Person entdeckt, dass es für sie einfachere Formen der sexuellen Befriedigung gibt und nimmt oftmals sexuelle Spielchen aus der präpubertären Phase wieder auf. Je mehr sich die Person jedoch in sexuell abweichendes Verhalten zurückzieht, desto schwieriger wird es, doch noch eine sozial akzeptierte heterosexuelle Beziehung aufzubauen.

Biologische Ursachen

Es bestehen keine definitiven Aussagen über eine Beziehung zwischen sexuellen Paraphilien und biologischen Konstitutionen. Resultate aus Untersuchungen lassen jedoch

---

181 Schneider, U.; Schneider H.J., a.a.O., S. 344.
182 Vgl. Putte, D. van de, (1994), De psychoanalytische behandeling van parafilieen, in: Tijdschrift voor sexuologie, 18, S.46–55.
183 Schneider, U.; Schneider, H.J., (1981), a.a.O., S. 351–352.

die Vermutung zu, dass eine solche Verbindung besteht. Laut Schorsch wurden bei ungefähr der Hälfte aller Sexualstraftäter pathologische Befunde festgestellt.[184] So wurde bei 22% der erwachsenen und 33% der jugendlichen Täter ein Hirnschaden konstatiert, der in der Kindheit entstanden ist. Von den Straftätern sind 19% auf Grund körperlicher Leiden sozial stigmatisiert. Darunter fallen Hautveränderungen, Sprachstörungen und andere körperliche Abweichungen. Behauptet wird, dass diese Einschränkungen die biologische und soziale Entwicklung der Persönlichkeit erschweren, was (sexuell) abweichendes Verhalten zur Folge haben kann. Mir persönlich erscheint die Theorie, dass es hormonale Abweichungen gibt, die die Ursache eines extrem intensiven und frequenten sexuellen Verlangens sein können, konkreter.[185]

Soziale Ursachen
Schorsch zeigt in seinem Buch „Sexualstraftäter"[186] anhand mehrerer Untersuchungsresultate auf, dass die Mehrheit der sexuellen Straftäter aus einem niedrigen sozialen Milieu stammen. Das ändert sich jedoch, wenn die sexuelle Paraphilie auf ein größeres Maß Phantasie angewiesen ist. Es gibt die übereinkommende Auffassung, dass die Isolierung der Täter einen Einfluss auf die Entstehung sexuell devianten Verhaltens haben kann. Sexualstraftäter der unterschiedlichsten Formen werden oft als kontaktscheue Einzelgänger beschrieben, die in ihrer Entwicklung retardiert sind. Gordon und Schroeder behaupten in ihrem Buch über sexuelle Probleme von Kindern und Jugendlichen[187], dass sexualisiertes Verhalten, präadoleszente Aggression und Missbrauch oft bei Kindern und Jugendlichen auftreten, die aus einer schwierigen häuslichen Umgebung kommen, die oft schwere Verhaltens- und Lernstörungen aufweisen und Probleme im Kontakt mit Altersgenossen haben.

Behandlungsmethoden bei sexuellen Paraphilien

Der psychoanalytische Ansatz[188]
Der psychoanalytische Ansatz richtet sich nicht nur auf die Paraphilie, sondern auch auf die zugrundeliegende narzisstische und präödipale Störung. Das Ziel der Behandlung ist nicht nur das Verschwinden des paraphilen Verhaltens, sondern auch ein wach-

---

184 Schorsch, Eberhard, (1971), Sexualstraftäter, Stuttgart, S.61.
185 Gijs, L., Gooren, L., (1994), Hormonale en psychofarmacologische interventies in de behandeling van parafilieen, in: Tijdschrift voor sexuologie 18, S. 56–71.
186 Schorsch, E., a.a.O., S.66.
187 Gordon, Betty N., Schroeder, Carolyn S., (1995), Sexuality. A developmental approach to problems, S. 38–44, Plenum.
188 vgl. Putte, D. van de, ebenda.

sendes Vermögen zum Lieb-haben und zum Interesse am Mitmenschen (zur Objektliebe).

Die therapeutische Aktivität besteht aus drei Phasen, die eng miteinander verwoben sind:
1. die Schaffung einer „holding environment" (eine beschützende, positive, therapeutische Allianz);
2. die Analyse der narzisstischen Pathologie;
3. die spezifische Analyse der Paraphilie.

Obwohl der psychoanalytische Ansatz eine Reihe von Behandlungserfolgen verbucht, wird er nicht oft für die Behandlung von Sexualstraftätern eingesetzt. Die Voraussetzungen für den Erfolg dieser Therapie überfordern die Fähigkeiten vieler Sexualstraftäter. Hierunter fällt das Vermögen verbal über Gefühle und Emotionen kommunizieren und Fantasien produzieren zu können, Einsicht- und Reflektionsfähigkeit sowie das Vorhandensein einer internen Motivation.

Die kognitiv verhaltenstherapeutische Behandlung[189]

Die kognitiv verhaltenstherapeutische Behandlung von Paraphilien ist dagegen gebräuchlicher. Zu Beginn basierte die Therapie auf einem monokausalen Erklärungsmodell: Die sexuelle Paraphilie wurde als das Hauptproblem betrachtet und als solches mit Aversietherapie behandelt. Mit der Zeit hat sich auch unter Verhaltenstherapeuten die Sicht auf Paraphilien erweitert. Neben der sexuellen Komponente in der Behandlung wurden noch zwei Komponenten hinzugefügt: die soziale und die kognitive Komponente. Auf diese Weise ist der Klient in der Verhaltenstherapie mit drei Lernprozessen beschäftigt, die einander beeinflussen. Als erstes mit dem Ablernen der paraphilen sexuellen Erregung. Als zweites mit dem Erweitern der sozialen Fähigkeiten in Trainingsmaßnahmen zur sozialen Kompetenz. Diese setzt man ein, da davon ausgegangen wird, dass soziale Angst das Knüpfen von sozial akzeptierten sexuellen Kontakten verhindert. Als drittes durch das Erwerben von Einsicht in das Delikt (indem Deliktketten aufgestellt werden). Letzteres dient dazu, die Gefahr eines Rückfalles selbst zu erkennen und diesen zu verhindern.

Hormonale und psychopharmakologische Interventionen[190]

Hormonale und psychopharmakologische Interventionen sind dazu gedacht, die therapeutische Behandlung zu unterstützen. Auf der Basis eines informed consent wird

---

189 van Beek, D., (1994), De cognitief gedragstherapeutische behandeling van parafilieen, in: Tijdschrift voor sexuologie 18, S. 33-45.
190 Gijs, L.; Gooren, L., ebenda.

bei Patienten mit häufiger, intensiver sexueller Erregung eine hormonale Behandlung mit Androgenen empfohlen. Bei Patienten mit Paraphilien, die in Beziehung stehen zu obsessiv-compulsiven oder depressiven Störungen, wird eine Behandlung mit Psychopharmaka – vor allem Antidepressiva – empfohlen.

Konsequenzen für meine Arbeitsweise

Aus den möglichen Erklärungen von sexueller Delinquenz, die ich oben skizziert habe, wird deutlich, dass von mehreren Ursachen ausgegangen werden muss. Da es an ausreichend empirischen Untersuchungen mangelt, behaupteten Quinsey et al. noch 1993, dass valide Theorien über die Entwicklung paraphiler, sexueller Erregung eine Unmöglichkeit sind.

Deshalb plädieren Gijs, Cohen-Kettenis und van der Schoot auch für eine biopsychosoziale Integration in Untersuchung und Behandlung. Auch ich gehe davon aus, dass alle oben beschriebenen Komponenten gemeinsam eine Rolle spielen bei der Entstehung sexueller Deviation. Dabei ist die Rede von einer schwachen Identität auf Grund ungelöster ödipaler Konflikte, von Konditionierung nach Erfahrungen des Scheiterns, von biologischen und sozialen Stigmatisierungen. Wir wissen nicht, in welchem Maß diese Aspekte eine Rolle spielen und inwieweit sie sich gegenseitig beeinflussen. Als gemeinsamen Aspekt in allen diesen Erklärungsmodellen betrachte ich die deutliche Isolierung des Täters, die durch seine Taten radikal aufgehoben wird. Das hat jedoch eine noch größere Isolierung zur Folge.

Diese Theorie stimmt überein mit den Eindrücken, die ich selbst im Kontakt mit Sexualstraftätern gemacht habe. Es betrifft Menschen ohne Selbstvertrauen und Selbstbewusstsein. Sie sind sich ihrer selbst wenig bewusst und haben wenig Vertrauen in sich selbst.

In dieser Hinsicht stimme ich der psychoanalytischen Sicht zu. Nur wenn diese Leere gefüllt wird, wenn also eine Identität entsteht, ist ein Mensch in der Lage liebevollen und respektvollen Kontakt ohne Angst einzugehen.

Aus diesem Grund glaube ich, dass eine Behandlung nicht ausreicht, wenn sie sich nur auf die Veränderung des ungewünschten Verhaltens richtet. Neben dem Lernen von neuem Verhalten muss die Therapie einen Raum für den Klienten kreieren, in dem er mit sich selbst in Kontakt kommen kann und sein kognitives, emotionales und körperliches Selbst entdecken und diesen Form geben kann.

Mit der folgenden Fallbeschreibung will ich dramatherapeutische Möglichkeiten vorstellen, mit denen man Klienten mit Distanzproblemen beziehungsweise mit einer sexuellen Deviation auf eine holistische intrinsische Weise behandeln kann.

Fallbeschreibung Nico

Einleitung

Im Rahmen meines Studiums arbeitete ich in der forensischen Abteilung der Rheinischen Landeskliniken Bedburg-Hau. Hier sind Menschen untergebracht, die ein Delikt begangen haben und während ihrer Tat psychisch gestört waren.

Global sind drei Diagnosegruppen zu unterscheiden:
1. Menschen mit einer psychotischen Störung;
2. minderbegabte oder retardierte Menschen;
3. Menschen mit einer Persönlichkeitsstörung.

Das erste Ziel eines Aufenthaltes in einer forensischen Klinik ist, den Klienten zur Deliktfreiheit zu erziehen. Die Genesung von der zugrunde liegenden psychischen Störung kommt erst an zweiter Stelle.

Allgemeine Orientierung

Zu Beginn der Dramatherapie ist Nico 20 Jahre und 7 Monate alt. Er ist seit 19 Monaten in der Forensik wegen wiederholtem Exhibitionismus und der versuchten Vergewaltigung. Die medizinische Diagnose lautet: Auf Grund eines Hirnschadens aus der Kindheit ist Nico lernbehindert und in seiner Motorik gestört (Laufunsicherheit, Tremor in den Händen, orale Dyskinesie). Hierdurch kann er sich nur schwer verbal ausdrücken. Er hat eine Reifungsstörung und eine sexualneurotische Verhaltensstörung. Er ist normal begabt (IQ 95%). Laut seiner Mutter hat Nico schon in der Kindheit sexuell abnormes Verhalten gezeigt.

So hat er z.B. eine Lehrerin in der Grundschule gefragt, ob „sie seinen Schwanz sehen möchte" und ob „sie mit ihm bumsen wolle". Nico war deswegen schon einmal in einer Jugendpsychiatrie aufgenommen. Da wurde die Vermutung geäußert, dass Nico selbst sexuell missbraucht wurde.

Neben der Dramatherapie erhält der Klient Arbeitstherapie, heilpädagogischen Unterricht und Gespräche bei dem Psychiater seiner Abteilung.

Das pflegerische Personal seiner Abteilung stellt mir Nico als einen beziehungslosen Menschen vor, der oft völlig abwesend scheint und mit dem nur schwer in Kontakt zu kommen ist. Er hat keine Freunde und wird oft von den Mitbewohnern ausgenutzt. Manchmal fällt er auf durch kleine aggressive Ausbrüche, bei denen er auch Dinge kaputt macht.

Nico wird in die Dramatherapie mit den folgenden Zielen verwiesen: Beobachtung des Klienten, Förderung seiner Offenheit, Entwicklung seiner Kommunikationsfähigkeiten und Selbstkenntnis. Nico erhält 34 individuelle und 6 Gruppensitzungen bei mir.

Beobachtung innerhalb der Dramatherapie

Das Bild, das ich mir von Nico während der Beobachtungsphase mache (vier Sitzungen), passt zu den Eindrücken der anderen Behandelnden. Nico, ein kleiner, dicker Mann mit kurzgeschnittenem Haar und einer starken Brille, scheint mir zu Anfang sehr schüchtern.

Er traut sich kaum, mich anzusehen, sein Blick ist meistens zu Boden gerichtet und er hat einen schlappen Händedruck. Seine ersten Schritte im Spiel sind sehr angespannt und unsicher. Es ist ein flüchtiges Ausführen meiner Aufträge ohne ein Zeichen von Freude. Sowohl innerhalb als auch außerhalb des Spieles macht Nico auf mich einen emotional abgestumpften Eindruck.

Er redet sehr langsam, ohne jegliche Variation in Tonhöhe, Intonation und Volumen der Stimme. Seine Schultern sind zumeist etwas hochgezogen und seine Bewegungen sind kraftlos. Auffallend ist seine Schwierigkeit, eine Wahl zu treffen. Er ist nicht in der Lage, eine Übung zu benennen, die ihm gefällt oder sich zwischen unterschiedlichen Übungen zu entscheiden. Auch innerhalb des Spieles lässt er sich immer von mir leiten, er ergreift nie die Initiative, einen neuen Impuls ins Spiel zu bringen. Bei dem Improvisationsspiel „Mann an der Tür", in dem ein Überraschungsgast sich Eintritt in seine Wohnung verschaffen will, passiert es immer wieder, dass er sich quasi von mir überrollen lässt. Er gibt von sich aus niemals eine Grenze an, es scheint als ob er diese nicht mal bemerke. Nur auf besondere Aufforderung hin gibt er manchmal eine Stellungnahme ab wie: „Ich fand die Frau, die Sie spielten, sehr seltsam; eigentlich wollte ich ihr gar nicht zuhören." Aggression oder Frustration kann ich zu diesem Moment nicht bei ihm spüren.

Diagnose

Bezugnehmend auf die Beschreibungen des Behandlungsteams, meinen eigenen Beobachtungen und seinem Delikt bin ich zur folgenden Interpretation seines Problemverhaltens gekommen: Nico steht kaum in Kontakt mit seinen Gefühlen. Er nimmt seine Bedürfnisse und Grenzen nicht wahr. Er negiert seine Gefühle bis zu dem Moment, wo sie auf unkontrollierte Weise nach außen brechen: entweder als aggressive Frustrationsäußerung oder als Versuch der Lustbefriedigung. *Intrapsychische Überdistanzierung führt zu interpsychischer Unterdistanzierung.*

Dramatherapeutische Zielsetzung

Ich habe für die Behandlung eine Zielsetzung gewählt, die übereinkommt mit der allgemeinen Zielsetzung des Klienten, da sein Problemverhalten sich innerhalb und außerhalb der Dramatherapie auf gleiche Weise manifestiert. Die Zielsetzung lautet wie folgt:
1. Der Klient lernt seine Grenzen in Bezug auf seine Gefühle und sein Handeln wahrzunehmen und auszudrücken;
2. Der Klient lernt seine Möglichkeiten auf dem Gebiet des Fühlens und Handelns zu gebrauchen;
3. Der Klient lernt, die Grenzen eines anderen zu berücksichtigen;
4. Der Klient ist in der Lage zu ausgeglichenem, menschlichen Kontakt.

Motivation meiner dramatherapeutischen Herangehensweise und therapeutischen Haltung

Aus meiner Zielsetzung wird deutlich, dass ich eine intrinsische, therapeutische Behandlung gewählt habe. Ich behandle also erst die intrapsychische Überdistanzierung und danach das daraus entstehende ungewünschte Verhalten, die interpsychische Überdistanzierung.

Ich habe mich so entschieden, weil ich davon ausgehe, dass Nico nur in der Lage sein wird, die Grenzen anderer wahrzunehmen und zu respektieren, wenn er seine eigenen Grenzen und Gefühle untersucht.

Die Behandlung lässt sich somit in vier Phasen beschreiben, die in Arbeitsweise und Subzielsetzung stets mehr in Richtung der Hauptzielsetzung wächst: der Klient ist in der Lage zu ausgeglichenem, menschlichen Kontakt.

Ich benenne die Phasen wie folgt:
- Phase 1: **„Ich"** (meine Möglichkeiten und Grenzen);
- Phase 2: **„Was will ich und was will ich nicht mit und von dem anderen"** (Möglichkeiten und Grenzen im Kontakt);
- Phase 3: **„Was will der andere, was wollen wir beide"** (Abstimmung im Kontakt);
- Phase 4: Stabilisierung in der Gruppe.

Meine allmähliche Orientierung auf das Hauptziel findet sich auch in meiner therapeutischen Haltung wieder, die offen, annehmend und vorsichtig konfrontierend ist. Das Maß der Konfrontation nimmt zum Ende hin zu. Durch meine wechselnde Rolle als Führende und Folgende dient die therapeutische Beziehung als Modell für Beziehungen überhaupt.

Indem ich Nico Fragen stelle, Verantwortungsübernahme von ihm fordere, indem ich ihm zuhöre und immer mehr Antworten erwarte, konfrontiere ich Nico mit sich selbst und so beginnt er sich selbst zuzuhören.

Die Phasen des Therapieprozesses

Phase 1: „Ich" (meine Möglichkeiten und Grenzen) – Sitzung 5–10

Arbeitsweise: In dieser Phase benutze ich vor allem basale Schauspielübungen wie z.B.:
- *körperliche Wettstreitspiele;*
- *Vertrauensübungen* (z.B. jemanden blind durch den Raum führen oder sich führen lassen);
- *Kontaktübungen* (z.B. Rücken an Rücken durch den Raum laufen, Spiegeln oder Marionette).

Außerdem arbeiten wir mit:
- *Scharade* (Darstellübung);
- *Kurzen Improvisationen* (mithilfe von Karten oder Kostümen).

Dabei experimentieren wir mit verschiedenen Rollen und Begegnungen. Wir spielen jedoch noch keine Konfliktsituationen. Diese Formen wähle ich, um den Klienten seinen eigenen Körper erfahrbar zu machen und auf spielerische Weise seine Ausdruckskraft und den Unterschied zwischen Ich und Du zu üben.

Ausführung: Nico blüht in dieser Phase deutlich auf. Zu Beginn führt er das Angebot noch gleichgültig aus und es ist schwer zuerkennen, woran er Spaß hat. Mit diesem Verhalten konfrontiere ich ihn zum einen durch Übungen (wir reflektieren zum Beispiel nach einer Abstimmübung über seinen Anteil am Verlauf der Übung), zum anderen, indem ich Fragen stelle (wie: „Ich sehe, dass Sie nur wenig Energie aufbringen, haben Sie keine Lust?") als auch, indem ich ihn immer wieder vor die Wahl stelle („Das ist in Ordnung, dass Sie keine Lust haben, aber schlagen Sie doch etwas vor."). Im Laufe der Zeit stellt sich heraus, was Nicos Vorlieben und Abneigungen sind. Schnell verzichten wir auf Kinderspiele wie „1234 Ochsenberger" und andere Spiele, die viel Bewegung verlangen. Er entwickelt zunehmend Spaß und Mut für kleine Improvisationen. Auch Kontaktübungen, wie z.B. Spiegeln, gefallen ihm. Hier stehen wir uns gegenüber und einer bewegt sich sehr langsam, so dass das Gegenüber spiegelverkehrt alles mitmachen kann.

Bei dieser Übung zeigt sich zum ersten Mal ein witziger, verspielter Nico, der auch rumalbert, über seine eigenen Mängel lachen kann (Dyskinesie) und Lust hat, zu experimentieren (Fratzen ziehen und komische Geräusche von sich geben). Am meisten fällt mir jedoch seine Vorliebe für Übungen auf, bei denen abwechselnd einer für den anderen Verantwortung übernimmt, z.B., indem er seinen blinden Mitspieler durch den Raum führt. Wenn Nico die Verantwortung hat, ist er sehr ruhig, konzentriert und voller Aufmerksamkeit für mich. Ich merke, wie ernst er seine Aufgabe nimmt. Genauso genießt er es, wenn er sich „fallen lassen" kann.

Es wird immer selbstverständlicher für ihn, aktiv das Therapieprogramm mitzubestimmen. Er trifft Entscheidungen und macht Übungsvorschläge. Das geht sogar soweit, dass er Übungsvariationen erfindet und auch Improvisationsinhalte aus dem Stegreif entwickelt. Zum Beispiel zieht er ein Kostüm an und beginnt sofort „drauflos" zu spielen.

Evaluation: Nico ist während dieser Phase mit dem Medium Drama vertraut geworden. Er ist neugierig auf seine Möglichkeiten und füllt den für ihn bestimmten Raum aus.

Sehr wichtig scheint die Erfahrung für ihn zu sein, Verantwortung für sich selbst und jemanden anderen zu tragen. Nico fühlt mein Vertrauen zu ihm und beginnt immer mehr, sich selbst zu vertrauen. Ich habe das Gefühl, dass eine Basis zwischen uns entstanden ist, die zulässt, das Thema Kontakt weiter zu untersuchen. Die Fragen für die nächste Phase lauten: wie gehe ich mit meinen Bedürfnissen im Kontakt um? Was für Konflikte können entstehen?

Phase 2: „Was will ich und was will ich nicht vom anderen" (Möglichkeiten und Grenzen eines Kontaktes) – Sitzung 10–24

Arbeitsweise: Auch in dieser Phase biete ich im ersten Teil jeder Sitzung basale Schauspielübungen an wie z.B.:
- sich hören lassen;
- stehen bleiben;
- ziehen und stupsen;
- Roboter.

Das sind Übungen, bei denen die körperliche Manifestation im Kontakt im Mittelpunkt steht. Man wird sich seiner körperlichen Anwesenheit und Kraft bewusst. Im zweiten Teil arbeiten wir mit Rollenspielen rund um Konflikte. Diese Rollenspiele dienen der Untersuchung der eigenen Grenze und dem Entwickeln von Taktiken, sich zu schützen.

Ausführung: Zu Beginn dieser Phase zeigt sich Nicos intrapsychische Überdistanzierung wieder in vollem Umfang. In Rollenspielen, sowohl auf realistischem als auch fiktivem Niveau, ist Nico nicht in der Lage seine Grenzen wahrzunehmen und diese zu bewachen. Ich begreife, dass Nico nur in der Lage ist für sich selbst zu sorgen, wenn ihn jemand anders ausdrücklich darum bittet, also, wenn der andere dafür sorgt, dass Nico für sich selbst aufkommt und ihm den Raum dafür lässt (Beziehung Therapeut – Klient). Im Spiel (in dem ihm kein fairer Therapeut gegenübersteht) fällt er sofort in sein altes Verhaltensmuster zurück. Er lässt über sich herfahren, ohne sich darüber bewusst zu sein.

Wir wiederholen nun oft Szenen, in denen sich diese Problematik zeigt, um den genauen Punkt aufzuspüren, wo Nicos Grenze überschritten wird. Der Aufbau dieser Szenen ist stets gleich: Nico spielt sich selbst zuhause in seinem Zimmer und ich komme in verschieden fiktiven Rollen zu Besuch.

Außerdem wechseln wir öfter die Rolle, so dass auch Nico ab und zu die Rolle des „Täters" inne hat und von mir Reaktionen als Modell übernehmen kann (Wie kann man auf adäquate Weise für sich selbst aufkommen?).

Er lernt, in einer Szene „Stopp" zu sagen oder im nachhinein den Punkt zu benennen, wo die Gegenrolle „übergriffig" wurde. Dann gibt er an, wie der andere sich verhalten soll, und wir wiederholen die Szene noch einmal. Zum Ende der Phase wiederholen wir vertraute Szenen, in denen es Nico nun während des Spieles zunehmend gelingt, seine Grenze anzugeben und „spielend" dafür zu sorgen, dass der andere diese berücksichtigt.

Einmal schafft er es z.B., im Spiel seiner „Oma" auf sehr diplomatische und emphatische Weise deutlich zu machen, dass sie seine Grenze verletzt und er das nicht möchte. Oma schnüffelt in seinem Schrank und will ihm seine Kleidung vorschreiben. Nico macht ihr in dieser Szene seine Situation begreiflich, ohne dafür extrem in Streit zu gehen oder den Kontakt zu brechen (das hätte passieren können, wenn er sie einfach vor die Tür gesetzt hätte). Im Vergleich zum Beginn unserer Therapie ist das ein enormer Fortschritt. Damals ließ er sich z.B. von einer aufdringlichen Nachbarin in Grund und Boden reden.

Auch unsere therapeutische Beziehung verändert sich. Nico gibt nun oft aus eigener Initiative seine Grenzen und Bedürfnisse bezüglich des weiteren Verlaufs der Therapie an.

Gleichzeitig habe ich den Eindruck, dass er mir näher kommen will. Das geschieht auf sehr subtile Weise. Noch immer kann ich nicht den sexuell fixierten Klienten vor mir entdecken, „der mich sofort vergewaltigen will." Nico bekommt Interesse an der Person hinter der Therapeutin und sucht sie. Zum einen zeigt sich das darin, dass er z.B. nach einer Szene wissen will, wie ich das Spiel erfahren habe, ebenso wie ich ihn das immer frage. Außerdem fängt er an, mich zu duzen, läuft auf dem Weg zum Therapieraum sehr nah neben mir und stellt sehr persönliche Fragen z.B. zu einem Kostüm: „Trägst du solche Schuhe auch, wenn du zuhause bist?"

Meine erste Reaktion auf diese Annäherungsversuche ist Negierung. Ich tue so, als habe ich seine Fragen nicht gehört. Sie verunsichern mich.

Aus seiner Wohngruppe bekomme ich verschiedene Reaktionen. Nico sei offener und lebendiger geworden. Er gibt seine Grenzen gegenüber Mitpatienten an, wobei es ihm jedoch nicht immer gelingt, diese auf adäquate Art und Weise zu äußern. Er hat angefangen, Kraftsport zu betreiben, was ihm viel Spaß macht. Doch auch in seiner Abteilung fällt Nico durch distanzloses Verhalten auf. Er sucht oft die körperliche Nähe weiblichen Personals und stellt viele Fragen.

An dieser Stelle treffe ich eine Entscheidung. Ich beschließe Nicos Verhalten als das Verhalten von jemandem anzunehmen, der gerade beginnt, mit Nähe und Distanz zu experimentieren. Es ist eine natürliche Entwicklungsstufe, die Nico vielleicht überschlagen hat. Wenn wir jetzt geduldig und offen reagieren, hat er die Chance, doch noch ein Gefühl für sich selbst und seine Mitmenschen zu entwickeln. Das verlangt von mir eine saubere, transparente Handhabung meiner eigenen Grenzen und langsam wachse ich in meiner Rolle als authentische Therapeutin mit deutlichen Grenzen. Nico und ich beginnen einen Dialog über die Unterschiedlichkeit persönlicher Grenzziehung. Auf sehr impulsive Weise äußert er hierüber seine Verwirrung. Typische Aussprachen aus dieser Zeit sind z.B.: „Einige Schwestern darf man fragen, wie alt sie sind und sie duzen und andere wieder nicht." Oder: „Frauen sind oft so hysterisch; berührt man sie mit dem kleinen Finger, fangen sie sofort an zu kreischen!" Er wird sich seines Problems bewusst und fängt an darunter zu leiden.

Evaluation: In Phase 2 hat Nico stets mehr Kontakt aufgenommen mit seinen eigenen Bedürfnissen, Interessen und Wünschen. Er hat Taktiken entwickelt sich aktiv vor anderen zu schützen.

Ich betrachte es als einen natürlichen Prozess, dass Nico bei der Entdeckung seiner selbst und seiner Bedürfnisse mit den Grenzen anderer Menschen in Kontakt kommt. Nico verschließt sich nicht mehr vor anderen Menschen, sondern möchte etwas von ihnen. Er ist auf der Suche nach Kontakt und entdeckt dabei wie schwer es ist, sich auf den anderen abzustimmen.

Die Zeit ist gekommen, um die Position (Bedürfnisse) des anderen mehr im Rollenspiel zu betonen und näher zu untersuchen. In der folgenden Phase werden nicht mehr Nicos Grenzen im Vordergrund stehen, sondern die Abstimmung der eigenen Bedürfnisse auf die Bedürfnisse des anderen.

Phase 3: „Was will der andere, was wollen wir gemeinsam" (abgestimmter Kontakt) – Sitzung 25–34

Arbeitsweise:
- Wiederholung von Dramaübungen aus vorigen Phasen;
- Abstimmübungen wie: gemeinsam das Tempo des Laufens steigern; betrachten und interpretieren von nonverbalem Verhalten;
- Rollenspiel rund um verschiedene Kontaktformen.

Diese Übungen dienen dazu, die Form der Nähe oder Distanz zu entdecken, die bei unterschiedlichen, menschlichen Kontakten angebracht ist. Was ist der Unterschied zwischen einer Begegnung mit einem Lehrer, einem Familienmitglied, einem Therapeuten, einem flüchtigen Bekannten, einer Krankenschwester, einer anderen Krankenschwester, mit dem einen Freund und dem anderen Freund? Wie kann ich lernen, wie sich die unterschiedlichen Bedürfnisse unterschiedlicher Personen anfühlen? Und wie kann ich meine eigenen Bedürfnisse äußern?

Ausführung: Zunächst ist Nico im Spiel wieder sehr unsicher. Er nähert sich dem anderen übervorsichtig. Erst nach einer Weile ergreift er die Chance, die Grenzen des anderen aktiv aufzusuchen. Nico lernt, dass jeder Kontakt seine eigene individuelle Grenze hat. Oftmals ist er in der Lage, diese zu spüren und auf adäquate Weise zu hantieren. Er ist z.B. in einer Szene mit einer mürrischen Freundin in der Lage zu fragen, was mit ihr los sei, anstelle sich unsicher zurückzuziehen. Hierdurch erfährt er, dass das, was andere ausstrahlen, nicht immer in Verbindung mit einem selbst steht, dass der Grund für die schlechte Laune außerhalb der gegenseitigen Beziehung liegen kann und dass es in Ordnung ist unsicher zu sein über die Gefühle des anderen. Es ist nicht selbstverständlich, dass er immer weiß, was mit dem anderen los ist. Aber es besteht wohl die Möglichkeit, ein Gespräch darüber zu führen.

Er macht erste Schritte auf dem Gebiet Empathie. Er tröstet und bietet Hilfe an.

Außerhalb des Spieles wird Nico offener und emotionaler. Er äußert seinen Spaß an der Therapie, aber auch seine Frustrationen des täglichen Lebens, wie in der Arbeitstherapiegruppe, die ihn sehr unzufrieden macht. Manchmal reagiert er in Gesprächen dickköpfig und macht auf mich den Eindruck eines pubertierenden Jungen, der sich nichts mehr sagen lassen will. Sein Freiheitswunsch ist deutlich wahrzunehmen. Er ist neugierig auf sich selbst, die Welt und andere Menschen. Dann wieder kuschelt er sich auf ein Kissen im Dramaraum und äußert, nie mehr gehen zu wollen, oder er versteckt sich hinter einer Gardine wie ein kleines Kind. Unsere Beziehung scheint immer wichtiger zu werden. Er nistet sich ein in der vertrauensvollen und sicheren Umgebung der Therapie, wo er akzeptiert wird mit seinem widersprüchlichen Verlangen.

In der Wohngruppe bekommt Nico immer mehr Verantwortung. Er wechselt den Arbeitsplatz und darf dort alleine hingehen. Er kommt jetzt auch selbstständig zur Therapie. Nico nimmt mehr teil am Gruppengeschehen und zeigt sich weniger distanzlos gegenüber dem weiblichen Pflegepersonal. Auf der Arbeit sucht er vorsichtig Kontakt zu Frauen seiner Altersklasse, wobei er weniger sexuell gerichtet ist. Außerdem benennt er seine Wünsche und beginnt Zukunftspläne zu schmieden. In diese Zeit fällt meine Mitteilung, dass ich in vier Monaten die Einrichtung verlassen werde. Wir beschließen, dass Nico noch vor meinem Verlassen den Schritt in eine Gruppentherapie nehmen wird, um seinen Experimentierspielraum zu vergrößern.

Er sagt jedoch, dass er nur solange an der Gruppentherapie teilnehmen wird, bis ich die Klinik verlasse. Erst einmal nehmen wir Abschied von der individuellen Therapie. Wir wiederholen Lieblingsübungen und Szenen und schauen gemeinsam auf seinen Prozess zurück. Nico findet, dass er viel gelernt hat.

Evaluation: Nico ist sich in dieser Phase immer mehr seiner Möglichkeiten und Grenzen im Kontakt bewusst geworden. Er ist wissbegierig und ungeduldig in Bezug auf sein Leben in der Klinik. Am liebsten möchte er seine Koffer packen und das echte Leben schmecken.

Er gebraucht die Therapie als Ventil für seine Frustration, dass er erst die Erwartungen der Klinik erfüllen muss, bevor sein Aufenthalt beendet werden kann. Doch gelingt es ihm immer mehr sich mit dieser Struktur zu versöhnen. Unsere Beziehung ist soweit gereift, dass ich vor einer wichtigen Entscheidung stehe. Einerseits besteht jetzt die Möglichkeit, mehr in die Tiefe zu gehen und auch den verarbeitenden Aspekt in die Therapie aufzunehmen. Andererseits bleibt mir nicht mehr viel Zeit und die Gefahr besteht, schwierige Themen anzuschneiden und unfertig liegen zu lassen. Außerdem scheint es mir sinnvoll, Nicos Bedürfnis nach Herausforderung gerecht zu werden. In einer Gruppe kann er das vertiefen, was er bisher im Umgang mit anderen Menschen gelernt hat.

Nico selbst steht gleichgültig vor dieser Möglichkeit. Er will sich jedoch für eine Gruppe einsetzen und ich hoffe, dass er mit der Introduktion einer neuen Therapeutin doch noch überzeugt wird vom Nutzen einer Gruppentherapie und diese auch ohne mich fortsetzen wird.

Phase 4: Stabilisierung in der Gruppe – 6 Sitzungen

Arbeitsweise: Neben Nico nimmt jetzt noch ein weiterer Klient aus Nicos Wohngruppe teil. Außerdem kommt eine Co-Therapeutin hinzu, die die Gruppe später übernehmen soll.

Wir arbeiten mit:
- Kennenlernspielen;
- einfachen Kontakt- und Wettstreitübungen;
- Schauspielübungen wie Scharade oder Geschichten erfinden.

Diese Phase dient für uns vier als Orientierung und Kennenlernphase.

Ausführung: Nico ist nicht motiviert. Wiederholt äußert er, dass er sowieso aufhört, wenn ich weggehe, weil er genug von Dramatherapie hat. Während spielerischer Drama- und Wettstreitspiele scheint es doch manchmal, als vergäße er seine schlechte Laune und erlebte Freude. Er genießt die Rolle des Dramaexperten gegenüber dem neuen Klienten. Oft erklärt er Übungen ruhig und verständlich. Schwierig ist es für ihn, in Wettstreitspielen zu verlieren. Er reagiert dann dickköpfig und ist nicht in der Lage Rat oder Hilfe von anderen anzunehmen. Es stellt sich heraus, dass er noch nicht in der Lage ist, mit seinen Schwächen und damit verbundenen Frustrationsmomenten in einer Gruppe umzugehen.

Nico bleibt bei seinem Beschluss, mit meinem Weggang mit Dramatherapie aufzuhören. Es fällt mir auf, dass er sich zum Ende hin immer mehr von mir distanziert. Zur letzten Sitzung kommt er gar nicht mehr. Ich erfahre, dass er einen Ausflug mit seiner Mutter geplant hat. Bisher hat Nico nicht eine Sitzung verpasst.

Ich suche ihn noch einmal in seiner Gruppe auf, aber bekomme rückblickend das Gefühl, dass Nico schon am letzten Tag der individuellen Therapie Abschied von mir genommen hat. Seine Entscheidung, mit der Dramatherapie aufzuhören, wird von jedem akzeptiert. Es wird ihm angeboten, jederzeit wieder beginnen zu dürfen.

Nico hat an diesem Punkt deutlich sein Bedürfnis angegeben. Er wird nicht den vierten Therapeutenwechsel hinnehmen (sein Gesprächstherapeut hat während meiner Behandlung dreimal gewechselt).

Evaluation: Nico hat sich im Laufe der dramatherapeutischen Behandlung verändert. Er hat mehr Selbstbewusstsein und Vertrauen entwickelt, was sich sowohl in der Therapie als auch in der Wohngruppe manifestiert. Er hat Kontakt zu seinen Gefühlen und Bedürfnissen aufgenommen und kann diese äußern.

Die Art und Weise ist nicht immer adäquat. Aber die beschützende Lebenssituation gibt Nico den Raum zu experimentieren und diesen Raum nutzt er auch. Er beginnt sich für andere Menschen zu interessieren und will wissen, wie er auf diese wirkt. Er ist wissbegierig und kann sich immer besser in andere versetzen und sich anpassen. Trotzdem kann er auf diesem Gebiet auch noch viel lernen. Auch seine Frustrationstoleranz ist noch sehr klein. Jetzt wo er sich traut, sich in Kontakten zu zeigen, begegnet er auch seinen Schwächen. Damit muss er umgehen lernen. Ich denke, dass Nico von einer

Gruppendramatherapie profitieren kann. Seinen Beschluss respektiere ich jedoch. Er schützt sich selbst gegen das konstante Abschiednehmen, dass in dieser Klinik von ihm verlangt wird.

Konstanten meiner Arbeit

Im Folgenden möchte ich anhand der Beschreibung vier konstanter Eckpunkte meine dramatherapeutische Arbeitsweise bei Distanzproblemen zusammenfassend präzisieren:
➤ Sicht auf die Störung
➤ Aufbau der Sitzungen und Methoden
➤ Aufbau des Therapieprozesses und Zielsetzung
➤ Therapeutische Haltung und Beziehung

Sicht auf die Störung

Einleitend sei hier meine Behauptung wiederholt: *Intrapsychische „Überdistanzierung" kann zu interpsychischer „Unterdistanzierung" führen.*

Das bedeutet, dass meine Behandlung bei der *Ursache* ansetzt, die meiner Meinung nach dem Problemverhalten zugrunde liegt. Im Fall von Distanzproblemen und sexueller Delinquenz gehe ich davon aus, dass ein Mangel an Selbstbewusstsein die Ursache sein könnte.

Menschen mit einer körperlichen, psychischen oder geistigen Störung brauchen besondere Stimulierung. Durch das spielerische Experimentieren will ich dem Klienten den Raum geben, Erfahrungen zu machen, die ihm ermöglichen sich selbst zu entdecken und anzunehmen. Als von sich selbst bewusster Mensch stößt der Klient unweigerlich auf die Bedürfnisse des anderen und lernt diesen mit Respekt zu begegnen.

Wenn der Klient soweit ist, ist es möglich den Lernprozess durch gezielte Übungen zu unterstützen.

Aufbau des Therapieprozesses und Zielsetzung

Das Hauptziel meiner Behandlung ist, dass der Klient die Fähigkeit entfaltet, ausgeglichene Kontakte zwischen seinen eigenen Bedürfnissen und Wünschen und den Erwartungen und Bedürfnissen des Gegenübers einzugehen. Um dies zu können, muss er zunächst mit sich selbst im Gleichgewicht sein, das heißt er steht gleichermaßen in

Kontakt mit seinen Gefühlen, seinem Verstand und seinem Körper. Landy nennt diesen Zustand *ästhetische Distanz*.

Der therapeutische Prozess geht also von innen nach außen. In der Beschreibung des dramatischen Prozesses nach Brian Way finde ich diesen therapeutischen Ansatz wieder:

„Way findet, dass man im Drama bei sich selbst beginnen muss. Je mehr man von seinen eigenen Möglichkeiten entdeckt, desto mehr wird man sich selbst. Man lernt seine Möglichkeiten beherrschen und wird freier. Im nächsten Schritt geht man von sich selbst auf andere zu. Vom frei werdenden Selbst geht man auf Entdeckung, was außer einem lebt. (...) Man beginnt andere anzufühlen, wird sensiter und fühlt sich in wachsendem Maße mit ihnen verbunden. Schließlich will man Teil haben an den Menschen und den Dingen außerhalb seiner selbst. Man breitet seine Welt aus. (...) Dieser Prozess der Selbstentfaltung betrifft die ganze Person mit all ihren Facetten."[191]

Aufbau der Sitzungen und Methoden

Meine Arbeitsweise stützt sich auf drei deutliche Pfeiler. Zum Beginn einer jeden Sitzung arbeite ich zur Aufwärmung mit Körperarbeit und Bewegungsspielen. Diese dienen dazu, dem Klienten seine körperlichen Bedürfnisse, seine Kraft und Grenzen bewusst zu machen. Das geschieht sowohl in Einzelübungen als auch in Kontaktübungen. Bei letzteren experimentiert der Klient körperlich mit verschiedenen Kontaktformen und den zugrunde liegenden Themen wie: Macht / Ohnmacht, Nähe / Distanz, Verantwortung nehmen / Verantwortung geben, Abstimmung.

Wie auch Anna Chesner in ihrem Buch: „Dramatherapy for People with Learning Disabilities"[192] beschreibt, gehe ich davon aus, dass Körperarbeit und Bewegung an die Entwicklung von Vertrauen, Erdung, Halt und Gefühl appellieren. Das entspricht der ersten Zielsetzung im Therapieprozess (Phase 1: "Ich"). Da dieser Selbstfindungsprozess jedoch niemals abgeschlossen ist, bleibt diese Arbeit konstanter Bestandteil der Therapie.

Den zweiten Pfeiler bilden Spiele wie Scharade, Improvisationen und Rollenspiele und zwar in dieser Reihenfolge. Je mehr der Klient mit sich selbst im Spiel vertraut wird, desto mehr gebrauche ich Rollenspiel; erst, um die eigenen Grenzen im Kontakt zu untersuchen, dann, um auf den anderen eingehen zu lernen. Während dieser Rollen-

---

[191] Verlaeckt, W., (1987), Brian Way´s vorming door drama: een praktijkgerichte synthese, in: ders., Over dramatische werkvormen, Acco, Leuven.
[192] Chesner, A., (1995), Dramatherapy for People with Learning Disabilities, London.

spiele bekleidet der Klient Rollen, die dicht bei ihm selbst liegen. Die ausgespielten Situationen sind jedoch fiktiv.

Das Rollenspiel hat drei Funktionen. Zum einen dient es dazu, auf Handlungsebene frei zu experimentieren; man denke z.B. an ein Rollenspiel mit dem Thema: Auf welche unterschiedliche Weisen kann ich mit jemandem in Kontakt treten?

Zum zweiten dient das Rollenspiel dem Erleben. Der Klient kann im Rollenspiel seine Bedürfnisse und Wünsche im Kontakt aufspüren und überprüfen, inwieweit sie mit den Bedürfnissen des anderen aneinander geraten oder an diese anschließen. In der Fallbeschreibung von Nico kam dies vor allem in Phase 2 („Was will ich und was will ich nicht vom anderen?") und in Phase 3 („Was will der andere, was wollen wir gemeinsam?") zum tragen.

Zum dritten dient das Rollenspiel der Reflektion durch Koppelung an die Realität. Hierbei beginnt gleichzeitig der dritte Teil der Sitzung, der für eine Nachbesprechung reserviert ist. Dabei ermutige ich den Klienten, das Erlebte kognitiv in einen größeren Rahmen zu setzen. Gibt es Parallelen mit Situationen in der Realität? Was sind das für Situationen? Mit entwicklungsgestörten oder minderbegabten Menschen mit Distanzproblemen erfolgt diese Reflektion auf einem ganz einfachen Niveau.

Oftmals passiert es auch, dass die Klienten zunächst gar nichts auf eine Frage antworten. In diesem Fall bringe ich Beispiele, die in den Lebensraum des Klienten passen könnten. Hierdurch kann es zu einer Form der Wiedererkennung beim Klienten kommen, wodurch die Nachbesprechung zu einem wichtigen Bestandteil der Behandlung wird.

Die therapeutische Haltung und Beziehung

Die therapeutische Beziehung dient als Modell für Kontakte überhaupt. Bei Menschen mit Distanzproblemen – kann diese Beziehung die erste wirklich sichere Verbindung für den Klienten bedeuten, die einlädt zu experimentieren, zu wachsen und sich fallen zu lassen.

Ich konfrontiere den Klienten mit sich selbst, indem ich ihn bewusst auf seine Möglichkeiten, Grenzen und Bedürfnisse im Hier und Jetzt hinweise. Das mache ich, indem ich meinen Eindruck seines non-verbalen Verhaltens spiegele, indem ich ihn zu Entscheidungen ermutige und indem ich transparent bin in meinen eigenen Bedürfnissen, Fragen, Möglichkeiten und Grenzen.

Die Beziehung ist gekennzeichnet durch Stabilität, Vertrauen, Offenheit und Akzeptanz. Dies entspricht der Haltung der interaktionell gerichteten Therapeuten innerhalb der Klientenzentrierten Therapie: „Die Beziehung mit dem Therapeuten ist für den Klienten nicht einfach eine Wiederholung frühere Beziehungsmuster; das würde schließlich nichts lösen. Der Klient lernt die Wiederholung zu überschreiten, indem er mit dem Therapeuten in eine erneuernde Interaktion gelangt, in der er sich weiter entwickeln kann (lives further)."[193]

„Um diese interaktionelle Arbeit gut zu machen, muss der Therapeut besondere Aufmerksamkeit haben für das, was sich zwischen ihm und dem Klienten abspielt, für den Beziehungsaspekt der Kommunikation. Er muss hierfür fühlen, was der Klient mit ihm macht."[194]

Schlusswort

Ich hoffe, dass zum Ende dieses Berichtes deutlich geworden ist, dass bestimmte psychische Störungen sich aus einem zu geringen Selbstbewusstsein entwickeln können. Dieses mangelnde Selbstbewusstsein setze ich mit Landys Begriff der intrapsychischen „Überdistanzierung" gleich. Das Individuum steht nicht in Kontakt mit seinen tiefsten innerlichen Bedürfnissen, Gefühlen und verletzbaren Seiten. Es kommuniziert nicht mit und von seinem sogenannten inneren oder wahrhaftigen Selbst.

Dadurch kann das Individuum in Probleme geraten. Sichtbar für die Außenwelt werden diese Probleme erst, wenn sie im Rahmen einer Interaktion auftreten und sich als Kontaktstörungen bzw. Distanzproblemen manifestieren. Da das Individuum nicht auf seine Bedürfnisse hört, ist es auch nicht in der Lage sich auf die Bedürfnisse des anderen, den Interaktionspartner, abzustimmen.

Das Individuum weicht ab von der gangbaren Norm. Das eine Extrem bilden die Menschen, die auf interpersönlichem Niveau distanziert sind und so darunter leiden, dass sie nicht in der Lage sind für sie selbst angenehme Kontakte zu unterhalten. Das andere Extrem bilden die Menschen, die auffallen durch enorm distanzlose Grenzüberschreitungen, sei es durch sexuelle Gewalt oder andere Formen der Aggression. Die aggressive Tat dient dann zur Kompensation des mangelnden Selbstbewusstseins. Es ist eine Machtdemonstration, heraufbeschworen aus einem tief verwurzelten Gefühl der Ohnmacht.

---

193 Gendlin, (1968), zitiert in: Vandereycken,W., Hoogduin , C.A.L., Emmelkamp, P.M.G, (1991): handboek psychopathologie deel 2, S.127.
194 Yalom, D.I., (1975), zitiert ebenda.

Obwohl diese beiden Distanzproblematiken von der Gesellschaft nicht als gleichermaßen bedrohlich erfahren werden, denke ich, dass eine therapeutische Behandlung in beiden Fällen sehr anzuraten ist. Nicht zuletzt, weil die eine Form sehr schnell in die andere umschlagen kann.

Meine Arbeitsweise richtet sich darum nicht nur auf Menschen, die sexuell delinquent geworden sind, sondern sie ist anwendbar bei den verschiedenen Erscheinungsformen einer Distanzproblematik, ausgelöst durch *eine intrapsychische Überdistanzierung*.

Der Erfahrungswert des Mediums Drama spricht den Menschen sowohl gefühlsmäßig, körperlich als auch intellektuell an und gibt ihm die Möglichkeit auf ausgeglichene Weise mit sich selbst in Kontakt zu treten und von da aus in einem sicheren Rahmen mit verschiedenen Formen der Interaktion zu experimentieren und sich an verschiedene soziale Umfelder anzupassen.

Die therapeutische Beziehung formt in diesem Prozess vielleicht den ersten stabilen, transparenten Kontakt, den der Klient eingeht und kann deshalb sehr fruchtbar sein.

Da für diese Therapieform nicht per se verbale und intellektuelle Fähigkeiten nötig sind, bietet sie auch für minderbegabte Menschen eine Möglichkeit, die intrapsychische „Überdistanzierung" zu überwinden und ein gesundes Selbstbewusstsein zu entwickeln. Der Mensch lernt seine Bedürfnisse zu äußern, seine Möglichkeiten auszuschöpfen und mit seinen Einschränkungen zu leben.

Nico hat übrigens nach einem halben Jahr Pause aus eigener Motivation wieder mit Dramatherapie angefangen. Er arbeitet jetzt sowohl in Einzel- als auch in Gruppentherapie.

Dramatherapie in der Behandlung schizophrener Patienten
Von Johannes Junker & Gé Cimmermans

Dieser Artikel spiegelt die Erfahrungen von Gé Cimmermans und Johannes Junker wider, die in den 90er Jahren des letzten Jahrhunderts vor allem die Behandlungsmöglichkeiten der Schizophrenie mit dem Mittel der Dramatherapie unter die Lupe nahmen.

Unsere Neugier richtete sich vor allem auf die Frage, welche dramatherapeutischen Interventionen genau bei dieser Patientengruppe wirken. Desweiteren wollten wir einen Beitrag zur schriftlichen Methodisierung unseres Berufes leisten. Außerdem ging es uns in unserer Untersuchung um die phänomenologische Beschreibung eines möglichen dramatherapeutischen Behandlungsansatzes mit schizophrenen Menschen.

Die Geschichte dieser Untersuchung

In den Jahren 1992 und 1993 machten wir einen Entwurf für eine dramatherapeutische Fallstudie. Zusammen mit der Dramatherapiestudentin Nienke Poiez beobachteten wir eine Dramatherapiegruppe mit dem Ziel, Daten für eine quantitative Studie zu sammeln. Dies ist eine Untersuchung, die es ermöglicht Fakten zahlenmäßig zu ordnen, um sie dann statistisch bearbeiten zu können. Nienke Poiez beobachtete die Gruppe und sorgte zusammen mit Johannes Junker für den Beobachtungsbericht. Johannes Junker war der Therapeut und ordnete die gesammelten Beobachtungsdaten nach bestimmten methodischen Aspekten. Gé Cimmermans vertiefte sich in die Fachliteratur über schizophrene Patienten, die mit Dramatherapie behandelt wurden.

Die praktische Untersuchung richtete sich auf vier Patienten, die neun Monate an einer Dramatherapiegruppe von insgesamt fünf Patienten teilnahmen. Die Aufnahmedauer war durchschnittlich eineinhalb Jahre. Die Observationsgruppe bestand aus zwei Frauen und zwei Männern im Alter zwischen 24 und 36 Jahren. Alle vier hatten als Diagnose eine Form der Schizophrenie. Der Observationszeitraum betrug ein halbes Jahr, in der die Dramatherapie einmal pro Woche eine Stunde lang gegeben wurde.

Die Verarbeitung des vierhundert Seiten umfassenden Beobachtungsmaterials erstreckte sich bis 1994; bis 1996 erarbeiteten wir die Ergebnisse und Niederschrift dieser Methodisierung.

Die Patienten befanden sich in einer Rehabilitations-Wohngruppe der Abteilung Allgemeine Psychiatrie der Rheinischen Kliniken Bedburg-Hau. Sowohl von der Station als auch von der Abteilung erhielten wir inhaltliche Unterstützung in Form einer Auswahl von Patienten für die Untersuchung, intensive Fallbesprechungen und schriftliche Informationen über den Behandlungsverlauf. Wir wussten von Anfang an, dass es uns an Geld mangeln würde, um eine Vergleichsstudie zu erstellen. Daher konzentrierten wir uns auf das, was der Therapeut tut. Dadurch konnte später eine methodische Richtlinie gefunden werden, die wiederum zur Weiterentwicklung der Dramatherapie in diesem spezifischen Feld beitragen kann.

Basisaspekte der Dramatherapie

Dass es sich in diesem Artikel ausschließlich um Dramatherapie mit schizophrenen Patienten handelt, ist eine Herausforderung, denn im ersten Augenblick scheint die Behandlung mit dieser Methode contraindiziert. Diese Patienten haben immerhin große Mühe, zwischen Phantasie und Realität zu unterscheiden. Gleichwohl ist es verwunderlich, dass es gerade auf diesem Spezialgebiet verhältnismäßig viele Publikationen gibt, die sich mit dem Sinn der Dramatherapie bei dieser Krankheit auseinandersetzen.

Wenn wir über die Phantasie oder das Vorstellungsvermögen sprechen, dann dreht es sich hier nicht um wilde Phantasien. In der Dramatherapie sind wir auf eine ganz bestimmte Phantasieart gerichtet, die der dramatischen Phantasie. Unter der Zuhilfenahme der dramatischen Phantasie machen wir uns Vorstellungen von Situationen, in der Menschen handelnd aufeinander bezogen sind. In diesem Rahmen deuten wir die Situation mit „wo", die Menschen mit „wer" und die Handlung mit „was".

Kern der Handlung innerhalb der zwischenmenschlichen Beziehungen ist das Problem, das sich auftut, der Konflikt, der entsteht, die äußeren und inneren Hindernisse, die überwunden werden müssen. Manches hiervon läuft auf eine Krise hinaus. So kann man sagen, dass die Handlung als Geschichte oft nach den aristotelischen Regeln aufgebaut ist. Das bedeutet, dass die Gefühle wie z.B. Angst oder Mitleid durch das Drama hervorgerufen werden, um genau die gleichen Gefühle zu reinigen. Das bedeutet keineswegs, dass sie verschwinden, jedoch dass sie reguliert, gemäßigt, geordnet und zu normalen Proportionen zurückgebracht werden.

Bei der Arbeit mit schizophrenen Patienten müssen wir hinsichtlich des dramatischen Vorstellungsvermögens, den fiktiven *Wo?*, *Wer?* und *Was?*, einige Grundregeln beachten:

1. Bevor mit dem Vorstellungsvermögen des *Wo?* gearbeitet wird, muss der Dramatherapeut dem Patienten genügend Haltegriffe zur Verfügung stellen, um sich selbst und die anderen in der realen Umgebung konkret und für jeden Anwesenden feststellbar wahrnehmen zu können.
2. Bevor der Patient das fiktive *Wer?* darstellen kann, ist es notwendig, dass er zuerst mit seiner eigenen realen Identität, der eine körperliche Basis zu Grunde liegt, in Kontakt gekommen ist. Die zwischenmenschlichen Beziehungen, die anfangs meistens bedrohlich sind, können durch intermediäre Objekte, z.B. durch Masken oder Handpuppen, zustande gebracht werden.
3. Handlungen, in denen Spannungen verborgen liegen, deren Grundthema Konflikte sind, sollten vermieden werden. In erster Linie sollten Handlungen dargestellt werden, die frei von zwischenmenschlichen Problemen sind, wie z.B. Tisch decken, Schlafen, Tennis spielen.

Im Laufe der Zeit wird es möglich, fiktive Situationen darzustellen, in denen auch fiktive Personen vorkommen. Dann können intermediäre Objekte innerhalb der Interaktionen wegfallen. Es wird dann auch möglich Gefühle zu entladen, die aus Konflikten oder Frustrationen entstanden sind. Dies sollte immer in dem Bewusstsein geschehen, dass diese Menschen in einen psychotischen Zustand zurückfallen können: Ihrer Verletzlichkeit muss die notwendige Aufmerksamkeit geschenkt werden.

Bevor wir uns näher mit der Dramatherapie in dem speziellen Feld der Schizophrenie beschäftigen, ist es wichtig in Erwägung zu ziehen, dass in der Dramatherapie – wie in anderen Formen der Kreativen Therapie –, das Spiel und die Kunst eine besondere Rolle spielen. Spielen ist nicht ausschließlich an das Spielen von Rollen oder Szenen geknüpft. Spielen kann auch ein reines Bewegen sein, wie wir es im Tierreich beobachten können, zum Beispiel rhythmische Bewegungen eines Tieres, die nachgeahmt werden. Durch das Einbringen von neuen Bewegungsimpulsen wird dieses „Tier-Bewegungs-Spiel" interessant und herausfordernd. Aus der Sättigung des schon Bekannten entstehen Initiativen für etwas Neues. Das Spiel wird durch Lebendigkeit gekennzeichnet – ein Pluspunkt, der wiederum Freude entstehen lässt. Berlyne spricht in diesem Zusammenhang von dem mäßig erhöhten „arousal"-Niveau. Diese Erhöhung darf nicht zu lange dauern und muss von einer Entspannungsphase abgelöst werden.

Das bedeutet also, dass man innerhalb des Spiels Freude an einer erzeugten Spannung erleben kann.

Dramatherapie mit schizophrenen Patienten

In der Arbeit mit schizophrenen Patienten ist die Bewegung als Basiselement der Therapie von entscheidender Bedeutung. Dabei können sie lernen, ihre eigene Körperlichkeit als Basis ihrer Identität zu erfahren. Die durch das Spiel entstehende Freude ist die Triebfeder, das Spiel fortzusetzen. Das Spiel scheint ein eigenes Leben zu führen. Die beflügelnde Eigendynamik lassen Angst und das ständige Kontrollbedürfnis für eine kurze Periode außer Acht.

Die dramatische Entwicklung des Vorstellungsvermögens ist im Spiel ebenso wichtig. Winnicott geht davon aus, dass das Spiel beim Kind die Funktion der Überbrückung zwischen der inneren Phantasie und der harten frustrierenden Außenwelt hat, die nicht alle Bedürfnisse des Kindes berücksichtigt. Im Spiel wird mit dem Gefühl des Unbefriedigt-Seins gespielt. Die Wünsche und Ängste aus der eigenen Phantasie werden ausgedrückt und sowohl sich selbst als auch anderen mitgeteilt. Für das Spiel ist es dabei kennzeichnend, dass die dargestellten Wunsch- und Angstvorstellungen keine Strafe oder Belohnung nach sich ziehen, was wohl in der Realität der Fall wäre. So kann ein Spieler z.B. eine ihm nahestehende Person töten, ohne dass dies äußere Konsequenzen hätte.

Das Spiel ist an bestimmte Bedingungen geknüpft, auch wenn man diese nicht im ersten Augenblick als solche erkennen kann. So ist z.B. die Begrenzung der Zeit und des Raumes notwendig, um ausreichende Sicherheit zu gewährleisten. Andernfalls ist gar kein Spiel möglich. Dieses gilt insbesondere für die hier besprochene Zielgruppe. Es muss die Freiheit gegeben sein, freiwillig am Spiel innerhalb der Therapie teilzunehmen, auch jederzeit während des Spieles eine Auszeit zu nehmen oder ganz mit der Spielsequenz zu stoppen. Die Trennung zwischen Spielfläche und Zuschauerraum muss deutlich angegeben werden. In den meisten Fällen dauert es einige Zeit, bis schizophrene Patienten über metakommunikative Signale – das sind Signale, die auf einem andern Niveau als die der direkt verlaufenden Kommunikation gesandt werden – verfügen und diese empfangen können, um dann auch verstehen zu können, wann ein dramatisches Spiel stattfindet. Dies ist eine Fähigkeit, die im Tierreich und der kindlichen Entwicklung natürlich erworben wird, mit der aber schizophrene Menschen große Mühe haben.

Im dramatherapeutischen Prozess spielen auch Elemente aus der Kunst eine Rolle. Derjenige, der Kunst macht, will etwas zum Ausdruck bringen, was in ihm lebt, was ihn beschäftigt. So kann in der Kunst etwas schön sein, was eigentlich hässlich ist, deshalb, weil es uns berührt. Und so hofft auch der Künstler, wenn er eine Form zu seinem Erleben findet, den Zuschauer und Zuhörer berühren oder anrühren zu können. So kann das Erarbeiten einer Theatervorstellung für schizophrene Menschen ein wichtiger Schritt im dramatherapeutischen Prozess sein.

Auf diese Weise wird es möglich, vom dargestellten Produkt und darin dann von sich selbst Abstand zu gewinnen. So wird es auch möglich, Abstand von problematischen Aspekten zu gewinnen, die in dem dargestellten Produkt verborgen liegen. Beim Arbeiten an einem Produkt wird der Macher mit Gegensätzen, Polaritäten und Konflikten in sich selbst und in menschlichen Beziehungen konfrontiert. Durch die Auseinandersetzung mit einem dramatherapeutischen Prozess kann es auch geschehen, dass ein Patient das Bild einer besseren Welt erlangt; manche Kunstphilosophen sprechen gar von einer vollständigen Welt. In der Therapie kann dies eine motivierende Wirkung hervorrufen, ein Verlangen nach dem Besseren, das man selbst in kleinen Schritten erarbeiten kann, gelangt in das Gesichtsfeld. Wenn es dann letztendlich gelingt das Produkt zustande zu bringen, kann man stolz darauf sein. Dieses Gefühl, das gleichzeitig auch Ich-stützend wirkt, ist natürlich in sich schon wirksam für Patienten, die ein negatives Selbstbild haben.

Bevor Patienten ein Produkt machen, müssen sie oft einen langen Weg gehen. In der Dramatherapie müssen sie zuerst Kontakt mit sich selbst, mit anderen und mit der realen Umgebung, in der sie sich gerade befinden, aufnehmen. Das Spielerleben und die damit verbundene gemeinsame Spielfreude können helfen, diesen Prozess voranzubringen. Weiterhin wird Zeit benötigt, um sich Spielfähigkeiten anzueignen, sowie das, was innerlich und damit auch in der Phantasie verborgen liegt, im dramatischen Spiel zu äußern. Das Ziel der Dramatherapie ist, dass die Patienten Folgendes beherrschen:

- zwischen Phantasie und Wirklichkeit unterscheiden können;
- die Realität deutlicher wahrnehmen;
- innere Spannungen und das, was berührt, auf verhüllende Art und Weise zum Ausdruck bringen können;
- die eigene Phantasie mit anderen teilen;
- mit der eigenen Phantasie umgehen lernen;
- die Verwirrung im Denken und Handeln aufheben können;
- sozial kompetent auftreten können.

Wir sind durch eigene Erfahrung davon überzeugt, dass die Dramatherapie eine Anzahl von Mitteln zur Verfügung hat, um diese Ziele zu erreichen.

Mittel, um das Ziel zu erreichen

Allgemeine Richtlinien

Langley und Domma haben einige Prinzipien aufgeführt, die am Beginn der Behandlung mit schizophrenen Patienten wichtig zu beachten sind, z.B. Phantasieanregungen zu vermeiden, keine intensive emotionale Spannungen hervorzurufen, ein langsames Tempo einhalten, das einfache Darlegen von Übungen, Regeln usw., das Ansprechen der gesunden Anteile des Patienten, erreichbare Ziele gemeinsam mit dem Patienten vereinbaren. Wichtig ist auch, dass die Arbeitsbeziehung zwischen dem Patienten und dem Therapeuten ausdrücklich benannt wird.

Spielen und Übungen

Der Akzent liegt auf der Förderung des Körperbewusstseins und auf dem Bewusstsein, sich in einer bestimmten Umgebung mit anderen Menschen zu befinden. Hierzu wird z.B. ein Spiel eingesetzt: „Ich sehe, was Du nicht siehst, (was aber jeder, der sich in diesem Raum befindet, sehen kann) und das ist …" oder eine Übung, in der alle mit einem Ballon die Körperteile berühren, die der Therapeut nennt oder ein Ball wird als intermediäres Objekt eingesetzt, um Kontakt untereinander zu knüpfen.

Pantomime als erster Schritt zu einer fiktiven Handlung

Das Arbeiten mit den Wer-Was-Wo-Fakten ist stark an der Realität orientiert. Diese Arbeitsweise wird eingesetzt, um Handlungen mit Gegenständen nachzuahmen. Die zugrunde liegende Annahme ist die, dass die Pantomime den bewussten Kontakt mit der realen Umgebung wiederherstellen kann. Ein automatisierter Handlungsverlauf mit einem alltäglichen Gegenstand wird in dem Moment total anders erlebt, wenn dieselbe Handlung pantomimisch in verschiedenen Handlungssequenzen erarbeitet wird. Dies benötigt die Ordnung des Bilddenkens und des damit verbundenen Vorstellungsvermögens. Die Ordnung muss sowohl in räumlicher (Wo befindet sich was?) als auch in zeitlicher Hinsicht (Was kommt zuerst und was danach?) stattfinden. In einer späteren, fortgeschritteneren Phase kann der Patient Menschen aus seiner eigenen Lebensumwelt nachspielen, selbst Konfliktsituationen spielerisch erkunden. In diesem Stadium dreht es sich nicht um kathartische Entladung von Gefühlen, sondern um eine Reflexion über den spielerischen, damit auch räumlichen und zeitlichen Abstand, wodurch der Patient die Gelegenheit erhält, seine Interpretation der realen Geschehnisse zu verändern.

Das Arbeiten mit Puppen

Die Puppen wirken als intermediäres Objekt und ermöglichen es, dass schizophrene Patienten das dramatische Vorstellungsvermögen anwenden können. Sie werden so befähigt, mit der Zuhilfenahme einer Puppe eine fiktive Wirklichkeit zu gestalten und dann Handlungen auszuführen und Situationen zu spielen, die vom Therapeuten vorstrukturiert werden. Der Kontakt im Spiel verläuft immer direkt über die Puppe, niemals über die Spieler selbst. Der Aspekt des Streitens darf dann eine Rolle spielen, wenn es das Streiten gegen Naturkräfte betrifft, wie z.B. das Wegräumen eines Felsblockes, der den Weg versperrt. Es kann wohl auch vorkommen, dass ein Patient eine Puppe einsetzt, um verborgene Gefühle zum Ausdruck zu bringen. Dann obliegt es der Einschätzung des Therapeuten, dieses Gefühl im Spiel weiter auszuarbeiten.

Das Arbeiten mit Rollen

Auf diesem Spielniveau ist es dem Patienten möglich, zwischen Spiel und Realität zu unterscheiden. Im Rollenspiel geschieht der Kontakt direkt zwischen den Rollen, ohne dass ein Objekt dazwischen gesetzt werden muss. Dies bedeutet, dass der Patient ein höher entwickeltes Bewusstsein haben muss. Sowohl die Unterscheidung zwischen der Rolle, die er spielt und sich selbst, als auch die Unterscheidung zwischen dem anderen und der Rolle, die der andere spielt, muss ihm deutlich sein.

Der Therapeut behält auch hier die mögliche Schwierigkeit im Auge, dass der Patient das Annehmen einer dramatischen Rolle deshalb schwierig finden kann, weil er Angst haben könnte seine eigene Identität dadurch zu verlieren.

Bielanska hat positive Erfahrungen im Spiel mit schizophrenen Patienten gemacht, indem er sie Rollen aus der Weltliteratur spielen ließ. Ihnen wurden Rollen zugewiesen, die Aspekte beinhalteten, mit denen sie persönlich Schwierigkeiten hatten. Hamlet verkörpert z.B. den Aufruhr gegen die Eltern, Othello hingegen die Eifersucht. Während eines Jahres wurden die Rollen so erarbeitet, dass es zu einer Aufführung kommen konnte.

So setzt sich der Patient indirekt mit den Schwierigkeiten einer anderen Person auseinander und kann hierdurch neue Vorgehensweisen entdecken und einüben, ohne direkt mit dem eigenen Problemkreis direkt konfrontiert zu werden.

Das Arbeiten mit der Wahnwelt im fiktiven Spiel

Snow schreibt in einer Publikation über einen Patienten, der ein selbst geschriebenes Theaterstück einstudiert und aufführt. In diesem Theaterstück lässt er Figuren aus seiner Wahnwelt in einen Dialog kommen und in einer Kampfszene einen Streit ausfechten. Der Zeitrahmen für diese Arbeit umfasst zweieinhalb Jahre, denn es muss eine gute Basis für den gemeinsamen Kontakt gelegt sein und die verschiedenen Niveaus der Spielfähigkeiten müssen stark verankert sein, um diese komplizierten Differenzierungen leisten zu können. Der Spielraum ist hier wie der trans-situationale Raum von Winnicott anzusehen. Das ist ein Übergangsraum, in dem man sich nicht mehr am Ausgangsort befindet und noch nicht am Zielort angekommen ist. Der Hauptakzent der Auseinandersetzung liegt im Bereich der Innerlichkeit und der Außenwelt.

Snow gibt dem Patienten Gelegenheit, mit den im Theatertext beschriebenen Personen und Handlungen zu experimentieren. Er kann in der Rolle und außerhalb davon mit derselben in Kontakt treten. Ebenso ist es dem betreffenden Patienten möglich nach Herzenslust die fiktive Welt zu verändern, um sie dann wieder nach Belieben neu zusammen zu setzen, kurzum mit ihr zu spielen. Gleichsam ist es wichtig, dass der Patient die fiktive Welt für den anderen und sich selbst wahrnehmbar darstellen kann. Er lässt ebenfalls andere in seinem dramatischen Vorstellungsvermögen zu und teilt mit ihnen seine Gedanken und Gefühle. Dadurch verliert die Phantasie ihre Bedrohung und es wird für den Patienten weniger notwendig vor ihr zu flüchten.

Bei näherem Hinsehen wird eine abgestufte Herangehensweise erkennbar. Als Basis werden die allgemeinen Richtlinien bei jeder Behandlung von schizophrenen Menschen notwendig sein. Die Spiele und Übungen sind als weitere Vorgehensweise auch dann erst möglich. Hiernach kann die pantomimische Herangehensweise zum nächst differenzierteren Niveau gewählt werden. Danach das Spielen mit Puppen als intermediäre Objekte, um so auch zum Niveau des Rollenspieles zu kommen. Dieses Spiel mit fiktiven Rollen ermöglicht es dann auch mit der eigenen Wahnwelt selbst spielerisch umzugehen und sich so neu in ihr bewegen zu können.

Kurz zusammengefasst kann also anhand der Literaturstudie gezeigt werden, dass die Dramatherapie unter bestimmten Umständen nachweislich eine sinnvolle Behandlung für schizophrene Patienten sein kann. Diese intensive Beschäftigung mit der Literatur ermöglichte es auch, grundlegende Aspekte der Behandlung mit schizophrenen Patienten direkt in die zu observierende Dramatherapiegruppe einfließen zu lassen.

Die Struktur der Untersuchung

Neben der Beobachtung dessen, was der Therapeut macht und wie er interveniert, war die Beobachtung der Veränderungen der Patienten von größter Bedeutung. Dadurch wird deutlich, welchen Effekt das methodisch-therapeutische Handeln beinhaltet. So verfolgen wir in diesem Artikel die beiden Aspekte der therapeutischen Anwendung der dramatischen Handlungen und der Entwicklung der Patienten im Beobachtungszeitraum. Außerdem versuchen wir Erklärungen für die Veränderungen zu finden. Zunächst eine Übersicht:

1. Aufbau einer Therapiesitzung
1.1 Warming-up
1.2 Themenfindung
1.3 Spiel
1.4 Nachbesprechung / Reflektion

2. Drei Phasen in der Entwicklung der Observationsperiode
2.1 Phantasiespiel
2.2 Generalisierte Alltagssituationen
2.3 Improvisation mit autobiographischem Material

3. Diskussion des Spannungsfeldes: Phantasiespiel mit schizophrenen Patienten

1. Aufbau einer Therapiesitzung

1.1 Warming-up

Hierbei spielen stets drei Aspekte eine wesentliche Rolle: das Ich, der andere und der Raum. Dies ist im wesentlichen die praktische Übersetzung des Übens mit dem Körper im direkten Kontakt mit der räumlichen und situationsbezogenen Umgebung. Als Beispiel einer Übung führen wir ein Territoriumsspiel an, das alle drei Aspekte gleichermaßen berücksichtigt.

Die Hälfte der Teilnehmer wählt einen Ort im Dramatherapieraum. An diesem von ihnen selbst bestimmten Ort stellen sie sich einen imaginären Raum um sich selbst herum vor. Dieses Sich-vorstellen muss so exakt geschehen, dass der Teilnehmer sein Territorium genau abstecken kann und dies für die Dauer des Spieles für ungefähr zehn Minuten behalten kann. Die andere Hälfte der Patienten erhält den Auftrag, sich langsam Schritt für Schritt durch den Raum zu bewegen; dies im Bewusstsein, dass die stehenden Patienten um sich herum einen imaginären Raum gebildet haben. Dieser Raum darf nicht durch die „Läufer" betreten werden, weshalb die „Steher" sagen müssen, wann sich ein „Läufer" in ihr Territorium begibt. Der „Läufer" muss in diesem Falle einen Schritt zurücksetzen und weiter vorsichtig abtasten, ob er sich wieder über eine Territoriumsgrenze bewegt. Das Ziel des Auftrages ist, dass die „Läufer" die Territoriumsgrenzen der „Steher" entdecken und diese nach Ablauf der Spielsequenz angeben können. Wenn ein „Läufer" denkt, dass er alle Grenzen der „Steher" erkannt hat, setzt er sich hin. Dann geben die „Läufer" an, welche Grenzen sie entdeckt haben. Dies tun sie, indem sie die Grenzen ablaufen. Danach erst zeigen die „Steher", welche Grenzen sie sich gesetzt haben. Hiernach wird gewechselt.

Das Ich (das Abstecken der eigenen Grenzen), der andere (der die abgesteckte Grenze entdeckt und reflektiert) und auch der räumliche Aspekt kommen hier zum Tragen. Im Aufbau einer ganzen Reihe von Übungen um das Thema ist dies ein Spiel in der letzten Phase. Der Patient hat dann auch schon die Fähigkeit, einen Transfer in alltägliche Situationen vorzunehmen. Als Hausaufgabe werden dann auch Fragen mitgegeben, die sein Territoriumsbewusstsein durch die Woche verstärken helfen sollen, wie z.B.: Wann erfahre ich, dass ich selbst jemandem zu nahe komme? Wann kommt mir jemand zu nahe? In der Nachbesprechung des Warming-up in der folgenden Therapiestunde wird hierauf zurückgegriffen.

1.2 Themenfindung

In dieser Phase wird das Thema ausgearbeitet, welches im Augenblick für diese Gruppe aktuell ist. Die Form hierzu ist das Erfinden einer Geschichte. Die Hinführung zur Findung wird gleich am konkreten Beispiel erläutert. Die entstandene Geschichte wird dann in eine dramatische Struktur umgesetzt. Die Handlung, die Rollen, die verschiedenen Intentionen der Rollenpersönlichkeiten werden in der Gruppe besprochen. Ebenso werden der Anfang und das Ende einer Szene festgelegt. Die fünf „Ws" (*Wo? Wer, Was? Warum? Wie?*) und die Grundregeln des Spiels (wie z.B. Zeit, Raum), werden verdeutlicht. Wenn alle Spielregeln und Inhalte für jeden nachvollziehbar und spielbar sind, kann die Szene beginnen.

Die Themenfindung wird eingeleitet durch ein Ballonassoziationsspiel. Hier spielen sich die Teilnehmer einen Luftballon zu und assoziieren zu einem willkürlichen Thema. Die Assoziation wird in dem Augenblick gerufen, in dem der Teilnehmer den Ballon berührt. Weiß er keine, wiederholt er einfach eine bereits gesagte. Aufbauend auf den einzelnen Wörtern werden in einer weiteren Runde Sätze assoziiert. So entsteht langsam ein Sinnzusammenhang, der in eine Geschichte mündet. Diese wird danach zu einer Szene geformt.

1.3 Das Spiel

Der Inhalt des Spiels wird durch die szenische Bearbeitung aus einem Assoziationsspiel gewonnen. Dieses szenische Material legt hierbei nur Eckpfeiler als Orientierungspunkte fest, so dass jeder Teilnehmer einerseits genügend Spielsicherheit hat, andererseits aber ausreichend Improvisationsspielraum. Die Sicherheit wird durch die oben genannten Grundvoraussetzungen auch in der Improvisation gegeben. Des weiteren können durch die Theaterfunktionen, die unter den Teilnehmern nach Fähigkeiten und Neigungen verteilt werden, weitere Anker geworfen werden: der Regisseur, der Spieler, der Zuschauer, der Bühnenbildner, der Souffleur usw. Innerhalb dieser Funktionen ist eine große Anzahl von Handlungen möglich. Beispiele hierfür sind die

Handhabung theatralischer Mittel wie das der Verzögerung, der Wiederholung, des Rollentausches, des Vorspielens, der Trockenübung. Der Spielfreiraum ermöglicht die Freiheit der eigenen persönlichen Interpretation. So kann jeder – ohne perfekt sein zu müssen – frei spielen. Das Reflektions- und Feedbackvermögen ist hierbei soweit entwickelt, dass sich ein Spieler auf die abgesprochen Eckpfeiler ansprechen lässt und diese auch bei einer Spielwiederholung bereit ist direkt einzubauen. So wird die Geschichte durch die Rollen und die Handlungen im Rahmen des gemeinsam gewählten Themas geformt.

1.4 Nachbesprechung / Reflektion

Die Nachbesprechung hat hauptsächlich zwei Funktionen. Einerseits das kognitive Reflektieren über das, was im Spiel geschehen ist, andererseits das Vorausblicken auf die Themen, die aus der bisher erarbeiteten Geschichte noch entstehen können. Die Reflektion hat immer direkten Bezug zu den jeweils individuell gestellten Dramatherapiezielen. Inwieweit konnte ein Patient an seiner konkreten Frage vom heutigen Tage arbeiten? Wo ging es gut, was war schwierig und wo muss eine andere Lösung für das Ziel gefunden werden? Daran gekoppelt werden auch Umgebungsfaktoren, die auf die Lösung des Zieles Einfluss ausüben – mit der Frage, ob und wie diese verändert werden müssen; was muss der Einzelne an sich selbst tun, um eine Änderung herbeizuführen?

Eine Patientin hatte Schwierigkeiten die Initiative zu ergreifen. Dies stellten alle Teilnehmer einhellig fest und gaben ihr das auch so zurück. So konnte sie erst einmal feststellen, was sie wie gemacht hatte und konnte danach in spielerischen Situationen erarbeiten, wie sie wohl zu einer Initiative kommen kann. Dabei konnten die Mitspieler aktiv helfen, da auch sie wussten, mit welcher Zielsetzung und konkreten Frage sie an der Therapie teilnahm. In einem Hockeyspiel wurde die Patientin durch ihr eigenes Team in Spielsituationen gebracht, durch die sie mehr Chancen hatte, auch selbst an den Ball zu kommen und somit erste Initiativen entwickeln konnte.

In diesem Teil der Therapiesitzung handelt es sich um das Schaffen von Abstand im Sinne des Epischen Theaters nach Brecht. Dies besagt, dass die Patienten die Möglichkeit erhalten, über analoge Handlungen mit ihrem eigenen Problem umgehen zu lernen. In den Evaluationsgesprächen wird auch auf alltägliche Parallelen eingegangen. Inwieweit mit den Zielsetzungen in der Therapie auch alltägliche Probleme konkret angegangen und verändert werden können, ist dann eine ausschlaggebende Frage. Im Prinzip wird diese zum letztendlichen Erfolgskriterium der Therapie. In der Dramatherapie können dann auch spielerisch neue Denk- und Verhaltensweisen und Gefühlspositionen konkret eingeübt und stabilisiert werden.

Das heißt, dass einerseits jedesmal konkret nach den individuell gestellten Zielen und Fragestellungen gesehen wird, andererseits wird auch nach dem Verlauf der thematisch erarbeiteten Geschichte gesehen. Relevante Fragen dazu sind, ob mit der gewählten Geschichte weitergespielt wird, ob die Stilrichtung verändert werden soll, ob mit dem gleichen Thema weitergearbeitet werden soll, aber im Kleide einer anderen Geschichte. Jedesmal werden die Teilnehmer stimuliert neu darüber nachzudenken: Veränderungen herbeizuführen oder den status quo beizubehalten.

Diese Reflektion ist gleichzeitig ein Vorausblick auf die nächste Sitzung und beinhaltet auch die Aufforderung, die Formgebung der Geschichte lebendig zu halten: So bleibt diese ein „Kunstwerk" der Gruppe.

2. Drei Phasen in der Entwicklung der Observationsperiode

Wie aus dem Aufbau der Therapieeinheiten leicht zu erkennen ist, werden die inhaltlichen Themen von den Patienten vorgegeben. Die verschiedenen Phasen bilden auch dann die Entwicklung der Therapieinhalte ab. Interessant hierbei bleibt, dass die Patienten gerade mit Phantasiegeschichten beginnen und später erst auf alltägliche Situationen zurückgreifen. In der abschließenden Würdigung wird auf dieses Phänomen kurz eingegangen.

2.1 Phantasiespiel

Mit dieser Phase begannen die Patienten ihre gemeinsam erfundene Geschichte aufzubauen. Kennzeichnend hierbei sind die für alle Teilnehmer konkret nachvollziehbaren und erfahrbaren Geschichtsteile. Die Geschichte wird sozusagen entworfen nach dem Motto: „Ich sehe, ich rieche, ich höre, ich schmecke und ich fühle das, was du auch siehst, riechst, usw.". Die übersichtlichen, für jeden zu begreifenden und nachvollziehbaren Regeln machen es möglich, sich auf fremdes und doch erkennbares Gebiet zu begeben. Hier sieht, hört usw. jeder das, was auch der andere wahrnimmt. Das Abgleiten in eine bestimmte Wahnwelt ist nicht möglich, da jeder Teilnehmer sich gleichermaßen auf das einlässt, was jetzt hier abgesprochen wurde und was jederzeit auch wieder abgefragt werden kann. So wird ein freies Phantasiespiel durch zeitliche, räumliche und inhaltlich übersichtliche, gut abgegrenzte Informationen möglich. Das Phantasiespiel wird gerade durch diese Spielregeln ein logischer Zugang zum dramatischen Spiel. Die deutlich eingegrenzten Daten geben ein erhöhtes Maß an Spielsicherheit innerhalb eines geschützten Raumes, einer klar umrissenen Zeit und mit vertrauten Menschen.

In der Themenfindungsphase wird schnell deutlich, dass eine Phantasiegeschichte erfunden wird. Das Thema lautet Königshof. Durch ein Assoziationsspiel entsteht nun der Inhalt der

Geschichte. Die Sätze, die nun die Wörter miteinander verbinden, geben den folgenden Zusammenhang. Ein König langweilt sich und kommt dadurch auf die Idee, sich drei Wünsche erfüllen zu lassen. Diese sollen durch den Knecht und den Hofmarschall erfüllt werden. Im Spiel kommt noch eine verwöhnte Prinzessin mit ihrem Baby vor. Dies ist der Rahmen, in dem gespielt werden soll.

Die Improvisationen werden durch verschiedene Theaterfunktionen, wie die des Regisseurs, der wechselnden Spieler und der Souffleure unterstützt und stimuliert.

2.2 Generalisierte Alltagssituationen

In dieser Phase dreht es sich um die allmähliche Annäherung an alltägliche Situationen, welche die Patienten aus ihrem Erlebniskreis kennen. Die ersten Situationen rund um dieses Thema werden vom Dramatherapeuten ausgewählt. Sie haben das Ziel, an die Lebenssituation der Patienten anzuschließen und ihnen auch anzubieten mit solchem Material spielerisch zu experimentieren. Der Aufbau dieser Phase entspricht der obigen mit dem Unterschied, dass die Themen zuvor genauer umschrieben werden. Auch hier gelten die Spielregeln und Zeichen, wie sie schon zuvor abgesprochen und oben dargelegt wurden. So entsteht ein Weg aus der Phantasiewelt zur Welt aus dem eigenen Lebenslauf. Der Therapeut erkundet, inwieweit die Gruppe sich in einem der vorgeschlagenen Themen finden kann. Es wird so lange nach Übereinstimmungen gesucht, bis alle sich mit bestimmten Teilen des Themeninhaltes identifizieren können.

Der Therapeut gibt das Thema „Schwarzfahren" vor. Er beschreibt in kurzen Sätzen den Rahmen der Geschichte, die Personen und den Konflikt; also das „Wo, Was, Wer und Warum". Das „Wie" wird durch die Spieler und die konkreten Spielmöglichkeiten bestimmt.

Auffallend in dieser Phase ist, dass die Patienten einen großen Spaß daran haben Situationen zu spielen, mit denen sie sich teilweise identifizieren können, ohne jedoch die Identifikationsfigur zu sein. Das Spielen mit den verschiedenen Rollen, besonders dem Wechsel zwischen Täter und Opfer und den Unbeteiligten des Hauptgeschehens ist äußerst beliebt. In der Nachbesprechung wird vor allem auf die Neubeleuchtung der verschiedenen Positionen eines Konfliktes eingegangen. So spielen die Patienten auch hier mit ihrer Phantasie, um aus den verschiedenen möglichen Positionen eines Konfliktes neue Herangehensweisen und Taktiken im Umgang mit einem Konflikt, der ihnen persönlich nicht fremd ist, zu gewinnen.

2.3 Improvisation mit autobiographischem Material

In dieser Phase wird aus den in den ersten beiden Phasen aufgebauten Spielfähigkeiten der Transfer zu autobiographischen Geschichten vollzogen. Die Spielregeln und das

Vertrauen in das Spiel sowie in die anderen Teilnehmer, welche die Patienten zuvor im Theaterspiel erworben haben, werden nun genutzt, um Geschichten zu erzählen und zu spielen, die sie selbst erfahren haben. Das bedeutet also, dass sie die Regeln der kleinen, übersichtlichen, steuerbaren Spielwelt in die schon einmal real erlebte Welt übertragen, die sie so oft als unsicher und angstmachend erfuhren.

Hierbei war auffallend, dass alle Patienten zuerst Situationen wählten, die schon einige Jahre zurücklagen. Nach dem Spielen solcher Szenen kamen sie stets näher an die Gegenwart heran.

Zwei Kategorien sind hier zu unterscheiden. Geschichten, aus denen sie heute noch Kraft schöpfen und Geschichten, die Konflikte und deren Lösung als Thema haben.

Ein Beispiel für die erste Kategorie ist – die Geschichte „Mit einem Freund am Bach". Die beiden Freunde spielen zusammen an einem Bach. Beide spielen gefährliche und abenteuerliche Dinge. Als sich einer der beiden verletzt, hilft der andere ihm und bringt ihn nach Hause. Die positiven Elemente für die betreffenden Spieler sind das Zusammensein, das ruhige Zusammenspielen, das gemeinsame Erleben eines Abenteuers im vertrauten Zusammensein mit dem Freund und die angebotene Hilfe des Freundes bei der Verletzung.

In der Nachbesprechung wird deutlich, dass der Autor dieser Geschichte gerne auch heute noch einen solchen Freund und solche Situationen erleben möchte. Gemeinsam mit der Gruppe überlegt er, ob er solches und wenn, wie er es heute noch einmal erleben könnte.

Aus der zweiten Kategorie, die des Konfliktes mit einer möglichen Lösung, wurde die folgende Geschichte erzählt und gespielt. Eines Tages hatte eine Teilnehmerin ein Fahrrad neben dem Bahnhofsrestaurant genommen und wollte mit diesem wegfahren, als sie plötzlich von einem wütenden Mann daran gehindert wurde. Dieser brachte sie ins Restaurant, wo er sie anschrie. Obwohl sie an diesem Tag sowieso sehr verwirrt war, blieb sie ruhig. Sie konnte nur sagen, dass sie es nicht absichtlich getan hatte und dass sie verwirrt war. Die Polizei wurde gerufen und auch dieser erzählte sie, wie es tatsächlich war.

Diese Situation wurde noch einmal gespielt, wobei die Rollen gewechselt wurden. Es wurde allen deutlich, wie schwierig diese Situation an sich ist. Die Teilnehmerin wurde von den anderen Patienten in ihrer damaligen Handlungsweise unterstützt und bekam zu hören, dass sie wohl das einzig Richtige gemacht habe. Dazu gehöre auch Mut, die eigene Verwirrtheit einzugestehen, wurde ihr gesagt.

In der Nachbesprechung ergab sich eine Wendung, denn alle Teilnehmer äußerten, dass die Reaktion der sich im Restaurant befindenden Personen sehr übertrieben war, und dass diese im Prinzip machtlos waren und nur noch die Polizei rufen konnten.

Diese allmähliche Hinführung zu Alltagssituationen brachte den Patienten viele Wiedererkennungsmomente. Viele sprachen davon, dass sie das selbst Eingebrachte und auch Miterlebte sowie Mitgespielte sofort anwenden konnten. Vermehrt wurden auch Stationskonflikte oder Schwierigkeiten aus der Familie mit eingebracht und das Lernen voneinander und miteinander stets mehr in den Vordergrund gerückt.

3. Das Spannungsfeld: Phantasiespiel mit schizophrenen Menschen

Deutlich wird, dass das Spielen mit der Phantasie auch bei schizophren Erkrankten möglich ist, soweit für alle eindeutige Spielregeln eingehalten werden. Sind diese einmal zugrunde gelegt, entsteht eine Spieldynamik, die alleine durch diese und mit dieser Gruppe entsteht und sich weiterentwickelt. Dies geschieht auch nur dann, wenn Situationen angesprochen, besprochen, gespielt und ausprobiert werden, die den Kern der verschiedenen Problemfelder der Patienten berühren. Ohne ihre Defizite hervorzuheben, kamen wir so bei allen vier Beobachtungspatienten zu ihren jeweiligen Kernproblemen. Das Hauptaugenmerk war das selbständige Denken, Handeln und Fühlen, das seinen Ausdruck im Erfinden und Spielen von selbst-erfundenen Geschichten hatte.

Ein weiterer Schritt in der Professionalisierung der Dramatherapie ist die Methodisierung der verschiedenen Arbeitsweisen in den sehr unterschiedlichen Arbeitsfeldern dieser Therapieform. So können sich die Therapeuten aneinander orientieren und voneinander profitieren, das Rad muss nicht von jedem immer wieder aufs Neue erfunden werden. Das bedeutet auch für diese Arbeit, dass wir in der kommenden Zeit eine Richtlinie entwerfen wollen, wie man mit dieser Patientengruppe auch programmatisch arbeiten kann, ohne die sehr individuellen Probleme aus dem Auge zu verlieren.

„Ich traue mich, zu erinnern."
Dramatherapeutische Gruppenarbeit einer psychosomatisch-psychotherapeutischen Ambulanz
Von Bettina Stoltenhoff-Erdmann & Bettina Merschmeyer

Mit diesem Artikel geben wir einen Einblick in unsere dramatherapeutische Gruppenarbeit mit psychisch kranken Menschen innerhalb der Ambulanz der Abteilung für Psychosomatik und Psychotherapeutische Medizin des Gemeinschaftskrankenhauses Herdecke.

Die Abteilung gliedert sich in eine 16-Betten-Station und die Ambulanz. Behandelt werden PatientInnen ab dem 18. Lebensjahr mit:

➤ **psychosomatischen Störungen** im weiteren und engeren Sinne. Dazu gehören funktionelle Störungen, Konversionsstörungen, Schmerzsyndrome, Neurodermitis, Colitis ulcerosa, Morbus Crohn, Asthma bronchiale, Hypertonie, Ulcus-Krankheit, psychogene Unverträglichkeitsreaktionen (z.B. Allergien) und Essstörungen.

➤ **neurotischen und reaktiven Störungen** (z.B. mit Ängsten und Depression), Angststörungen sowie Persönlichkeitsstörungen, die mit körperlicher Begleitsymptomatik einhergehen.

➤ **somatopsychischen Störungen**, d.h. seelischer Beeinträchtigung bei schwerer körperlicher Erkrankung (z.B. Tumorerkrankung).

➤ **posttraumatischen Belastungsstörungen.**

Schwerpunkte des Behandlungskonzeptes der Abteilung sind tiefenpsychologische und systemische Sichtweisen von Krankheit und Gesundheit vor dem Hintergrund des Menschenbildes der anthroposophischen Medizin.

Im Rahmen der Ambulanz begleiten wir seit 1997 Gruppen für PatientInnen mit den o.g. Störungen. Die Gruppen sind bzgl. Art der Beschwerden, Alter und Geschlecht gemischt, wobei der Anteil der Frauen überwiegt. Unsere ressourcenorientierte Gruppenarbeit soll die Selbstwahrnehmung, Selbstsicherheit, Ausdrucksfähigkeit und soziale Kompetenz der TeilnehmerInnen verbessern und einen befriedigenderen Umgang mit seelischen, körperlichen und sozialen Problemen, u.a. bei der Krankheitsbewältigung, ermöglichen.

Grundlage bildet das Konzept der Dramatherapie, das sich an Menschen richtet, die sich mit sich und ihrer Lebenssituation auseinandersetzen wollen und bereit sind, auch ungewohnte Wege zu beschreiten. Ungewohnte Wege meint hier die Methodik der Dramatherapie, die als erlebnisorientierte Therapieform Ausdrucksformen des Theaterspiels mit psychotherapeutischem Handeln verbindet. „Es (das Spiel) ist frei von den Bedürfnissen des Daseinskampfes, von der Not des Sich-Wehrens. Spiel ist nicht Ernst im gewöhnlichen Sinne, was nicht ausschließt, dass es mit Ernst und Eifer betrieben werden kann. Es ist ohne Verantwortung und ohne Konsequenz."[195] Gerade das dramatische Spiel bietet in diesem Sinne den SpielerInnen eine Vielfalt an Möglichkeiten: Es gibt die Erlaubnis, sich auf der Bühne auszuprobieren, da es genügend Distanz zur alltäglichen Realität über die symbolische (= Spiel-)Ebene schafft. Über die Distanz einer Rolle kann Kontakt und Begegnung getraut und vertrauter werden, verdrängte Gefühle werden gelebt und finden befreienden Ausdruck. Spielerisch können verschiedene, ungewohnte, bisher unbekannte Ausdrucksmöglichkeiten erforscht werden. So werden ungenutzte Möglichkeiten wahrnehmbar und neue Erfahrungen möglich.

Das, was einmal (auf der Bühne) erlebt wurde, wird (im realen Leben) lebbar! *„Through acting we're empowered to act!"*[196]

Wir orientieren uns in unserem Konzept am Phasenmodell von Renee Emunah, einer amerikanischen Dramatherapeutin. Sie definiert Dramatherapie als „intentionalen und systematischen Gebrauch von Theaterprozessen, um psychologisches Wachstum und Veränderung zu erreichen. Das Werkzeug kommt aus dem Theater, die Ziele sind in der Psychotherapie angesiedelt."[197]

Emunah beschreibt fünf dramatherapeutische Arbeitsphasen, die nicht zwingend aufeinander folgen müssen, sondern beweglich und oft überlappend sein können.

In **Phase 1** *(„dramatic play")* geht es um den Aufbau von Arbeitsstrukturen, die notwendig sind, um Vertrauen zu entwickeln und damit spontanes Spiel möglich zu

---

195 Scheuerl, H., (1994), Das Spiel, Weinheim/Basel, S.69.
196 Jennings, S., (1990), Dramatherapy, London, S. 14.
197 Emunah, R., (1994), Acting for real, New York, S. 3.

machen. Sie setzt bei den gesunden Anteilen der Patienten an und hebt die Bedeutung der Gruppe hervor. Die Anforderungen sind auf dieser Stufe leicht, sollten kein Versagen riskieren und mit Humor und Spaß einhergehen, damit der Patient den Mut findet, langsam tiefer zu gehen. Wieviel oder wie wenig Struktur hier vorgegeben wird, ist abhängig von der Gruppe bzw. ihrem Zugang zum Spiel. Der Therapeut sollte mitspielen, damit die wesentlichen Ziele dieser Phase – Beziehungen herstellen, Interaktion fördern, Spontaneität und Anerkennung ermöglichen – erreicht werden können.

In **Phase 2** (*„scenework"*) geht es um die Freiheit zu Selbstausdruck und um Spielrollenerweiterung in und durch improvisierte theatrale Szenen. In der Rollenübernahme erhält der Patient hier die Erlaubnis „anders" zu sein als in seinem realen Leben, er kann z.B. (bisher) nicht tolerierten Gefühlen in einer strukturierten Situation Ausdruck geben. Die symbolische (fiktionale) Ebene ermöglicht die lustvolle Erforschung eigener Schattenseiten. Es geht hier nicht um Aufarbeitung oder gar Integration. Therapeutisch wird diese Phase geduldig und ohne Druck zur Offenbarung begleitet.

In **Phase 3** (*„playing roles"*) wird eigenes Erfahrungsmaterial spielerisch erforscht: Welche (aktuellen, realen) Rollen spiele ich? Welche Verhaltensmuster habe ich? Wie nehme ich andere Rollen wahr? Wie spüre ich andere? Das Know-how über theatrale Ausdrucks- und Gestaltungsmöglichkeiten aus den vorangegangenen Phasen ermöglicht lebendiges, kreatives Spielen, dessen Intensität durch *Regieanweisungen* des Therapeuten gesteigert werden kann.

Wichtig wird in dieser Phase eine verbale Durcharbeitung und Klärung in der Gruppe. Wann werden Verhaltensweisen im „fiktionalen Stil" gestaltet, um emotionale oder körperliche Entlastung zu erleben und *neue* Gefühle freizusetzen? Wann werden sozial vertretbare Verhaltensweisen gefunden und entwickelt? Auf der Bühne wird möglich, was im realen Leben noch unmöglich erscheint. Weil es jedoch spielbar ist, tritt die Hoffnung auf den Plan, sich selber im Leben anders verhalten zu lernen.

Phase 4 (*„culminating enactment"*) führt tiefer in die Introspektion. Nachdem Rollen, Beziehungen, Konflikte erforscht sind, werden die tiefer gehenden Schichten anzuschauen gewagt. Von außen nach innen oder vom Unbewussten in seiner symbolischen Form zum Unbewussten in seiner biografischen Verortung geht die Entwicklung. Hier geht es in der Regel um die Erforschung von Schlüsselszenen aus dem eigenen Lebensskript. Die Phase stellt den Höhepunkt der Gruppenentwicklung dar, das Innere des Einzelnen ist geweitet, die Atmosphäre ist gekennzeichnet durch Vertrauen und Verstehen. Akzeptanz und Vergeben wirken reinigend für den Einzelnen und die Gruppe.

Phase 5 (*„dramatic ritual"*) führt zum Abschluss. Hier vollziehen sich Integration und Anpassung an den therapeutischen Prozess. Das gemeinsame Erleben dramatischer Rituale als Ausdruck dessen, was zuvor geschehen, aber nicht verbal vermittelbar ist, festigt das Erleben von Entwicklungsprozessen. Hier greifen wieder alle Theatertechniken, um die kollektiven Kreationen zum Ausdruck der Erfahrungen werden zu lassen. Der Prozess wird in neuen Bildern, Metaphern, Geschichten, Rhythmen, Gedichten, Geräuschen und Bewegung „nachgespielt" und dadurch festgehalten.[198]

Wir beschreiben im Folgenden eine Gruppe von acht Frauen im Alter zwischen 24 und 55 Jahren. Vom Setting her handelt es sich um eine geschlossene Gruppe, die 12 Sitzungen von je zwei Stunden Dauer in wöchentlicher Frequenz umfasst.

Die Teilnehmerinnen sind Patientinnen der psychosomatisch-psychotherapeutischen Ambulanz und werden von ihren behandelnden ÄrztInnen an uns überwiesen. In Vorgesprächen erfahren sie etwas über unsere Methode und unser Konzept, um sich dann verbindlich für die Dramatherapiegruppe entscheiden zu können.

Die Frauen, die hier zusammentreffen, zeigen unterschiedliche Krankheitsbilder, deren Ursprünge in neurotischen Störungen (Angstzustände, depressives Syndrom, Suchtproblematik) oder in psychosomatischen Störungen (Colitis ulcerosa, psychogen bedingte Essstörungen) zu sehen sind. Die meisten Patientinnen leiden an einem gestörten Selbst- und Körperbild. Gefühle wahrzunehmen ist für sie schwierig und oft angstbesetzt. Die meisten haben Kontaktschwierigkeiten und berichten von negativen Gruppenerfahrungen.

Ziele und Wünsche der Teilnehmerinnen veränderten sich im Laufe der gemachten Erfahrungen. So steht bei den meisten zunächst der Wunsch im Vordergrund, aus sich raus gehen zu können, neue Erfahrungen mit sich und anderen zu machen, Gefühle zuzulassen. Später wird es für manche wichtig, Altes und Neues (Kindheitserlebnisse und aktuelle Erfahrungen) miteinander in Beziehung zu setzen.

Um den PatientInnen einen geschützten Rahmen zu bieten, in dem es vorstellbar ist, sich zu zeigen, entwickelten wir ein Konzept, das einen behutsamen Einstieg in die dramatherapeutische Gruppenarbeit ermöglicht und viel Sicherheit bietet.

Dazu gehört, dass jede Sitzung gleich aufgebaut ist: Auf eine kurze Befindlichkeitsrunde folgt ein intensives Warming-up. Dieses dient dazu, für die eigentliche Spielphase anzuwärmen und besteht aus Lockerungsübungen und spielerischen Partner- und Gruppenübungen, die jeweils dem aktuellen Gruppenprozess angepasst sind. Den größten Teil der Sitzung bildet die sogenannte Spielphase, in der beispielsweise ein Märchen gespielt wird. Abschließend gibt es eine Feedbackrunde zu unterschiedlichen Fragestellungen. Das Ende einer jeden Sitzung bildet ein Abschiedsritual (Teilnehme-

---

198 vgl. Emunah bei Martens, S.6ff.

rinnen und Therapeutinnen fassen sich an den Händen und sagen mit Blickkontakt „Auf Wiedersehen").

Ungefähr zu wissen, was wann passiert, bietet einen Ausgleich für den nicht vorhersehbaren Verlauf des dramatischen Spiels. Insbesondere AngstpatientInnen kostet es deutlich Überwindung, sich auf etwas einzulassen, was sie nicht einschätzen können.

Mit den Einstiegs- und Abschlussrunden werden alle Sitzungen in den Alltag eingebettet. Sie bieten die Möglichkeit, sich des meist etwas vertrauteren Mittels der Sprache zu bedienen, um sich mitzuteilen. Für uns Therapeutinnen sind sie sehr wichtig, um die Verbindung zwischen realer und symbolischer Ebene zu erkennen und ggf. sichtbar werden zu lassen.

Im Folgenden beschreiben wir die einzelnen Sitzungen konkreter. Dabei werden wir den Prozess der Patientin Anna (Name geändert) besonders hervorheben.

Anna ist 43 Jahre alt, Sozialpädagogin, geschieden und hat eine erwachsene Tochter. Wegen einer tiefen Selbstwertkrise verbunden mit Depressionen wandte sie sich an die Ambulanz des Gemeinschaftskrankenhauses und kam zu uns in die Gruppe. Durch ihre Ehescheidung, die zwei Jahre zurücklag und zeitgleich mit einer Arbeitslosigkeit einherging, geriet sie in eine soziale Isolation, in der sie versucht hatte, ihre Probleme allein zu bewältigen. Als sich ihre depressiven Verstimmungen häuften und Symptome wie Schlafstörungen, Ängste vor anderen Menschen und neuen Situationen auftraten, entschloss sie sich, therapeutische Hilfe in Anspruch zu nehmen.

Das erste Mal: Einstiegssitzung

Die Einstiegssitzung dient zu einem großen Teil dem Kennenlernen der Gruppe, der Therapeutinnen, der Methode und des Raumes. Darüber hinaus wollen wir Spielfreude wecken.

Wir beginnen diese wie auch alle folgenden Sitzungen sitzend im Kreis. In dieser ersten Sitzung ist dafür mehr Zeit als sonst eingeplant, da es zum einen viel Organisatorisches und Grundsätzliches zu besprechen gibt, zum anderen es uns auch wichtig erscheint, die Patientinnen in einer ihnen bekannten Struktur (sitzen und sprechen) abzuholen.

Mit dem gegenseitigen Vorstellen der TeilnehmerInnen untereinander beginnen wir den spielerischen Teil. Uns ist es wichtig, dass die Patientinnen sich nicht über den Austausch ihrer Symptome, Diagnosen oder Krankheitsgeschichten kennen lernen, sondern sich im Spiel begegnen.

Deswegen stellen sich die Frauen gegenseitig über ein Interviewspiel vor.

Paarweise finden sie sich zusammen und haben einige Minuten Zeit, sich gegenseitig Fragen zu stellen (Name, Alter, Beruf, Hobbys, Träume, Wünsche usw.). Im anschließenden Plenum stellen sie sich dann gegenseitig der gesamten Gruppe vor.

Anschließend folgen einfache Bewegungsübungen. Jede geht für sich im Raum umher, von uns werden Impulse gegeben: *den vergangenen Tag vor dem inneren Auge Revue passieren lassen – Körperteile „ausschütteln" – Verspannungen im Körper aufspüren und durch sanfte Bewegungen lockern – den Raum erkunden (über Gucken und Tasten) – Blickkontakte wagen (Wer bewegt sich hier noch?).*

Daran anknüpfend führen wir die Gruppe langsam dahin, Rollen zu übernehmen – zunächst über das Ausprobieren verschiedener Gangarten (*wie Riesen durch den Wald stapfen – wie ein Indianer durchs Unterholz schleichen* etc.), die in kurzen Sequenzen aufeinander folgen. Dabei kann sich jede frei im Raum ausprobieren – hier und da gibt es Ansätze von Kontaktaufnahme.

Dann gibt es die Vorgabe, in Rollen einander zu begegnen (als alte Menschen, als Kinder, als Tiere etc.). Jeweils zu zweit finden Kontakte in den Rollen statt.

Die bisherigen Übungen waren so aufgebaut, dass die Teilnehmerinnen Schritt für Schritt mehr wagen konnten, dadurch dass sie viel Spaß machten, vor allem aber weil dabei kein Versagen riskiert werden musste (Phase 1). Auf dieser Grundlage wird nun die abschließende Übung möglich: Jede Patientin wählt sich die Rolle, die sie fasziniert, beeindruckt, die sie gern einmal spielen (sein) möchte. Sie beschreibt diese Rolle ihrer Spielpartnerin und wird dann von dieser (=Bildhauerin) entsprechend als Statue geformt. Diese werden anschließend mit Titel der Gruppe vorgestellt. Der spielerische Rahmen dieser Übung (Bildhauerinnen erschaffen ihre Statuen und stellen diese dann innerhalb eines Museumsbesuches den interessierten Besuchern vor) ermöglicht es, persönliche Wunschrollen mit Unterstützung einer Partnerin erst einmal nur körperlich (über die Statue) auszudrücken. Für eine Einstiegssitzung eignet sich die Statuenarbeit gut, da sie die Möglichkeit des Ausdrucks bietet, ohne dass Handeln in der Rolle stattfinden muss.

Es gibt unterschiedliche Darstellungen:
➤ *„Das Böse"* – ein Teufel, der gerade jemanden erstechen will;
➤ *„Welt, ich komme!"* – eine junge, selbstbewusste Frau, die Schritte nach vorn tut, aber auch Verweigerung durch die Darstellung einer persönlichen aktuellen Situation (eine müde am Boden sitzende, nach innen gekehrte Frau ohne Titel).
➤ *Annas* Wunschrolle ist *„Forrest Gump"* nach dem gleichnamigen Film – ein Außenseiter, der sich erfolgreich durchs Leben schlägt.

Zum Abschluss dieser ersten Sitzung gibt es eine Feedback-Runde mit der Fragestellung: Wie geht es mir jetzt? Die Antworten (z.B.: *„belebt" – „neugierig geworden" – „verwirrt" – „angenehm müde" – „positiv überrascht über mich selbst"*) entsprechen unserem Gefühl, dass die Gruppe ins Spiel gekommen ist und etwas Neues erlebt hat, aber auch dem Bild, das sich uns in dieser Runde bietet: Die Gesichter sind offener geworden und es gibt viele rote Wangen.

Gelebte Geschichten, die sich in unseren Seelen widerspiegeln: Arbeit mit Märchen

In den folgenden Sitzungen beschäftigen wir uns mit Märchen. Nach der Anwärmphase lesen wir zusammen das zunächst von uns (Therapeutinnen) ausgesuchte Märchen. Durch gemeinsames Nacherzählen wird die Handlung der Geschichte nochmals deutlich. Nach spontaner Rollenwahl einschließlich unserer Personen (s. Phase 1) spielen wir das Märchen im Stegreifspiel. Jede versucht, sich in ihre Rolle hineinzuversetzen. Es gibt keinen Regisseur und keinen Erzähler. Die Geschichte wird lebendig, die Gruppe bewältigt gemeinsam diese Aufgabe.

Wir wählen ausschließlich Grimms Volksmärchen. Diese Märchen haben uralte archetypische Bilder – gelebte Geschichten, die sich in unseren Seelen widerspiegeln. Der Symbolgehalt eines Märchens ist hoch, sowohl verschlüsselte Botschaften als auch Lösungsmöglichkeiten finden sich dort. Das Rollenangebot ist groß (von sprechenden zu stummen Rollen, guten und bösen Wesen usw.), so dass auch ungeübte und ängstliche Menschen etwas für sich finden können. Der Rahmen – alle spielen eine allen bekannte Geschichte – hat Struktur und gibt eine wichtige Vertrauensebene (s. Phase 1).

Zuviel Glück auf einmal

Für die erste Sitzung mit Märchen wählen wir „Der Teufel mit den drei goldenen Haaren". In diesem Märchen spielt das Vertrauen in die Welt und in die eigenen Fähigkeiten eine große Rolle. Neben einem Glückskind gibt es einen lauten Teufel, einen bösen König, weise Frauen und verschiedene Familienmodelle.

Wie so oft bei der Rollenwahl werden auch in dieser Gruppe z.T. unbewusst die Rollen gewählt, mit der sich diejenige gerade innerlich beschäftigt. Die Rolle des Glückskindes wird von zwei Patientinnen gespielt. So viel Glück auf einmal alleine zu haben, konnte sich keine vorstellen.

Das Spiel wird lebendig, es entsteht eine dichte Atmosphäre, obwohl sich die Frauen kaum kennen. Alle erleben etwas Altes, aber auch Überraschendes. *Fine*, einer sehr kontaktscheuen Frau, ist es erleichternd, eine im Rock versteckte Ameise zu sein. *Birgit*, eine Angstpatientin, genießt es sehr, eine schöne Prinzessin zu sein und einen Mann für sich zu besitzen. *Hannah*, eine Frau mit großen Abgrenzungsschwierigkeiten, will gerne das Glückskindbaby spielen. In ihrer Rolle erlebt sie das Ausgeliefertsein als etwas sehr Schreckliches, wie sie in der Rollenfeedbackrunde schildert.

Anna spielt den König, der alles daran setzt, das Glückskind zu vernichten. Im Rollenfeedback beschreibt sie, wie erschrocken sie darüber ist, dass das Glückskind überlebt. In der Beschreibung ihres weiteren Prozesses wird deutlich, dass Anna sich schon hier auf der Symbolebene ihrer persönlichen Geschichte nähert.

In dieser Phase der Gruppenarbeit ist es uns wichtig, dass jede nach dem Spiel aus ihrer Rolle sprechen kann, jedoch nicht interpretiert, analysiert oder gar wertet. Das im Spiel entstandene Gefühl soll nicht gestört werden. Die Symbolebene soll weiter wirken

Die sieben Raben – Das Alte klopft an

Als nächstes geben wir der Gruppe vier verschiedene Märchentitel vor. Die Gruppe entscheidet sich für „Die sieben Raben". Schon beim Vorlesen wird Anna unruhig. Beim Nacherzählen bricht sie in Tränen aus. Die Geschichte der Tochter in diesem Märchen, die sich schuldig fühlt für das Schicksal ihrer Brüder, von deren Existenz sie lange nichts gewusst hat, erinnert sie sehr an ihre eigene Biografie. Als Adoptivkind erfuhr Anna per Zufall (genau wie im Märchen) von der Existenz ihrer leiblichen Geschwister. Sie kannte das Märchen nicht, dennoch spürt sie intuitiv die Verknüpfung. Anna fällt es schwer, über ihre Gefühle zu sprechen, da sie sich vorgenommen hat, auch in dieser Gruppe niemandem etwas über ihre Geschichte zu sagen. Sie will zunächst flüchten. Wir geben Anna unter Einbeziehung der Gruppe den Raum, ihre Geschichte zu erzählen. Sie nutzt diese Möglichkeit und entscheidet sich dann, sich ihrem Thema spielerisch zu nähern.

Sie wählt sich dazu in diesem Märchen die Rolle des Zwerges, die nicht mit der Familiendynamik verknüpft ist. Der Zwerg hat Abstand zu Vater und Mutter, versorgt aber freundlich die Geschwister. Im Spiel selbst ist Anna körperlich in sich versunken, spielt in der Hocke den Zwerg und hat wenig Kontakt zur Gruppe. Das Märchen endet mit der Vereinigungsszene der Familie. Die Tochter führt die erlösten Brüder nach Hause. Der Zwerg bleibt im Glasberg zurück. Die Gruppe improvisiert jedoch das Ende: Die gesamte Familie lädt den Zwerg ein, bei ihnen zu leben, weil alle ihn gern mögen. Diese Wendung im Spiel, das deutliche Kontaktangebot der Gruppe aus den Rollen heraus, berührt Anna tief. Sie weint und setzt sich nach unserer Aufforderung, sich nach dem Spiel jetzt auch einen Platz in der Gruppe zu suchen, dicht neben eine Teilnehmerin, um sich von ihr trösten zu lassen.

Im Rollenfeedback äußert sie ihre Unsicherheit darüber, ob sie wiederkommen will. Die Erinnerung an ihre eigene Geschichte überwältigt sie. Sie weiß nicht, ob sie der Anstrengung gewachsen ist. Erstaunt ist sie aber trotz alledem, dass sie mitspielen konnte.

Anna erscheint zur nächsten Sitzung und bleibt mit der Versicherung von uns, dass sie nicht spielen muss. Die Gruppe wählt frei „Der Wolf und die sieben Geißlein". Anna äußert nach dem Warming-up, sie könne sich doch vorstellen „ein bisschen zu spielen". Sie wählt die Rolle eines Geißleins, das sehr intensiven Kontakt zu seinen Geschwistern hat. Anna genießt im Spiel das Vertrautsein untereinander, entwickelt aber auch Konkurrenzgefühle und Aggressivität. An diesem Punkt bietet das Spiel auf der symbolischen Ebene Anna die Möglichkeit, nicht gelebte Gefühle mit Genuss zu erleben (bzw. nachzuholen). Nachher ist sie erstaunt über ihre unterschiedlichen Gefühle. Sie hat es geschafft, wieder ins Spiel einzusteigen, dabei erlebt, dass ihre Erinnerungen sie erneut einholten und fand in der Gruppe wieder eine Möglichkeit des befriedigenden Umgangs damit. Das gemeinsame Spiel machte es ihr möglich, wieder Kontakt zu ihrer lebendigen Seite zu bekommen und damit zu arbeiten. Energien, die sie zur Verdrängung schmerzhafter Gefühle braucht(e), werden langsam frei und können von ihr positiv genutzt werden.

In der Abschlusssitzung der Märchensequenz erinnern wir mit der Gruppe die verschiedenen Märchen-Stegreifspiele. In einer imaginären Kutsche fahren wir durch die verschiedenen Märchenlandschaften. Jede Patientin kann nun von jedem Märchen etwas mitnehmen und etwas dalassen. Deutlich wird, dass alle über positive wie negative Erfahrungen jetzt differenzierter Wünsche (an sich und die Gruppe) wahrnehmen können. Anna ist sehr froh, dass sie nicht davongelaufen ist. Die Erinnerung an das Märchen „Die sieben Raben" kann sie nun gut aushalten. Sie beschreibt jetzt Lebensfreude und Stärke.

Alle äußern Geborgenheitsgefühle, die sie durch die Gruppe erleben. Einige Patientinnen brauchen unsere Unterstützung, um die neu gemachten Erfahrungen und Veränderungen wahrzunehmen. Sie neigen dazu, positive neu gemachte Erfahrungen zu negieren und halten an ihrem alten Selbstbild fest. So besteht hier – wie auch in anderen Sitzungen – oft unsere Aufgabe darin, das von uns Wahrgenommene zu spiegeln, zu ermutigen, aber auch zu konfrontieren. Birgit (eine Angstpatientin) beispielsweise vergisst, dass sie im Spiel überzeugende Führungsqualität zeigte, welche sie sich im Leben nicht zutrauen würde. Wir erinnern sie an ihre Körperhaltung in dieser Geschichte und fordern sie auf, diese noch mal einzunehmen. Die Körperhaltung (gerader Rücken, Hände in den Hüften, Beine fest auf dem Boden) begleitet sie im gesamten Gruppenprozess. Sie steht für ihre neuentdeckte Stärke und ihr Durchsetzungsvermögen.

Fernando glüht wieder: Arbeit mit Masken

Nachdem die Gruppe nun spielgeübter geworden und das Vertrauen untereinander gewachsen ist, schließen wir die Arbeit mit Masken an. Diese Methode bietet jeder Patientin die Möglichkeit, eine eigene Geschichte entstehen zu lassen und eine Figur zu erschaffen. Wir entscheiden uns für diesen methodischen Schritt, um den Einzelnen die Möglichkeit zu geben, ihr Rollenrepertoire zu erweitern. Die Struktur der einzelnen Arbeitsschritte ermöglicht die individuelle Darstellung von Charakteren auf fiktionaler Ebene. Hier haben die Patientinnen die Erlaubnis, „anders" sein zu dürfen als im realen Leben (s. Phase 2).

In kleinen Gruppen erzählt jede Patientin eine Stegreifgeschichte, beginnend mit: „Es war einmal...". Eine andere übernimmt die Rolle der Interviewerin und unterstützt beim Erzählen durch Nachfragen. Anschließend wählt die Erzählende die ihr wichtigste Rolle dieser Geschichte, malt deren Gesicht (= Maske) und untertitelt es mit Vor- und Nachnamen. Schließlich wird die Figur durch kurzes Anspielen auf der Bühne lebendig. Die Maske bietet Schutz bei dieser schwierigen Anforderung, sich allein der Gruppe zu zeigen.

Jede Frau findet ihre Geschichte, ihre Rolle. Auch hier wird wieder die Vielfältigkeit, die Unterschiedlichkeit der einzelnen Prozesse deutlich. Fantasie wächst, Ungewöhnliches wird sich getraut, – Leichtigkeit und Sich-schwer-tun mit der Aufgabe stehen nebeneinander: Tiere, Märchen- und Fantasiewesen und auch ein ganz „reales" Menschenkind gibt es auf der Bühne zu sehen.

Anna, die sich nun ganz auf das Gruppengeschehen und ihren Prozess eingelassen hat, spielt „Fernando Glück", ein Glühwürmchen, das in Gefangenschaft zu glühen aufhört und, als es freigelassen wird, wieder zu glühen beginnt. Sie bewegt sich lebendig und lange auf der Bühne (nimmt sich Raum), zeigt viel Kraft und Spielenergie.

In der Weiterarbeit improvisiert die Gruppe jeweils zu dritt auf der Bühne mit Masken der freien Wahl (d.h. mit der eigenen oder einer fremden Maske). In dieser Phase des Miteinanderspielens werden vor allen Dingen Einzelthemen der Patientinnen transparent – ausgedrückt durch die symbolische Wahl. Es wird deutlich, dass die fremde Maske Einzelnen noch einmal mehr erlaubt als die eigene.

Fine agiert als neugieriges und unbedarftes kleines Mädchen und dies in einer faszinierenden Authentizität und Lebendigkeit. Anna in der Rolle des frechen Papageis „Papagallo Lustig" nimmt sich die Erlaubnis, sich über andere hinwegzusetzen: sie kackt mit Lust dem schönen Mädchen „Melissa Sonnenschein" auf den Kopf.

Einige Patientinnen wiederholen jedoch auch bekannte Muster in der fremden Rolle (z.B. die ewig Hilfsbereite). Abgespaltene Anteile bzw. Unfähigkeiten werden spürbar, z.B. die, Aggression zu zeigen.

Im anschließenden Feedback zum entwickelten Spiel können Empfindungen geäußert werden, es erfolgt jedoch keine Bewertung der spielerischen Qualität. Die gemachten Erfahrungen sollen wirken und nicht interpretiert werden. Unser feedback bleibt hier kurz.

Ein rotes Seidentuch wird zur Freiheit: Arbeit mit Requisiten

In dieser Einheit wird über ein Requisit eigenes Erfahrungsmaterial erforscht, um individuelle Themen deutlicher zu explorieren, auf dieser Basis „Neues" ausprobieren zu können und dies bewusster werden zu lassen (Phase 3).

„Als Ansatzpunkt, weil materieller Hebel, der universellen Komplexität des Geschehens 'von sich und nicht von sich ausgehen' beizukommen, bietet sich das konkret gegebene Requisit. Es ist objektiv bildhaft vorhanden und insofern ein ausgezeichnetes Stimulans für die Fantasie des Spielers. Das konkret gegebene Requisit muss der Spieler nicht mit dem inneren Auge sehen, er sieht es wirklich und das hilft ihm, von diesem Requisit ausgehend die weiteren, nicht gegebenen Umstände fantasievoll zu entwickeln."[199]

Zu Beginn steht lediglich ein Gegenstand, den es zu entdecken gilt. Aus unserem Koffer packen wir verschiedene Requisiten heraus und legen sie auf den Boden. Dies sind:
➤ Alltagsgegenstände (Hut, Schirm, Klingel),
➤ halbe oder kaputte Gegenstände (z.B. ein Kuscheltier mit fehlendem Auge),
➤ stark symbolträchtige Gegenstände (Telefon, Schwert),
➤ vieldeutige Gegenstände (Tücher aus verschiedenen Materialien und Farben).

Jede Patientin hat Zeit, alle Gegenstände zu betrachten, zu begreifen und wählt dann einen aus. Sie macht sich nun mit „ihrem" Requisit bekannt (sinnliches Erfassen). Dann kommt es zur Rollenübernahme, d.h. zur Identifikation mit dem Gegenstand, wobei es frei steht, der Gegenstand selbst zu sein oder Trägerin des Gegenstandes zu werden. Im Gegensatz zur Maskenarbeit beschäftigen sich nun die Patientinnen über mehrere Sitzungen hinweg ausschließlich mit ihrer neu erschaffenen Rolle, welche von unterschiedlichen Seiten und damit in ihrer Tiefe erforscht werden kann.

---

199 Ebert, G., (1993), Improvisation, Berlin, S.110.

Dieser Prozess erfolgt in mehreren Schritten: Jede Spielerin bewegt sich mit ihrem Requisit und hat Zeit, damit zu improvisieren. So findet sie eine Fortbewegungsart, eine Stimme, einen Namen. Damit die Patientinnen im spielerischen Erforschen bleiben, gestalten wir eine Marktplatzszene, wo sich alle Rolleninhaberinnen treffen und eine von uns als Reporterin unterwegs ist. Diese führt Rolleninterviews, um über Fragen *(Wo bin ich? – Woher komme ich? – Warum bin ich hier?)* Geschichten entstehen zu lassen und um möglichst viel über die einzelnen Figuren zu erfahren. Sie werden so konkreter, fassbarer und lebendiger.

Anschließend stellt jede ihren Gegenstand bzw. ihre Rolle über Bewegung und in der erzählenden Ich-Form der Gruppe vor. Den ersten Teil dieser Einheit abschließend, begibt sich jede Spielerin (als sie selbst) in einen Dialog mit dem eigenen Gegenstand. Hier wird Intensität und Tiefe spürbar. Der Gegenstand im Aussen löst im Innen der Einzelnen Bilder, Gefühle und Fragen aus (s. Phase 4). Themen, die bisher im Spiel auftauchten, werden fassbarer, der Bezug zur eigenen Biografie wird deutlicher. Birgit wird durch ein rotes Seidentuch zum Sinnbild der Freiheit. Die Leichtigkeit des Stoffes erinnert sie an ein längst vergessenes Gefühl, das der Freiheit. Ihr großer Wunsch nach Unabhängigkeit, die sie schon lange Zeit durch ihre immer wiederkehrenden Angstzustände nicht leben kann, wird ihr deutlich.

In der nächsten Sitzung wird an den individuellen Themen weiter geforscht. Von der eigenen Rolle ausgehend lassen wir Begegnungen unter verschiedenen Aspekten mit anderen Rolleninhaberinnen stattfinden. (Welche Figur finde ich anziehend, welche ist mir besonders fremd?) Hier setzt auf einer symbolischen Ebene stark ein Sich-selbst-betrachten, Sich-selbst-bewußt-machen ein.

Als nächsten Schritt geben wir den Patientinnen die Spielvorgabe: *aufeinander zugehen im Raum, beim Aufeinandertreffen entsteht Begegnung.* Dies bietet den Patientinnen die Möglichkeit, kurze ganz verschiedene Kontakte zu haben und sich selbst darüber in der eigenen Rolle facettenreich zu erleben. Nach jeder Begegnung findet ein Innehalten statt, bei dem sich jede fragt, ob sie etwas Neues bei sich wahrgenommen und ob sie selbst oder die andere den Kontakt bestimmt hat. Im Kontakt mit anderen wird Überraschendes und Enttäuschendes auf der Bühne erlebt. Das Requisit bietet dabei viel Schutz.

Diese Einheit dient auch dazu, ein persönliches Thema für die nächste Kleingruppenimprovisation zu finden:

Das außergewöhnliche Springseil oder die Reise zum Ich

Zunächst entscheiden die Spielerinnen selbst, mit wem sie spielen möchten. Darüber finden sich kleine Gruppen, die für ihre gemeinsame Improvisation nur den Ort des Spielgeschehens bestimmen. Alles andere sollte im Spiel entstehen. Auch die individuellen Themen sollten nicht im Vorfeld besprochen, sondern ins Spiel eingebracht werden. Im Anschluss wird gemeinsam geschaut, inwieweit die jeweiligen Themen durchgesetzt werden konnten bzw. erkennbar waren.

Spannung, Aufregung und starke Spielfreude machen sich breit. Es entstehen sehr unterschiedliche Improvisationen. Alle Frauen haben ein Thema gefunden, das sie z. T. auch im Spiel durchsetzen können.

Anna wählte als Requisit eine altmodische schwarze Damenhandtasche, mit der sie zu „Herta Münsterberg" wird. Ihr Thema ist: einmal aus der Rolle zu fallen. Sie spielt eine alte fidele Oma, die sich im Strandcafé betrinkt und den anderen Gästen auf die Nerven fällt. Sie genießt ihre Freiheit und Unabhängigkeit. In ihrer Rolle als Herta Münsterberg hat sie die Möglichkeit, ihrem Wunsch nach Veränderung, ohne ständig Rücksicht auf die Umwelt zu nehmen, nachzugehen.

Gisela, eine sehr leistungsorientierte, an sich hohe Ansprüche stellende Patientin, erlebt im Spiel, dass sie als Springseil zusammen mit einem Musiker auf einem großen Sportfest einen Auftritt zu bewältigen hat. Doch dieser Musiker erscheint nicht. So muss sie die Situation alleine meistern und sich etwas einfallen lassen. In ihrer Rolle kann sie zu ihrer Unsicherheit stehen, nimmt Kontakt zu ihren Mitspielerinnen und zum Publikum auf und entwickelt gemeinsam mit ihnen ein Spiel (im Spiel).

Giselas Fazit nach dieser Improvisation: „Ich kann auch handeln, wenn alles unsicher und neu für mich ist. Es fällt mir etwas ein." Eine wichtige Erfahrung für sie: Es muss nicht alles perfekt sein, um in Kontakt mit anderen zu kommen.

Nach den Improvisationen haben die Teilnehmerinnen noch einmal die Möglichkeit, in Form einer Statue ihre gemachten Erfahrungen zu bündeln und auf den Punkt bzw. auf einen Satz zu bringen.

Abgerundet wird die Requisitenreihe mit der Aufgabe, zu Hause eine Rollenbiografie der Ich-Form zu schreiben. Diese Geschichten werden in der nächsten Sitzung vorgelesen. Mit dieser fantasievollen schriftlichen Auseinandersetzung des im Spiel Erlebten haben die Teilnehmerinnen die Chance, ihre Entwicklung in ihrer Rolle zu reflektieren und mit Distanz den eigenen Prozess zu betrachten. Alle sind erstaunt über die ausführlichen und einfühlsamen Beschreibungen, die mit großem Interesse verfolgt werden.

Annas Geschichte „Hertha Münsterberg, 83 Jahre alt" erzählt von einer lebenslustigen Frau, die ein bewegtes und langes Leben hinter sich hat. Hertha hat drei Ehemänner überlebt. Zeitlebens hat sie Handtaschen gesammelt und entschließt sich in hohem Alter, ein Handtaschenmuseum zu eröffnen. Annas Requisit, die schwarze Damenhandtasche, ist die 96. in der Reihe und ihr Lieblingsstück. Eines Tages bekommt Hertha Fernweh. Kurzentschlossen schließt sie ihr Museum ab und erfüllt sich einen lang gehegten Traum: eine Reise in die Karibik (s. Improvisation im Strandcafé).

■ „Ich habe mich geöffnet!" – Abschlusssitzung

In der letzten Sitzung lassen die Patientinnen alle gespielten Rollen noch einmal Revue passieren. Dies geschieht in Form eines Rituals, bei dem sich jede einen Platz im Raum sucht und dort ihre wichtigsten Rollen (Schlüsselrollen) imaginär ansiedelt und ganz konkret ihre Maske und ihr Requisit hinlegt. Ausgehend von diesem Platz führen wir die Gruppe durch die wichtigsten Spielszenen. Jede Frau kann für sich noch einmal über Bewegung, Körperhaltung und Stimme in die Rollen einsteigen, über innere Monologe einen individuellen Rückblick halten und sich so der Vielfalt ihres eigenen Rollenrepertoires bewusst werden. Wir unterstützen diesen Rückblick, indem wir darauf hinweisen, besonders auf neu gemachte, überraschende und erfreuliche Erfahrungen zu achten. Auch erinnern wir die Gruppe an die erlebten Kontakte und an wichtige Begegnungen.

Die Patientinnen haben Zeit, ihren ganz persönlichen Prozess zu betrachten. Dieser künstlerische Abschluss ermöglicht ihnen, ihre eigene Entwicklung in ihrem Rollenrepertoire, das verändert und erweitert ist, wahrzunehmen (s. Phase 5).

Anschließend geben sich die Teilnehmerinnen ein persönliches Feedback im Stuhlkreis und haben die Möglichkeit, etwas zum Gruppenverlauf, zur Methode und zu unserer Begleitung zu sagen. Alle sind erstaunt über ihre unterschiedlich gemachten Erfahrungen. Sie erzählen von ihrer neu entdeckten Lebendigkeit, von nicht geahnten Fähigkeiten und darüber, sich etwas Neues getraut zu haben. Sie berichten von ihren Ängsten und ihrer Unsicherheit im Kontakt, gleichzeitig aber auch über die Möglichkeit, im Spiel nahen Kontakt zu haben.

Deutlich wird ihnen auch, dass sie über die Dramatherapiegruppe ungewohnte Wege beschritten haben, um sich ihren inneren Themen zu nähern, damit zu arbeiten und nicht wie sonst ihre Symptome und Alltagsprobleme im Vordergrund stehen zu lassen.

Ein Satz von Anna „Ich traue mich, zu erinnern" (Titel einer Statue) drückt ihren gemachten Prozess gut aus. Durch einen anderen Umgang mit schmerzvoller Erfahrung ihrer Biografie ist ihr ein Stück Integration derselben geglückt. Sie fühlt sich jetzt lebendiger und hat mehr Mut, sich auf Veränderungen in ihrem Leben einzulassen oder auch, diese in Gang zu setzen: Das, was für sie auf der Bühne möglich war, wird für ihr reales Leben lebbar.

Sie weiß jetzt, dass sie eine Ausdrucksmöglichkeit für ihre Gefühle braucht und diese über die Dramatherapie gefunden hat. Sie wünscht sich wie auch andere Patientinnen eine Fortsetzung der Gruppe. Wir nehmen diesen Wunsch auf und planen zur Zeit ein Gruppenangebot für PatientInnen, die bereits eine Dramatherapiegruppe durchlaufen haben.

Rückblickend können wir sagen, dass wir einen spannenden Gruppenprozess begleitet haben.

Wir schließen mit dem berühmten Satz von Schiller: „Der Mensch ist nur da ganz Mensch, wo er spielt."

Theatertherapie in einer psychiatrisch-psychotherapeutischen Tagesklinik
Von Regina Häger

„Hier stock ich schon! Wer hilft mir weiter fort?
Ich kann das Wort so hoch unmöglich schätzen,
Geschrieben steht: Im Anfang war das *Wort*!
Ich muss es anders übersetzen,
Wenn ich vom Geiste recht erleuchtet bin.
Geschrieben steht: Im Anfang war der *Sinn*.
Bedenke wohl die erste Zeile
Dass deine Feder sich nicht übereile!
Ist es der *Sinn,* der alles wirkt und schafft?
Es sollte stehen: Im Anfang war die *Kraft*!
Doch auch indem ich dieses niederschreibe,
schon warnt mich was, dass ich dabei nicht bleibe.
Mir hilft der Geist! Auf einmal seh ich Rat
Und schreib getrost: Am Anfang war die *Tat!*"
(Zitat aus Goethes Faust)

Erweiterung von R.H.:
„Mir scheint das Ganze etwas kühl,
vermiss ich doch den Motor: *das Gefühl!*"

Die Klinik

Die Tagesklinik verfügt über 30 Plätze. Die Patienten sind tagsüber in der Klinik, abends und an Wochenenden zu Hause. Therapien finden zwischen 8.30 und 16.30 Uhr im Rahmen eines festen Wochenplanes statt.

„Das Therapeutische Feld wird in Therapieraum und Realitätsraum aufgefächert: im Therapieraum sind alle Phantasien des Patienten zugelassen, sie werden dort miteinander verstanden. Der Realitätsraum richtet sich hingegen nach den Regeln sozialen Miteinanderlebens auf der Abteilung."[200]

Die Patienten kommen nach ambulanter Behandlung oder stationärem Aufenthalt zu uns. Das Spektrum der Krankheitsbilder erstreckt sich von akuten psychotischen Dekompensationen und postremissiven Erschöpfungszuständen nach psychotischen Erkrankungen zu Persönlichkeitsstörungen, insbesondere vom Borderline-Typ. Aber auch Angststörungen und Depressionen werden mit speziellen Therapieprogrammen behandelt. Ausschlusskriterien sind hochgradige Erregung, akute Selbst- und Fremdgefährdung, Desorientiertheit, schwerste Behinderungen und primäre Suchtkrankheiten. Verschiedene psychodynamische Einzel- und Gruppentherapieprozesse, Familientherapie, sozialpädagogische Integrationshilfe, milieutherapeutisches Handeln und medikamentöse Behandlung unterstützen ihren Willen, ihren geregelten Alltag wieder eigenverantwortlich gestalten zu können.[201]

Die Tagesklinik kann von unseren Patienten als „Brücke" zwischen Instabilität und wachsender Stabilität im Persönlichen, Zwischenmenschlichen und der Wiedereingliederung in die Berufswelt wahrgenommen, erlebt und genutzt werden.

Das multiprofessionelle Team setzt sich folgendermaßen zusammen: eine Oberärztin, ein Assistenzarzt, ein Diplom-Psychologe, eine Diplom-Sozialpädagogin, zwei Fachkrankenpflegekräfte, zwei Krankenpflegekräfte, eine Bewegungstherapeutin, zwei Ergotherapeutinnen, eine Gestaltungstherapeutin, eine Theatertherapeutin, eine Sekretärin.

Rahmenbedingungen für Theater-Therapie

Regelmäßig findet einmal in der Woche eine Einzeltherapie (60 Min.) und eine Gruppen-Therapie (1 Std. 45 Min.) statt. Der Prozess in der Einzel-Therapie dauert in der Regel 4–6 Monate, in der Gruppe zwischen 3 Monaten und einem Jahr. Vorgespräche und Auswertungsgespräche mit den Patienten, Therapieverläufe, Mitarbeiterbesprechungen und Supervision erhalten und fördern die Qualität der Theater-Therapie.

---

200 Küchenhoff, J., (1998), Teilstationäre Psychotherapie, Stuttgart, S. 12.
201 aus: Konzept der psychiatrisch-psychotherapeutischen Tagesklinik Altona, 1999, unv. Manuskript.

Die Patienten

Überwiegend sind es Patienten, deren Diagnose im Grenzbereich zwischen Neurose (neben emotionalen Konflikten starkes Angsterleben) und Psychose (Losgelöstsein von der Realität) liegt: *Borderline-Syndrom* – ein weites Feld!

Die Diskussion, insbesondere über die Struktur der Erkrankung kann hier nur angedeutet werden. (Vertiefende Literatur siehe Literaturliste: Kernberg, Kreismann, Dörner.) Der Begriff Borderline wurde zum ersten Mal in den dreißiger Jahren geprägt, der Zustand selbst wurde jedoch erst in den siebziger Jahren (...) definiert.[202]

Die Störung selbst ist dennoch schwer erfassbar, da sie unbeständig und widersprüchlicher Natur ist. Trotz dieser Faktoren spielen bei Borderline-Persönlichkeitsstörungen einige der wichtigsten sozialen Fragen eine Rolle – Kindesmisshandlung, (...) die Zerstörung der Kleinfamilie, Scheidung, geographische Mobilität, die veränderte Rolle der Frau. Außerdem kann durch die Borderline-Persönlichkeit ein neuer Zusammenhang bei der Betrachtung einiger der verblüffendsten, aber immer weiter verbreiteten psychischen Erkrankungen – Bulimie, Magersucht, Alkohol- und Drogenmissbrauch, Depression und Selbstmord – hergestellt werden (...).[203]

„Einsamkeit, die Angst verlassen zu werden, impulsive, selbstzerstörerische Akte, stürmische Beziehungen, die Unfähigkeit, Intimität aufzubauen – derartige Gefühle erfahren wir alle einmal. Die Borderline-Persönlichkeit lebt jedoch fast ständig mit diesen Gefühlen und erlebt sie in viel größerem Ausmaß."[204]

Die schwarzweiße Welt der Borderline-Persönlichkeit ist wie die Welt des Kindes in Helden und Bösewichte aufgeteilt. Der Betroffene ist emotional gesehen wie ein Kind und kann menschliche Widersprüche und Mehrdeutigkeit nicht tolerieren. Er kann die guten und schlechten Eigenschaften eines Menschen nicht in einen beständigen Zusammenhang bringen. Der andere ist immer entweder „gut" oder „schlecht", es gibt keine Abstufungen oder Grauzonen. (...) Diese Art von Verhalten, das als Spaltung bezeichnet wird, ist der primäre Verteidigungsmechanismus, den die Borderline-Persönlichkeit anwendet. Die Spaltung schafft einen Fluchtweg für die Angst.[205]

„Hauptmerkmal dieser Störung ist ein durchgängiges Muster von Instabilität hinsichtlich des Selbstbildes, der zwischenmenschlichen Beziehungen und der Stimmung.

---

[202] Kreisman, J.J.; Strauss, H., (1992), Ich hasse dich – verlaß mich nicht, München.
[203] vgl. ebenda, S. 14.
[204] ebenda, S. 14f.
[205] ebenda, S.14ff.

Kernberg, der wichtigste Autor auf diesem Gebiet, geht in seiner strukturellen Analyse von folgenden Parametern aus:
1. Die unspezifischen Manifestationen von Ich-Schwäche (fehlende Angsttoleranz, mangelnde Impulskontrolle, mangelnde Sublimierungsfähigkeit).
2. Die Verschiebung vom sekundär zum primär prozesshaften Denken.
3. Spezifische Abwehroperationen."[206]

Die Patienten haben teilweise schon Erfahrung mit kreativen Therapiemethoden, selten jedoch mit Theater-Therapie. Die Entscheidung dafür entsteht durch persönliche Neugier auf diese Möglichkeit der Heilung und Persönlichkeitsentwicklung. Patienten, die an der Therapie teilnehmen, erzählen anderen davon und es entsteht so eine Neugier. Oder es wird ihnen Theater-Therapie von den behandelnden Kollegen als handlungsorientiertes Therapieverfahren empfohlen und sie kommen dann zu einem Vorgespräch.

Die Gruppe besteht aus 6–10 PatientInnen. Die Zusammensetzung wechselt sehr oft, entweder durch Beendigung des Klinikaufenthaltes oder durch Neuaufnahmen. Eine konstruktive Auswirkung des häufigen Wechsels ist, dass die „Alten" den „Neuen" vorleben sich auf der Bühne zu zeigen und ihnen die Entwicklung ihrer Angstüberwindung erzählen. Die „Neuen" erleben, was die „Alten" tun, so können sie allmählich die Angst vor der Bühne überwinden und erste zaghafte Schritte ausprobieren. Es entsteht ein lebendiger gruppen-dynamischer Prozess, die „Alten" werden durch die „Neuen" an ihre anfänglichen Ängste erinnert und nehmen ihre persönliche Entwicklung wahr. Dies trägt dazu bei, dass sie emphatisch mit den „Neuen" umgehen, was wiederum förderlich für die Entwicklung von Kontakt und Beziehungsgestaltung ist, die sich durch Begegnung, Freude am Darstellen und Schöpfungskraft vertieft und erweitert.

Die Methode

Theater-Therapie ist nach unserer Sicht eine integrative, erlebnisorientierte Therapieform. Sie schafft den Rahmen dafür, dass das Erleben in der Gegenwart als Schnittpunkt von Vergangenheit und Zukunft erfahren werden kann. Theater-Therapie ist so eine Suchbewegung, in der durch schöpferische Umgestaltung von konflikthaften Situationen sich unterschiedliche Blickwinkel und Entscheidungen für neue Verhaltensformen entwickeln, verwirklichen und entfalten können.

Theater-Therapie kann dazu beitragen, dass der aufgespaltenen Welt der Borderline-Persönlichkeit ein Rahmen für Integrationsversuche geschaffen wird. Ihr therapeuti-

---

[206] Hoffmann, S.O.; Hochapfel, G., (1995), Neurosenlehre, Psychotherapeutische und Psychosomatische Medizin, Stuttgart, 5. Auflage, S. 146f.

scher Wert beruht teilweise auch darauf, dass verdrängte, verschlossene konflikthafte Erlebnisse und Emotionen über die Möglichkeit der Darstellung mitgeteilt und damit öffentlich und durchschaubarer werden.

Die Bühne wird zum Ort konkreter Handlungen, emotionaler Erfahrungen und rationaler Einsichten. Toleranz, Achtsamkeit, Glaubwürdigkeit, Entscheidungsfähigkeit, Eindeutigkeit, Umgang mit Gefühlen, mit Nähe und Distanz, Macht und Ohnmacht können geübt werden. Durch das Erleben auf der Bühne, das „in Beziehung gehen", können sich Vorurteile Personen gegenüber verändern. Durch andere Sichtweisen aus dem konkreten Erleben und Reflektieren heraus entwickeln sich andere Verhaltensweisen.

Ich orientiere mich im Vergleich zu primär verbal angelegten Verfahren der Psychotherapie an einem ganzheitlich-integrativen Ansatz. Hierbei achte ich insbesondere darauf, dass es Raum und Zeit gibt für die Entwicklung folgender inneren Haltung: „Was fühle ich in der Situation? – Was bedeutet das? – Was will ich deshalb tun?"[207]

Hinzu kommt das bewusstere Wahrnehmen und Erleben dessen, was das Gegenüber mit mir tut, um dann wieder auf die Ausgangsfrage zu kommen: Was fühle ich ...?

Innerhalb dieses Therapieverfahrens gibt es vielfältige Herangehensweisen, Übungen und Methoden. Ich arbeite überwiegend mit der Improvisation, d.h. der szenischen Darstellung, deren Ausgangspunkt in erster Linie eine *konkret erlebte* Situation ist. Die Inhalte werden überwiegend von den Patienten bestimmt. Hintergrund ist oftmals ein Thema aus der Gruppengesprächstherapie oder konflikthafte Erlebnisse, die entweder real rekonstruiert werden, in einen anderen Kontext transportiert oder durch Verfremdungen – z.B. durch Metaphern oder „Lebende Bilder" – auf der Bühne umgesetzt werden.

Dadurch, dass PatientInnen sowohl theoretisch als auch praktisch konflikthafte Situationen rekonstruieren, reflektieren und auf der Bühne umgestalten, eröffnet sich ihnen die Möglichkeit, sich selbst und die anderen als Fühlende, Wahrnehmende und Handelnde zu erleben. In einem weiteren Schritt kann bei einigen PatientInnen ein Bewusstsein dafür entwickelt werden zu erkennen, dass sie nicht nur Opfer ihrer Spaltungen sind, sondern auch als Täter ihre (aus ihrer individuellen Geschichte erklärbaren) eigenen Spaltungen reproduzieren, die sie zur Aufrechterhaltung ihres „Abwehrpanzers" noch brauchen.

---

[207] in Anlehnung an Bauriedl, Th., (1996): „Auch ohne Couch", 2.Aufl., Stuttgart.

Ein exemplarischer Verlauf

Ein Vorgespräch zwischen den Patienten und mir eröffnet den Weg zu einem gemeinsamen Therapieprozess. Es folgt ein erster Termin für eine Einzel- oder Gruppentherapie und eine erste Rückmeldung über diese Erfahrung. Nach 2-3 Terminen findet noch einmal eine Besinnung auf das bisher Erlebte statt, um dann gemeinsam zu entscheiden, ob der/die PatientIn bleibt oder beendet. In jedem Fall werden die Motive für die jeweilige Entscheidung, so weit möglich, geklärt. Die häufigsten Gründe der Patienten für die Therapie sind:

„Ich möchte lernen mich zu überwinden, mit anderen Patienten in Kontakt zu kommen."
„Ich möchte Rückmeldung darüber, wie mich andere wahrnehmen."
„Ich möchte wieder mehr bei mir spüren, Gefühle zu mir und anderen bewusster wahrnehmen."
„Ich will mich mit mir konfrontieren."
„Ich bin neugierig auf diese Methode."
„Die anderen erzählen, es bringt ihnen was."

Wesentlichster Grund *gegen* diese Therapie ist eine zu hohe angstauslösende Herausforderung, sich auf der Bühne darzustellen und zu stellen.

Eine wichtige Rolle in diesem Konzept spielen die unterschiedlichen Möglichkeiten der Begegnung mit anderen Menschen, die sowohl vor als auch auf der Bühne in verschiedenen Rollen stattfinden:
➤ als die Person in der Gruppe;
➤ als ProtagonistIn einer Idee für eine Szene;
➤ als RegisseurIn;
➤ als SchauspielerIn;
➤ als aktive/r ZuschauerIn;
➤ als KritikerIn.

Heilung durch szenisches Verstehen im theater-therapeutischen Prozess

Struktur der Theater-Therapie

Die folgende Struktur zeigt das „Vollprogramm" der Gruppentherapie, die sich im Zeitraum von drei Jahren in einem dialektischen Prozess zwischen Therapeutin und Patienten herausgebildet hat:

1. Eröffnungsrunde mit der Frage nach „Resten" vom letzten Mal;
2. Themensammlung;
3. Entscheidungsprozess für ein Thema;
4. speziellen Fokus des Protagonisten rausfiltern;
5. Rollen besetzen;
6. Bühne installieren;
7. Beobachtungsaufgaben an Zuschauer definieren;
8. Inszenierung;
9. Rückmeldung des emotionalen Erlebens der Person (manchmal auch in der Rolle);
10. Entrollen – aus der Rolle gehen, Ort geringfügig verändern, Realname;
11. Feedback der Zuschauer;
12. SpielerInnen ergänzen, bestätigen, grenzen sich ab;
13. Identifikationsfeedback der Zuschauer;
14. sharing (kennen sie das auch?);
15. Situation analysieren auf dem Hintergrund des Fokusses des Protagonisten;
16. gemeinsam Vorschläge der Verhaltensänderung entwickeln;
17. den nächsten kleinen praktischen Schritt entwickeln;
18. Probehandeln in einer zweiten veränderten Szene.

In dieser Differenzierung kann ich nur arbeiten, wenn ich keine PatientInnen habe, die an der Grenze zur Psychose stehen oder eine Psychose hatten und es Anzeichen dafür gibt, dass sie Angst vor Erinnerungen haben, die z.B. einen sexuellen Missbrauch, andere Arten des Missbrauchs oder Übergriffigkeit reaktivieren. Ich lasse dann die Schritte: 4, 13, 14 aus. Die Schritte 17 und 18 können manchmal aus Zeitgründen nicht mehr umgesetzt werden. In jedem Falle findet eine Abschlussrunde statt, in der noch einmal das aktuelle Empfinden öffentlich gemacht wird. Diese Abschlussrunde gibt mir noch mal die Möglichkeit, wahrzunehmen, wie es den PatientInnen geht. Ist jemand emotional sehr aufgewühlt, frage ich, ob er/sie im Anschluss noch etwas bleiben will. Ein „Sich-sammeln" oder ein kurzes Gespräch helfen dann meistens die Klinik „angemessen" verlassen zu können.

Bei der Struktur des „Vollprogramms" im Rahmen der Einzeltherapie sind folgende Schritte gleich: 1, 2, 3, 4, 5 (P. spielt alle Rollen), 6, 7 (das bin ich), 8–12, 15–18.

Ein Beispiel aus der Praxis der Gruppentherapie

Gruppengröße: 9 PatientInnen (2 männl., 7 weibl.)
Frau B. war 5 Monate in der Tagesklinik, davon 2 1/2 Monate in Theater-Therapie.
Diagnose: Endogene Psychose aus dem schizophrenen Formenkreis.

Therapieziel: Frau B. möchte selbstsicherer werden, mehr Selbstvertrauen entwickeln können.

Ein Beweis für eine weitere Entwicklung in dieser Hinsicht wäre für sie, wenn sie den Mut hätte auf die Bühne zu gehen und sich zu zeigen, sich zu stellen und darzustellen. Für sie war die Entscheidung für Theater-Therapie eine große Herausforderung.

Diesen Weg auf die Bühne erlebte und entwickelte sie so: Zunächst war sie aktive Zuschauerin, gab Rückmeldung über ihre Wahrnehmung des Bühnengeschehens und kam in Austausch und Auseinandersetzung mit den anderen. Sie erlebte, dass unterschiedlichste Sichtweisen zu einer Situation nebeneinander existieren können und sich eine Einsicht in „sowohl als auch" entwickeln konnte. Diese Tatsache ging einher mit der Erkenntnis, dass es hierbei nicht in erster Linie um schauspielerische Leistung bzw. überhaupt um eine Betonung der Leistung geht. Dies hatte speziell für sie, die Erfahrung mit Leistungsdruck und Überforderung hat, angstreduzierende Wirkung. Von Mitpatienten ließ sie sich nach 2 Wochen dazu verführen, auf die Bühne zu gehen und eine von außen bestimmte Rolle zu spielen. Sie machte die Erfahrung, dass sie von sich selbst ganz weit entfernt war und diese „aggressive Rolle" noch nicht durchhalten konnte, obwohl sie es sich erhofft hatte. Sie spürte, dass sie sich mehr Zeit nehmen musste, um selbst unterscheiden zu können, was sie spielen will, was sie von sich zeigen wollte und was sie nicht zeigen wollte.

Motivation für den ersten eigenen Schritt auf die Bühne

Vor einer Mitpatientin hatte sie Angst. Sie nahm wahr, dass sie von ihr, seitdem sie in Theater-Therapie war, gegrüßt wurde. Sie fühlte sich seitdem von ihr mehr beachtet. Als ihr die Möglichkeit bewusst wurde, einen Konflikt mit dieser Patientin auf der Bühne rekonstruieren zu können, eröffnete schon diese Möglichkeit einen entspannteren Umgang mit ihr. Nachdem Frau B. den Konflikt aus ihrer Sicht beschrieben hatte, entschied sie sich dafür, sich selbst zu spielen und bat eine andere Patientin, die Konfliktpartnerin zu spielen. Zu dieser Frau hatte Frau B. eine angstfreie Beziehung.

In der Reflexionsphase wurden die Zusammenhänge und die sich bedingenden Handlungsabläufe durchschaubarer. Frau B. konnte durch die Rekonstruktion auf der Bühne wieder ihre Gefühle wahrnehmen, ihren Ärger spüren. Das half ihr und der Konfliktpartnerin, den Konflikt ernst zu nehmen und damit sich selbst ernst zu nehmen. Sie konnte sich der Auseinandersetzung stellen. Die Beziehung zwischen den beiden veränderte sich konstruktiv. Frau B. empfand mehr Toleranz von der Patientin ihr gegenüber bis hin zu einem humorvollem Umgang miteinander!

Eine weitere Möglichkeit, mehr Klarheit über bestimmte Konfliktkonstellationen zu bekommen, war für Frau B. das Thema: „Handeln aus Schuldgefühlen". Sie hatte sich inzwischen in der Gruppe so weit stabilisiert, dass sie sich im Entscheidungsprozess mit ihrem Thema gegenüber zwei weiteren Protagonisten durchsetzte. Ihr Thema, ihre klare Vermittlung und Begründung für ihr Interesse waren dabei richtungsweisend für die Unterstützung durch die Mitpatienten.

Es ging um die häufigen Besuche von Mutter und Tochter bei der Oma (mütterlicherseits). Die Patientin ist die Tochter. Sie wollte besser verstehen, warum ihre Mutter trotz Widerwillen und widrigsten Umständen die Oma so oft besucht.

Sie charakterisierte die drei Figuren durch Verdichtung auf eine Eigenschaft:
- die aufopfernde Mutter,
- die hilflose Tochter,
- die leidende Oma.

Frau B. übernahm die Zuschreibung der Rollen. Sie hatte Glück, dass alle die von ihr zugeordneten Rollen auch von den anderen angenommen wurden.

Bei der ersten Szene wollte sie zuschauen. So konnte sie zunächst von außen wahrnehmen, die gesamte Situation auf sich wirken lassen und Einblick in Situationsstrukturen und sich bedingende Handlungsabläufe bekommen.

Nach der Situationsanalyse wurde für Frau B. deutlicher, dass die leidende Oma sehr viel Macht besitzt, indem sie ihr Leid (schlecht zu Fuß) benutzt um ihre Tochter (Mutter) zu beherrschen. Frau B. konnte diesen Zusammenhang zum ersten Mal durch die Rekonstruktion und Reflexion mit den anderen Patienten erkennen.

Die Szene wurde noch einmal gespielt. Frau B spielte nun sich selbst. Die Charaktere veränderten sich folgendermaßen:
- die sich abgrenzende und trotzdem zugewandte Mutter;
- die hilfreiche Tochter, die ihre Mutter unterstützt;
- die herrschsüchtige Oma, die am Ende traurig ist.

Die Mutter machte ihrer Mutter (Oma) deutlich, dass sie als Mutter mehr Zeit für ihre Familie braucht. Daraufhin freute sich die Tochter, verbündete sich mit ihrer Mutter und beide machten der Oma klar, dass sie weiter zu Besuch kommen, nur nicht mehr so häufig und eben dann, wenn sie auch Zeit haben. Dann kommen sie auch gerne.

An dieser Stelle möchte ich die Rückmeldung eines Patienten wiedergeben. Er war zu Beginn der Analyse und Reflexion der ersten Szene der Meinung, dass es „effektiver" wäre, wenn die Protagonistin gleich selber spielen würde. In der Gesamtauswertung wurde für ihn dann deutlich, dass die Chance, wahrzunehmen, wie andere anders mit einem Konflikt umgehen, eben dann am effektivsten ist, wenn man selbst nicht mitspielt und sich das Szenario von außen betrachtet. Wenn man dann noch in einer zweiten veränderten Inszenierung sich selbst spielt, ist die Vielfältigkeit der Erkenntniswege im Rahmen von Theater-Therapie weitaus mehr genutzt.

Durch diese Auseinandersetzung wurde auch deutlich, wie wichtig es ist, auch einmal „nur Zuschauer" zu sein, nämlich dann, wenn das Thema selbst noch nicht genügend bearbeitet ist und aufgrund der emotionalen Nähe und der vielen „Unbekannten" Grenzen der Theater-Therapie überschritten werden.

Im Abschlussgespräch ihrer Theater-Therapie äußerte sich Frau B. so: „Meine Hoffnung, dass ich mich traue auf die Bühne zu gehen, habe ich umgesetzt. Ich habe das Gefühl, dass diese Tatsache dazu beigetragen hat, mich jetzt in bestimmten konflikthaften Situationen schon etwas klarer darstellen zu können mit dem, was ich denke und fühle. Ich wurde mutiger, weil mein Verhalten und mein Handeln auf der Bühne nicht bewertet wurde. Ich spürte Erleichterung, nachdem ich einen Konflikt öffentlich gemacht habe. Struktur gibt mir Sicherheit. Sogar lachen konnte ich mit der Frau, über die ich mich so geärgert habe, nachdem wir die Szene auf der Bühne bearbeitet haben. Humor tut mir so gut. Das konnte ich hier auch erleben!"

Ein Beispiel aus der Praxis der Einzeltherapie

Frau A., 25 Jahre, Tochter, 1 Jahr, Vater noch in Ausbildung, unverheiratet. Frau A. kam in die Tagesklinik, weil sie seit zwei Jahren unter akuten Angstzuständen litt, die sie während ihrer Schwangerschaft verstärkt erlebt hat. Nach der Geburt ihrer Tochter nahm sie bei sich Aggressionen ihrer Tochter gegenüber wahr und hatte Angst, ihr etwas antun zu müssen.

Ihr Motiv für die Einzel-Theater-Therapie war, dass sie in der Gruppe schnell flüchten kann, sich verstecken kann, Angst verspürt, sich in ihren Bewegungen und Reden kontrolliert und sich dann die Frage stellt, ob sie das überhaupt ist. Sie hofft, dass ihre Hemmungen, sich zu zeigen, geringer sein werden als in der Gruppe. Sie wolle sich der Herausforderung stellen, in Einzeltherapie von mir direkte Rückmeldung über ihr Verhalten zu bekommen. Sie habe darüber hinaus großes Interesse zu erfahren, inwieweit ihre „nonverbale Sprache" mit dem was sie sagt übereinstimmt.

Frau A. nahm die Bühne sofort an. Hintergrund für diese Haltung war zunächst die Tatsache, dass sie in der Gruppentherapie aus Zuschauersicht wahrnehmen konnte, welche Funktion und Bedeutung der Bühnenraum als Medium u.a. für Persönlichkeitsentwicklung haben kann. In diesem Rahmen konnte der Grundstein für ein Vertrauensverhältnis zwischen ihr und mir gelegt werden, zu dem die spontane gegenseitige Sympathie ebenso eine Rolle zum Schritt auf die Bühne bedeutete. Darüber hinaus bereitete ich sie durch gezielte Übungen und Vorgehensweisen auf die Eroberung und Nutzung dieses „Raumes nur für sie" vor, z.B. durch:

➤ Bühnenraum erforschen (6 m x 5 m), an welchem Platz fühle ich mich wohl? Diesen Raum für mich einnehmen, gestalten, behaupten, mein Raum für eine Stunde.

▶ Konzentrationsübungen auf diesen Raum, auf mich in diesem Raum, auf mein Handeln.
▶ Umgang mit Objekten, Entwicklung von Neugierde, Entschiedenheit.
▶ Fokus der Rückmeldungen zunächst auf ihre Ressourcen.
▶ Negativ besetzte Anteile ihrer Körpersprache für die jeweilige Rolle nutzbar gemacht.

So konnte sie sich Schritt für Schritt diesen Raum im Raum erobern und nutzte ihn zu Beginn intensiv als Übungsfeld um sich selbst in der Interaktion besser kennenzulernen, die Entstehung und sich bedingenden Handlungsabläufe von Konflikten besser durchschauen zu können. Durch Reinszenierungen ihres Alltages konnte sie immer wieder erleben, wie und warum sie in konflikthafte Situationen geriet und welche Handlungsspielräume oder andere Lösungswege möglich wären.

Sich wiederholt in eine konflikthafte Situation auf der Bühne zu begeben und dadurch bewusster zu erleben, was sie in der jeweiligen Situation empfindet, brachte sie zu der Einsicht, sich selbst ernster nehmen zu müssen in ihren Wünschen, Gefühlen und Abgrenzungen. Im Laufe der Therapie entwickelte sie in der Reflexionsphase nach einer Szene alternative Verhaltensweisen und nutzte die Bühne als Ort des Probehandelns. Sie machte immer wieder den Versuch, diese Erkenntnis in ihren Alltag zu integrieren.

Nach drei Monaten hielten wir für eine Sitzung inne und resümierten die bisherige Arbeit unter der Fragestellung: Was hat mir die szenische Arbeit bisher gebracht? Frau A. erkannte: Angst ist ihr Thema. Angst vor ihren Gefühlen (spez. ihren Aggressionen), vor Kontaktverlust, vor fremden Männern. Angst, dass ihr keine Situation einfällt, die sie szenisch bearbeiten will. Angst, dass sie meinen Erwartungen nicht entspricht.

An dieser Stelle fragte ich nach, was sie denn meine, welche Erwartungen ich an sie habe.

Frau A: „Sie erwarten, dass ich mich hier konzentriere". Ich wartete ab und einige Minuten später setzte sie fort: „Ich erlebe, dass sich die Konzentration in der Szenenarbeit einstellt, bin ganz konzentriert in der Wiederholung auf der Bühne. Habe auch Angst."

Im weiteren Prozess konnte sie dann die Erfahrung machen, dass selbst dann, wenn sie einmal nicht wusste, was sie auf der Bühne bearbeiten wollte, ihr Thema im Erzählen ihrer Erlebnisse entstand.

Frau A. konnte mit zunehmender Leichtigkeit flexibel in verschiedenste Rollen schlüpfen und diese auch glaubwürdig und emotional deutlich erkennbar darstellen. Die zu Anfangs stärkere Fokussierung auf die Sprache entwickelte sich innerhalb von 2 Monaten immer mehr zur lebendigen Darstellung von Sprache und Körpersprache. Damit einhergehend zeigte sich deutlich eine Sensibilität für das Empfinden einer Kongruenz zwischen beiden.

In den Inszenierungen wurde immer deutlicher, dass Frau A. durch das Erleben auf der Bühne damit konfrontiert war, ihren eigenen Gefühlen, Wahrnehmungen und Einsichten zu vertrauen. Dadurch, dass sie alle Rollen spielte, bekam sie mehr Verständnis für ihr Gegenüber, entwickelte Toleranz, wo vorher Unverständnis und Entwertung war.

Frau A. hatte große Angst, keine „richtige Mutter" zu sein. In ihren Inszenierungen ging es oft um ihre Beziehung zu ihrer einjährigen Tochter. Allein mit ihr zu Hause hatte sie Angst vor ihren aggressiven Reaktionen der Tochter gegenüber, fühlte sich verunsichert und orientierungslos in dieser Rolle. Auch hierbei konnte die therapeutische Szenenarbeit zur Klärung und Entwicklung ihrer Mutterrolle unterstützend und stabilisierend wirken.

Frau A. setzte mehrere Konflikte, in denen ihre Tochter eine zentrale Rolle spielte, in Szene. Konfliktpartner waren: die Oma (ihre Mutter), der Vater, Bekannte und Freunde und Frau A. selbst. Diese Inszenierungen zeigten der Patientin immer klarer, dass es ihr hauptsächlich darum ging, welche Werte und Normen sie für notwendig hielt, um für ihre Tochter eine „gute Mutter" zu sein.

In diesem Zusammenhang setzte sie sich in den verschiedensten Konfliktkonstellationen immer wieder mit folgenden Themen auseinander: sich und anderen Grenzen setzen, sich und anderen gegenüber öffnen und zuwenden, achtsamer mit Entwertungen umgehen zu können und klarer entscheiden zu können wie sie ihre Tochter erziehen möchte.

Frau A. wechselte nach 6 Monaten Einzeltherapie in die Gruppe. Die Sicherheit, die Frau A. durch eine vertrauensvolle Beziehung zwischen uns und der klaren Struktur im Prozess entwickeln konnte, gaben ihr Mut für diesen Schritt. Sie sah darin auch die Chance, direkt mit anderen Menschen vor und auf der Bühne in Kontakt zu treten, zu lernen sich einzulassen und gleichzeitig auch zu lernen warten zu können, dass andere auf sie zukommen.

Frau A. kam in die Gruppe, als diese bei der Entwicklung einer Aufführung für ein Weihnachtsfest war. Diese Phase, die auch regelmäßig ein zweites Mal im Jahr für eine Aufführung im Rahmen des Sommerfestes stattfindet, ist dadurch gekennzeichnet, dass auf ein Produkt zur öffentlichen Aufführung hin gearbeitet wird. Die Patienten sind noch mehr herausgefordert, sich verantwortlich und verbindlich zu verhalten und haben noch mehr Angst zu überwinden. Außerdem setzt es sie (meist konstruktiv) unter Druck, ein selbst gewähltes Thema zu einem bestimmten Zeitpunkt fertig haben zu müssen.

Frau A. entschied sich, diesen Prozess zunächst verbal und als aktive Zuschauerin mitzugestalten. Im Anschluss hatte sie dann noch zwei Monate Zeit, um auf dem Hintergrund des ihr vertrauten Konzeptes im Rahmen der Gruppe Erfahrungen zu sammeln.

Eine der wesentlichsten Erfahrungen, die Frau A. in der Gruppe machen konnte, war nach ihren eigenen Aussagen, dass sie eine bekannte Schwierigkeit wieder erlebte. Dabei handelte es sich darum, möglichst alles unter Kontrolle haben zu müssen. Wenn ein anderer Patient nicht so agierte, wie sie es für „richtig" hielt oder wenn ihre Vorschläge nicht genügend Gehör fanden, wurde sie wütend. Dadurch, dass sie sich selbst dabei „ertappte", hatte sie zu diesem Verhalten schon so viel Abstand aufbauen können, dass sie in der Lage war, durch entsprechende Szenen diese Thematik auf der Bühne zu bearbeiten.

Die Gruppe wurde zunehmend für sie ein Übungsfeld, in dem sie ausprobieren konnte Anspannung und Ärger auch einmal auszuhalten, trotzdem im Kontakt zu bleiben und klärende Gespräche zu suchen.

Schlussbesinnung

In einem multiprofessionellen Team ist Theater-Therapie mit dem Kern einer therapeutischen Szenenarbeit zu einem festen Bestandteil des Therapieprogramms geworden. Ihre Absicherung und Verwurzelung wird durch eine kontinuierliche, wenn auch zeitlich sehr begrenzte Rückmeldung aus der Praxis und dem folgenden Austausch mit Kollegen anderer Therapierichtungen geschaffen.

In dieser Therapie werden die „Fäden anderer Therapierichtungen gebündelt" und zu einem lebend(-ig)en Ausdruck gebracht: Die Impulse aus Gestaltungstherapie, Ergotherapie, Bewegungstherapie und Gesprächstherapie können sich in der Darstellung einer Szene verbunden, gebündelt wiederfinden. Die konkrete Erinnerung oder auch die angeregte Phantasie, die durch ein gemaltes Bild, durch ein geschaffenes Produkt, durch eine bestimmte Bewegungsabfolge und durch ein Gespräch entstanden sind, finden ihren Ausdruck auf der Bühne.

Dort fließen diese Fähigkeiten, Erkenntnisse und Ergebnisse in einem selbstbestimmten inhaltlichen Kontext zusammen, sind voneinander abhängig, befruchten sich gegenseitig im schöpferischen Prozess. Das nenne ich Dialektik, die sich wie ein roter Faden durch die Theater-Therapie zieht und auch dadurch die Entwicklung psychischer Gesundung fördert.

Anhang

Den theoretischen Hintergrund für meine theatertherapeutische Arbeit in der Tagesklinik bilden folgende Autoren:

Thea Bauriedl: „*Auch* ohne Couch" (1996). Von ihr habe ich eine Grundhaltung für mich und meine Arbeit mit den Patienten als Orientierung z.B. zum besseren Verstehen von Konfliktsituationen übernommen: „Was fühle ich – was bedeutet das – was will ich deshalb tun?"

Die eigenen Erfahrungen aus der Schauspielzeit, die gegenwärtigen Erfahrungen in der Regiearbeit und aus der Erwachsenenbildung sind Quellen, aus denen ich meine schöpferische Kraft und Kompetenzen für diesen Ansatz von Theatertherapie entwickelt habe. Der Prozess der Themenfindung, der Erarbeitung des Rahmenstückes, seine Inszenierung und die Auswertung in jeder Phase des Prozesses stehen im Zentrum.

Inzwischen haben die Techniken und Verfahren von K.S. Stanislawskij (die Arbeit des Schauspielers an sich selbst), V.N. Iljine (Therapeutisches Theater), Decroux, Barrault (Pantomime), Moreno (Psychodrama), F. Perls (Gestalttherapie), Grotowski (Armes Theater) das Spektrum spezifisch einsetzbarer Übungsverfahren wesentlich erweitert.

Auf diesem Hintergrund hat sich die „*freie Improvisation*", als die schöpferische Tätigkeit im Rahmen des Therapeutischen Theaters seinen Raum und seine Notwendigkeit als Mittel für Veränderungsprozesse geschaffen. Sie macht die Freude an der Selbstdarstellung, der Verwandlung, dem Ausdruck und der Entdeckung, der Entfaltung der spielerischen Kräfte und der Katharsis von Verdrängtem und Unausgelebtem erfahrbar.

Improvisation erfordert freie schöpferische Aktivität des Spielers, erfordert Spontaneität, Flexibilität, Ausdrucksfähigkeit, Sensibilität, Empathie, Kommunikationsfähigkeit (analog zum Leben!). Diese Qualitäten werden durch ein spezielles Improvisationstraining reaktiviert.

Die *Bühne* wird zu einem Ort, wo auf begrenztem Raum mit Leben umgegangen werden kann, wo man lernen kann, wie man lebt. Sie wird zu einem Ort konkreter Handlung, emotionaler Erfahrung und rationaler Einsicht. Mit ihren Regeln und Grenzen ist sie ein geschützter Raum im Raum, in dem alles im Spiel betrachtet und gewandelt werden kann. Sie ermöglicht dem Menschen sein eigenes (Lebens-) Spiel zu finden.

Schauspieltherapie mit Jugendlichen.[208] Individuelle und soziale Aspekte der Schauspieltherapie
Von Sophia van Dijk

Zehn Jahre lang habe ich in der jugendpsychiatrischen Abteilung des Gemeinschaftskrankenhauses in Herdecke Schauspiel als Therapie angewandt. Das Ziel dieser Therapie umfasste zwei Aspekte: den *individuellen*, das heißt, den Patienten[209] mittels dieses Mediums zu unterstützen, sich mit seinen Problemen, Schwierigkeiten, Blockaden usw. auseinanderzusetzen und den *sozialen* Aspekt, das heißt, Patienten mittels Rolle und Spiel das Zusammenspielen üben zu lassen.

Es wurde in der Therapie zwar immer von einem Schauspieltext (oder einer zum Schauspiel umgeschriebenen Geschichte) ausgegangen, aber in dem Einüben von Rolle und Szenen wurde jeder Patient unwiderruflich mit den eigenen Grenzen und Schwierigkeiten konfrontiert. Diese Konfrontationen half ich den Patienten im Kontext des Spiels und der Rolle anzugehen, nicht aber durch Gespräche. So bekam der Patient eine Art kreativen Raum, um Lösungen seiner Probleme im Spiel auszuprobieren. Auf dieser Weise fand jeder Patient die eigene Ausfüllung seiner Rolle. Ich betone dieses um klar zu machen, dass ich *nicht* von bestimmten Rollen- und Spielvorstellungen ausging, in welche Richtung ich die Patienten dann „steuerte".

Ich begleitete mit 1–2 Mitarbeitern der Abteilung Gruppen von zehn bis fünfzehn Jugendlichen in dem Erarbeiten eines Theaterstückes. Wir probten im Durchschnitt acht Wochen und führten am Ende immer öffentlich auf. Wer mitspielte, wurde von den Ärzten und Mitarbeitern der Abteilung entschieden. Die Therapie war also nicht freiwillig, sondern Pflicht, was ich als Therapeutin hilfreich fand, weil die Motivation am Anfang der Proben meistens schwach war.

---

208 mit Genehmigung übernommen aus: „Erziehungskunst", Heft 2/2001, veränderte Fassung.
209 bitte zu beachten: „Patient" steht hier sowohl für weibliche als auch für männliche Jugendliche.

In den Gruppen befanden sich Patienten mit unterschiedlichen adoleszenz-psychiatrischen Krankheitsbildern und Schwierigkeiten, wie Schizophrenie, neurotischen Störungen, Ess-, Stimmungs- und Somatisierungsstörungen, Selbstwert- und Identitätskrisen. Die ärztlichen Ziele, mit denen die Patienten zu dieser Therapie kamen, waren oft: sich zentrieren lernen mittels einer Rolle; das Selbstbewusstsein stärken; lernen im Sozialen zusammen zu spielen usw.

Die Schauspielprojekte entwickelten sich meistens in *sieben Schritten*:
1. Die Einführung (die Gruppe lernt sich und erste Theaterübungen kennen).
2. Das Einlesen und Einspielen (die Gruppe lernt das Stück und seine Rollen kennen). Das Einstudieren der Rollen.
3. Das Einstudieren zusammenhängender Szenen.
4. Das Zusammenfügen der Teile und das Entwickeln gemeinsamer Verantwortung für die ganze Aufführung.
5. Durchgangsproben.
6. Die Aufführung selbst.
7. Das Aufräumen und Auswerten.

Nach dem ersten Schritt, der für mich die erste Beobachtungsphase war, legte ich die individuellen Therapieziele fest. Nach dem zweiten Schritt stellten die das Projekt begleitenden Mitarbeiter und ich die Rollenverteilung auf. Die Patienten durften immer ihre Rollenwünsche und -vorstellungen für sich selbst und für die anderen Gruppenmitglieder äußern, aber die letzte Entscheidung lag doch bei mir und den mitspielenden Mitarbeitern, weil ich jede Rolle an die Therapieziele der Ärzte und an meine eigenen therapeutischen Intentionen anschließen lassen wollte. Im dritten Schritt wurde individuell oder in kleinen Grüppchen an den Rollen gearbeitet. Im vierten Schritt wurde das Zusammenspielen geübt. Als fünfter Schritt standen die ersten Durchgangsproben an. Der sechste Schritt war(en) die Aufführung(en). Zum Schluss musste aufgeräumt, gefeiert und nachgesonnen werden.

Die Erfahrung hat gelehrt, dass der Prozess meist gut anläuft, dann in eine stagnierende Phase gelangt, in der die Patienten irritiert oder frustriert sind und keine Hoffnung mehr haben. Wenn die Therapeutin für die (schlummernden) Möglichkeiten der Patienten die Augen offen hält, wenn sie den Humor nicht verliert und den Blick aufs Ziel, dann kommt der Prozess wieder in Gang und begibt sich zum Höhepunkt der Aufführung.

Bei den Aufführungen, zu denen gewöhnlich unter anderem auch Freunde, Verwandte, Therapeuten und Mitpatienten kamen, steigerten die Patienten ihre Spielfähigkeiten noch einmal.

Weil die Proben in einer herausfordernden Geborgenheit stattfanden, war es fast immer möglich, dass die Therapie für die Patienten unterstützend und Ich-stärkend wirkte, auch den Willen förderte, an sich zu arbeiten.

Die *praktischen Beispiele* entnehme ich dem Schauspielprojekt von März bis Mai 2000, worin das Stück *„Lila"* von Goethe erarbeitet und aufgeführt wurde.

Sich selbst begegnen

Ich betrachte die Schauspieltherapie als einen Teil der Dramatherapie. In der Schauspieltherapie wird der therapeutische Prozess in Form eines Schauspieltextes entwickelt, mit folgender Grundidee: Text und Rollen sollen dem Patienten solche Übertragungsmöglichkeiten bieten, dass er seine Symptome, Schwierigkeiten, Probleme usw. auf Text und Rolle projizieren kann.[210] Auf diese Weise kann der Patient mit einer gewissen dramatischen Distanz zum Stück und zu seiner Rolle sich selber begegnen. Die Konfrontationen, die auftreten, werden mit Hilfe der Therapeutin mit den Mitteln der Dramatherapie angegangen, z.B. mit Improvisations- oder Spiegelübungen, oder mit geführter Phantasie.[211] Ich meine, dass gerade die dramatische Distanz es ermöglicht, dass ein Patient mittels einer Rolle an sich selber arbeitet. Eine Rolle kann sogar wie ein „Übergangsobjekt" im Sinne Winnicott's wirken.[212]

Das Schauspiel als Ganzes, mit seinen eigenen Gesetzmäßigkeiten, dient als Hülle, die den Spieler trägt, schützt, begrenzt, aber auch herausfordert. Die Dramatherapeutin Marina Jenkyns drückt das so aus: „...a play can provide healing precisely because it provides a place to which people can bring the unconscious text of their lives and, by meeting the form and structure of the play, find new ways to shape their experience."[213]

Die Ziele, die ich mit der Schauspieltherapie anstrebe, liegen auf *individuellem* und *sozialem* Gebiet.

---

210 Jenkyns, M., (1996), The play's the thing. London.
211 Die genannten Übungen können den Patienten helfen Konfrontationen direkt anzugehen mittels Spiel (Improvisation), oder können das Sich-bewusst-werden vom eigenen Umgehen mit Schwierigkeiten und Blockaden fördern (Spiegelübungen: die Therapeutin spiegelt das Spiel des Patienten) oder können den Patienten unterstützen, der Angst oder Hemmungen hat um Konfrontationen anzugehen, indem die Therapeutin ihn die Rolle oder Szene mit seiner eigenen Phantasie weit ausmalen lässt. Mit seinen Phantasiebildern führt die Therapeutin ihn dann zur Rolle oder Szene zurück, die dann vertrauter geworden ist (geführte Phantasie).
212 Winnicott, D.W., (1971), Playing and reality, Harmondsworth.
213 Jenkyns, M., (1996), a.a.O.

Die Ziele auf dem *individuellen Gebiet* sind:
1. dass die Patienten ihre Rollen technisch einigermaßen beherrschen lernen im Sinne der Schauspieltechnik M. Tschechows.[214] Es ist mir besonders wichtig, dass die Patienten ihre Rollen *spielen* und nicht ihre Rollen werden, dass sie lernen, von ihrem Ich aus auf ihrer Leiblichkeit, wie auf einem Instrument, zu spielen;
2. dass die Patienten solche Rollen bekommen, die sie als Übertragungsobjekte gebrauchen können;
3. dass die Patienten eine Auseinandersetzung mit dem vorgegebenen Stoff des Schauspiels eingehen, so dass sie sich in andere Zeiten, in andere Gebräuche eindenken und einfühlen und sie in ihrem Spiel kreativ umsetzen lernen;
4. Zusätzlich bekam jeder Spieler ein eigenes dramatherapeutisches Ziel, das heißt, ich versuchte für jeden Patienten einzuschätzen, was er durch diese Therapie an Entwicklung schaffen möchte/könnte (zum Beispiel: sich ins Zentrum einer Aktion stellen lernen; Selbstbewusstsein üben; einen eigenen „Standpunkt" einnehmen und halten).

Ziel auf dem *sozialen Gebiet* ist, die Patienten zu einem Zusammenspielen anzuleiten. Das Bewusstsein, dass ein Teamprojekt, wie es ein Schauspiel ist, nur dann gelingt, wenn jeder jeden trägt, unterstützt und herausfordert, musste bei jedem Projekt neu errungen werden. Es war für die Jugendlichen stets sehr schwierig, einander anzuspielen und sich anspielen zu lassen. Rührend war aber immer, dass jeder auch voll zu jedem stand, sofern eine gute Zusammenarbeit zustande gekommen war.

Der Hintergrund der genannten individuellen Ziele ist, dass ich, wie H. Smeijsters es im holländischen Handbuch für kreative Therapie[215] nennt, „unterstützende kreative Therapie" machen will, das heißt, dass ich die gesunden Seiten des Patienten unterstützen möchte. Im Kontext von Schauspiel und Rolle unterstütze ich den Patienten in der Auseinandersetzung mit seinen Schwierigkeiten. Dahinter liegt die erwartungsvolle Hoffnung, dass sich diese Arbeit später auf das Leben des Patienten wieder übertragen lässt.

Für das soziale Ziel arbeite ich im Sinne der „pädagogischen kreativen Therapie,"[216] das heißt, der Patient soll sich stufenweise seiner Mitspieler bewusst werden, ohne die er schließlich nicht auftreten könnte.

---

214 Tschechow, M., (1990), Die Kunst des Schauspielers, Stuttgart.
215 Smeijsters, H., (2000), Handboek creatieve therapie, Bussum.
216 Smeijsters, ebenda.

Seine Rolle spielen

In der ersten der sieben Probewochen vom „Lila"-Projekt habe ich viele Spiele mit der Gruppe gemacht: Kinderspiele, Bewegungs-, Sinnesübungs- und Improvisationsspiele. Ziel war, dass die Patienten einander als Spieler gut kennen lernen, dass sie zu einer Gruppe zusammenwachsen, dass sie von Spielfreude ergriffen und beflügelt werden und dass Berührungsängste (mehr oder weniger) aufgehoben werden sollten.

Beispiel 1 aus „Lila": In der ersten Woche hatte ich als Leitmotiv die zwei wichtigsten Emotionen aus dem Stück gewählt, nämlich *Trauer und Freude*. Wir machten dazu z.B. einfache Bewegungsspiele mit einem kleinen Kubus, an welchem wir hoch sprangen und uns tief fallen ließen. Bei beinahe allen Spielern entstand ein frohes Gefühl beim Hochspringen und ein schwermütiges beim Runterfallen. Die Atmosphäre im Raum wechselte – je nachdem, ob wir sprangen oder fielen.

Für einen Patienten aber war diese Übung zu mächtig; er konnte den durch Bewegung erzeugten Stimmungen nicht standhalten. (Obwohl es zu der Zeit noch nicht benannt war, wurde es immer deutlicher, dass dieser Junge eine beginnende schizophrene Störung hatte).

Für einen anderen Patienten mit einer narzisstischen Problematik war dieses Springen zu banal, und er stieg nicht richtig ein. Das habe ich ihm erlaubt.

Beispiel 2 aus „Lila": Ebenfalls in der ersten Woche ließ ich die Patienten eine Improvisationsübung machen. Ich wollte sehen, wieviel Spielmut und -flair sie hatten. Das Thema war wieder *Frohmut und Schwermut*. Die halbe Gruppe war in Zweiergrüppchen auf der Bühne, während die andere Hälfte im Auditorium zuschaute. In Paaren sollte eine Person eine schwermütige Stimmung darstellen und die andere sollte versuchen die erste da „raus" zu holen. Dabei erschlossen sich wahre Quellen an Spitzfindigkeit und Kreativität, variierend vom stillen „Tête à tête" bis zur wilden Tanzszene!

Zwischendurch ließ ich die Patienten wiederholt Spieltechnikübungen machen. Die problematischsten Punkte dabei waren (und sind oft):
- die *Sprache:* nicht deutlich oder differenziert genug; zu laut, zu leise, zu schnell, zu langsam usw.;
- das *Raumgefühl:* wo, wie stehst du als Spieler? Wie orientierst du dich zum Umraum?;
- das *Projizieren* vom Spiel zum Publikum (statt für sich zu spielen).

Dieser letzte Punkt fordert, meine ich, ein bestimmtes Spielbewusstsein, das für den Patienten nicht leicht zu erlangen ist. Meistens bleiben sie lange dabei, für sich zu spielen, was ich, um der Spielfreude willen, auch lange zulasse.

Beispiel 3 aus „Lila": Noch beim fünften Schritt im Probenprozess von „Lila" gab es große Schwierigkeiten, zum Publikum hin zu spielen. Weil wir schon weit fortgeschritten waren, habe ich, zwar mit Humor, eine Übung machen lassen, die recht krass war: Jeder Patient musste einzeln von hinten nach vorne über die Bühne gehen und den andern Spielern, die alle im Auditorium saßen, etwas erzählen, sich darauf verbeugen und abgehen. Nach einer zweiten Runde mit Kostümen wuchs das Bewusstsein, dass sie für das Publikum und mit diesem spielen.

Am Ende der ersten Probewoche fragte ich die Spieler, welche Rollen sie sich für sich selber und füreinander vorstellen könnten. Ebenfalls zu diesem Zeitpunkt formulierte ich für mich die je individuellen Therapieziele der Patienten. Vor diesem Hintergrund berieten die begleitenden Mitarbeiterinnen und ich uns mit den Ärzten und stellten die Rollenverteilung auf. Die Patienten waren damit zufrieden und die Einzelproben fingen an.

In der Einzelarbeit liegt für mich der wichtigste Teil des therapeutischen Prozesses. Jedem einzelnen Patienten soll mittels der dramatherapeutischen Techniken geholfen werden, seine Rolle so zu ergreifen, dass es ihm in der eigenen Entwicklung hilft, im Umgang mit seiner Krankheit und im Verändern alter Verhaltensweisen. Ich bin bereit, ihm im Kontext von Rolle und Spiel große Herausforderungen anzubieten und persönlich mit ihm durchzustehen.

Beispiel 4 aus „Lila": Die „Lila"-Spielerin war eine junge magersüchtige Frau mit einer schweren Depression. Sie hatte sich die Titelrolle gewünscht, und wir hatten sie ihr gegeben, darauf hoffend, dass sie sich in ihr spiegeln und sich mit „Lila" ein Stückchen aus ihrer Krankheit herausspielen würde.

Ihr Dramatherapieziel war: 1: durch das Spielen einer Rolle von ihrer Zentriertheit auf sich selbst Abstand zu nehmen, und 2: durch das Spielen dieser Rolle Zugang zu eigenen Lebensthemen zu gewinnen. (Punkt 2 ist einer von vier Punkten, den die Dramatherapeutin Sue Jennings als entscheidend für einen dramatherapeutischen Prozess herausarbeitet.)[217]

Ich erarbeitete zuerst mit ihr Gang, Haltung, Bewegung, Sprache und Biographie von „Lila". Als wir dann anfingen, Szenen zu üben, wurde schnell deutlich, wie ihre neurotische Seite sich in bestimmten Haltungen und Verhaltensmustern festzusetzen drohte. Darauf habe ich sie mit Partnern üben lassen, die sie in ihrem noch ungestalteten Spiel überraschen und ihr zum flexiblen Reagieren verhelfen sollten. Teils lief das

---

217 Jennings, S., (1991), Theatre art: the heart of dramatherapy, in: Dramatherapy 14, No.1.

auch gut, teils nicht, weil die Partner oft so von der „Lila"-Spielerin eingenommen waren, dass sie kein rechtes Widerspiel mehr leisten konnten.

Eine positive Gelegenheit eröffnete sich dann in einer Probe mit dem Spieler, der den Friedrich darstellte. Er sollte „Lila" kräftig beim Arm nehmen und sie in seiner Wut durch den Raum schleudern. Und das tat der Junge auch, worüber die „Lila"-Spielerin richtig erschrak und in echter Gegenwut reagierte: da war sie authentisch und spielte nicht kontrolliert. Und wir sahen ihre flammende Kraft!

Was ihr meist im Wege stand (und das konnte sie selber auch hinterher so ausdrücken) war, dass sie nicht genügend Distanz zu ihrer Rolle hatte. Sie identifizierte sich völlig mit „Lila". Sie spielte die Rolle nicht, sondern wurde sie (und zwar ausschließlich die depressiv-wahnhafte „Lila").

Beispiel 5 aus „Lila": Der Patient, der den Friedrich spielte, hatte eine Depression als Diagnose. Sein Dramatherapieziel war, mit Hilfe der Rolle sich zentrieren zu lernen, damit er seine Balance zwischen Ausfließen (was sich in den Proben in seinem allzu großen Gestikulieren zeigte) und Einstürzen (was ich nur wahrnahm als ein Sich-bedächtig-in-sich-Zurückziehen) halten könne.

Seine Rolle war von der Textlänge her die größte. Und er hatte mit sehr vielen Spielpartnern zu tun. Das war für ihn eine Übung in standfester Flexibilität. Anfänglich war er sehr unsicher über das Schauspiel an sich und über sich als Spieler. Er lernte aber sehr fleißig den umfangreichen Text und wuchs in und an der Rolle.

Mit ihm arbeitete ich in Einzelproben besonders mittels der Sprache (H-Übungen) und einer die Sprache verstärkende Gestik (mit den sogenannten „Sechs dramatischen Gebärden"). Ich wählte bei ihm diese Sprachübungen, weil das konzentrierte Gestalten der Sprache mehr ein Sich-sammeln fordert, als Spielübungen das bewirken können. Der H-Laut spiegelte des Spielers Situation in dem Sinne, dass das „H" sowohl eine lösende (wie im lachenden Hahaha, zum Beispiel) wie eine zentrierende, ballende, haltende Qualität hat (wie es z.B. nachzuempfinden ist in Begriffen wie haben, halten, ja: heulen). Durch die Arbeit an H-Sprachübungen versuchten wir das bewusste Greifen dieser Extreme zu erreichen, wo der Patient sonst eher mitgerissen wurde. Im übenden Sprechen lernte er diese beide Pole richtig zu gestalten. Mit einer die Sprache verstärkenden Gestik sind die sechs dramatischen Sprach- und Gestikformen gemeint, die R. Steiner in seinem Dramatischen Kurs vorstellte.[218] Zu jeder der Formen (deutend; bedächtig; tastend gegen Widerstände; Antipathie abfertigend; Sympathie bekräftigend; sich abgrenzen) gibt es eine Sprach- und Gestikweise, die, wenn geübt, die Aus-

---

218 Steiner, R., (1969), Sprachgestaltung und dramatische Kunst, 3. Aufl., Dornach.

sagekraft von Sprache und Gebärde verstärken kann. Den „Friedrich"-Spieler ließ ich mit diesen Formen üben, damit sein großes Gestikulieren eine bewusste Gestaltung bekam und damit er seine Textmenge differenzieren konnte. Es war beachtlich, wie schnell er diese Sachen aufgreifen und umsetzen konnte und wie er dadurch zentrierter und präsenter auftreten konnte.

Weder in den individuellen noch in den Gruppenproben habe ich diesen Patienten je depressiv erlebt, was seine Ärztin sehr erstaunte. Eher fand das Umgekehrte statt, nämlich dass er wegen extremer Kicheranfälle nicht spielen konnte! (Ich spielte dann für ihn und er machte Regie). Er hat sein Therapieziel erreicht und war hinterher zufrieden mit sich und schrieb in meinen Fragenbogen: „Man kann des öfteren mehr schaffen, als man sich dessen bewusst ist."

Das Zusammenspiel üben

Sich dessen bewusst zu werden, was die Mitspieler in der gleichen Szene gerade machen, diese anzuspielen und von ihnen angespielt zu werden, war für alle jugendlichen Patienten immer eine große Schwierigkeit. Bei jedem Stück musste von neuem gelernt werden, dass, wenn ein Spieler einen Monolog auf der Bühne spricht, dies nicht bedeutet, dass der Rest sich zu Privataktivitäten (Rauchen und so weiter) zurückziehen kann. In einer Schauspieltruppe trägt jeder jeden die ganze Spielzeit hindurch. Darum gibt es für mich auch keine „großen" oder „kleinen" Rollen, weil jeder Spieler das ganze Stück im Bewusstsein hat oder haben sollte.

Wir führten viele Bewegungs-, Rhythmus-, Geschicklichkeits- und Sinnesspiele durch, um das Aufeinander-Achten zu stimulieren. Zum Testfall wurden bei „Lila" immer wieder der Auftrittsmarsch und -tanz der ganzen Truppe, der Walzer mitten im Stück und der Tanz für die Feen.

Beispiel 6 aus "Lila" – der Feentanz: Zur Musik aus Tschaikowskys „Der Nussknacker", gespielt von einem Live-Streichquartett, durften/mussten die sieben Feen tanzen. Für junge Damen zwischen 16 und 20 Jahren, die im Discotanzen geübt sind, sind die Bewegungen einer Fee wie etwas aus der Steinzeit... Es war schier unmöglich, die Mädchen sich leichtfüßig bewegen zu lassen. Auch die Hilfe einer Eurythmistin brachte nicht den erhofften Erfolg. Dann lieh ich schöne Ballett-Tütüs für sie aus. Das half einigen Mädchen, aber für andere machte es das noch schwieriger, weil sie ja in den engen Anzügen ihre Körperformen deutlich zeigen mussten.

Zuletzt haben die Eurythmistin und ich die Feen gespiegelt und den Jugendlichen vorgemacht, wie der Tanz sein könnte. Dieses Zuschauen war den Jugendlichen eine Hilfe, es noch einmal zu versuchen. Aber die Feen blieben die Stiefkinder des Stückes.

Zehn Tage vor der geplanten Aufführung hatte ich einen ganzen Tag zum Theatertag bestimmt. Dass wir den Tag lang zusammen waren, zusammen spielten, Pausen machten und probten, stärkte die Homogenität in der Gruppe. Wir schafften unsere erste Durchgangsprobe an diesem Tag, wo jeder einmal sah, was die anderen alles erübt hatten. Einige Patienten bemerkten, was die anderen wann an Requisiten brauchten, und sie fingen an, einander zu helfen. Bei den beiden Aufführungen schließlich waren alle gleich angespannt, aber alle halfen einander beim Anziehen, Schminken und Requisiten-Tragen.

Der therapeutische Rahmen

Der Rahmen meiner Schauspieltherapieprojekte bilden der Schauspieltext, die Probenperiode von sieben bis acht Wochen, die feste Gruppe von Mitspielenden, die festen Rollen, die eine Therapeutin. Dadurch ist schon vieles vorgegeben, was meiner Meinung nach nicht so sehr eine Eingrenzung, sondern einer Erweiterung der Spielmöglichkeiten bietet, weil das Vorgegebene den Patienten eine ganz klare Struktur gibt. Und Struktur gibt meistens einen Halt.

In meiner therapeutischen Haltung versuchte ich Folgendes zu beachten:
1. den Patienten einen großen Spielraum anzubieten, auf dass sie den Mut entfalten, viele, viele Ideen auszuprobieren;
2. Vertrauen haben in die Patienten und dieses auch ausstrahlen, wissend, dass wir auf jeden Fall eine gute Aufführung zustande bringen werden;
3. den Probenprozess so „stresslos" wie möglich zur Aufführung hin zu führen;
4. mit jedem Patienten individuell an seiner Rolle zu arbeiten, um ihn auf diese Weise in der Auseinandersetzung mit den eigenen Problemen zu unterstützen;
5. den Patienten zeitlich soviel wie möglich einzubeziehen beim Entwerfen und Beschaffen von Kostümen, Bühnenbild, Requisiten und Plakaten;
6. den Patienten durch Übungen oder mit dafür entworfenen Spielszenen das Zusammenspielen üben lassen;
7. bei gruppendynamischen Problemen diese auf eine möglichst spielerische Art in der Gruppe bewältigen;
8. last but not least: das Schaffen einer guten Arbeitsatmosphäre, so dass mit Freude geprobt werden kann.

Meine therapeutischen Hilfestellungen waren gefragt, wenn es bei den Patienten darum ging:
➤ sich mit einer Rolle zu verbinden (bei Problemen mit zu viel oder zu wenig Distanz zu einer Rolle);

- ihr Durchhaltevermögen zu stärken (besonders bei den Patienten, die viele Drogen benutzt hatten, war hier viel Hilfe vonnöten);
- sie in der Konzentration zu unterstützen;
- wenn es darum ging, eine Sache öfters als einmal zu wiederholen (ich habe den Eindruck, dass es über die Jahre hindurch für die Jugendlichen immer schwieriger geworden ist etwas zu wiederholen; sie möchten es lieber einmal machen und dann als fertig betrachten);
- wenn geübt werden musste, im Spiel aufeinander zu achten und zusammen zu spielen.

Meine Hilfestellungen waren stets getragen von der Liebe für die Patienten, von einem großen Vertrauen in ihre (für sie selbst oft noch nicht greifbare) Ich-Kraft und von der Sicherheit, dass die Form, die Gestalt eines guten Schauspiels den Patienten eine Struktur gibt, an der sie sich aufrichten können.

Erfahrungen der Patienten

Am Ende des „Lila"-Projektes habe ich den jugendlichen Patienten eine Liste mit offenen Fragen gegeben, welche ich gerne schriftlich beantwortet zurück bekommen wollte. Von 14 Formularen bekam ich (mit einigem Druck) elf zurück. Die Antworten auf die erste Frage (Was hat Dich das Schauspiel über Dich selbst gelehrt?) waren am umfangreichsten und interessantesten. Darum zitiere ich nur hieraus Antworten:

A. (Borderline-Patientin): „ …dass ich viele alltägliche Dinge noch nicht kann, von denen ich dachte, dass ich sie beherrsche." … „dass ich schnell Dinge erlernen kann, wenn ich intensiv an ihnen arbeite."

B. (depressiver Patient): „… gelernt, auch mal Geduld zu haben und abzuwarten, wenn es mal nicht so gut klappt."

C. (Patientin mit Aufmerksamkeitsstörung): „Es hat mich gelehrt, dass ich bei den Aufführungen sehr gesammelt war."

D. (Patient mit Angststörung und Depression): „Die Ruhe und Autorität dieser Rollen, an denen ich viel üben musste, habe ich als sehr wohltuend erlebt und erst mal wieder gemerkt, wie flatterhaft und flüchtig ich sein kann, wie gut es tut, auf der Erde zu stehen."

E. (Patientin mit Ess-Störung und depressiver Entwicklung): „Die Arbeit am Schauspiel hat mich selbstbewusster gemacht. Erst kurz vor der Aufführung war ich noch der Meinung, dass wir das nie im Leben schaffen werden. Als wir dann den ersten Durchlauf hatten, war ich schon ein bisschen motivierter."

F. (eine Mitarbeiterin, die mitspielte): „Es war mir deutlich, wie unendlich viel ich von den Patienten zu sehen bekomme. Schauspiel vereint so viele therapeutische Seiten, die auf andere Weise in 7–8 Wochen so komprimiert zum Vorschein kommen: Gestik, Mimik, Sprache, Bewegung, Intellekt, Spiel, Humor, Energie, Anspannung, Entspannung und vor allem Lebensfreude!"

Auch wenn es im zeitlichen Rahmen des Therapieprozesses manchmal noch nicht gelingt, dass ein Patient seine lösende Kreativität wirklich für sein eigenes Leben einsetzen kann, so hat er doch ein künstlerisches Vorbild der Problembewältigung erfahren, das nachwirken kann. Und er profitiert von der Begegnung und Auseinandersetzung mit einer Rolle und der ganzen Skala an Übungsvorgängen.

„Der verliebte Gärtner im Nonnenkloster."
Improvisation mit Jugendlichen
Von Anika Ruß

Im Elisabeth-Kinderkrankenhaus in Oldenburg wird seit dem Frühjahr 2000 auf einer Station Theatertherapie angeboten. Seither spiele ich regelmäßig jeden Donnerstag mit den Jugendlichen dieser Station Theater.

Jugendliche im Alter zwischen 12 und 17 Jahren gelten als besonders schwierig. Wahrscheinlich ernte ich deshalb bewundernde bis bemitleidende Blicke, wenn ich von meiner Arbeit erzähle. Doch mir macht die Schauspielarbeit mit den Jugendlichen der Kinder- und Jugendpsychiatrie in Oldenburg viel Spaß, denn ich habe die schöne Aufgabe, den Jugendlichen einen Raum zu bieten, in dem sie so sein dürfen wie sie wollen. Schauspiel kann sehr befreiend sein, wenn man ein paar Spielregeln einhält. Den Jugendlichen die Schauspielregeln beizubringen, ist allerdings nicht immer einfach. Man muss flexibel und unerschütterlich sein, die Denk- und Gefühlswelten der Jugendlichen verstehen, sensibel und doch fordernd, Freund und doch fremd sein und vor allem mit gutem Gewissen absolut hinter seinen eigenen Anforderungen stehen. Das ist nicht einfach, denn ein trotziger Teenager und ein beharrliches „Hab' kein' Bock" können einen ganz schön aus der Bahn werfen. Es hat lange gedauert, bis ich gelassen genug war, die Gefühlsausbrüche der Jugendlichen locker hinzunehmen und trotzdem die Oberhand zu behalten. Zuvor musste ich meinen Anspruch herunterschrauben, viel zum Thema Entwicklung im Jugendalter lesen und konnte trotz schwieriger Erlebnisse positive Erfahrungen mit kreativen Jugendlichen machen.

Die Station K 12 des Elisabeth-Kinderkrankenhauses in Oldenburg hat neun Betten. Hier leben für einen Zeitraum von im Schnitt zwei Monaten Jugendliche im Alter zwischen 12 und 17 Jahren. Ihre Problematik ist sehr unterschiedlich, es sind Jugendliche mit Depressionen, Essstörungen, fehlenden Sozialkompetenzen oder Hyperaktivität; vereinzelt auch mit physischen Problemen wie Diabetes oder Rheuma, mit denen sie fertig werden müssen. Doch auf die einzelnen Diagnosen möchte ich nicht näher eingehen. Ich habe festgestellt, dass ich mich zwar immer nach der Diagnose eines neuen Patienten erkundige, das Wissen darüber aber während der Arbeit mit ihm in den Hintergrund gerät. Denn meine Arbeit stützt sich nicht auf bestimmte Methoden bei bestimmten Diagnosen, sie entwickelt sich aus dem Kontakt mit den Patienten. Ich behandle die Jugendlichen nicht anders als Jugendliche einer freien Gruppe außerhalb der Psychiatrie. In diesem Alter sind nun mal alle mehr oder weniger schwierig und es ist schwer, die Grenze zu ziehen zwischen einer „normalen" Pubertätskrise und einer, die professionelle Hilfe benötigt.

Die 1,5 Stunden Schauspielarbeit in der Woche sind für alle Patienten von K 12 Pflicht. Das bedeutet natürlich auch, dass immer einige dabei sind, die keine Lust auf Schauspielerei haben. Es ist mit eine meiner schwersten Aufgaben, diese Jugendlichen im Laufe der Zeit zu motivieren.

Ich arbeite nun seit einem Jahr in der Klinik. Die Fluktuation auf K 12 ist enorm hoch, so dass ich nie länger als drei Wochen eine konstante Gruppe habe. Durch den ständigen Wechsel ist es schwer, kontinuierlich zu arbeiten und auch die Themen ändern sich mit der Gruppenkonstellation laufend. Doch mittlerweile habe ich einen Weg gefunden, der mir Kontinuität erlaubt und trotzdem flexibel bleibt.

Geplante und freie Improvisationen

Bis zu diesem Punkt habe ich mit den Jugendlichen zwar auch improvisiert, aber immer zu einem bestimmten Thema. Ich gab die Themen vor oder suchte sie mit ihnen gemeinsam; es ging um Familie, Drogen, Vertrauen und andere problemorientierte Bereiche. Wir haben uns gemeinsam zu diesen Themen Szenen ausgedacht und diese dann improvisiert. Nun wollte ich die Arbeitsweise umdrehen. Ich dachte mir: Wenn ich den Jugendlichen beibringe, frei zu improvisieren, wenn sie angemessenes Verhalten auf der Bühne und Improvisationsgesetze erlernen, dann werden sie vielleicht über das freie Spiel an Themen geraten, die ich mir (und auch sie sich) nie bewusst ausdenken würde. Und diese Themen hätten dann, wenn vielleicht auch nicht offensichtlich, viel mit ihnen zu tun, denn sie hätten sie sich selbst und unbewusst gewählt. Eine Aussage von Robert Landy, Dramatherapeut aus den USA, unterstützte diese These: „... in theatre, the personal serves the fictional; in therapy, the fictional serves the personal. In a more integral, poetic sense, however, both serve each other, as art sometimes mirrors nature and nature sometimes mirrors art."[219] Außerdem hatte ich festgestellt, dass die

---

219 Landy, R., (1993), Persona and Performance, New York, S. 53.

Jugendlichen durch die anderen Therapien der Einrichtung ständig mit Problembereichen konfrontiert werden. Dadurch haben sie für diese Themen oft schon vorgefertigte Meinungen und es fällt ihnen schwer, sich im Spiel davon zu lösen. Sie wissen ganz genau, was ein Therapeut hören und sehen will und wenn sie in Ruhe gelassen werden wollen, bedienen sie diesen Wunsch.

Improvisation mit Gegenständen

Ich fing damit an, dass ich den Jugendlichen Gegenstände als Requisiten mitbrachte. Sie stürzten sich wie wild darauf. Erst machte ich es zur Aufgabe, dass ein Gegenstand mindestens einmal in einer Szene auftauchen musste, später setzten sie diese selbständig ein und entdeckten die Spielhilfe, die ein Requisit beim Improvisieren bedeuten kann. Für mich war es natürlich interessant zu sehen, welcher Patient sich welches Requisit aussuchte. So behängte sich ein Junge mit silbernen und goldenen Ketten, ein anderer verkroch sich unter einem aufgespannten Regenschirm, ein Mädchen beschäftigte sich intensiv mit einem Spielzeughandy. In den darauffolgenden Stunden suchten die meisten sich immer wieder dasselbe Requisit aus. Ich machte anfangs viele Vorgaben, schickte zum Beispiel zwei auf die Bühne, gab ihnen eine einfache Situation (zwei begegnen sich, einer hat es eilig, der andere will plaudern, die Requisiten liefern jeweils den Grund) und ließ sie dann spielen.

Korrekturen machte ich nur aufgrund schauspielerischer Aspekte. Bei Renee Emunah, einer Dramatherapeutin aus San Francisco, hatte ich meine Ansicht bestätigt gefunden: „Direction from an aesthetic perspective will often elicit deeper psychological content, or lead the scene toward deeper expression."[220] Es folgten kleine Szenen, zum Beispiel im Restaurant, in denen sie zu dritt spielten. Ich gab ihnen einen Aktionsrahmen als Improvisationsvorlage. Immer noch war die Vorgabe, dass die Requisiten zum Einsatz kommen. Das Spiel mit den Gegenständen machte sie freier: Sie konzentrierten sich nicht mehr so sehr darauf, was sie sagen könnten, sondern auf das Spiel an sich. Und wenn sie mal nicht weiter wussten, nutzten sie den Gegenstand als Lückenfüller. Besonders Telefone und Spielzeughandys waren dafür sehr beliebt. Diese lassen durch ihr imaginäres Klingeln den Spieler im Notfall kurz aus der Szene aussteigen, obwohl er sich noch auf der Bühne befindet.

Schauspielerische Regeln nahmen die Jugendlichen wissbegierig auf. Ich hatte das Gefühl, dass sie lieber und offener spielten, nachdem ich ihnen erklärt hatte, warum etwas wie funktioniert. Je mehr wir uns von „problemorientiertem" Spielen entfern-

---

[220] Emunah, R., (1994), Acting for Real, New York, S. 111.

ten, desto freier und offener wurden die Jugendlichen. Wie schon erwähnt habe ich die Erfahrung gemacht, dass sie ganz kritisch beobachten, ob ich ihr Innerstes erforschen will. Auf alles, was direkt mit Therapie zu tun hat, reagieren sie skeptisch und wohlüberlegt. Sie ahnen, dass jede ihrer Aussagen psychologisch interpretiert wird. Freiwillig und bewusst öffnen sie ihr Herz nicht. Da ich nur aus rein schauspielerischem Interesse reagierte, wurden sie freier und offener; sie sprangen sogar von sich aus auf die Bühne, wozu ich sie zuvor immer verpflichten musste.

Restaurantszenen

In dieser Anfangsphase des Improvisierens tauchten Restaurantszenen immer wieder auf, da ich ihnen einfache Szenen mit geordnetem Ablauf als Improvisationsvorlage geben wollte. Diese Szenen sollten einen gewissen Abstand zu ihrer Problemwelt haben. Anfangs führte ich die Restaurantszenen ein, später wählten die Jugendlichen sie auch selbst. Ich hatte das Gefühl, dass sie das bewusst taten. Diese Szenen enthalten eine festgelegte Struktur (reinkommen, Platz suchen, bestellen, essen, bezahlen, gehen). Man muss sich also um den Ablauf der Szene keine Gedanken machen und kann sich mehr auf das Spiel konzentrieren. Die Struktur gibt den Jugendlichen den nötigen Halt, indem sie frei und kreativ werden können. Da die gewählten Gegenstände zum Teil nicht unbedingt in diese Szenen passten, aber trotzdem mindestens einmal auftauchen mussten, war die Kreativität der Jugendlichen gefragt. Sie ließen sich witzige Ideen einfallen, um Wasserpistole, Regenschirm oder Plastikbanane mit einzubauen. Es wurde viel gelacht, was meiner Meinung nach eines der besten Heilmittel ist.

In den Restaurantszenen entwickelten die Jugendlichen immer mehr ein Verständnis für Improvisationsregeln. Sie ließen einander ausreden, hörten einander zu, nahmen Spielangebote an und versuchten, jeder Szene einen Schluss zu geben. Dann ging ich einen Schritt weiter und ließ sie selbständig Szenen aufbauen. Aufgrund ihres gewählten Gegenstandes überlegten sie sich Alter und Beruf ihrer Figur. Dann gingen zwei auf die Bühne, stellten ihre Figur vor, und die anderen legten den Ort und die Situation fest, in der diese beiden Figuren aufeinander treffen könnten. Diese Situation wurde dann gespielt. Hierbei ging es mir darum, eine gewählte Figur zu halten und Angebote der anderen von außen anzunehmen. Das fiel den Jugendlichen anfangs nicht so leicht. Es ist schwer für sie, eine Figur auf der Bühne zu halten, denn sie sind sich noch nicht einmal im wahren Leben ihrer Rolle sicher; und es kostet sie ganz schön Überwindung, auf die Bühne zu gehen, ohne vorher zu wissen was auf sie zukommt. Doch sie ließen sich darauf ein und merkten schon bald, dass sie als Spieler trotz allem die Szene lenken können.

„Mission Possible"

Bei der Vorbereitung der nächsten Stunden stieß ich in dem Buch „Let's improvise"[221] auf eine Übung, die die Aufgaben der Offenheit für andere und der Zielstrebigkeit im eigenen Tun wunderbar vereinigt. Sie heißt „Mission Possible" und die Jugendlichen haben sie begeistert aufgenommen. Jeder bekommt einen Zettel, auf dem ein Beruf und die jeweilige Mission draufsteht. Dies könnte zum Beispiel so aussehen: „Du bist ein Chirurg und auf der Suche nach einer Spenderniere". Diese Zettel werden geheim gehalten. Nun sucht sich jeder einen passenden Gegenstand aus, der zu seiner Figur passen könnte. Wenn es keinen passenden Gegenstand gibt, sollen sie einen anderen verfremden, zum Beispiel eine Bürste als Mikrofon benutzen.

Es war interessant, als ein Patient, der einen Autoren spielte, mich nach einer Feder fragte. Die hatte ich nicht und er nahm sich statt dessen eine Wäscheklammer und einen Becher als Tintenfass. Es wäre naheliegend gewesen, hätte er mich nach einem Stift oder sogar einer Schreibmaschine gefragt. Doch seine Figur spielte anscheinend in einer anderen Zeit.

Dann gehen zwei auf die Bühne und sagen ihren Beruf, nicht aber ihre Mission. Die anderen überlegen sich einen Ort, an dem die beiden auftauchen könnten. Dann wird die Szene gespielt. Aufgabe der Spieler ist es, zu versuchen, ihre Mission zu erfüllen. Sie dürfen den Wortlaut der Mission aber nie aussprechen. Gleichzeitig müssen sie zu der anderen Person Kontakt aufnehmen und offen bleiben für dessen Spielangebote.

Das Ganze hört sich recht schwer und kompliziert an, aber die Jugendlichen setzten es hervorragend um. Da sie ein Ziel verfolgten, waren sie in ihrem Handeln auf der Bühne nie unsicher. Denn sie wussten in jedem Moment, was sie wollten. Sie nahmen Kontakt zu ihrem Mitspieler auf und hörten diesem genau zu, denn es hätte ja sein können, dass sich im Gespräch eine Möglichkeit zur Erfüllung der Mission bietet. In einer Szene traf der Chirurg auf einen Verbrecher, der auf er Suche nach einem Versteck war. Nachdem der Verbrecher mit dem Einsatz einer Pistole versucht hatte, ein Zimmer im Krankenhaus zu bekommen und der Chirurg daraufhin natürlich sofort die Polizei rief, merkten die Spieler, dass keiner von ihnen auf diesem Weg ihre Mission würde erfüllen können. Sie mussten erst einmal langsam Kontakt aufbauen und sich vortasten. Die Szene endete dann im zweiten Anlauf damit, dass der Verbrecher ein Zimmer im Krankenhaus beziehen konnte, nachdem er dem Chirurgen dafür eine Niere gegeben hatte. Die Spieler merkten, dass sie sich auf den anderen einlassen müssen, um zu ihrem Ziel zu gelangen und sie machten die Erfahrung, dass man ein Ziel auch erreichen kann, wenn

---

[221] Polsky, M.E., (1998), Let's improvise, New York, S. 166–177.

man Umwege auf sich nimmt. Die Jugendlichen im Zuschauerraum schauten die ganze Zeit über gespannt zu, denn keiner wusste vorher, was gespielt werden würde.

Leider kann man „Mission Possible" nur etwa zweimal mit unterschiedlichen Konstellationen spielen, dann verlieren die Missionen an Reiz und man muss sich neue ausdenken. Das war dann auch der nächste Schritt, den ich mit meinen Jugendlichen anging. Sie suchten sich Requisiten aus, überlegten sich einen Beruf und eine Mission. Dann gingen drei auf die Bühne. Sie wussten voneinander nur den Beruf, der Lauf der Szene wurde improvisiert. Nach diesem Schema entstand eine Szene, in der ein 17jähriger Junge, mit roter Federboa und Handtasche bekleidet, einen Transvestiten spielte, der in Eile zu seinem abendlichen Auftritt tippelte. Auf der Reeperbahn traf er dann auf einen Drogendealer, der unbedingt Stoff verkaufen wollte. Der Transvestit tippelt weiter und bekam mit, wie der Drogendealer den Stoff an ein junges Skatergirlie loswurde, die auf dem Weg nach Hause war. Da änderte der Spieler des Transvestiten seine Mission, nahm dem Mädchen die Drogen wieder ab, gab sie zurück und schickte die Skaterin nach Hause.

Die Mission hat den Spielern also geholfen, die Szene in Gang zu bringen und in Fluss zu behalten. Sie hat sie aber nicht davon abgehalten, neue Impulse aufzunehmen und der Szene einen neuen Schluss zu geben. Sobald die Jugendlichen die Szenen und ihren Charakter selbst bestimmen können, greifen sie, wie man in der letzten Beschreibung sehen konnte, betreffende Themen auf. Der Bezug zu ihrer eigenen Person kann entweder über ein Thema gezogen werden, wie zum Beispiel das Drogenthema bei eigenem Drogenmissbrauch, oder aber durch den Charakter der gespielten Figur. Die Figur stellt manchmal ein Wesen dar, das die Jugendlichen zu sein wünschen. So spielte ein schüchternes Mädchen jede Woche wieder eine hochnäsige, schicke Frau mit viel Geld. Etliche Male habe ich auf der Bühne auch schon den Psychologen von K 12 gesehen, gespielt von einem seiner Patienten. Das ist dann wohl nicht eine Wunschrolle, sondern eher der erfrischende Versuch, die Ernsthaftigkeit der Therapie aufzubrechen. Ich vermittle den Jugendlichen das Gefühl, dass ich nicht weiß, warum sie eine bestimmte Rolle wählen und auch kein Interesse an diesem Warum habe. Das macht sie noch freier in dem Sich-Ausprobieren-Wollen, denn sie unterstellen mir nicht gleich therapeutische Intervention.

Raum zum Ausprobieren, Rolle & Identität

Gerade dieses Ausprobieren ist ein Punkt, der mir in meiner Arbeit mit Jugendlichen als sehr wichtig erscheint. Sie befinden sich in einer Altersphase, in der sie nach ihrer eigenen Identität suchen. „In der Jugendphase entfaltet sich das Zielsystem einer

Person, indem an der Frage gearbeitet wird: „Wer bin ich?"[222] Und gerade die Jugendlichen von K 12 brauchen einen Raum, um sich auszuprobieren. Viele von ihnen stecken in einer Identitätsdiffusion, aufgrund zu starker Bindung an eine Bezugsperson oder wegen fehlender Vorbilder. Symptome treten in Form von Selbstverletzung, des Missbrauchs legaler und illegaler Drogen und antisozialem Verhalten auf.

Mir ist wichtig, dass sie die Möglichkeit bekommen sich auszuprobieren, in unterschiedlichste Rollen zu schlüpfen und in einem geschützten Raum Selbstsicherheit zu erlangen. Denn auf der Bühne zu stehen und den anderen selbstsicher eine Rolle zu präsentieren ist fast genauso schwer, wie im wahren Leben die eigene Identität zu wahren. Erst nachdem ich mir über diesen sehr wichtigen Entwicklungsschritt der Individuation im Jugendalter bewusst war, konnte ich verstehen und akzeptieren, warum einige der Jugendlichen sich auf der Bühne partout nicht verwandeln. Sie suchen sich zwar besondere Situationen aus, spielen aber Figuren, die ihrem Alter entsprechen, und man kann auf der Bühne kaum einen Unterschied zwischen Figur und realer Person feststellen. Ich habe gelernt, bei diesen Jugendlichen nicht beharrlich auf einer Verwandlung zu bestehen. Manchmal geht es ihnen nicht darum eine ihnen fremde Rolle auszuprobieren, sondern die im realen Leben aufgebaute Rolle zu festigen. Solange der Bühnenraum klar definiert ist, besteht darin auch keine Gefahr. Schwierig wird es nur dann, wenn die Jugendlichen nicht mehr wissen, ob sie sich nun in einer Bühnensituation befinden oder im wirklichen Leben. Denn was auf der Bühne erlaubt ist, ist im wahren Leben nicht immer angemessen und legal. Wenn in einem solchen Fall die Rolle im Grunde genommen mit der Person des Spielers übereinstimmt, kann es sein, dass dieser sein Verhalten auf der Bühne mit in den Alltag trägt. Die Grenzen verschwimmen dann ganz leicht, besonders wenn der Bühnenraum nicht klar definiert ist.

Bei Rollen, die den Jugendlichen entfernt sind, ist das leichter. Sie steigen fast automatisch aus ihren Rollen aus, wenn sie die Bühne verlassen. Trotzdem ist Vorsicht geboten und ein bewusstes „Deroling" (die gespielte Rolle verlassen) ist ein Muss am Ende jeder Stunde. Da reicht es zum Teil, einfach noch einmal über die gespielten Szenen zu sprechen, damit der Abstand zur Realität noch einmal klar wird. Manchmal entsteht, durch die unterschiedliche Wahl der Rollen, auf der Bühne die etwas kuriose Mischung aus einer Oma mit verstelltem Gang und der Stimme eines 14jährigen Jungen mit dem für ihn persönlich typischen Bewegungen. Die Schauspielarbeit dient also der Suche nach einer noch nicht vorhandenen und der Festigung einer bereits bestehenden Identität.

---

222 Fend, H., (2000), Entwicklungspsychologie des Jugendalters, Opladen, S. 406.

Grenzen, Ja-sagen und Nein-sagen

Zur Entwicklung der eigenen Identität gehört auch, dass man lernt, Grenzen zu setzen und infolgedessen auch, die Grenzen anderer einzuhalten. Dies ist ein weiterer Punkt, der sich in der Improvisationsarbeit herauskristallisierte. Den Jugendlichen fällt dies außerordentlich schwer. Manche lassen sich auf der Bühne total überrollen, verlieren daraufhin ihre eigene Mission aus den Augen und folgen nur dem Spielpartner. Andere schotten sich ab und lassen niemanden in ihre Gedankenwelt hinein. Bei den Improvisationen müssen die Jugendlichen lernen, offen für den Spielpartner zu sein und doch das eigene Ziel nicht aus den Augen zu verlieren. Das ist eine hilfreiche Übung fürs Leben. Im Schauspiel gehört dazu auch, dass sie Spielangebote annehmen lernen. Im Allgemeinen tendieren Jugendliche dazu, erst einmal nein zu sagen und dann mit dem Gegenteil zu kontern. Besonders gut lässt sich das im Umgang mit den Eltern sehen. Wenn sie „rot" sagen, sagt der Jugendliche „grün". „In der Adoleszenz steigt der Konfliktgrad als Ausdruck der Resynchronisierung von Eltern-Kind-Beziehungen."[223]

Auf K 12 erlebe ich neben diesem typischen Verhalten von Jugendlichen auch das andere Extrem. Diese Patienten nehmen immer alle Last auf sich, helfen Freunden selbst dann, wenn sie eigentlich keine Kraft mehr haben und sagen nicht, wenn ihnen einmal etwas gegen den Strich geht. In beiden Fällen kann die Arbeit mit Improvisationen hilfreich sein. Gerade die Unsicherheit einer improvisierten Szene fordert angemessenes Verhalten heraus. Der Text und der Ablauf der Szene sind nicht festgelegt und so muss der Spieler selbst entscheiden, wie er reagiert. Die Neinsager müssen lernen, dass es wichtig ist, die Angebote des Spielpartners zu bejahen, denn sonst besteht die Gefahr, dass der Lauf der Szene stehen bleibt. Für die Jugendlichen ist das eine gute Übung. Vor allem lernen sie so in einer geschützten „Spielwelt", dass sie ihr Ziel auch verfolgen können, wenn sie zu anderen Dingen ja sagen. Die Jasager sollte man darin unterstützen, auch einmal nein zu sagen. Zu viel „Ja" nimmt einer Szene natürlich auch die Spannung. Man muss also je nach Tendenz der Spieler sie eher bremsen oder mehr bestärken. So wie jeder im wahren Leben lernen muss, seine Grenzen angemessen zu ziehen und das rechte Maß des Ja- und Neinsagens zu finden, so lernen die Jugendlichen dies indirekt im Spiel. Hier merken sie am offensichtlichsten, ob eine Szene funktioniert und interessant bleibt oder nicht.

Beim Spiel der „Missions Possible" konnte man die Schwierigkeiten gut erkennen. Die Szene mit dem Verbrecher und dem Chirurg endet im ersten Ablauf abrupt und langweilig, da beide Spieler das Spielangebot des anderen ablehnten. Der Verbrecher ließ sich nicht auf ein Gespräch mit dem Chirurgen ein, der versuchte eine Spenderniere zu

---

[223] Fend, H., (2000), a.a.O. S.208.

finden: Er zückte sofort die Waffe. Daraufhin rief der Chirurg jedoch die Polizei. Also lehnte auch er die Möglichkeit zum Spiel ab und gab der Szene ein plötzliches Ende, ohne dass einer der beiden seine Mission erfüllt hatte.

In einer anderen Szene trat der Fall des übermäßigen Jasagens auf. Ein Umweltschützer traf auf eine Zoodirektorin, die ihr entlaufendes Chamäleon suchte. Nach einer Weile suchten sie nur noch gemeinsam nach dem Tier und der Umweltschützer verlor seine eigene Mission, überall nur Verschmutzung und Dreck zu sehen und diesen zu entsorgen, total aus den Augen. Ebenso erging es der Lehrerin, die in den Ferien unbedingt ihre Ruhe haben wollte. Sie ließ sich von einer Klatschreporterin, gierig nach einer neuen Titelstory, in ein Gespräch verwickeln und die Ruhe war dahin. Ihnen sage ich dann, dass sie nicht so höflich zu sein brauchen. Sie dürfen ihre Mission weiter verfolgen, es ist sogar ihre Aufgabe, und müssen nicht so viel Rücksicht auf die anderen nehmen. Manche schauen in Situationen, in denen sie von ihrem Mitspieler überrannt werden, nicht zu Wort kommen oder er ihnen körperlich zu nahe kommt, hilflos von der Bühne zu mir. Wenn ich ihnen dann zurufe: „Wehr Dich!", ist das für sie überhaupt kein Problem. Sie wissen nur nicht, dass sie das dürfen, wenn ihnen etwas zu viel wird. Zwar finden sie nicht immer die richtigen Worte, doch handgreiflich ist in einer solchen Situation noch niemand geworden.

Freie Improvisation

Nachdem wir einige Male mit den „Missions Possible" gearbeitet hatten und die Jugendlichen auch eigene Missionen aufgestellt hatten, versuchte ich, die Improvisationen freier zu gestalten. Jeweils zwei Spieler nahmen sich ein Requisit, gingen auf die Bühne und machten, ohne sich vorher abzusprechen, ein Standbild. Dieses Bild inspirierte die anderen, einen Ort und eine Situation festzulegen. Die Spieler wurden dann gebeten, nach diesen Angaben zu spielen. Entweder spielten sie die Szene zu Ende oder ich unterbrach sie mittendrin und ließ das nächste Paar die momentane Körperhaltung einnehmen. Dieses Standbild lieferte die Ausgangssituation der nächsten Szene usw.

Diese Art des Spiels war für die Jugendlichen eine große Herausforderung. Sie gingen mit einer genauen Vorstellung auf die Bühne, nachdem sie sich bewusst ein bestimmtes Requisit gewählt hatten. Dann waren sie aber auf den Partner angewiesen, mit dem gemeinsam, jedoch ohne Absprache, ein Standbild entstand. Danach wiederum war es aber das Publikum, das das Thema der Szene festlegte. Das erforderte eine hohe Flexibilität. Die Jugendlichen stöhnten oft, nachdem die Gruppe entschieden hatte, ließen sich dann aber trotzdem auf die Themen ein.

Auf diese Art und Weise entstand zum Beispiel eine Szene, in der ein Gärtner einer betenden Nonne einen Heiratsantrag macht. Sie lehnt natürlich ab, er jedoch lässt nicht locker und überschlägt sich in Komplimenten. Wenn man weiß, wie peinlich es Jugendlichen ist, etwas zu spielen, was nur im Entferntesten mit Liebe zu tun hat, kann man ahnen, was diese Szene die Spieler an Überwindung gekostet haben mag. Bis zu diesem Punkt hatten die Jugendlichen erfahren, dass ein lachendes Publikum kein auslachendes Publikum ist. Sie hatten gelernt, dass sie miteinander spielen und nicht gegeneinander und dass die Zuschauenden ihnen wohlgesonnen sind und mit ihnen im selben Boot sitzen, denn jeder steht mal auf der Bühne.

Mit Fluktuation umgehen

Sobald Neue in die Gruppe kommen, bricht dieser erworbene Schutzmantel kurz auf. Für freies Spiel ist ein hohes Maß an Vertrauen gefragt. Den Neuen gegenüber sind die Jugendlichen erst einmal skeptisch. Und die Neuen brauchen ihre Zeit, bis sie sich öffnen können. Wenn Jugendliche entlassen werden und Neue dazukommen, entscheide ich spontan, ob die Jugendlichen in der Lage sind, die Neuen mitzuziehen oder nicht. Das ist für die weitere Arbeit ausschlaggebend, ob ich sie weiter fordere, an einem Punkt weiter arbeite oder sogar einen oder mehrere Schritte zurückgehe. Doch die Neuen werden auch schnell eingebettet in das, was bereits da ist.

Der Einsatz von Improvisationen bietet mir diese Möglichkeit, je nach Entwicklungsstand der Gruppe, leicht oder anspruchsvoll zu arbeiten. Ich kann immer mehr schauspielerisches Wissen vermitteln und im Falle eines Umschwungs in der Gruppe wieder von vorne anfangen. Ich muss mir jedoch nicht ständig neue Themen überlegen. Die Themen suchen die Jugendlichen sich selbst, ich vermittle nur das Wie.

Die Einführung von Improvisationsarbeit hat sich also als durchweg positiv erwiesen. Durch die hohe Fluktuation in der Gruppe ist es nicht möglich, ganze Stücke zu erarbeiten. In diesem Fall käme noch dazu, dass die Jugendlichen keine Zeit finden würden, lange Texte auswendig zu lernen. Projektbezogenes Arbeiten ist aus demselben Grund höchstens in den Ferien möglich, in denen die Jugendlichen täglich mit mir arbeiten können.

Improvisationsarbeit bietet also die nötige Flexibilität für die äußeren Umstände, die meine Arbeit bestimmen. Im Gegensatz zur Arbeit mit problemorientierten Themen habe ich das Gefühl, in der freien Improvisation wirklich das Herz der Jugendlichen zu erreichen. Meine Arbeit hat sich gewandelt: von der direkten Arbeit mit Problembereichen hin zur Stärkung der Persönlichkeit der Jugendlichen – von der Symptombehandlung zur Ursachenbehandlung.

Abschließende Gedanken

der Herausgeberinnen

Rückblick und Ausblick
Von Lilli Neumann

Wenn wir die vorausgegangenen Artikel noch einmal Revue passieren lassen, so können wir einen differenzierten und von den Arbeitsansätzen vielfältigen Einsatz des Mediums Theater erleben. Vom gezielten, didaktisch-methodisch exakt an der psychiatrischen Erkrankung orientierten Einsatz spezifischer Kommunikations- und Kontaktübungen, über den problemorientieren Einsatz von Rollenspielen und Inszenierungen bis hin zum lustvollen freien Spiel und zur kunstorientierten Werkorientierung für eine Aufführung werden die Möglichkeiten mit verschiedenen Zielgruppen, Krankenbildern, Krisensituationen und problemreichen Lebenslagen aufgezeigt.

Deutlich schälen sich dabei beziehungsreiche, aber dennoch zum Teil auf Kontrastierung angelegte Pole heraus. Sie lassen sich an dem Ausmaß festmachen, mit dem die zentrale Grundannahme in den künstlerischen Therapien vertreten wird, nämlich die der „symbolischen Distanz" zur persönlichen Problematik durch die mediale, sprich künstlerische Arbeit im Therapeutischen Theater (vgl. **G. Martens**) als heilenden Faktor.

Vom „Lasst die Patienten/Klienten Theater spielen" (vgl. **A. Ruß, B. Stoltenhoff-Erdmann & B. Merschmeyer**) bis hin zur detailgenauen Operationalisierung von Schauspielelementen für die unterschiedlichen Belange (vgl. **I. Labonté**) auf den verschiedenen Zielebenen von Heilung (vgl. **J. Junker**) trennen sich mitunter die Geister, dies nicht nur in der Theatertherapie, sondern auch in anderen Künstlerischen Therapien.

Viele solcher Pole lassen sich formulieren, die auf Therapieziele und -prozesse, Zielgruppen und Institutionen hin zu prüfen sind:
Rolle – reales Ich
Form – Prozess
Selbstausdruck – Werk

Erlebnisorientiert – konfliktorientiert
Körper – Text
Spielen – reflektieren
Alltag – Fiktion

Zwischen diesen Spannen gibt es viele Fragen näher zu untersuchen, z.B. die der Methodenwahl, die stufenweise auf die verschiedenen Stadien des therapeutischen Prozesses abgestimmt wird. Dies wird ganz besonders deutlich an der Arbeit mit schwer traumatisierten Frauen (vgl. **S. Nowak).** Zu Beginn der Arbeit mit Gewalterfahrungen wird Dramatherapie sich sehr unterscheiden von der Phase, die sich nach dem Durcharbeiten anschließt.

Auch die institutionellen Bedingungen, die Therapiekonzepte und Therapiepläne, in die Dramatherapie und Therapeutisches Theater integriert sind, müssen in ihrer Wirkung mit einbezogen werden. Das kann am Ansatz von **R. Häger** abgelesen werden, bei dem in enger Zusammenarbeit mit dem gesamten Therapeutenteam der Station dramatherapeutisch gearbeitet wird. Das heißt, die ersten Erkenntnisse aus der verbal orientierten Therapiegruppe und der Einzeltherapie werden für die szenische Er- und Durcharbeitung aufgegriffen. Hier geht es nicht primär um die Verwandlung subjektiven Erlebens durch ästhetische Erfahrung, sondern um szenisches Erleben, Reflektieren und spielerisches Realisieren neuer Ziele des eigenen Ich auf der Bühne.

G. Lipinski weist auf diesem Hintergrund in seinem einleitenden Artikel kritisch auf die „Surrogate", wie er es nennt, des Theaters durch therapeutische Nutzung wie im Rollenspiel und im Psychodrama hin. Sein Interesse am Theater gilt dessen Möglichkeiten, übergeordnete menschliche Themen des Sozialen, Politischen und Spirituellen ins Auge zu fassen. Er sieht in überindividuellen Aspekten nicht nur für die Theaterkunst, sondern auch für therapeutische Prozesse einen wesentlichen Aspekt für Heilung und plädiert deshalb auch in therapeutischen Prozessen für ein praktisch-schöpferisches Ringen um Humanität, in das heilende, religiöse und politische Aspekte integriert sind.

Historisch steht er damit in der Tradition der emanzipatorischen Bewegungen eines Wilhelm Reich, Erich Fromm, dem frühen Moreno und der Psychiatriebewegung in den frühen siebziger Jahren am Beispiel des großen Theaters des Marco Cavallo.[224] Angesichts der Restriktionen im Psychotherapiesektor, was das neue Psychotherapiegesetz angeht und die neuen Zwänge zur Legitimationsforschung im klinischen Feld,

---

[224] Scabia, G., (1979), Das große Theater des Marco Cavallo, Phantasiearbeit in der Psychiatrischen Klinik Triest, Frankfurt/M.

klingt dies utopisch und idealistisch. Andererseits erscheint es auch uns wichtig, Erinnerungsarbeit zu leisten daran, dass im Therapiebegriff das Wort Helfen inhaltlich eingeschlossen ist. Helfen ist aber gleichzeitig auch eine Übersetzung des Wortes Solidarität: helfen, Ungerechtigkeiten aufzuheben und helfen, Chancen auf ein humanes Leben besser zu verteilen.

Bei den zunehmenden Entsolidarisierungsprozessen in der gegenwärtigen Welt[225] und der Erosion von haltenden und Handlung stützenden Gruppen wird vergessen, dass Gesundwerden zu einem großen Teil an ein Aufgehobensein in einer solidarischen helfenden Gruppe und im Engagement für andere gebunden ist. Wenn auch primäre Gruppen, was nicht selten bei psychisch kranken Menschen der Fall ist, durch problematische Beziehungen gestört sind, helfen sogenannte gestiftete Gruppen, was gerade auch Theatergruppen sind, zu außerordentlich belebenden und das Ich konsolidierenden Gemeinschaftserfahrungen. Dies wird sehr gut an den Ausführungen von **I. Lutz** und **D. Ensel** deutlich. Bei Lutz nimmt die Theaterentwicklungsarbeit die Rolle einer Selbsthilfegruppe an, bei Ensel zeigt sich, dass die Theaterarbeit der Wilden Bühne eine Art Beruf bzw. die Form ehrenamtlicher Tätigkeit gewonnen hat. Tauchen hier Fragen auf, die sich eher aus der theatertherapeutischen Arbeit im außerklinischen Bereich ergeben? Welche Rolle spielt die Gruppe auch in stationären Kontexten?

Es gilt an dieser Stelle in den Blick zu nehmen, worauf **D. Müller-Weith** hinweist: Wann wird Theaterspielen und das Eingebettetsein in einer solchen Gruppe, vor allem im außerklinischen Bereich, die womöglich über lange Zeitstrecken andauern, zum Ersatz für Leben? Wie müssen Trennungsprozesse und Transferleistungen in die ganz „undramatische Alltäglichkeit" bzw. in den ganz „real-dramatischen" Alltag im Sinne der akuten Lebensbewältigungsaufgaben von therapeutischer Seite einbedacht werden?

Viele Fragen, außer dieser bezüglich des Transfers, tun sich für eine zukünftige Grundlagenforschung auf, die wahrscheinlich auch an der Legitimationsforschung (vgl. **J. Junker** und **G. Cimermans** in diesem Band), welche den Platz der Theatertherapie im Gesundheitswesen möglicherweise absichern werden, nicht vorbei kann bzw. nicht vorbei will. Neben der rein pragmatischen Vorgehensweise, wie sie in Holland betrieben wird, stellen sich aber auch die Fragen nach weitergehenden Forschungsansätzen in Bezug auf theoretische Grundannahmen und Methodenentwicklung (z.B. Rolle, Interaktion, Ausdruck u.a., vgl. **G. Martens**).

---

225 Bourdieu, P. et al., (1997), Das Elend der Welt, Konstanz.

Ein vollwertiges Therapieverfahren brauchte bislang eine ausgearbeitete Metatheorie und Therapietheorie (Erkenntnistheorie, Menschenbild, Persönlichkeitstheorie, Entwicklungspsychologie, Krankheitslehre u.a.). Kann eine solche theoretische Heimat im Gegensatz zu den beiden anderen noch folgenden Punkten vielleicht von schon gereiften Psychotherapieschulen entliehen werden, oder braucht es eine eigene, neuere Konzeption, die sich auf die aktuelle humanwissenschaftliche Forschung und die Kunsttheorie stützt?

Oder geht es in Richtung Therapieschulen übergreifender Konzepte und entlang der Erkenntnisse der modernen Psychotherapieforschung?[226]

Theatertherapie/Dramatherapie muss einen „klinischen ‚body of knowledge'"[227] entwickeln, der sich auf folgende Bereiche bezieht: Altersgruppen, Krankheitsbilder, Patienten-Gruppen unterschiedlicher klinischer Settings und ambulanter Psychotherapie sowie auf den großen Bereich der Selbsterfahrung in der kurativen Heilbehandlung, der Gesundheitsförderung, der Persönlichkeitsentwicklung und des Persönlichkeitswachstums, der therapeutischen Kulturarbeit. Es braucht darüber hinaus eben auch, wie oben schon gesagt, eine Forschung unter kontrollierten Bedingungen, welche die Wirksamkeit des Verfahrens evaluiert. Schauen wir auf diesem Hintergrund der Notwendigkeit von Forschung, zu der auch Öffentlichkeitsarbeit und Berufsverbandsarbeit hinzukommen, muss noch einmal auf einige der vorhergehenden Artikel, die bisher nicht angesprochen wurden, eingegangen werden.

Was hat der Leser durch sie kennen gelernt und welche Fragen schließen sich an?

Ch. Bohdals Ausführungen repräsentieren wohl besonders deutlich den Aspekt der Heilung durch die Kraft der künstlerischen Distanzierung über Symbolisierung mit Verzicht auf analytische Interpretation. Denn Maskenarbeit bildet im Kern den Grundgedanken des Theaters als Therapie ab: Im symbolischen Ausdruck können Bereiche und Ebenen angesprochen und ausgedrückt werden, für die der Weg über das Gespräch unendlich viel länger laufen würde, oder wohin Worte gar nicht erst – oder noch nicht – reichen. Im Maskenspiel tritt das Individuum einen Schritt zurück in die Ursprünge des Menschsein und erlebt durch die Aktivierung der archetypischen Bilderwelt eine Verlebendigung seines Seelenlebens. Maskenarbeit liefert dem Patienten Figuren, die seine eigene mythische Konstruktion der Welt und sein Erleben in ihr aktivieren und wirken allein durchs Spiel und die künstlerische Formgebung.

---

226 vgl. Grawe, K. u.a., (1994), Psychotherapie im Wandel, Göttingen.
227 Petzold, H., Das Selbst als Künstler und als Kunstwerk, in: Kunst und Therapie, Heft 1–2 1999, Köln, S. 111f.

Die Fragen, die mit dem Verzicht auf tiefenpsychologische und/oder andere Formen der *Deutung* einhergehen, beziehen sich u.a. auf Fragen der Grundlagenforschung bezüglich der Vorgänge beim symbolischen Verstehen, beim szenischen Erleben und bei anderen Formen der *sinnlichen Reflexion* für das Seelenleben.

Wann wird „darüber" gesprochen in Formen der Selbstbezüglichkeit, wieviel Platz soll das Reden einnehmen (vgl. **D. Müller-Weith**), an welchen Punkten ist es notwendig, wo hilfreich, wann (zer-)störend?

Welche Rolle spielt die Sprache beim Erzählen biographischer Geschichten im Gegensatz zu vorgegebenen Mythen und literarischen Texten? Welche Rolle spielt die Gegenwartskunst überhaupt? (vgl. **L. Neumann, D. Müller-Weith**)

Sind diese Fragen nach Ziel- und Altersgruppen, vielleicht auch nach Bildungs- und Schichtzugehörigkeit unterschiedlich zu beantworten?[228]

Wann ist das Spielen als solches schon *Ziel* des therapeutischen Handelns im Sinne von Winnicott, dass einem Patienten das Spielen erst wieder gelehrt werden muss? Ist der Mensch, der spielt, auf dem Weg der Heilung, ganz im Sinne Schillers, wonach der Mensch nur im Spiel im wahrsten Sinne des Wortes Mensch sein kann?

Besonders eindrucksvoll scheint mir die Untersuchung bei an Schizophrenie erkrankten Menschen von **Cimmermans** und **Junker** diesbezüglich zu sein. Wenn die Wahnwelt eine stärkere Realität wird als die konventionelle Welt, wenn also Fiktion und Realität nicht oder nur ab und an zu unterscheiden sind, scheinen Spiel und Theater zunächst kontraindiziert zu sein. Hier erfahren wir, *wie* das Spielen gelehrt werden kann, so dass diese Menschen sogar mit ihrer Wahnwelt zu spielen lernen; dies bedeutet, ein Stück aus der Ohnmacht, aus dem Beherrscht-Sein herauszutreten und wieder Akteur innerhalb seiner Welten zu werden. Anhand der Spielgeschichten dieser Gruppe von psychiatrisch erkrankten Menschen zeigt J. Junker, dass auf diesem Wege auf die Kernprobleme dieser Menschen eingegangen werden kann, ohne aus den Defiziten heraus arbeiten zu müssen.

Bei der dramatherapeutischen Arbeit mit Kindern (**I. Levin**) zeigen sich andere Fragen als die der Rolle von Sprechen, Deuten und Interpretieren. Zullinger[229] hat schon früh

---

228 H. Petzold sagt dazu in ähnlichem Zusammenhang: „Neben der allgemeinen Diagnostik, die in der Anfangsphase jeder Therapie stehen muss, (...), wird eine medienspezifische Vordiagnostik notwendig", ebenda S. 113.
229 Zullinger, H., (1970), Heilende Kräfte im kindlichen Spiel, Hamburg, 5.Aufl.

erfasst, dass beim Kind das Sprechen über das Gespielte nicht notwendig, ja nicht hilfreich ist. Als natürliche ursprüngliche Form das Leben zu begreifen, ist das Spielen bei Kindern mit traumatischen Erfahrungen, wie es I. Levin beschreibt, eine, wenn nicht die einzige Möglichkeit, sich mit dem Unaussprechlichen, dem Unfassbaren und Unbegreiflichen auseinandersetzen zu können: Angst und Grauen, Gewalt und Tod, Verlust, Einsamkeit und Not können in Feinabstimmung auf das einzelne Kind innerhalb und mit der spielenden Gruppe in ihrer Dynamik Ausdruck finden.

Die professionellen Herausforderungen sind gegenüber pädagogischen Spielgruppen vielfältiger Art. Doch das Verhältnis Einzelkind, Gruppe und Therapeut und ggf. Co-Therapeut stellt besondere Anforderungen an die Spielleiter in Hinsicht auf ein flexibles und sicheres Umgehen mit Prozessen der Übertragung und Gegenübertragung. Mit anderen Worten wird gerade hier deutlich, dass auch die Frage nach der Rolle und nach dem Verhalten des Theatertherapeuten ein Untersuchungsgegenstand ist, und zwar besonders in den zwei Aspekten, die seine Rolle von der in anderen Therapieverfahren unterscheidet:

➤ der Theatertherapeut als aktiver Mitspieler (Rolle der „*Neutralität*"),
➤ der Theatertherapeut als Künstler.

Der letztgenannte Punkt geht dabei über die klassische Position der Psychotherapie als Kunst(hand)werk hinaus; denn hier ist ganz direkt und nicht im übertragenen Sinn die originäre Beziehung des Therapeuten zu seinem künstlerischen Medium gemeint. In ersten Untersuchungen ist sichtbar geworden, dass die Art und Weise, *wie* ein Therapeut sein Medium vertritt, welche Beziehung über die konkrete therapeutische Situation hinaus zu seiner Kunst durchscheint, in den Wirkprozessen mit „spielt".[230]

Es wird deutlich, dass sowohl von der Praxis her, der Methodenentwicklung und der Ziel- und Krankengruppenevaluation, als auch von fachwissenschaftlicher theoretischer Seite her ein Füllhorn zu öffnen ist. Dies macht allerdings nur Sinn, wenn auch die Öffentlichkeitsarbeit und politische Verbandsarbeit in Angriff genommen wird. Die Aktivitäten der Gesellschaft für Theatertherapie machen erste Vorstöße in diese Richtung.

Nicht zuletzt möchten wir jedoch im Sinne **G. Lipinskis**, **L. Neumanns**, **I. Lutz** und auch **D. Ensels,** die neben anderen diesen Gedanken direkt ausgesprochen haben, darauf hinweisen, dass wir vor einer Zweckinstrumentalisierung der Theaterkunst im Sinne der empirischen Überprüfbarkeit warnen möchten.

---

230 Vortrag zu Forschungsergebnissen aus den USA, Symposium Köln 2001, Kreativtherapien im Rheinland, LVR.

Der Kern des Theaters ist das Spiel. Der Kern des Spiels ist Chaos, die Mutter der Kreativität. Hier liegt die Wurzel der Metapher vom „Leben als Spiel" und vom „Theater des Lebens". Kontakt, kreative Lebendigkeit in der Gemeinschaft, Lebenslust, Körperlichkeit, Selbstausdruck, gemeinsames Werkbewusstsein, Peak-Erfahrungen im Erlebnis der eigenen künstlerischen Schöpferkraft sind die Motoren dieser Therapieform. Wie soll über empirische Forschung dieses Heilungskapital des Theaters nachgewiesen werden? Der spezifische Charakter künstlerischer Produktivität mit den ihr zugrundeliegenden Aspekten eines ganzheitlichen Zusammenwirkens sehr unterschiedlicher Faktoren (soziale, künstlerische, affektive, kognitive etc.) und der Lateralität nichtlogischer Prozesse lassen Operationalisierungen zumindest problematisch erscheinen.

Das pragmatische „Was, wann, mit wem, warum, wie lange und für welches Ziel?" entspricht einer Eins-zu-Eins-Logik, die dem Wesen des Künstlerischen und der Kreativität als analoge Erkenntniswege des Menschen als Ergänzung zur Ratio entgegengestellt ist wie die Nacht dem Tag.

Das Schöpfen aus Ressourcen, die Abwesenheit von Erwartungen, die auf Veränderungen abgestellt sind, die Lust am Schönen als Ausdrucksmöglichkeit des eigenen Erlebens machen den Heilungsfaktor aus. Der Nachtseite der menschlichen Natur (Novalis) gilt unser Schutz und unsere Bewunderung.

Abschließende Gedanken zu diesem Buch
Von Bettina Stoltenhoff-Erdmann

Mit Stolz und Freude blicke ich nun auf unser gemeinsames Werk. Die Lesenden haben hoffentlich viel erlebt, beim Lesen, schmökern, blättern ... Vielleicht sind ihnen ihre Geschichten eingefallen? Eigene persönliche Szenen, vielleicht Träume, Wünsche, vielleicht ein Aha-Erlebnis?

Drama-/Theatertherapie, das wird doch an vielen Stellen des Buches deutlich, ist so lebendig und vielfältig, wie wir Menschen es sind. Gerade die Vielschichtigkeit und Kreativität dieser Methode hat und wird mich immer wieder faszinieren. Genauso wie mich das gemeinsame Spiel von Menschen, die es wagen, über eine neue andere Rolle sich selbst und anderen wirklich zu begegnen, immer wieder neu berührt. Auch freue ich mich über den Humor, der sich beim Spielen einstellt, wenn Menschen plötzlich über eine gerade entstandene grotesk komische Situation im Spiel gemeinsam in ein befreiendes Lachen ausbrechen. In solchen Situationen liegt oft viel Weisheit. Gern sehe ich, wenn Menschen im Freiraum der Therapie neue Blickwinkel nutzen, ungeahnte Möglichkeiten in sich entdecken und ausprobieren.

Noch vieles, was Dramatherapie für mich wertvoll macht, könnte ich hier beschreiben. Wieso eigentlich Dramatherapie?

Es ist nun fast 20 Jahre her und ich tat meine ersten Schritte in Richtung Spiel mit Patienten einer Erwachsenenpsychiatrie, in der ich als Krankenschwester arbeitete. Als Kind mit Märchen groß geworden und seitdem große Liebhaberin derselben, begann ich mit Kolleginnen regelmäßig mit Patientengruppen Märchen zu spielen. Im Stegreifspiel wurden diese weisen Geschichten lebendig.

Unglaubliche Dinge geschahen. Schwer kontaktgestörte Menschen ließen im Schutz der Rolle Nähe zu, Schattenseiten konnten sich zeigen. Die Symbolkraft des Märchens hat in jedem Rollenträger große Wirkung, der eine Rolle intuitiv wählt, wo sie gerade in seinem Lebenszusammenhang passt.

Nach einigen Jahren der Weiterentwicklung der Arbeit mit Märchen stellte sich die Frage nach einer Erweiterung der methodischen Grundlagen. Die Suche nach einer geeigneten Fortbildung dauerte lange, da es wenig bis keine geeigneten Angebote in Deutschland gab, bis in Remscheid eine Dramatherapieausbildung angeboten wurde. Aktuell gibt es ausschließlich in Hamburg eine Theater-/Dramatherapieausbildung.

So lange wie die Suche nach ihr, dauerte es, diese Methode in der Klinik zu etablieren. In Anbetracht der finanziellen Probleme im Gesundheitswesen und der Skepsis gegenüber Neuem hat es Kraft und Ausdauer erfordert, ein neues Therapieangebot einzuführen. Heute, nachdem die dramatherapeutische Praxis im klinischen Bereich der psychiatrisch-psychotherapeutischen Behandlung überzeugt hat, bin ich Dramatherapeutin im Gemeinnützigen Gemeinschaftskrankenhaus Herdecke.

An dieser Stelle ist den Menschen Dank zu sagen, die es mir ermöglicht haben, die Praxis überzeugen zu lassen und damit mir und der Methode einen Platz im Therapiekonzept der Erwachsenenpsychiatrie zu schaffen.

Warum erzähle ich meine Geschichte? Ich hoffe, dass Menschen aus und in Institutionen/Kliniken dieses praktische Buch lesen und neugierig werden auf diese in Deutschland junge und im anglo-amerikanischen Raum schon lange etablierte Therapieform.

Ich wünsche mir, dass Menschen an den entsprechenden Schaltstellen der Institutionen Mut haben, trotz Stellenkürzungen und enger finanzieller Mittel die Praxis über das Sichtbarmachen der therapeutischen Dimension, die Dramatherapie beinhaltet, überzeugen zu lassen. Ein Blick über die Landesgrenzen könnte das Gesichtsfeld erweitern, da z. B. in den Niederlanden die Kreativtherapien ganz anders ins Gesundheitswesen eingebunden sind.

Die weitere Dimension der hochsozialen Auseinandersetzung zwischen Menschen, die gemeinsam auf der Bühne stehen und gestalten, in einer Zeit, in der mehr aneinander vorbei als miteinander gelebt wird und Vereinzelung eher anzutreffen ist als Solidarität, sollte nicht übersehen werden. So hat diese Arbeit nicht nur das Individuum im Blick, sondern eröffnet neue Möglichkeiten auch im sozialen Gefüge der Menschen.

> Die Welt wird Traum,
> der Traum wird Welt.–
> *Novalis*

Nachwort
Von Doris Müller-Weith

Bestimmt behauptet jeder Therapeut gerne, seine Therapieform wäre die ultimativ Wirksamste und Beste. So auch ich:
Die Theatertherapie ist und bleibt eine wunderbare Kunst mit sich selbst und miteinander ins Spiel, in Kontakt, in Ausdruck und Austausch zu kommen und damit heilsame innere Räume zu betreten. Ich bin selbst immer wieder von neuem berührt von dieser spielerischen Therapieform. Sie erfasst ein riesiges Spektrum an Möglichkeiten des Umganges mit dem Menschsein, sie gibt dem Therapeuten zahlreiche Zugänge an die Hand, von „ausschließlich symbolisch" bis direkt und konfrontativ, von stabilisierend bis aufdeckend, von träumend bis handelnd zu variieren.
Beim wiederholten Lesen der einzelnen Artikel wurde mein Wunsch immer stärker, für ein nächstes Buch Fragestellungen aus diesen Aufsätzen herauszufiltern und zu vertiefen.

Mich beschäftigen folgende Fragen:
➤ Was geschieht eigentlich wirklich, wenn der Therapeut mitspielt? (wie bei B. Stoltenhoff-Erdmann angesprochen)
➤ Wie wirkt die analoge, beziehungsweise symbolische Ebene auf die Psyche? (siehe L. Neumann)
➤ Welche therapeutische Bedeutung kann das Arbeiten an der Form haben?
➤ Wie kann der Wechsel vom therapeutischen Handeln zum Regiehandeln transparent gemacht werden, so dass die Irritation der Teilnehmer gemindert oder für den therapeutischen Prozess nutzbar wird? (I. Lutz)
➤ Wann wählt der Therapeut eine künstlerische Vorlage (Dramen, Gedichte, Mythen) und wann ist es wichtig, biografische Geschichten szenisch zum Leben zu erwecken?
➤ Wann bietet der Therapeut eine Rolle als Gefäß für die Selbst – Entdeckungsreise des Klienten an, und wann bittet er den Klienten als reales Ich auf die Bühne? (R. Häger, B. Stoltenhoff-Erdmann, L. Neumann, D. Müller-Weith)

➤ Wie ist die Verhältnismäßigkeit von Handeln/Spielen und reflektierendem Verbalisieren, im Sinne von: keine Erkenntnis ohne Reflektion des Erlebens?

Auch weitere genaue Beschreibungen theatertherapeutischer Szenenarbeit mit Klienten unter Berücksichtigung der Krankheitsbilder und des Prozesses wären interessant und für die weitere Arbeit an der Akzeptanz dieser hochwirksamen Therapiemethode von großem Nutzen.

Anhang

AutorInnenverzeichnis
Kontaktadressen
Photonachweis
Literaturverzeichnis
Register

AutorInnenverzeichnis

Christian Bohdal, 1957, Ausbildung zum Krankenpfleger. Studium der Kunsttherapie an der Freien Kunststudienstätte Ottersberg, Schwerpunkt Bildhauerei. Weiterbildung in Körpertherapie und Schauspielpädagogik in Lützeflüh/Schweiz. Maskenspiel am Theatre du Corbeau blanc in Limoges. Schauspiel und Regie-Meisterklasse bei Jury Alschitz in Berlin und Moskau. Verschiedene freikünstlerische, sozialtherapeutische und pädagogische Theaterprojekte. Seit 1991 Dozent an der Fachhochschule Ottersberg, Fachbereich Darstellende Kunst.

Gé Cimmermans, 1947, Dozent für Theorie und Methode der Dramatherapie und Supervisor an der Hogeschool Arnhem en Nijmegen (NL), Klinischer Psychologe (NL), ehemaliger Dramatherapeut und leitender Kreativtherapeut an der Uniklinik Nijmegen (NL), sowie ehemaliger Theoriedozent an der Theaterhochschule von Maastricht (NL). War wirksam an den Rheinischen Kliniken als Supervisor zum Aufbau der Abteilung Kreative Therapie und als Untersucher im oben beschriebenen Projekt.

Sophia van Dijk, 1956, Sprachgestalterin und Dramatherapeutin. Ausbildungen: London School of Speech Formation (UK), Berufsbegleitendes Schauspielseminar am Forum Kreuzberg, Berlin, und Hogeschool van Arnhem en Nijmegen (NL). Arbeitsfelder: Jugendpsychiatrie, Psychosomatik, Heilpädagogik und freie Theater- und theatertherapeutische Projekte.

Dorothea Ensel, 1957, Diplom-Pädagogin, Psychodramatikerin (DFP/DAGG) und Psychotherapeutin (HPG); 7 Jahre Gruppentherapeutin in der stationären Langzeittherapie mit drogenabhängigen Frauen und Männern; seit Mai 1998 Mitarbeit beim Aufbau einer Fachambulanz für Drogenabhängige und Arbeit in freier Praxis; eigene Erfahrungen mit Theaterspielen (u.a. Theater Lindenhof, Melchingen); Bismarckstr.60; 70197 Stuttgart; Tel. 0711–50 54 593.

Regina Häger, 1948, Sozialpädagogin, Lehrerin, Theaterpädagogin, Theatertherapeutin, Supervisorin (DGSv), Praxis für Supervision (Einzel-, Gruppen-, Teamsupervision, Coaching), Beratung, Fortbildung im Rahmen der Erwachsenenbildung,

Theater-Therapie in der Psychiatrie, Regie in freien Theatergruppen, Seniorentheater und Clown-Theater.

Johannes Junker, 1959, leitender Kreativtherapeut in den Rheinischen Kliniken Bedburg-Hau, Gastdozent an der Hogeschool Arnhem en Nijmegen (NL), Berufsschullehrer in Kleve; Dipl.-Theologe, Dipl.-Dramatherapeut (reg.NL), ausgebildet am Institut für angewandte integrale Psychologie (NL); Arbeitsfelder: Psychiatrie mit der Spezialisierung auf Kinder und Jugendliche, Geriatrie und die Krankheitsfelder Schizophrenie und Persönlichkeitsstörungen; Fort- und Weiterbildungen sowie Supervisionen im Bereich helfender Berufe mit der Spezialisierung kreativtherapeutischer Methoden, non-verbaler Kommunikation und Berufshaltung.

Ilka Labonté, 1973, studierte von 1995 bis 1999 an der Hochschule Arnhem/Nijmegen in den Niederlanden Kreative Therapie mit dem Schwerpunkt Drama. Im Rahmen dieses Studiums 16-monatiges Praktikum in den Rheinischen Kliniken Bedburg Hau, wo selbstständig Dramatherapie durchgeführt wurde. Arbeit in der allgemeinen Erwachsenenpsychiatrie und der Forensik. Nach Beendigung des Studiums Mutterschaftsvertretung für Dramatherapie in der psychiatrischen Abteilung des St. Vinzenz Hospitals Dinslaken. Darüber hinaus Durchführung von Projekten mit lernbehinderten und erziehungsschwierigen Kindern an Sonderschulen; Dozentin für Psychologie und Theater an der VHS.

Ilona Levin, Dipl.-Päd., Kinder- und Jugendlichenpsychotherapeutin, Theaterpädagogin (AGS), arbeitet in Frankfurt in eigener Praxis, Lehrauftrag am Fritz-Perls-Institut, Hückeswagen (EAG), Lehrauftrag an der FH Wiesbaden.

Gandalf Lipinski, 1950, Diplom als Schauspieler, Probenleiter an der Schauspielabteilung der Staatlichen Hochschule für Musik und Theater in Hannover. Mitbegründer der Theaterwerkstatt Hannover und der Gesellschaft für Theatertherapie. Gründer und künstlerischer Leiter von Ensemble 90. Seit über zwanzig Jahren Lehrer für theatrale Tiefenarbeit, Naturerfahrung und Ritualgestaltung, Ausbildungsleiter.

Ingrid Lutz, Theaterpädagogin (Dipl.-Päd.), Ausbildung in Schauspiel und Regie, 5jährige Ausbildung in Psychodrama, Fortbildungen in Systemischer Familientherapie, Gestalttherapie und körperorientierten Verfahren. Seit 1982 künstlerische, theaterpädagogische und therapeutische Arbeit in den verschiedensten Bereichen, u.a. mit Suchtabhängigen, in der Psychiatrie, mit missbrauchten Frauen, mit Sexual- und Gewaltstraftätern und in eigener Praxis. Lehrtätigkeit in Seminaren, an Hochschulen und Kongressen im In- und Ausland.

Gitta Martens, Studium der Germanistik, Theaterwissenschaft, Politikwissenschaft; Diplompolitologin, Studienassessorin für Deutsch und Geschichte, Psychodramaleiterin; Praxisfelder: Theater, Schule, außerschulische Bildung im Bereich politisch-ästhetischer Bildung. Seit 1981 hauptberufliche Dozentin für Beratung und Theater an der Akademie Remscheid für musische Bildung und Medienerziehung, seit 1992 Leiterin des Fachbereichs Theater; Fortbildungsangebote in Dramatherapie und Theaterpädagogik; zahlreiche Aufsätze zum Verhältnis Theater und Therapie/politische Bildung/Ausbildung. Herausgeberin der Reihe „Feministische Kulturpädagogik", u.a. Bd. 2 „Feministische Theaterpädagogik" der Akademie Remscheid.

Doris Müller-Weith, 1952, Grundschullehrerin, Ausbildung zur Mimin und Schauspielerin in Zürich, Rom und Hamburg, Schauspielerin und Theaterpädagogin. Ausbildung in Gestalttherapie GTS; Psychotherapie HPG. Praxis für Gestalt- und Theatertherapie seit 1986. Seit 1995 in Ausbildung für Theatertherapie in Hamburg (HIGW) tätig.

Bettina Merschmeyer, 1964, Dipl.-Sozialarbeiterin, Theaterpädagogin, Heilpraktikerin (Psychotherapie), Dramatherapie, tiefenpsychologische Körpertherapie, langjährige Erfahrungen in der Kindertheaterarbeit (Schauspiel und Theaterpädagogik); weitere berufliche Tätigkeiten als Jugendbildungs-Referentin und in der sozialpädagogischen Familienhilfe; theaterpädagogische Begleitung und Trainings von Gruppen; therapeutische Tätigkeit seit 1996 als freie Mitarbeiterin der psychosomatisch-psychotherapeutischen Ambulanz des Gemeinschaftskrankenhauses Herdecke und in freier Praxis.

Lilli Neumann, Prof. Dr., 1949, seit 1996 Hochschullehrerin für Kunst- und Theaterpädagogik/-therapie an der FH Dortmund, Kunsttherapeutisches Atelier/Praxis für Psychotherapie, Atem- und Theatertherapie seit 1989; vormals Wiss. Angestellte an der Universität Dortmund im Lehrgebiet Kulturarbeit/Allg. Soziologie(1984–96). 1976–84 freie künstlerische und theatertherapeutische Arbeit als Trainerin und Regisseurin an verschiedenen Institutionen und mit unterschiedlichen Zielgruppen. Ausbildungsleitung der Weiterbildung in „Theatertherapie" an der Kölner Schule für Kunsttherapie, DGKT (1990–95). Studium der Kunsterziehung, Theaterpädagogik und Soziologie, Ausbildung in Gruppen- und Integrativer Atemtherapie, Inzesttherapie, Psychotherapie (HPG); Veröffentlichungen zum Thema Kunsttherapie, Theatertherapie, Kunst/Kulturarbeit und Freizeit.

Anika Ruß, 1975, Diplom-Kunsttherapeutin mit dem Schwerpunkt Schauspiel- und Sprechkunst, Theaterpädagogin, freie Schauspielerin, Ausbildung an der Kunststudienstätte Ottersberg 1997-2001; derzeit Arbeit mit Jugendlichen der Klinik für Kinder- und Jugendpsychiatrie des Elisabeth-Kinderkrankenhauses in Oldenburg.

Simone Nowak, 1968, therapeutische Mitarbeiterin in der Psychosomatik an der Medizinischen Hochschule Hannover (MHH). Ausbildungen als Krankenschwester,

Theatertherapeutin und Heilpraktikerin für Psychotherapie. Nach einer Tätigkeit in der Psychosomatischen Fachklinik Bad Pyrmont mit dem Schwerpunkt Verhaltenstherapie 1992 Wechsel zur MHH. Heute im stationären Bereich mit analytisch-erlebnisorientierten Gruppen tätig. Sie konzentriert sich dabei auf künstlerisch-kreative Ansätze.

Bettina Stoltenhoff-Erdmann, 1958, Krankenschwester und Dramatherapeutin, seit 1979 im Gemeinschaftskrankenhaus Herdecke in verschiedenen psychiatrisch-psychotherapeutischen Bereichen tätig. Ausbildung in Psychodrama (Institut Münster) und Dramatherapie (Akademie Remscheid), arbeitet als Dramatherapeutin in der Kunsttherapieabteilung mit Erwachsenen für verschiedene psychiatrisch-psychotherapeutische Stationen mit Einzelnen und in Gruppen, leitet Dramatherapie- und TZI-Gesprächsgruppen in der dem Gemeinschaftskrankenhaus angeschlossenen psychosomatisch-psychotherapeutischen Ambulanz. Lehrauftrag für Dramatherapie im klinischen Bereich an der Fachhochschule Dortmund, Fachbereich Soziales.

Kontaktadressen

Doris Müller-Weith:
www.theaterherapie.de
e-mail: theater@theatertherapie.de

Lilli Neumann:
www.lilli-neumann.de
e-mail: neumann@fh-dortmund.de
lneumann@gmx.de

Bettina Stoltenhoff-Erdmann:
e-mail: bettinastoltenhoff@freenet.de

Ingrid Lutz:
ingridlutz2505@aol.com

Photonachweis

Maske (Teil I): Thomas Räse
Medusa (Teil II): Jürgen Pasquay, digital bearbeitet von Heide Happel
Mann mit Stuhl (Teil III): Doris Müller-Weith, digital bearbeitet von Heide Happel
Zauberer (Nachworte): Thomas Strenge
Tankwart (Anhang): Olaf Struck

Literaturverzeichnis

Aichinger, A.; Holl, W., (1997), Psychodrama – Gruppentherapie mit Kindern, Mainz.
Aissen-Crewett, M., (1999/2000/2001), Grundlagen, Methodik, Praxis der Dramatherapie, 3 Bd., Potsdam.
Allen, J., (1994), An exploration: does dramatherapy help clients with schizophrenia?, in: *Dramatherapy*, vol. 16, no.1, 12–22.
Althen, U., (1991), Das Erstinterview, in: *Integrative Therapie* 4/91, Paderborn.
Barrager Dunne, P., (1988), Drama therapy techniques in one-to-one treatment with disturbed children and adoslescents, in: *The Arts in Psychotherapy*, vol. 15, S. 139–149.
Baudis, R. u.a., (1997), Nach Gesundheit in der Krankheit suchen, Neue Wege in der Sucht- und Drogentherapie, Rudersberg.
Baudrillard, (1983), Der Tod der Moderne. Eine Diskussion, Tübingen.
Bauriedl, T., (1994), Auch ohne Couch. Psychoanalyse als Beziehungstheorie und ihre Anwendung, Stuttgart.
Beck, U.; Beck-Gernsheim, E., (1990), Das ganz normale Chaos der Liebe, Die irdische Religion der Liebe, Frankfurt/M.
Bellack, A.S., (1985), Handbook of clinical behavior therapy with adults, Plenum Press, New York.
de Beek, D., (1994), De cognitief gedragstherapeutische behandeling van parafilieen, in: *Tijdschrift voor sexuologie* 18, S. 38-45.
Belgrad, J., Hrsg., (1997), Theaterspiel, Baltmannsweiler.
Belgrad, J., (1992), Identität als Spiel, Wiesbaden.
Berg, S., (2000), Helges Leben, in: *Theater Heute,* Heft 12/2000.
Berlyne, D., (1960), Conflict, arousel and curiosity, McGraw-Hill, New York.
Bettelheim, B., (1977), Kinder brauchen Märchen, Stuttgart.
Bettelheim, B., (1978), Der Weg aus dem Labyrinth, Stuttgart.
Bielansk, A.; Cechnicki, A.; Budzyna Dawidowski, P., (1991), Drama therapy as means of rehabilitation for schizophrenic patients: our impressions, *American Journal of Psychotherapy*, vol. XLV, no. 4, S. 566–575.
Binkhorst, R., (1994), De toneelgroep, in: Haaijman, W. e.a., (1994), Twintig jaar klinische gedragstherapie, Lent, Stichting Overwaal.
Binkhorst, R., (1999), Het moedersimulatiespel, in: Haaijam e.a., (1999), Ongewoon en andres. 25 Jaar kliniek Overwaal, Lent, Stichting Overwaal.
Boal, A., (1979), Theater der Unterdrückten, Stuttgart.
Bosch, R. van den e.a., (1994), Behandelingsstrategieen bij schizofrenie, Houten/Diegem, Bohn Stafleu Van Loghum.
Bourdieu, P., (1970), Zur Soziologie der symbolischen Formen, Elemente zu einer soziologischen Theorie der Kunstwahrnehmung, Frankfurt/M.
Bourdieu, P. et al., (1997), Das Elend der Welt, Konstanz.
Brauneck, M., (1984), Theater im 20. Jahrhundert, Reinbek.

Brenner, H., (1980), Erfahrungen mit einem spezifischen Therapieprogramm zum Training kognitiver und kommunikativer Fähigkeiten und der Rehabilitation chronisch schizophrener Patienten, in: *Nervenarzt*, 51, pp. 106-112.

Brenner, H. e.a., (1987), Kognitive Therapie bei Schizophrenen, Problemanalyse und empirische Ergebnisse, in: *Nervenarzt*, 58, pp. 72–83.

Brook, P., (1988), Der leere Raum, Berlin.

Brook, P., (993), Das offene Geheimnis, Frankfurt/M.

Brunke, M., (1997), Therapeutisches Theater mit Alkoholkranken, in: *Kunst & Therapie*, Heft 2, Köln.

Chesner, A., (1997), Dramatherapie, Psychodrama und Playback-Theater, in: Kreativität als Ressource für persönliches Wachstum, Kruse. O., Hrsg., Tübingen.

Chesner, A., (1995), Dramatherapy for People with Learning Disabilities, London.

Cimmermans, G.; Boomsluiter, J., (1992), Handboek Dramatherapie, Nijmegen, HAN.

Cimmermans, G.; Junker, J., (1998), Dramatherapie und Schizophrenie, Arnheim, Nijmegen.

Curran, J.P.; Sutton, R.G.; Faraone, S.V.; Guenette, S., (1985), Inpatient approaches, in: Hersen, M., I. & A.S.

Christ, Ch., (1989), Theater und Psychotherapie, in: *Studien Bildung Wissenschaft* (BMBW), Bonn.

Dars, E. e.a., (1964), L' expression scenique, Paris, Les Editions Sociales Francaise.

Dewey, J., (1980), Kunst als Erfahrung, Frankfurt/M.

Dijkhuizen, G., (1995), Vaktherapeuten aan het woord, In wat voor therapie kom ik dan? Diagnostie, indicatiesteling en behandelingsmogelijkheden van dramatherapie in de kinder- en jeugdpsychiatrische setting, in: *Tijdschrift van de Vereinigung voor kinder- en jeugdpsychotherapie*, 22 jrg., nr.3.

Dintino, C.; Johnson, D.R., (1997), Playing with the perpetrator: gender dynamics in developmental drama therapy, in: Dramatherapy, Theory and practice 3, Jennings, S., Hrsg., London, New York.

Dörner, K.; Plog, U., (1984), Irren Ist Menschlich, Lehrbuch der Psychiatrie/Psychotherapie, Bonn.

Doldinger, D.; Etschmann, U., (1990), Die Bedeutung der Theatertherapie für die Psychotherapie der Psychosen – ein kasuistischer Beitrag, Vortrag gehalten auf dem 8. Weltkongress der WADP/XXI. Internationales Symposium der Deutschen Akademie für Psychoanalyse (DAP) vom 5.–8.10.1990 in der Hochschule der Künste Berlin.

Ebert, G., (1993), Improvisation und Schauspielkunst – Über die Kreativität des Schauspielens, Berlin.

Emunah, R.; Johnson, D.R., (1983), The Impact of theatrical performance an the self images of psychiatric patients, in: *The Arts in Psychotherapy*, Vol. 10, S. 233–239.

Emunah, R., (1990), Perspective Expression and Expansion in Adolescence: the significance of creative arts therapy, in: *The Arts in Psychotherapy*, Vol. 17, S. 101–107.

Emunah, R., (1994), Acting for Real, Drama Therapy Process, Technique, and Performance, New York.

Emunah, R., (1995), From adolescent trauma to adolescent drama: group drama therapy with emotionally disturbed youth in: Jennings, S., Hrsg., Dramatherapy with children and adolescents, London.

Ensel, D., (2000), Über Grenzen gehen, Lebensgeschichten, Suchtgeschichten, Theatergeschichten, 10 Jahre Wilde Bühne, Stuttgart.

Falckenberg, B.; Titt, G., (1987), Die Kunst der Pantomime, Köln

Fend, H., (2000), Entwicklungspsychologie des Jugendalters, Opladen.

Feulner-Bärtele, L., (1998), SpielSuchtRaum – Raum für Spiel, unver. Abschlussarbeit an der Kunsthochschule Nürtingen.

Figge, P., (1992), Dramatherapie bei Kontaktstörungen, München.

Finter, H., (1985), Das Kameraauge des postmodernen Theaters, in : Studien zur Ästhetik des Gegenwartstheaters, Thomsen, Th.W., Hrsg., Heidelberg.

Fischer-Lichte, E. et al. (Hrsg), (1998), Theater seit den 60er Jahren, Tübingen.

Fischer-Lichte, E. et al. (Hrsg), (1993), Theater Avantgarden, Tübingen.

Flick, U., (1995), Qualitative Forschung – Theorie, Methoden, Anwendung, in: Psychologie und Sozialwissenschaft, Hamburg, Tübingen.
Floeck, W., Hrsg., (1988), Tendenzen des Gegenwartstheaters, Köln.
Fox, J., (1996), Renaissance einer alten Tradition, Playback-Theater, Köln.
Franzke, E., (1983), Der Mensch und sein Gestaltungserleben, Bern, Stuttgart, Wien.
Freud, S., (1966), Der Dichter und das Phantasieren, Frankfurt/M.
Frühmann, R., (1991/92), Spiele zwischen Eltern und Kindern. Die Bedeutung der Spielkultur in Familien, in: *Gestalt und Integration*, 2/91–1/92, Düsseldorf.
Fuchs, W., (1984), Biographische Forschung – Eine Einführung in Praxis und Methoden, Opladen.
Fürstenau, P., (1997), Entwicklungsförderung durch Therapie. Grundlagen psychoanalytisch-systemischer Psychotherapie, in: Reddemann, L.; Sachsse, U., Stabilisierung, Persönlichkeitsstörungen, S. 113–147.
Gaag, M.v.d., (1992), The result of cognitive training in schizophrenic patients, proefschrift, Groningen, London.
Gardner, R., (1981), Dramatized Storytelling in Child Psychotherapie, in: Schattner, G. e.a., (1981), Drama in therapy, Vol.1, Children, New York, Drama Book Specialists.
Gendlin, (1968), in: Vanderycken, W.; Hoogduin, Cal; Emmelkamp, PMG, (1991), Handboek psychopathologie, deel 2, Bohn Stafleu Van Loghum, S. 127.
Gerhards, U., (1971), Rollenanalyse als kritische Soziologie, Berlin.
Gerity, L., (1999), Creativity and the dissociative patient, London.
Gerity, L., (1991), Storymaking in bereavement, Dragons fight in the meadow, London.
Gersie, A., (1996), Dramatic approaches to brief therapy, London.
Gijs, Cohen-Kettenis, van der Schoot, (1994), Psychologische en biologische theorieen over parafilieen, in: *Tijdschrift voor sexuologie* 18, S. 3–32.
Gijs, L.; Gooren, L., (1994), Hormonale en psychofarmacologische interventies in de behandeling van parafilieen, in: *Tijdschrift voor sexuologie* 18, S. 56–71.
Goffman, I., (1973), Wir alle spielen Theater, München.
Gordon, Betty N.; Schroeder, Carolyn S., (1995), Sexuality. A developmental approach to problems, Plenum.
Grainger, R., (1990), Drama and Healing, the roots of dramatherapy, London.
Grawe, K. u.a., (1994), Psychotherapie im Wandel, Göttingen.
Grotowski, J., (1986), Für ein Armes Theater, Zürich.
Helledorn, J., e.a., (1985), Beeldcommunicatie, Een vorm van kinderpsychotherapie, Van Loghum Slateus.
Hentschel, I., (1988), Kindertheater, die Kunst des Spiels zwischen Phantasie und Realität, Frankfurt/M.
Hoffmann, Sven Olaf; Hochapfel, Gerd, (1995), Neurosenlehre, Psychotherapeutische und Psychosomatische Medizin, Stuttgart.
Horetzky, O., (1982), Pantomime als Methode der Gruppenpsychotherapie, in: Petzold, H., Dramatische Therapie, Stuttgart.
Hutschenmaekers, G.; Neijmeijer L., (1998), Beroepen in beweging, Utrecht, Houten, Trimbos-instituut, Bohn Stafleu Van Loghum.
Iben, Gerd, (1991), Das Dialogische in der Heilpädagogik, Frankfurt/M.
Iljine, V.N., (1972), Das therapeutische Theater, in: Petzold, H., Hrsg., Angewandtes Psychodrama in Therapie, Pädagogik und Theater, Paderborn.
Jacobse, A., (1988-3), Spelen met de marges van dramatherapie, *Tijdschrift voor kreative therapie.*
Jenkyns, M., (1996), The play's the thing, London.
Jennings, S., Hrsg., (1982), Dramatherapy, Theory and Practice for Teachers and Clinicians, London/New York.
Jennings, S., (1990), Dramatherapy with Families, Groups and Individuals, London.
Jennings, S., (1991), Theatre art: the heart of dramatherapy, in: *Dramatherapy* 14, No. 1.

Jennings, S., (1992), Dramatherapy – Theory and Practice 2, London, New York.
Jennings, S., Minde, A., (1993), Art Therapy and Dramatherapy, London.
Jennings, S., (1994), The Handbook of Dramatherapy, London, New York.
Jennings, S., (1995), Dramatherapy with children and adolescents, London, New York.
Jennings, S., (1997), Dramatherapy – Theory and practice 3, London, New York.
Jennings, S., (1999), Introduction to development playtherapy, London.
Johnson, D.R., (1981), Drama therapy and the Schizophrenic Condition, in: Schatter, G.; Courtney, R., Drama in Therapy, vol. 2, Drama Book Specialists, New York.
Johnson, D.R., (1982), Developmental approaches in Drama Therapy, in: *The Arts in Psychotherapy Vol. 9*, S. 183–189.
Johnson, D.R., (1985), Perspective, Envisioning the Link among the creative arts therapies, in: *The Arts in Psychotherapie*, Vol. 12, S. 233-238.
Johnson, D.R., (1984), Representation of the internal world in catatonic schizophrenia, in: *Psychiatry*, Vol. 47, S. 299–314.
Johnson, D.R., (1988), The diagnostic role playing test, *The Arts in Psychotherapy*, Vol. 15, S. 23–36.
Johnson, D.R.; Quinlan, D., (1984), Fluid and rigid boundaries of paranoid and nonparanoid schizophrenics one a role-playing task, *Journal of Personality Assessment*, 44, S. 523–531.
Johnson, D.R. e.a., (1996), Towards a poor dramatherapy, in: *The Arts of Psychotherapy*, Vol. 23, no 4, pp. 293–306.
Johnson, D.R., (1998), On the threapeutic action of the creative arts therapies, the psychodynamic model, in: *The Arts in Psychotherapy*, Vol. 25, no 2, pp. 85–99.
Johnson, M., (1988), Der narzisstische Persönlichkeitsstil, Köln.
Johnstone, K., (1993), Improvisation und Theater, Berlin.
Jung, C.G., (1971), Über psychische Energetik und das Wesen der Träume, Olten.
Junker, J.; Cimmermans, G., (1998), Dramatherapie en schizofrenie (dtsch.:Dramatherapie und Schizophrenie), Nijmegen, Hogeschool Arnhem en Nijmegen.
Junker, J.; Cimmermans, G., (2000), Dramatherapie met schizofrene patienten, *Tijdschrift voor Creatieve Therapie*, 2000/2, pp. 8–13
Kästele, G., (1996), Essen im Einklang mit Körper und Seele, Freiburg.
Kafitz, D., (1988), Bilder der Trostlosigkeit und Zeichen des Mangels, Zum deutschen Drama der Postmoderne, in: Floeck, W., Hrsg., (1988), Tendenzen des Gegenwartstheaters, Tübingen
Karremans, M., (1995), Therapeutisches Theater, Mogelijkheden in een klinisch psychotherapeutische setting, *Tijdschrift voor Creatieve Therapie*, 1995/3, pp. 16–20.
Kepner, I., (1988), Körperprozesse, Köln.
Kern, A., (1997), Authentizität als Prozess und Produkt: zur Theaterarbeit der Wilden Bühne mit ehemaligen Drogenabhängigen, in: Belgrad, J., Hrsg., Theaterspiel, Baltmannsweiler.
Kernberg, O.F, (1942), Innere Welt und Äußere Realität, Stuttgart.
Khan, M.R., (1993), Erfahrungen im Möglichkeitsraum, Frankfurt/M.
Kindermann, W. u.a.,(1989), Drogenabhängig – Lebenswelten zwischen Szene, Justiz, Therapie und Drogenfreiheit, Freiburg.
Klosterkötter, B., Hrsg., (1994), Grenzüberschreitungen, Theater-Theaterpädagogik-Therapie, Remscheid.
Koppelman, F., (1984), Hand Puppetry with a chronic psychiatric population, in: *The Arts in Psychotherapy*, Vol. 11, pp. 283–288.
Kraft, H., Hrsg., (1984), Psychoanalyse, Kunst und Kreativität heute, Köln.
Kramer, M., (1989), Authentisches Theater – Theater der sozialen Prozesse, Offenbach.
Kreisman, J.J.; Straus, H., (1992), Ich hasse dich – verlass mich nicht, München.

Kruse, O., Hrsg., (1997), Kreativität als Ressource für Veränderung und Wachstum, Kreative Methoden in psychosozialen Arbeitsfeldern: Theorien, Vorgehensweisen, Beispiele, Tübingen.
Küchenhoff, J., (1998), Teilstationäre Psychotherapie, Stuttgart.
Kunst & Therapie, Zeitschrift zu Fragen der Ästhetischen Erziehung, Köln.
Lamprecht, F., Hrsg., (2000), Praxis der Traumatherapie, Stuttgart.
Landy, R., (1983), The use of distancing in drama therapy ,in: *The Arts in Psychotherapy*, Vol. 10, S. 175–185.
Landy, R., (1986), Drama Therapy, Concepts and Practise, Springfield.
Landy, R., (1990), The concept of role in drama therapy, in: *The Arts in Psychotherapy*, Vol. 17, S. 223–230.
Landy, R., (1993), Persona und Performance, The Meaning of the Role in Drama, Therapy, and Everyday Life, London.
Landy, R., (1996), Essays in Drama Therapy, The Double Life, London and Bristol.
Landy, R., (1996), A short-term model of drama therapy through the role method, in: Landy, R., (1996), Essays in Drama Therapy, The Double Life, London and Bristol.
Langley, D. e.a., (1983), Dramatherapy and psychiatry, London, Croom Helm.
Lawrence, S., (1981), Journal: Drama therapy with severely disturbed adults in an outpatient clinic, in: Schattner, G.; Courtney, R., *Drama in Therapy*, Vol 2, Drama book Specialists, New York.
Leber, A., (1991), Zur Begründung des fördernden Dialogs in der psychoanalytischen Heilpädagogik, in: Iben, Gerd, Das Dialogische in der Heilpädagogik, Frankfurt/M.
Lehmann, H.T., (2001), Postdramatisches Theater, Frankfurt/M.
Lempa, W., (2000), „Stationäre konflikt- und lösungsorientierte psychoanalytische Traumatherapie", in: Praxis der Traumatherapie, Lamprecht, F., Hrsg., Stuttgart.
Leutz, G., (1986), Psychodrama, Theorie und Praxis, Berlin.
Levine, Peter, (1998), Trauma-Heilung. Das Erwachen des Tigers, Essen.
Liebmann, M., (1996), Arts approaches to conflict to conflict, London.
Loher, D., (1998), Adam Geist, in: *Theater Heute*, Heft 2/98.
Lorenzer, A., (1973), Sprachzerstörung und Rekonstruktion, Frankfurt/M.
Lowen, A. u. L., (1990), Bioenergetik-Übungsbuch, München.
Luhmann, N., (1994), Liebe als Passion, Frankfurt/M.
Lusebrink, V., (1992), A systems oriented approachs to conflict to the expressive therapies, the expressive therapies continuum, in: *The Arts in Psychotherapy*, Vol. 18, pp. 395–403.
Mannoni, M., (1978), Ein Ort zum Leben, Die Kinder von Bonneuil, Frankfurt/M.
Martens, G., (1996), unver.Manuskript, „Qualifizierung in Dramatherapie", Remscheid.
Martens, G., (1991), Brecht und Stanislawski – ein Vergleich, in: *Psychodrama*, Heft 1, Juni.
May, R., (1987), Mut zur Kreativität, Paderborn.
Menzen, K.H., Innere Bilder – gestörte Bilder, u.a.: Zum Verständnis von Therapie, auch mit künstlerischen Mitteln, in : *kfh-focus*, Heft Nr. 8, Freiburg.
Moreno, J.L., (1973/2), Gruppenpsychotherapie und Psychodrama, Stuttgart.
Moreno, J.L., (1981), Soziometrie als experimentelle Methode, in: Petzold, H., Hrsg., Ausgewählte Werke, Bd. I, Paderborn 1981, S. 127.
Neijmeijer, L.; Wijgert van de, J.; Hutschenmaekers, G., (1996), Beroep: vaktherapeut/vakbegeleider, Utrecht, Nederlands centrum Geestelijke volksgezondheid.
Neubaur, C., (1987), Übergänge, Spiel und Realität in der Psychoanalyse D.W. Winnicotts, Frankfurt/M.
Neumann, L., (1998), Intergeneratives Theater, in: Alt und Jung, Beiträge und Perspektiven zu intergenerativen Beziehungen, Veelken/Gösken/Pfaff, Hrsg., Hannover.
Neumann, L., (1999), Wenn's im Spiel ernst wird, in: *PädForum*, Heft 2.
Neumann, L., (2001), Vom Spiel zur szenischen Intervention, in: Vorhang auf! Tanz- und Dramatherapie im Rheinland, LVR, Hrsg., Pulheim.

Neumann, W., (1996), „Als der Zahnarzt Zähne zeigte" Humor, Kreativität und therapeutisches Theater, Dortmund.

Nitsun, M.; Stapleton, J.H.; Bender, M.P., (1974), Movement and dramatherapy with long-stay schizophrenics, *Br.J.med. Psychol.* 47, S. 101-119.

Noy, P., (1984), Die formale Gestaltung in der Kunst, in: Psychoanalyse, Kunst und Kreativität heute, Kraft, H., Hrsg., Köln.

NVKT, de beroepsvereniging van creatief therapeuten (2000), handleiding module-ontwikkeling voor creatieve therapie, NVKT Utrecht.

Olbrich, I., Heilende Kräfte im kindlichen Spiel, Bewegen, Wahrnehmen, in: *Gestalt und Integration*, 2/91–1/92, Düsseldorf.

Perls, F.; Hefferline, R.; Goodmann, P., (1981), Wiederbelebung des Selbst, Stuttgart.

Petzold, H., Hrsg., (1972), Angewandtes Psychodrama in Therapie, Pädagogik und Theater, Paderborn.

Petzold, H., (1981), Poesie und Therapie, Über die Heilkraft der Sprache. Poesietherapie, Paderborn.

Petzold, H., Hrsg., (1981), Ausgewählte Werke, Bd. I, Paderborn.

Petzold, H., Hrsg., (1982), Dramatische Therapie, Stuttgart.

Petzold, H., (1982), Das „Therapeutische Theater", die Methode Vladimir N. Iljines, in: ders., Dramatische Therapie, Stuttgart.

Petzold, H., (1982), Integrative Dramatherapie – Überlegungen und Konzepte zum „Tetradischen Psychodrama", in: Dramatische Therapie, ders., a.a.O.

Petzold, H., Hrsg., (1983), Puppen und Puppenspiel in der Psychotherapie, München.

Petzold, H.; Mathias, U., (1983), Rollenentwicklung und Identität, Paderborn.

Petzold, H.; Frühmann, R., (1986), Modelle der Gruppe, Paderborn.

Petzold, H.; Schneewind,U., (1986), Konzepte zur Gruppe und Formen der Gruppenarbeit in der integrativen Therapie, in: Petzold/Frühmann, Hrsg., Modelle der Gruppe, Paderborn.

Petzold, H., (1987), Form als fundierendes Konzept für die kreativen Therapien, in: *Kunst und Therapie*, Heft 22, Köln.

Petzold, H.; Orth, I., (1990), Die neuen Kreativitätstherapien, Bd. I u. II, Paderborn.

Petzold, H.; Sieper, J., (1990), Kunst und Therapie – Überlegungen zu Begriffen, Tätigkeiten und Berufsbildern, in: Die neuen Kreativitätstherapien, Petzold, H./Orth, I., Hrsg., Paderborn.

Petzold, H.; Orth, I., (1990), Metamorphosen- Prozesse der Wandlung, in: *Integrative Therapie* 1-2, Paderborn.

Petzold, H., (1990), Puppen und Puppenspiel als dramatherapeutische Methode in der Integrativen Therapie mit alten Menschen, in: Die neuen Kreativitätstherapien, Petzold/Orth, Hrsg., Bd. II, Paderborn.

Petzold, H., (1993), Integrative Therapie, Bd.3., Paderborn.

Petzold, H., (1994), Dramatische Therapie, in: Klosterkötter, a.a.O.

Petzold, H., (1995), Die Kraft liebevoller Blicke, Psychotherapie und Babyforschung, Paderborn.

Petzold, H., (1999), Das Selbst als Künstler und als Kunstwerk – rezeptive Kunsttherapie und die heilende Kraft ästhetischer Erfahrung, in: Kunst und Therapie, Heft 1 u. 2, Köln.

Pfaff, W. et al. (Hrsg.), (1996), Der sprechende Körper, Berlin.

Polsky, M.E., (1998), Let's improvise, New York.

Putte, D. van de, (1994), De psychoanalytische behandeling van parafilieen, in: *Tijdschrift voor sexuologie* 18, S. 46–55.

Psychodrama, Zeitschrift für Theorie und Praxis von Psychodrama, Soziometrie und Rollenspiel, (1991), Heft 1, Köln.

Racker, H., (1997), Übertragung und Gegenübertragung, München.

Rahm, D., (1997), Integrative Gruppentherapie mit Kindern, Göttingen.

Reddemann, L.; Sachsse, U., Hrsg., (1997), Persönlichkeitsstörungen, Stuttgart.

Reddemann, L.; Sachsse, U., (1997), „Stabilisierung", in: Persönlichkeitsstörungen, Hrsg. dies., S. 113–147,

Stuttgart.
Reichmayr, J., (1995), Einführung in die Ethnopsychoanalyse – Geschichte, Theorien und Methoden, Frankfurt/M.
Rellstab, F., (1980), Stanislawski Buch, Wädenswill.
Richter, K., Psychotherapie und soziale Kulturarbeit – eine unheilige Allianz?, *Schriftenreihe des IBK*, Bd. 9, 1987, Stuttgart.
Rilke, Rainer Maria, (1986), Die Gedichte, Frankfurt/M.
Rilke, Rainer Maria, (1988), Lektüre für Minuten, Frankfurt/M.
Rogers, C.; Stevens, B., (1967), Person to person, the problem of being human, Real People Press.
Rojas-Bermudez, J.G., (1983), Handpuppen als Intermediärobjekte in der Behandlung von Psychotikern, in: Petzold, H., Hrsg., Puppen und Puppenspiel in der Psychotherapie, München.
Sack, M., (2000), „Die Behandlung posttraumatischer Belastungsstörungen", in: Praxis der Traumatherapie, Lamprecht, F., Hrsg., Stuttgart.
Sandberg, B., (1981), A desciptive scale for drama, in: Schatner, G. e.a., (1981), *Drama in therapy*, Vol. 1, Children, New York: DBS.
Scabia, G., (1979), Das große Theater des Marco Cavallo, Phantasiearbeit in der Psychiatrischen Klinik Triest, Frankfurt/M.
Scheuerl, H., (1994), Das Spiel – Untersuchungen über sein Wesen, seine pädagogischen Möglichkeiten und Grenzen, Weinheim und Basel.
Schmid, P., (1994), Personenzentrierte Gruppenpsychotherapie, Autonomie und Solidarität, Mensch sein heißt sich ins Spiel bringen, Kapitel III/IV, Köln.
Schmidt, G., (1996), Das Verschwinden der Sexualmoral, Hamburg.
Schneider, U.; Schneider, H.J., (1981), Sexualkriminalität, in: *Die Psychologie des 20. Jahrhunderts*, Band 14, Zürich.
Schorsch, Eberhard, (1971), Sexualstraftäter, Stuttgart.
Schulze-Reimpell, W., (1988), Theater als Laboratorium der sozialen Phantasie, in: Floeck, Tendenzen des Gegenwartstheaters, Tübingen.
Schwartz, R., (1997), Systemische Therapie mit der inneren Familie, Stuttgart.
Sheleen, L., (1987), Maske und Individuation, Paderborn.
Sickinger, R. u.a., (1992), Wege aus der Drogenabhängigkeit – Gelungene und gescheiterte Ausstiegsversuche, Freiburg.
Smeijsters, H., (1996), Muziek, therapie of tijdverdrijf, Criteria die het gebruik van muziek kunnen classificeren, in: Symposium „Muziek, therapie of tijdverdrijf" d.d. 7 maart 6 1996 in het Twents Psychiatrisch Ziekenhuis.
Smeijsters, H., (2000), Handboek Creatieve Therapie, Bussum, Coutinho.
Snow, S., (1991), Working creatively with the symbolic process of the schizophrenic patient in drama therapy, in: Wilson, G.D., (ed.), Psychology and performing arts, Amsterdam.
Snow, S., (1996), Focusing on mythic imagery in brief dramatherapy with psychotic individuals, in: Gersie, A. (ed.), Dramatic approaches to brief therapy, London.
Spolin, V., (1985), Improvisationstechniken für Theater und Therapie, Paderborn.
Stanislawski, K.S., (1983), Die Arbeit des Schauspielers an sich selbst, Bd. 1 u. 2, Berlin.
Steiner, R., (1969), Sprachgestaltung und dramatische Kunst, Dornach.
Steinweg, R., Hrsg., (1978), Auf Anregung Bertold Brechts: Lehrstücke mit Schülern, Arbeitern, Theaterleuten, Frankfurt/M.
Stone, H.; Stone. S., (1994), Du bist viele. Das 100fache Selbst und die Entdeckung durch die Voice-Dialogue-Methode, München.
Strasberg, L., (1988), Ein Traum der Leidenschaft, München.

Sucher, B.C., (1995), Theaterlexikon Personen, München.
Sucher, B. C., (1996), Theaterlexikon Begriffe, München.
Thomsen, Th.W., Hrsg., (1985), Studien zur Ästhetik des Gegenwartstheaters, Heidelberg.
Trobisch, St., (1993), Theaterwissenschaftliche Studien zu Sinn und Anwendbarkeit von Verfahren zur Schauspieler-Ausbildung, Frankfurt/M.
Tschechow, M., (1990), Die Kunst des Schauspielers, Stuttgart.
Tschechow, M., (1992), Werkgeheimnisse der Schauspielkunst, Zürich/Stuttgart (New York 1979).
Tselikas, E.J., (1997), Burmeister, The drum, the mouse and the boy in the glass palace, brief dramatherapy with a client with chronic catatonic schizophrenia, in: Jennings, S. (ed.), Dramatherapy, therory and practice 3, Routledge, London.
Turrini, P., (1997), Endlich Schluss, in: *Theater Heute*, Heft 7/97.
Vanderycken, W.; Hoogduin, Cal; Emmelkamp, PMG, (1991), Handboek psychopathologie, deel 2, S. 127, 1991, Bohn Stafleu Van Loghum.
Verlaeckt W., (1987), Brian Way´s vorming door drama: een praktijkgerichte synthese, in: Verlaeckt, Over dramatische werkvormen, Acco, Leuven.
Wagner, R.F.; Becker, P., Hrsg., (1999), Allgemeine Psychotherapie, Neue Ansätze zu einer Integration psychotherapeutischer Schulen, Göttingen.
Watzlawik, P., (19925), Lösungen. Zur Theorie und Praxis menschlichen Wandels, Verlag Hans Huber.
Wheeler, B.L., (1983), A psychotherapeutic classification of music therapy practice: A continuum of procedures, *Music Therapy Perspectives* 1, S. 8–16.
Wehr-Koita, A., (1994), Mütter&Töchter, Freies Werkstatttheater Köln, unv. Manuskript.
Weise, K., Weise, H.D., (1967), Albert, Pantomime im Rahmen der Gruppentherapie, *Zeitschrift für Psychotherapie und medizinische Psychologie*, 17. Jahrgang, S. 17–22.
Wecker, K., (1999), Es gibt kein Leben ohne Tod – Nachdenken über Glück, Abhängigkeit und eine andere Drogenpolitik, Köln.
Weintz, J., (1998), Theaterpädagogik und Schauspielkunst, Butzbach-Griedel.
Wijk, J.B. van der, (2000), Kortdurende individuele dramatherapie, in: *Tijdschrift voor Creatief Therapie*, 2000/1, pp. 19-22.
Wilde Bühne, (1997), Theater in der Therapie – Arbeit mit ehemaligen Drogenabhängigen als kulturpädagogische Aufgabe, Geesthacht.
Wilde Bühne e.V., Hrsg., (1998), Theater vom Rande der Gesellschaft, Freiburg.
Winnicott, D.W., (1987), Vom Spiel zur Kreativität, Stuttgart.
Winnicott, D.W., (1971), Playing and Reality, Harmondsworth.
Witte, K., (1997), Der Weg entsteht beim Gehen, in: *Organisationsberatung, Supervision, Clinical Management, (OSC)*, Heft 4.
Yalom, D.I., (1989), Existentielle Psychotherapie, Köln.
Zeintlinger, K.E., (1981), Analyse, Präzisieren und Reformulierung der Aussagen zur psychodramatischen Therapie nach J.C. Moreno, Dissertation, Salzburg.
Zullinger, H., (1970), Heilende Kräfte im kindlichen Spiel, Hamburg, 5. Aufl.
Zurhold, H., (1993), Drogenkarrieren von Frauen im Spiegel ihrer Lebensgeschichten – eine qualitative Vergleichsstudie differenter Entwicklungsverläufe opiatgebrauchender Frauen, Berlin.

Personen- und Stichwortregister

A

Ablöseprozess 231
Abschlussritual 132
Abwehrmechanismus 224
Adoleszenz 318
aggressives Handeln 192
Aichinger, A. 72f
Aissen-Crewett, M. 54
Aktionismus 75
aktive Imagination 19
Akzeptanz 185
Alltagsmaske 152
Alltagsrealität 144
Alltagsrolle 133
Alltagssituation 268
Als-ob Handeln 30, 58
Altersheim 81
Ambulanz 271
analoges Spiel 84
Analyse 106
Anerkennung 202
Anfangsritual 132
Angst 180
Angstpatient 25, 275
Antirolle 159
Arbeit, dramatherapeutische 210
Arbeit, psychosoziale 21
Arbeit, schöpferische 46
Archetypenlehre 57, 89
Aristoteles 176
Artaud 176
Assoziation, freie 107
Ästhetik 109
Atmosphäre des Gehaltenseins 216
Aufführung 144
Auftritt 170

Ausbildung 35, 217
Ausdruck 46
Ausdrucksform 94
Ausdrucksgestaltung 113
Ausdruckskraft 244
Ausdrucksmedien 65
Authentizität 46, 138

B

Barrault 299
Basisaspekt 257
Baum 189, 233
Bauriedl, T. 299
Beach, F. 236
Bedürfnis 253
Bedürfnis des anderen 247
Bedürfnisse, eigene 247
Belastungsstörung, posttraumatische 221, 232, 271
Bewegung 259
Bewegungsimpuls 258
Bewegungsübung 276
Bewusstseinsbildung 40
Bewusstseinsschulung 143
Bild, archetypisches 277
Biographie 173, 278, 305
Bloch, E. 236
Blockaden 122
Boal, A. 31
Borderline-Patient 25
Borderline-Persönlichkeit 289
Borderlinestörung 21, 145, 287f
Brecht, B. 40, 57, 266
Bremer Stadtmusikanten 168
Breuer, J. 145
Brook, P. 37, 57, 176
Bühne 72, 141

Bühne, Präsenz auf der 183
Bühnenraum 295f
Bühnenrolle 162

C, D
Charakter, hysterischer 103
Chargot, J.M. 145
Chesner, A. 252
Chor 41
Choreographie der Montage 130
Choreographie 105, 116, 120, 125
Co-Alkoholiker 103
Collage 118
Collage-Element 124
Culminating Enactment 63
Darstellungsmittel, szenisches 110
Decroux, E. 299
Dekonstruktion 94
Deliktkette 239
Delinquenz, sexuelle 21, 236
Demaskierung 151
Depression 25f, 145, 275, 311
Deviation, sexuelle 24
Dewey, J. 113
Diagnose 26, 50
Dialog 144
Dinito, C. 73
Dissoziation 155, 223f, 233
Distanz 61, 99, 229, 306
Distanz, ästhetische 252
Distanzmangel 100
Distanzproblem 234, 240, 251
Drama 13
Drama, persönliches 193
Dramatherapie 13, 54, 71, 76, 177, 184, 206, 210f, 242, 250, 257, 260, 263
Dramatherapieziel 306
Dramatic Play 61
Dramaturgie 13
Dramaübungen 248
Dramenaufbau 94
Drogen 12, 166, 309, 316
DSM IV 83
Dualismus 105
Durcharbeiten 324

E
Ebene, symbolische 332
Echtheit 130
Eigenproblematik 217
Einstimmung 227
Einzelarbeit 187
Einzelprozess 88
Einzeltherapie 295
Ekstase 44
Ellis, H. 236
EMDR 24, 222
Emotion 181, 183
Empathie 248
Empfindung 183, 190
Emunah, R. 55f, 60, 63f, 69, 72, 76, 85f
Energie 129
Enthüllung 151
Entladung, kathartische 261
Entwicklung 208
Erdung 144
Erfahrung 113, 231
Erfahrung, ästhetische 117
Erfahrung, reale 216
Erfahrung, traumatische 215, 328
Erinnerung 106
Erkenntnisweg, analoger 329
Erleben 143
Erlebensebene 113
Ernstfall 144
Erstarrung, emotionale 203
Erstarrungsreaktion 178
Erstarrungsreaktion, Chronifizierung der 179
Erzählung 117
Es-Prozess 89
Essstörung 26, 102, 311
Eurythmist 307
Exhibitionismus 241
Experimentieren, spielerisches 251

F
Familiendynamik 278
Feedback 281, 292
Figur 136
Figurenpsychologie 110
Fiktion 24, 70
Fixierung 100
flow 66

Flüchtlingsarbeit 81
Fluktuation 320
Ford, C. 236
Form 96, 105
Formerarbeitung 114
Formfindung 114
Fortbildung 331
Fortbildung, berufsbegleitende 34
Forumtheater 31
Fox, J. 33
Fragment 110
Fremdwahrnehmung 61
Freud, S. 145, 236
Fruchtbarkeitsritus 39
Frustration 249, 258
Frustrationstoleranz 250
fünf Ws 265
Funktion 67

G

Gefangener 195
Gefühl 141, 176, 183, 197, 250, 252
Gefühlsparcours 137
Gegenrolle 214
Gegenübertragung 73
Gegenwartsdrama 95
Gemeinschaft 39, 42, 142
Gemeinschaftskunst 48, 177
Gemeinwesenarbeit 70
Gesamtmontage 126
Geschichte (Fabel) 59
Gestaltansatz 89
Gestik 100
Gesundheit 48, 99
Gesundheitspolitik 87
Gesundheitsvorsorge 51
Gesundheitswesen 331
Gewaltphantasie 129
Goethe, J.W. 302
Grenze 189, 242, 245, 247, 318, 353
Grotowski, J. 40, 46f, 176, 299
Grundgefühle 147
Grundlagenforschung 327
Gruppe 120, 297, 298
Gruppenarbeit 187
Gruppendynamik 13, 119, 131
Gruppenkohäsion 62

Gruppenkonsolidierung 25
Gruppenprozess 43, 144, 285
Gruppenraum 72
Gruppentherapie 93, 195, 249, 291

H

Haftanstalt 195
Haltung 100
Haltung, therapeutische 243
Handlungsspannung 163
Handlungsspielraum 209
Heilpädagogik 17
Heilung 113, 185, 204
Heilungsprozess 141
Heim, heilpädagogisches 80
Holl, W. 72, 73
Hospiz 81
Hyperaktivität 26, 311

I

ICD 10 83, 232
Ich, reales 332
Ich-Funktion 222
Ich-Schwäche 289
Ich-Stärke 207
Identifikation 106
Identität 316
Identitätsdiffusion 317
Identitätsproblem 81
Identitätssuche 18
Ilijne, V.N. 134, 299
Illusion 57
Illusion, theatralische 111
Imagination 225, 228f
Imaginationstechniken 100
Improvisation 136, 143, 168, 206, 283, 290, 318
Improvisation, freie 26, 299
Improvisationsgesetz 312
Improvisationsregeln 26
Improvisationsspielraum 265
Improvisationstheater 134
Improvisationsübung 304
Improvisationsvorlage 313f
Impuls 316
Individuation 317
Individuum 150
Inszenierung 126, 297

Inszenierung, autobiographische 86
Inszenierungsarbeit 93
Integration 55, 273
Interaktion 58, 273
Interaktionsfähigkeit 61
Interaktionsmöglichkeit 162
Intervention 50
Interview 166
Introspektion 273
Intrusion 232
Inzest 123
Isolation 198

J
Jagdzauber 43
Jennings, S. 29, 34, 55ff, 59ff, 64, 66, 72, 305
Johnson, D.R. 55f, 65, 73f
Jugendhilfeeinrichtungen 80
Jugendlicher 26
Jung, C.G. 62, 89

K
Katharsis 39, 138, 176, 299
Kick 170
Kinder, kriegstraumatisierte 23
Klinik, forensische 241
Klinik, psychosomatische 82
Kollektiv 43
Kommunikation 259
Kommunikationsfähigkeit 299
Kommunikationsübung 323
Kompetenz, soziale 239
Komposition 107, 114
Konflikt 13, 58, 99, 245, 293, 297
Königsspiel 153
konsensuelle Sexualität 236
Kontakt 130, 143, 227, 235, 241f, 245, 247, 255, 264
Kontaktübung 252, 323
Kontaktverlust 296
kontraindiziert 122
Kontrolle 86
Konzept 274
Körper 100, 172
Körperarbeit 95, 186
Körperausdrucksschulung 147
Körperbewusstsein 261

Körperempfindung 183, 188
Körperhaltung 130
Körpersprache 155
Körpertheater 133
Kostüm 136, 153
Krankheitsbewältigung 272
Krankheitsbild 12, 274, 333
Krankheitsbild, psychiatrisches 83
Kreativität 75, 171
Kreativitätsboom 39
Kreativtherapeut 78f
Kruse, O. 35
Kultur 112, 204
Kunst 45, 164, 173f
Kunsttherapien 32, 112
Kurzbeschreibung 191

L
Landy, R.J. 55f, 59, 61, 66ff, 71, 76, 234
Leben lernen 158
Lebensgeschichte 159
Leib 46
Leitmotiv 304
Lerntheorie 237
Levine, P. 178, 203
Lichtfleck 98
Lichtpunkt 98
Liebesbeziehung 128
Lösungsmöglichkeit 277

M
magisch 39
Märchen 127, 152, 230, 277, 330
Märchen-Stegreifspiel 279
Maske 59, 150, 201, 280
Maskenarbeit 66, 149, 281
Maskengespräch 154
Maskentheater 134, 211
Maskenwesen 151
Material, autobiographisches 268
Material, szenisches 62
Medea 196
Medien 135
Medizin 53
Medizin, anthroposophische 271
Medusa 175, 179, 182
Metapher 274

Methodenwahl 324
Miller, H. 112
Mimik 100
Missbrauch 178, 187, 190
Missbrauch, sexueller 103, 195
Möglichkeitsraum 17, 207, 210
Montageeinheit 115
Montageperformance 115
Montagetechnik 101, 118
Moreno, J.L. 30, 46, 60, 134, 142, 299
Müller, H. 111
Mysterienspiel 39
Mythen, griechische 190
Mythos 152
Mythos, persönlicher 105

N
Nachbesprechung 269
Nachsorgephase 157
Nähe 229
Narration 109
Neumann, W. 75
Neurose, narzisstische 145
Nicht-Ich 30, 72
Niederlande 77
Nietzsche, F. 44
nonverbal 159

O, P
Observationsperiode 264
Olbricht, I. 216
Opfer 185, 194, 205, 235, 290
Opfererfahrung 161
Ort, sicherer 225
Pädagogik 40
Pantomime 261
Paraphilie 236
Paraphilie, sexuelle 237f
Pathologie, narzisstische 239
Patient 61
Patientenorientierung 60
Penthesilea 191
Performance 112
Perls, F.S. 47, 134, 299
Perseus 182
Persona 149
Persönlichkeit 43

Persönlichkeitsanteil 132, 159
Persönlichkeitsstörung 287
Peters, B. 75
Petzold, H. 30ff
Pflegeheim 81
Phantasie 101
Phantasiegeschichten 84
Phantasiespiel 264, 267, 270
Phantasietätigkeit 75
Phasenmodell 272
Polarität 260
Praxis, ambulante 82
Problem, gruppendynamisches 308
Problemgruppe 204
Professionalisierung 270
Prophylaxe 48
Protagonist 56, 294
Prozess 65, 280, 301
Psychiatrie 26
Psychiatrie, forensische 80ff
Psychoanalyse 60
Psychodrama 13, 15, 30, 32, 45, 63, 71
Psychogeriatrie 80
Psychologie, humanistische 60
Psychopathologie 50
Psychosomatik 271
Psychotechniken 19
Pubertätskrise 312
Publikum 93, 186
Puppe 262

Q, R
Qualität 67
Quinsey, V.L. 240
Rahm, D. 73
Rahmenstück 14
Rationalisierung 235
Raum 210
Raum, fiktionaler 57
Reaktion, pathologische 233
Reaktionsbildung, physiologische 182
Realität 24
Reflexion 266
Reflexion, existentielle 17
Reflexionsphase 293
Regelspiel 211
Regie 96, 121, 332

Regie, kollektive 63
Regiehilfe 115
Regisseur 193
Regression 224
Regression, kontrollierte 216
Rehabilitation 81
Rehabilitation, soziale 80
Reich, W. 47
Repertoire 162
Requisit 211, 282f, 313
Resonanzerleben 52
Respekt 196
Ressource 172, 182, 206, 232, 272
Restaurantszene 314
Retraumatisierung 230
Rezeption 95
Rilke, R.M. 165f, 174
Ritual 16, 39, 284
Ritual, dramatisches 63, 86
Rolle 25, 209, 212, 282
Rolle, interpersonelle 97
Rolle, intrapersonelle 97
Rolle, Schutz der 192
Rollen, literarische 137
Rollenarbeit 56, 122
Rollenbiographie 283
Rollendistanz 184
Rollenrepertoire 69, 280, 284
Rollenskript 123
Rollenspiel 45, 56, 62, 85, 245, 248, 253, 263
Rollentausch 69, 266
Rollentaxonimie 67f
Rollentext 58
Rollentheorien 59
Rollentyp 59, 67
Rollenübernahme 273
Rollenwahl 212
Rollenwechsel 162

S

Scenework 62
Schaffensprozess 144
Scham 180
Schamane 41
Scharade 244, 250
Schatten 62, 98
Schattenseiten 138

Schauspielarbeit 311
Schauspieler 38
Schauspielkunst 38
Schauspieltext 300
Schauspieltherapie 25, 302, 308
Schauspieltraining 47, 95
Schizophrenie 21, 75, 256, 258
Schlüsselrolle 284
Schneider, U. 236
Schönheit 174, 194
Schöpfungskraft 289
Schorsch, E. 238
Schulmedizin 34
Schutzraum 84
Schwellenaspekt 152
Script 59
Seelenausruck 113
Selbst 59, 254
Selbstakzeptanz 137, 222
Selbstausdruck 62, 112
Selbstberuhigung 229
Selbstbild 89, 279
Selbstbild, negatives 260
Selbstentfaltung 252
Selbsterfahrung 39
Selbsterfahrungsboom 33
Selbsterkenntnis 137
Selbsthilfegruppe 160
Selbstvertrauen 222
Selbstwert 143
Sexualstraftäter 197
Sicherheit 188
Situationsanalyse 294
Sonderschulen 80
Sozialfähigkeit 198
Soziohygiene 51
Soziometrie 30, 60
Soziotherapie 46
Spaltung 145
Spannung 158
Spannungslösung 158
Spiegeln 244
Spiel 40, 327
Spiel, rituelles 40
Spiel, symbolisches 58
Spieldynamik 270
Spielfähigkeit 263

Spielraum 153
Spielregel 267
Spielrollenerweiterung 62
Spiritualität 39
Spontaneität 75
Sprache 46, 306
Stabilisierung 80
Stabilisierungsphase 221
Standbild 319
Stanislawskij, K.S. 33, 299
Stärke 188
Statuenarbeit 276
Stegreif 99, 245, 280
Stil 109
Stilisierungsgrad 67
Stilmittel 110
Stimme 46
Störung 301
Störung, frühe 145
Störung, psychische 79
Strategie, mentale 132
Struktur 154, 275
Subtext 100
Sucht 93, 160, 165f
Sucht, Gefängnis der 171
Suchtklient 157
Suchtpräventionen 93
Suchtrehabilitation 160
Supervision 33
Symbole 57f
Symbolebene 278
Symbolisierung 326
Symbolkraft 331
Symptom-Erleichterung 55
System, psychotherapeutisches 48
Szenario 139
Szene 97, 214
Szenenarbeit 74, 85
Szenenwechsel 38

T
Tabu 63
Tagesklinik 287
Täter 194, 205, 246, 290
Täteranteil 127
Täterrolle 191f
Theater der Unterdrückten 31

Theater, experimentelles 110
Theater, therapeutisches 13
Theaterensemble 72
Theaterentwicklungsarbeit 157
Theatergruppe 325
Theaterökotherapie 52
Theaterpädagogik 14, 30f
Theaterpsychotherapie 52
Theaterraum 177
Theaterrolle 93
Theatersoziotherapie 52
Theatertechniken 64
Theatertherapie 177, 226, 311, 332
Theatertherapie, ganzheitliche 49
Theatertherapie, Gesellschaft für 328
Theoriebildung 56, 84
Therapie 39, 144
Therapie für Sexualstraftäter 194
Therapie, klientenzentrierte 254
Therapie, kreative 13, 77
Therapie, pädagogische kreative 303
Therapiesitzung 264
Therapieverfahren 326
Therapieziel 301, 305
Therapieziel, humanistisches 18
Thorau, H. 33
Tiefenökologie 51
Tragödie 41
Tragödie, griechische 39
Trance 150
Trancetanz 42
Transaktionsanalyse 138
Transferleistung 325
Transferlernen 104
Transformation 44
Trauerarbeit 81
Trauma 41, 63, 178, 222
Trauma-Coping-Mechanism 233
Trauma-Heilung 203
Traumaopfer 181
Traumapatient 231
traumatisierte Frauen 21
Traumatisierung 179ff, 184
Traumatisierung, Prozess der 189
Traumbild 119, 123
Trauminhalt 95
Trennungsprozess 325

Trigger 223, 233

U, V
Überdistanzierung 234, 242
Überdistanzierung, intrapsychische 255
Übergangsobjekt 302f
Übertragung 73
Umwelt 50
Umwelttherapie 51
Unterdistanzierung 234, 242
Unterdrückung von Impulsen 181
Untersuchung 256
Ursachenbehandlung 320
Utopie 112
Veränderung 161
Verbindung 193
Verfremdung 159
Vergewaltigung 195
Verhalten 213
Verhaltensmöglichkeiten 200
Verhaltensmuster 86
Verhaltenstherapie 61
Verheimlichungsspiel 158
Verkörperung 100
Vernachlässigung 102
Vertrauen 188, 253
Vignetten, psychodramatische 108
Vorlage, künstlerische 332
Vorstellungsbilder 228
Vorstellungsvermögen 257

W–Z
Wachstum, persönliches 18
Wahnwelt 267
Wahrnehmung des Körpers 197
Warming-up 135, 211, 265, 274
weibliche Identität 23
Weltliteratur 136, 262
Werkbewusstsein 329
Wesensbegegnung 154
Widerstand 161
Wiederholbarkeit 162
Wiederholung 99
Wiederholungszwang 184
Winnicot, D.W. 172, 207
Wirksamkeitsforschung 12
Wünsche 138

Wünsche, kindliche 73
Zeitungspapier 211
Zielgruppe 259
Zusammenspiel 307
Zuschauer 99

Die Wurzeln der TA

260 Seiten, kart.
€ 22,50
ISBN 3-87387-423-7

Die Original-Taschenbuchausgabe von 1961 wirbt mit der Botschaft: „The book that started the revolution in modern psychology!" In der Tat zählt dieses Werk des Begründers der Transaktionsanalyse, Eric Berne, zu den Klassikern der modernen Psychotherapie. Insbesondere die deutschsprachigen Transaktionsanalytiker erwarteten seit langem die Übersetzung.

Dieses Grundlagenwerk vermittelt einen tiefen Einblick in die Struktur- und Transaktionsanalyse. Wird dieser rationale, handlungsorientierte Ansatz in der Psychotherapie angewandt, lernen Patienten schnell, ihre Ängste zu tolerieren und zu kontrollieren.

Besonders bei jenen Fällen, in denen sich der Einsatz herkömmlicher Therapieformen als schwierig erweist – insbesondere bei Persönlichkeitsstörungen – ist die Transaktionsanalyse eine effektive Methode.

„Höchste Zeit, daß des Gründers wichtigstes und grundlegendes Buch nun endlich auch in deutscher Sprache erscheint." – *Birger Gooß*

Eric Berne (1910–1970) gehört zu den prägenden Persönlichkeiten der modernen Psychotherapie und ist Begründer der Transaktionsanalyse. Bei JUNFERMANN ist auch Bernes Buch *Transaktions-Analyse der Intuition* erschienen.

www.junfermann.de
www.active-books.de

JUNFERMANN • Postfach 1840 • D-33048 Paderborn
eMail: ju@junfermann.de • Tel.: 0 52 51/13 44 0 • Fax: 0 52 51/13 44 44

Atem-bewegung ...

... Bewegung aus dem Atem

144 Seiten, geb. mit CD

ISBN 3-87387-397-4

Das Buch von Prof. Ilse Middendorf möchte vom Üben am Atem, von den entstandenen Erfahrungen und seiner Tiefe mitteilen, die sich der Atmende ermöglichen kann. Es wendet sich an Menschen, die den Erfahrbaren Atem schon kennengelernt haben und darin erfahren sind. Auch jene, die sich für ihren Atem interessieren und ihn näher kennenlernen wollen, werden Anregungen und zahlreiche nützliche Hinweise finden.

Den Atem kommen lassen, gehen lassen und warten, bis er von selbst wiederkommt, meint, ebenso empfindungsfähig wie anwesend zu sein und führt das unbewußte Körperliche zum erfahrungsfähigen Leib. Atem als Bewegung und Kraft verbindet alles mit allem und wurzelt im Raum der Substanz, dem Ursprung des Lebens.

„Der erfahrbare Atem ist ein sanfter, wenn auch unerbittlicher Lehrer. Er läßt uns oft lange Zeit, daß wir uns ihm stellen und versuchen, wahrzunehmen, wie weit wir uns seiner bewußt sind. Wenn wir uns ins innere Wesen einlassen, werden wir gewahr, daß sich dessen tiefste Kraft zum „Ja" für das, was wir sind, öffnet. Es wird uns bewußt, daß jegliches Tun und Lassen an dieser Quelle angeschlossen sein muß, um lebendig zu sein, um wirklicher am Leben teilzuhaben!"

– *Prof. Ilse Middendorf*

Prof. Ilse Middendorf ist Begründerin der Lehre: *Der Erfahrbare Atem* sowie Autorin des gleichnamigen Buches.

JUNFERMANN VERLAG • **Postfach 1840**
33048 Paderborn • **Telefon 0 52 51/13 44 0**

Lebe dich selbst!

160 Seiten, kart.
€ 12,90 [D]
ISBN 3-87387-502-0

Was bedeutet Glück heute für Frauen? Warum sind viele trotz neuer Rollenbilder, neuer privater und beruflicher Möglichkeiten unglücklich, und wie können Frauen in dieser sich schnell ändernden Welt zu einem verantwortungsvollen „Lebe dich selbst"-Prinzip finden?

Lassen Sie sich auf eine spannende Reise mitnehmen – die Reise zu sich selbst. Sie werden dabei viele neue Erkenntnisse gewinnen und einige „alte Zöpfe" abschneiden ... Persönliches Glück, eine erfüllte Partnerschaft, fröhliches Zusammenleben mit Kindern, beruflicher Erfolg – bei all diesen Zielen können wir unser Schicksal selbst in die Hand nehmen. Finden Sie Ihren eigenen Weg und haben Sie den Mut, ihn auch zu gehen!

Barbara Schütze machte zunächst eine Ausbildung als Kinderkrankenschwester. Nach dem Studium der Kommunikationswissenschaften folgte die Ausbildung zur NLP-Lehrtrainerin (DVNLP). Sie ist verheiratet, Mutter eines Sohnes und lebt bei München.

Monika Czernin arbeitet seit vielen Jahren als Fernseh- und Kulturjournalistin und Autorin. Sie lebt mit ihrer Tochter in München.

www.junfermann.de
www.active-books.de

JUNFERMANN • Postfach 1840 • 33048 Paderborn
eMail: ju@junfermann.de • Tel. 0 52 51/13 44 0 • Fax 0 52 51/13 44 44